La Parisienne

DE LA MÊME AUTEURE

La Pipe d'Orphée
Jean Cocteau et l'opium
Hachette, 2003

Mireille Havet
L'enfant terrible
Grasset, 2008

Clandestinités urbaines
Les citadins et les territoires du secret (XVIe-XXe siècle)
(direction avec Sylvie Aprile)
Presses universitaires de Rennes, 2008

Les Paradis perdus
Drogues et usagers de drogues dans la France de l'entre-deux-guerres
Presses universitaires de Rennes, 2008

Les Cinq Sens de la ville
Du Moyen Âge à nos jours
(direction avec Robert Beck et Ulrike Krampl)
Presses universitaires François-Rabelais, 2013

Stupéfiant
L'imaginaire des drogues, de l'opium au LSD
Textuel, 2017

EMMANUELLE RETAILLAUD

La Parisienne

Histoire d'un mythe
Du siècle des Lumières à nos jours

ÉDITIONS DU SEUIL
57, rue Gaston-Tessier, Paris XIXe

Ce livre est publié dans la collection
L'UNIVERS HISTORIQUE
fondée par Jacques Julliard et Michel Winock
et dirigée par Patrick Boucheron.

ISBN 978-2-02-136537-5

© Éditions du Seuil, février 2020

Le Code de la propriété intellectuelle interdit les copies ou reproductions destinées à une utilisation collective. Toute représentation ou reproduction intégrale ou partielle faite par quelque procédé que ce soit, sans le consentement de l'auteur ou de ses ayants cause, est illicite et constitue une contrefaçon sanctionnée par les articles L. 335-2 et suivants du Code de la propriété intellectuelle.

www.seuil.com

À mes parents

Physiologie

DE

LA PARISIENNE,

PAR

Taxile Delord,

VIGNETTES

DE MENUT-ALOPHE.

PARIS,

AUBERT ET CIE, LAVIGNE,
Place de la Bourse, 29.   Rue du Paon-St-André,

Page de garde de l'ouvrage de Taxile Delord, *Physiologie de la Parisienne*, Paris, Aubert-Lavigne, 1841-1842, BNF, Paris

Introduction

« La Parisienne est un animal légendaire. Comme la licorne. Sans que personne l'ait jamais vue, tout le monde la connaît[1]. » Écrites en 1958, ces lignes pourraient dater d'un siècle plus tôt – on parlait déjà beaucoup de la Parisienne dans les années 1830... – ou de notre présent, qui n'en finit pas de célébrer cette figure aussi séduisante qu'insaisissable. Car c'est un fait, depuis au moins la fin du XVIIIe siècle, la Parisienne a fait couler beaucoup d'encre, inspiré quantité d'images, sans qu'il soit toujours aisé de définir ce « chic » et ce « chien » que distille sa silhouette. La référence à la licorne souligne le caractère imaginaire, voire chimérique, du personnage, autant qu'elle implique des origines anciennes et mythiques, nourries par une longue sédimentation de récits et de représentations qu'on ne songe plus guère à interroger, même si l'on a bien conscience qu'ils relèvent du cliché, du stéréotype ou du lieu commun. Et si elle entre en concurrence avec d'autres ethnotypes nationaux ou urbains, la Russe, l'Italienne ou la New-Yorkaise, c'est, on le pressent, avec une ambition de domination souriante, qui participe au patrimoine national au même titre que le vin, la gastronomie et bien sûr la mode, dont elle est en quelque sorte le porte-drapeau.

Déconstruire ce lieu commun, remonter à ses origines, débusquer ses non-dits et ses implications, est précisément, l'objet de ce livre. La démarche est, en ce sens, différente d'une histoire des femmes de Paris, même s'il y a bien sûr, des représentations aux incarnations, des effets de circulation, d'emboîtement et de superpositions, qui invitent à ne jamais perdre de vue le substrat social dans lequel images et fantasmes s'enracinent. Au singulier et avec des guillemets, la Parisienne est bien, cependant, avant tout, une idée, un fantasme, une synthèse, résultant de l'agrégation de toutes celles qui, tour à tour, l'ont inspirée et incarnée, dans une complexe dialectique entre l'imaginaire et le réel.

La réputation et les traits singuliers de la capitale française, son histoire tourmentée, sa relation dialectique avec la province, sont ici en jeu, tout comme la place des statuts féminins dans la France contemporaine, caractérisés, on le sait, par une infériorisation juridique, politique et civile plus durable qu'ailleurs – ce qui explique que la figure symétrique du Parisien, non dénué de traits communs avec sa partenaire, n'ait pas connu un destin aussi glorieux. Cet imaginaire social, élaboré, pour l'essentiel, par des hommes – avec l'inévitable charge érotique et fantasmatique qui en découle – mais largement investi, au fil des siècles, par les femmes, a une histoire, dont il s'agit de restituer le développement, les scansions chronologiques, et les mutations majeures, pour mieux faire apparaître combien cette Parisienne, apparemment atemporelle dans sa séduction et son élégance, est, en réalité, le creuset de tensions historiques constamment renouvelées : la rivalité entre Paris et Versailles, les luttes sociales dans la capitale des révolutions, l'oscillation, longtemps indécise, entre monarchie et république, la rivalité commerciale, culturelle, militaire que la France entretient avec les nations voisines, puis, à compter du XXe siècle, avec les États-Unis et le reste du monde, mais aussi les relations ambiguës entre émancipation féminine et domination masculine ont donné à la Parisienne une dimension de repère dans la tourmente, de totem protecteur, de figure cathartique, parfois aussi, de poupée vaudoue, sur laquelle viennent se ficher les aiguilles douceureuses ou haineuses du règlement de comptes ou de la misogynie.

C'est donc une étude historique que l'on propose ici, soucieuse de dessiner une chronologie et d'interpréter le personnage « en contexte », avec, comme fil conducteur, non l'histoire sans fond « des » Parisiennes, mais l'élaboration d'un certain idéal de féminité, agencé à une certaine architecture des rapports de sexe. Ainsi, si les mœurs et le style des femmes de la capitale polarisent l'attention depuis au moins le Moyen Âge[2], si l'on parle, le plus souvent pour s'en moquer, des provinciales, depuis au moins le XVIIe siècle[3], c'est bien dans la seconde moitié du XVIIIe siècle que le type de la Parisienne cristallise, d'abord dans le roman de Jean-Jacques Rousseau *Julie ou la Nouvelle Héloïse*, publié en 1761, puis dans les « tableaux de Paris » qu'inaugurent Louis-Sébastien Mercier ou Rétif de La Bretonne à partir des années 1780. La Révolution relègue un peu à l'arrière-plan

Introduction 11

cette figure encore embryonnaire, noyée dans le vivier honni des « aristocrates » ; mais en ramenant le pouvoir à Paris, en promouvant de nouvelles élites, en remodelant les rapports de sexe, la période 1789-1815 forme bien la matrice invisible qui fait éclore la Parisienne des années 1820-1840. Bourgeoise, postrévolutionnaire, mais grosse, encore, de nostalgies aristocratiques, la monarchie de Juillet forme ainsi le temps d'éclosion de la Parisienne, fille de la presse, du roman et de ces petits portraits sociologiques qu'on appelle les physiologies, voués à représenter une société en mouvement. Quand s'installe le Second Empire, tiraillé entre un moralisme autoritaire et un faste ostentatoire, la Parisienne se mue en icône de la modernité bonapartiste et haussmannienne, exaltée par Baudelaire autant que par Offenbach. Les déchirements de la Commune, comme, avant elle, les épisodes révolutionnaires de 1830 et de 1848, viennent cependant rappeler combien cette communauté imaginaire d'urbains façonnés par le plaisir et le progrès demeure une gageure, dans une capitale qui prospère sur de fortes inégalités.

De cette histoire troublée finit par émerger, aux alentours de 1900, une Parisienne républicaine, plus consensuelle et apaisée, qui œuvre à la réconciliation des classes, au rapprochement Paris-province, à l'exaltation du modèle de civilisation français, mais qui symbolise, aussi, une forme d'enfermement du féminin dans le joli et l'accessoire. Aussi le XXe siècle, marqué par deux conflits mondiaux, une redéfinition des hiérarchies internationales, les combats pour l'égalité des sexes, ne manque-t-il pas de fragiliser sa supposée suprématie. Avec la garçonne, le cinéma, le music-hall ou le sport, les années 1920 inventent la Parisienne contemporaine, au chic simple et à l'allant plein d'esprit, que l'on veut croire adaptés à toutes les classes. Dès les années 1930, cependant, elle tend à se figer dans une nostalgie passéiste, voire dans une tonalité conservatrice et antiféministe, qui trouve dans les compromissions de la Seconde Guerre mondiale une forme d'apogée pour le moins ambigu. À la fin des années 1950, écartelée entre le chic hiératique de la haute couture et une grivoiserie « à la papa », cette icône devenue mythe peut sembler bien peu adaptée à l'évolution des mœurs et des statuts féminins : si elle se réinvente, rajeunit, se modernise, elle tend aussi à se banaliser sous l'effet de l'homogénéisation des mœurs occidentales et de la progression des modèles concurrents. À partir des années 1980, enfin, la Parisienne entre dans « un temps présent » qui est encore, à bien des égards, le nôtre : star du marketing publicitaire et de l'industrie de la mode, elle prend le risque de se galvauder dans une culture mondialisée inodore et sans aspérité, tout en maintenant une « part de rêve », qui s'adosse au rayonnement touristique inentamé de la capitale française. Inscrite dans la longue durée, cette plasticité historique montre combien la Parisienne a été fortement investie, jusqu'à se constituer en valeur refuge ou en patrimoine immatériel, presque un « lieu de mémoire » qui reste un référent actif.

Pour approcher ce personnage miroitant et protéiforme, c'est peu dire que les sources abondent. Objet culturel au premier chef, la Parisienne a été façonnée par une intense production littéraire, artistique, médiatique, musicale, touristique, renouvelée par le cinéma, la publicité ou la bande dessinée. Il s'agissait donc de repérer ses lieux fondateurs, ses figures fortes, ses références dominantes, sans viser une exhaustivité impossible à atteindre. Effet de langage, la Parisienne naît d'abord entre les pages, celles des romans, de Balzac à Proust, mais plus essentiellement encore, celles de l'imprimé grand public, en plein essor à compter des années 1830 – avec la littérature dite « industrielle », les physiologies, les journaux de mode, les chroniques mondaines des quotidiens, les guides touristiques, ou même les paroles de chansons. Mais elle conquiert aussi son identité stylistique par le biais d'une culture visuelle en pleine expansion, qui s'impose grâce aux progrès de l'illustration d'ouvrages, du dessin de presse et de mode, de la photographie ou de l'affiche. En pleine mutation, la peinture « moderne » réclamée par Baudelaire en fait un enjeu de représentation central. Quant aux arts de la scène, bientôt relayés par le cinéma, ils ont cet avantage de pouvoir l'incarner. Car si la Parisienne est un mythe, il s'agit d'un « mythe moderne », selon l'analyse de Roger Caillois[4], c'est-à-dire désacralisé, accessible, convoité par le « grand public ». L'écrit et l'image formatent le regard, habillent le réel, et « les Parisiennes » deviennent toutes celles qui inspirent les créateurs, de l'actrice ou de la femme du monde en vue, à la séduisante passante inconnue. Ce jeu de va-et-vient entre le réel et l'imaginaire explique que « la Parisienne » puisse aussi être abordée comme une identité sociale ou un jeu de rôle, comme le signalent incidemment certains courriers de lectrices, et aujourd'hui les blogs qui lui sont dévolus, tandis qu'actrices et personnalités ont vocation à la représenter.

Au vrai, si la Parisienne a encore bien des secrets à livrer, elle est loin d'être une inconnue. Les historiens du vêtement, de la mode ou

Introduction 13

des sensibilités, tels Daniel Roche, Philippe Perrot, Georges Vigarello ou Christine Bard[5], ont analysé les séductions de sa silhouette, tandis que les spécialistes des migrations ont montré l'importance des représentations dans l'acculturation des migrants[6]. Les historiens de l'économie et de la vie urbaine savent bien, de leur côté, que sa promotion publicitaire et touristique a soutenu le développement de l'industrie du luxe et de la mode, du commerce, des lieux de divertissement et de spectacle, mais aussi de la prostitution et de la « galanterie » sous toutes ses formes, dont Alain Corbin a été longtemps l'historien pionnier, suivi plus récemment de Lola Gonzales-Quijano[7]. Quant à l'historiographie anglo-saxonne, elle s'est montrée précocement attentive à la place des femmes dans l'espace public de la ville haussmannienne[8], comme à la culture visuelle qui accompagne son développement[9].

Aucune synthèse d'ensemble, cependant, n'avait encore eu l'ambition d'orchestrer ces différentes tonalités dans une perspective d'histoire des identités et des relations de genre, hormis, peut-être, d'histoire de l'art[10]. L'historiographie du XIXe siècle a longtemps privilégié une approche centrée sur la césure, matérielle et symbolique, entre femmes honnêtes et femmes galantes, les premières chargées de gérer la famille et de représenter leur mari, les secondes dévolues au plaisir masculin sous toutes ses formes. La Parisienne, elle, par son indécision sémantique, sa plasticité sociale, sa dualité définitionnelle, entre « chic et chien », tend plutôt à brouiller les pistes et à réduire cet écart, même si son statut reste caractérisé par une forte ambiguïté. La promotion du type, son statut de modèle et d'idéal invitent dès lors à relire le siècle « victorien » comme un champ de tensions, d'aspirations hétérogènes, de contrastes sociogéographiques, aussi, plutôt que comme une chape uniforme de pudibonderie et de domination masculine. À travers cette figure plastique circule ainsi une ample histoire de la modernité, celle de la « capitale du XIXe siècle » chère à Walter Benjamin : modernité sociale, lorsqu'il s'agit d'imaginer la société postrévolutionnaire, à la fois libérée et nostalgique de l'Ancien Régime ; modernité politique, lorsqu'il s'agit de faire coaguler dans le vivre-ensemble, et par le biais d'une imagerie positive, des groupes hétérogènes et souvent antagonistes ; modernité économique, lorsqu'il s'agit de faire prospérer le commerce, la mode, le consumérisme, la « société du spectacle » ; modernité esthétique, lorsqu'il s'agit de suivre Baudelaire pour se faire « peintre de la vie moderne ». Mais modernité féminine, voire féministe, jusqu'à la « femme libérée » des années 1970 ? Ce sera tout l'enjeu de ce livre que de le déterminer. Si la Parisienne reflète bien l'inégalité des destins masculin-féminin, elle suggère aussi, au moins jusqu'à la fin du XIXᵉ siècle, une forme de liberté et d'émancipation relatives, qui repose sur le statut exceptionnel, mais souvent envié et donné en modèle, de la capitale française.

Modernité « douteuse[11] » ou « discordante[12] », telle pourrait être la torsion fondamentale que suggère cette Parisienne, toujours écartelée entre audaces et entraves, aliénation et *agency*, qu'il s'agisse de liberté de comportement ou d'égalité politique et civile. C'est sans doute ce qui explique que l'historiographie féministe se soit, jusqu'à présent, tenue à distance de cet objet un peu suspect. Frivole, mondaine, élitiste, produit du fantasme masculin, la Parisienne fut d'abord cela, assurément. Mais aussi indépendante, spirituelle, haute en couleur, parfois même frondeuse ou révolutionnaire, comme vont le faire découvrir les pages de ce livre.

Chapitre 1

Premiers pas, entre ville et Cour (XVIIe-XVIIIe siècle)

Le « moment Rousseau » de la Parisienne

« Il faut donc te les dépeindre ces aimables Parisiennes[1]... ? » C'est par ces mots que s'ouvre la lettre XXI du roman de Jean-Jacques Rousseau *La Nouvelle Héloïse*, rédigé à l'Ermitage, près de Montmorency, entre 1756 et 1758, et publié en 1761. Alors âgé de 49 ans, Rousseau est une célébrité littéraire depuis 1750, proche de Diderot et des philosophes, capable, aussi bien, de distraire la Cour avec *Le Devin du village*, petit intermède musical joué en 1752 devant le roi Louis XV, que de jeter les bases d'une ambitieuse philosophie politique – le *Discours sur l'origine et les fondements de l'inégalité parmi les hommes* est paru en 1754. *La Nouvelle Héloïse* est son premier roman, genre déjà en vogue mais encore mineur, que lui-même n'évoque pas sans une légère condescendance. Le récit met en scène, sur les bords du lac Léman, un jeune homme sans fortune, Saint-Preux, qui tombe amoureux d'une jeune fille noble dont il est le précepteur, Julie d'Étanges. La différence de condition vouant cet amour à l'impasse, le jeune homme se résigne à voyager pour de longs mois, ce qui entraîne de longs échanges épistolaires entre les deux amants. Un séjour à Paris lui donne l'occasion d'évoquer longuement les femmes de la ville, à la demande pressante de sa fiancée : « Toi qui me parlais des Valaisannes avec tant de plaisir, pourquoi ne me dis-tu rien des Parisiennes ? Ces femmes galantes et célèbres valent-elles moins la peine d'être dépeintes que quelques montagnardes simples et grossières[2] ? » Remarquons la pointe de jalousie qui enclenche le récit : la réputation de galanterie des Parisiennes est déjà bien établie. Remarquons aussi l'effet de symétrie qui cherche à opposer la montagnarde « simple et grossière » et la Parisienne « galante » : c'est bien la caractérisation de deux types féminins qui s'engage, au-delà de la simple narration de voyage. Aussi Saint-Preux cherche-t-il à rassurer sa chère Julie, en dépeignant, dans ces créatures si redoutées, le contraire de son propre idéal. Sous le couvert de la fiction s'amorce ainsi une longue analyse de ce que doit être une femme, qui témoigne d'un tournant dans la réflexion sur l'identité du « féminin ».

Que retenir de ce portrait de plusieurs pages, qui tourne parfois à la diatribe, même si la position de Rousseau est plus nuancée qu'il n'y paraît ? Saint-Preux commence par « l'extérieur », puisque c'est ce par quoi les Parisiennes se sont rendues célèbres. Pourtant, elles ne sont pas vraiment jolies, estime-t-il, « menues plutôt que bien faites, elles n'ont point la taille fine ». Leur silhouette un peu sèche a besoin du renfort des corsets et des paniers pour offrir du volume, leur teint pâle et leurs traits irréguliers exigent la correction des postiches et des fards. C'est pour les mêmes raisons qu'elles sont obsédées par le souci d'être à la mode et « bien mises », l'art de se parer venant corriger les imperfections de la nature. S'il leur reconnaît une certaine élégance, il souligne aussi que cette « passion des modes » frise souvent l'indécence, car elle s'étale sous le regard des hommes. « Cette liberté de propos et de maintien qu'on remarque ici dans les femmes [...] paraît avoir une racine plus profonde dans les mœurs, par le mélange indiscret et continuel des deux sexes, qui fait contracter à chacun d'eux l'air, le langage et les manières de l'autre. » D'où, chez les Parisiennes, « un maintien soldatesque » ou « un ton grenadier », qui suggèrent parfois une légère androgynie : « c'est un certain accent dur, aigre, interrogatif, impérieux, moqueur, et plus fort que celui d'un homme. S'il reste dans leur ton quelque grâce de leur sexe, leur manière intrépide et curieuse de fixer les gens achève de l'éclipser »[3]. D'où, aussi, une déplorable propension à l'adultère et aux relations « galantes », favorisée par ce « perpétuel mélange des sexes » qui caractérise la vie mondaine aussi bien à la Cour qu'à Paris. Bref, les Parisiennes ne sont pas des modèles de vertu, de chasteté ni de modestie, et à ces indécentes créatures, Saint-Preux peut opposer les dignes Suissesses et sa « chère Julie », infiniment plus naturelles que les poupées fardées des bords de Seine.

À cette première « impression désagréable » en succèdent pourtant d'autres, plus bienveillantes. Il suffit de sortir les Parisiennes de leur cadre ordinaire, en les emmenant, par exemple, à la campagne, pour que les masques tombent et que, sous les faux-semblants de la parade mondaine, affleure la vérité de l'être. Elles sont alors capables de simplicité, de générosité, de grandeur d'âme et auraient même la tête particulièrement solide : « Ôtons le jargon de la galanterie et du bel esprit, quel parti tirerons-nous de la conversation d'une Espagnole, d'une Italienne, d'une Allemande ? Aucun. Et tu sais, Julie, ce qu'il en est communément de nos Suissesses. Mais qu'on ose passer pour peu galant et tirer les Françaises de cette forteresse, dont à la vérité elles n'aiment guère à sortir, on trouve encore à qui parler en rase campagne et l'on croit combattre avec un homme, tant elles savent s'armer de raisons et faire de nécessité vertu[4]. » L'impression finale restera négative mais sans exclure une nuance d'admiration : « Je n'aurais jamais pris à Paris ma femme, encore moins ma maîtresse ; mais je m'y serais fait volontiers une amie ; et ce trésor m'eût consolé peut-être de n'y pas trouver les deux autres[5]. » Si la Parisienne s'oppose à l'idéal rousseauiste, elle peut néanmoins faire une compagne agréable et sensée, avec laquelle il est plaisant de deviser.

Il n'est pas difficile de deviner, en transparence, la silhouette des Parisiennes que Rousseau a fréquentées lors de ses différents séjours dans la capitale du royaume de France : des femmes de l'aristocratie ou de la haute finance, liées à la pensée des Lumières, alliant fortune, éducation et séduction. Notamment Louise Dupin, brillante salonnière et très riche épouse du fermier général Claude Dupin, qui fut la protectrice du Genevois lors de ses débuts à Paris, en 1741, et l'engagea comme secrétaire de 1745 à 1751 ; Louise d'Épinay, épouse séparée d'un autre fermier général, femme de lettres, elle aussi, qui offrit à Rousseau, en 1756-1757, la tranquillité d'un petit pavillon édifié sur ses terres, l'Ermitage ; Sophie Lalive de Bellegarde, comtesse d'Houdetot, belle-sœur de la précédente, pour qui Rousseau nourrit, en 1757-1758, une passion non réciproque ; Mme de Luxembourg, épouse du maréchal de Luxembourg, qui accueillit le philosophe dans son « petit château » de Montmorency, en 1759-1762. Des Parisiennes qui ne représentent qu'une très mince frange de la société, et ne séjournent d'ailleurs à Paris que de manière intermittente. Elles sont néanmoins différentes, par leur mode de vie, leurs habitudes de consommation et leur horizon culturel, de la haute aristocratie de cour, aimantée par Versailles depuis les années 1680.

Il n'est pas non plus difficile d'identifier ici les grands thèmes rousseauistes qui façonnent cette première version du type : la dénonciation d'un jeu social aliénant, porté à son paroxysme de fausseté par l'aristocratie française ; la valorisation de la nature et de la vérité de l'être, contre les faux-semblants et les artifices de la vie de société ; l'exigence de la vertu et de la modestie contre le cynisme généralisé. La Parisienne vue par Rousseau se ressent de cette posture moraliste, même si le repentir final laisse transparaître la gratitude du philosophe à l'égard de ses hôtesses et le plaisir qu'il sut goûter en leur compagnie – la Julie du roman ne ressemble-t-elle pas bien plus à une charmante Parisienne qu'à une « rude Valaisanne » ? Dans *Les Confessions*, le philosophe ne devait rien masquer de son goût pour les jeunes filles de condition, coquettes et bien mises, plutôt que pour la « femme naturelle », idéal largement théorique.

Si Saint-Preux n'hésite pas à proclamer que « peu de gens pensent comme moi des dames françaises », beaucoup de ses considérations sur les Parisiennes relèvent déjà, en réalité, du lieu commun. En 1725, par exemple, le Bernois Béat Louis de Muralt avait dénoncé, dans ses *Lettres sur les Anglais et les Français*, l'impudeur et l'insolence des « dames françaises qui se découvrent le corps et l'esprit[6] ». En 1759, l'année même où Rousseau mettait la dernière main à sa *Nouvelle Héloïse*, l'homme de lettres français Jean-Louis Fougeret de Monbron publiait *La Capitale des Gaules ou la Nouvelle Babylone*, un vigoureux pamphlet contre les mœurs de la ville[7], ciblant particulièrement les « catins » de la capitale, femmes galantes ou femmes du monde. Si Rousseau forme un moment clé dans l'invention de la Parisienne, c'est en puisant à un stock abondant, qui plonge ses racines dans le siècle précédent et joue de la partition Paris-province.

Avant la Parisienne... la provinciale

La ville, la Cour et la province

La Parisienne ne serait-elle pas née des côtes de la provinciale ? Au début du XVIIe siècle, alors même que « Parisiens » et « Parisiennes » ne sont guère employés qu'au sens littéral d'habitants de Paris, le provincial ou la provinciale se sont déjà constitués en stéréotypes, sujets de moqueries et de dédain. Dans *Les Précieuses ridicules*, pièce jouée pour la première fois, à Paris, le 18 novembre 1659, Molière met ainsi en scène deux dames d'Angoulême, Cathos et Madelon, qui montent à Paris pour se rapprocher du « foyer du bon goût » : en d'autres termes, la Cour, les salons, les lieux fréquentés par l'élite, et tout particulièrement par les Précieuses, ces femmes de l'aristocratie qui, depuis les années 1630, se réunissent autour de leurs « ruelles » – le bord du lit – pour parler littérature, grammaire et poésie. Malgré le titre, la cible est moins, ici, la préciosité en elle-même que sa caricature ou sa mauvaise interprétation par deux provinciales « ridicules », qui représentent la petite noblesse du royaume, peu au fait des habitudes du grand monde. Comme l'a montré Alain Corbin, « la province » est moins, en ce sens, une entité géographique qu'un espace symbolique et social, le lieu privé de « la radieuse présence du roi[8] ». *A contrario*, les grands du royaume ne sont pas des « provinciaux » du seul fait qu'ils vivent sur leurs terres ou en régions : leur condition transcende la géographie, même quand leur présence à la Cour est intermittente. Exclues de ces hautes sphères, Cathos et Madelon sont traitées avec dédain de « pecques provinciales » par leurs amants éconduits. L'expression a fait souche, puisqu'on la retrouve, un siècle plus tard, sous la plume de la baronne d'Oberkirch, une aristocrate alsacienne en visite à Paris dans les années 1780, dont les Mémoires forment un excellent observatoire du rapport Paris-province. Malgré ses hautes relations, qui lui valent d'être reçue à la Cour, la baronne ressent fortement l'hiatus de style vestimentaire, de sens de la conversation, de valeurs morales, aussi, qui la sépare de la haute aristocratie de cour. Sa mise plus simple, son esprit moins vif, son dégoût des intrigues lui font redouter de passer pour une « pecque provinciale[9] », mais revendiquer, aussi, sa « pruderie », c'est-à-dire son honnêteté. En creux se dessine le portrait de grandes dames éblouissantes d'élégance sophistiquée, d'assurance mondaine, de morgue aristocratique, mais aliénées, aussi, aux rituels de la vie de Cour et aux jeux des « galanteries ».

Ici comme chez Molière, en ce sens, la provinciale s'oppose moins à la Parisienne qu'à la dame de condition ou de qualité. Certaines d'entre elles résident certes à Paris, mais sans ancrage exclusif dans la capitale, et moins encore de lien identitaire revendiqué avec elle, car l'aristocratie se partage entre ses différents domaines, et la Cour, même après l'installation à Versailles en 1682, est restée gyrovague, se déplaçant de château en château au gré des exigences de la chasse, du divertissement ou de la diplomatie. Au XVIIe siècle, la ville reste, pour l'essentiel, un décor ou un arrière-plan. Dans la correspondance qu'entretient

Mme de Sévigné avec sa fille Françoise, installée en Provence à l'issue de son mariage, en 1679, avec le comte de Grignan, il s'agit certes de maintenir, par la pratique épistolaire, le lien entre la ville et la Cour d'un côté, et la province de l'autre, mais ni la mère ni la fille ne songeraient à se définir comme « Parisiennes ». Lorsque « Paris » est évoqué, c'est comme métonymie de la Cour ou du monde, non un milieu urbain spécifique. Au vrai, comme l'affirme avec panache Mme de Sévigné à ses amies qui s'affligent de son départ pour la campagne : « Mais Paris est en Bretagne[10] ! » La condition prime sur la géographie, le sentiment d'identité demeure social et horizontal, non urbain et enraciné.

« Être parisien »

Si l'on quitte ces hautes sphères, en revanche, il est clair que « les Parisiens » forment déjà une entité collective, consciente de ses particularités qui sont aussi, bien souvent, des supériorités ou des avantages. L'orgueil urbain, qui découle du statut de capitale du royaume, foyer principal de la Cour jusqu'aux années 1680, s'est affirmé dans un genre codifié depuis au moins le XIIe siècle, celui des éloges ou louanges de Paris. Juridiquement, il existe un statut coutumier de « bourgeois de Paris », qui confère un certain nombre de privilèges et conditionne l'accès à des fonctions municipales. Au XVIIe siècle, les Parisiens ont par ailleurs une réputation bien établie, qui relève de cette « psychologie des peuples » alors en voie de constitution : légers, insolents, spirituels, filous, méprisants, bien mis ou becs fins… Le portrait oscille entre positif et négatif, mais alimente un précoce « complexe de supériorité » qui n'ira pas diminuant avec les siècles. Son inflexion féminine reste cependant difficile à cerner. « Les Parisiennes » de la littérature ou du théâtre – par exemple chez Molière, qui place souvent son action « à Paris » – ne le sont qu'implicitement, sans que l'identité urbaine soit soulignée par un effet de désignation. Si Paris est déjà la capitale européenne de la mode, le goût de la parure est l'apanage des deux sexes, sans tropisme féminin particulier. Ni Montesquieu, dans *Les Lettres persanes* (1721), ni Marivaux, dans ses *Lettres sur les habitants de Paris* (1717), n'évoquent spécifiquement « les Parisiennes », même si nombre des traits que Rousseau leur prête sont déjà présents dans leur peinture des habitantes de la capitale. Un mince indice de changement surgit toutefois à la charnière des deux siècles :

en 1691 a été jouée à la Comédie-Française une pièce précisément intitulée *La Parisienne*. Elle narre les aventures d'Angélique, jeune provinciale de 16 ans sortie du couvent pour venir épouser à Paris un « vieillard » de 65 ans. Déniaisée en un rien de temps par « l'air de la ville », la jeune oie blanche se mue bientôt en Parisienne rompue à la ruse et aux intrigues, avant d'échapper au ruisseau par un mariage d'amour. L'auteur de cette fable oubliée est un dénommé Florent Carton (1661-1725), qui écrit sous le pseudonyme de Dancourt. Ce pâle épigone de Molière, qui semble s'inspirer du canevas de *L'École des femmes* (1662), n'innove guère que par le titre. Y a-t-il un hasard, cependant, à ce qu'il ait été retenu une dizaine d'années seulement après le départ de la Cour pour Versailles, alors même que le statut et la culture de la ville sont en pleine mutation ? Si Rousseau, dans les années 1760, parvient à ramasser le type d'une manière convaincante, c'est bien parce que le terme de « Parisienne » commence à évoquer une identité spécifique, à égale distance de la province et de la Cour.

La fille du XVIIIe siècle

La ville s'émancipe

En mai 1682, la Cour s'est installée à Versailles, choix qui n'est que brièvement remis en cause par la Régence, entre 1715 et 1722. Certes, ce départ ne signifie nullement la rupture entre la monarchie et Paris : les deux villes ne sont distantes que d'une vingtaine de kilomètres, et de nombreux services administratifs ou diplomatiques restent installés dans la capitale, terme qui continue de s'appliquer à la ville délaissée par les rois. Les membres de la noblesse attachés à leur autonomie ou leurs habitudes vont et viennent entre la Cour et la ville, comme tous ceux dont la carrière ou la fortune dépendent de la bienveillance royale. L'attraction que suscite Paris est d'ailleurs indissociable de la fascination produite par Versailles sur l'ensemble des élites européennes. La ville reste l'antichambre de la Cour, et en subit encore, très largement, l'influence.

Sous le règne de Louis XV et de Louis XVI, cependant, les visites des monarques se font plus rares et le pouvoir tend à se replier sur le huis clos versaillais. Si la « bonne ville de Paris » accueille son souverain dans la liesse en 1770, lors du mariage du dauphin et de Marie-Antoinette, puis en 1774, à l'occasion du couronnement de Louis XVI, un rapport d'indifférence, voire de méfiance réciproques s'est installé entre les deux villes. Malgré sa brièveté, la Régence a donné un nouveau ton, plus libre, voire libertin, aux divertissements et à la sociabilité des élites, déréglant l'étiquette corsetée des dernières années du règne de Louis XIV. Institué par le régent Philippe d'Orléans, en novembre 1715, dans le périmètre de sa propriété du Palais-Royal, le bal de l'Opéra symbolise cette licence un peu canaille qui deviendra le symbole de ce qu'on n'appelle pas encore « la vie parisienne » : s'il reste, par son coût d'entrée élevé, réservé aux privilégiés, la société y est plus mêlée, et le ton plus relâché, qu'à Versailles. Sous le masque et le domino de rigueur circulent les affriolantes silhouettes de celles dont il est difficile de déterminer l'« état » ou la « condition » – actrices, « petites maîtresses », demi-mondaines, riches bourgeoises ou dames de qualité… Au début des années 1770, la jeune Marie-Antoinette obtient du roi la permission de s'y rendre avec son mari, leurs proches et leurs amis, signe de l'attractivité grandissante que suscitent ces divertissements parisiens.

Tout au long du XVIIIe siècle, Paris s'émancipe, prend ses aises, tonne ou ricane parfois contre Versailles. C'est aussi une ville qui grandit et embellit, même si l'entassement urbain, les fumées, les eaux polluées, les embarras de voitures alimentent un chapelet ininterrompu de critiques. À la veille de la Révolution, c'est, avec près de 600 000 habitants, la deuxième ville du monde occidental, dépassée seulement par Londres, qui frôle déjà le million. Mais la capitale anglaise, composée d'un agrégat de noyaux villageois, est plus étalée que Paris et ne donne pas la même impression d'effervescence urbaine. Quant aux autres villes d'Europe, elles ne peuvent rivaliser ni par la taille ni par l'offre en services et marchandises. La troisième en population, Naples, ne compte alors que 350 000 âmes, Vienne ou Amsterdam ne dépassent pas les 200 000 habitants, Lisbonne 180 000, Rome 160 000, Venise 150 000. Toutes peuvent revendiquer des splendeurs architecturales, des élites raffinées ou des spécialités qui fondent leur réputation internationale – quoique en déclin, Venise reste célèbre pour ses fêtes et son carnaval. Paris, cependant, dégage une atmosphère, un ton, un style, sans équivalent ailleurs. L'architecture léguée par les monarques et par l'histoire fait l'admiration générale ; les bibliothèques, royales et privées, sont réputées pour leurs riches collections ; les théâtres pour leur variété et leurs audaces, les commerces pour leur élégance et leur profusion, les salons pour leur esprit et leur bouillonnement intellectuel. Malgré les tracasseries de la censure, la conversation et les publications des écrivains et philosophes font souffler l'esprit des Lumières. Bref, Paris est au XVIIIe siècle, selon l'*Encyclopédie*, « une des plus grandes villes, des plus magnifiques et des plus peuplées de l'univers, le lieu qui a produit plus de savants et de beaux esprits que toutes les autres villes réunies[11] ». Auteur, en 1747, d'un guide sur les *Mœurs de Paris*, Lapeyre n'a pas hésité à la déclarer « reine des Cités[12] ».

Passons sur ces conventions rhétoriques qui ont leurs équivalents pour d'autres villes et frisent parfois la propagande. Ce qui doit retenir l'attention, c'est cette volonté de sculpter à Paris un statut d'exception, vanité capitale largement entretenue par les auteurs parisiens comme par le regard étranger, qui est la condition même de l'éclosion de la Parisienne. Au vrai, ce terme, comme celui de « Parisien », se banalise alors dans les textes, comme si la ville prenait conscience d'elle-même et de son identité, tout particulièrement au féminin. Si l'on trouve déjà de nombreuses considérations sur les tempéraments ou la psychologie des peuples, Russes, Anglais, Espagnols ou Italiens, ou même, à l'échelle régionale, Provençaux ou Bourguignons, ni la Londonienne ni la Viennoise, encore moins la Madrilène ou la Moscovite ne se distinguent du type national. Il n'y a guère que dans le monde italien, structuré de longue date par « l'encitadinement », que les cités rivalisent de séduction à travers leurs jolies femmes : rédigés entre 1789 et 1798, les *Mémoires* de Giacomo Casanova, par exemple, contiennent de savoureux passages sur les mérites comparés de la Vénitienne, de la Napolitaine ou de la Florentine. Mais la renommée des Parisiennes se joue à une échelle plus vaste et plus symbolique, débordant la simple narration pittoresque.

Dans les années 1780, deux écrivains parisiens ont beaucoup contribué à la cristallisation de son portrait. Le premier est Nicolas Edme Rétif de La Bretonne (1734-1806), auteur graphomane à l'œuvre aussi prolixe qu'inclassable, qui a notamment publié, entre 1780 et 1785, *Les Contemporaines, ou Aventures des plus jolies femmes de l'âge présent*[13], en 42 volumes, où il distinguait nettement les Parisiennes des provinciales et des paysannes. *Les Contemporaines* furent suivies, en 1786, de la série *Les Françaises*[14], puis l'année d'après, de celle des *Parisiennes*[15], qui élaborait une classification ramifiée et complexe des habitantes de la capitale. Le second est Louis-Sébastien Mercier (1740-1814), fils de marchand né à Paris, devenu homme de lettres aux succès incertains, qui a livré, avec le *Tableau de Paris*, rédigé et publié entre 1781 et 1788, un portrait de la ville à hauteur d'homme – et de femme – d'une grande originalité. La nature et le succès de leurs œuvres témoignent en effet d'une véritable mutation des sensibilités, qui affleure également dans la littérature de voyage de la période. L'un et l'autre grands lecteurs de Rousseau, l'un et l'autre fins connaisseurs de leur ville, et de ses stratifications sociales, ils livrent une description pleine de pittoresque et de réalisme, centrée sur les habitants et les habitantes de la ville, leurs relations et leurs modes de vie, plutôt que sur le décor monumental et archéologique. C'est aussi qu'ils pratiquent la ville d'une manière nouvelle, l'arpentant à pied, observant l'ensemble des citadins, attentifs à leurs coutumes, leurs manières d'être, leurs « faits divers ». Ainsi leurs Parisiennes ne sont-elles plus, comme chez Rousseau, une catégorie un peu abstraite, de surcroît réduite aux figures de l'élite, mais un groupe protéiforme, à la fois plus large, plus divers et plus incarné. Cette attention plus grande aux nuances individuelles et sociales n'empêche pas la convergence des observations, qui commencent à fixer le portrait.

Capitale des modes

Le premier marqueur de la Parisienne, c'est son lien organique à la mode et au vêtement. « On ne saurait exprimer la passion que [les Parisiennes] ont pour la mode, remarquait déjà Lapeyre en 1747. Quand leurs garde-robes seraient des mieux fournies, dès que la mode change, il faut avoir des modes nouvelles[16]. » Rousseau, on l'a vu, place cette obsession au cœur de son portrait, et malgré sa réprobation, concède volontiers aux Parisiennes une forme d'excellence dans ce domaine. « Elles se mettent si bien, ou du moins, elles en ont tellement la réputation, qu'elles servent en cela comme en tout, de modèles à toute l'Europe[17]. » La remarque est riche d'implications. Elle souligne d'abord ce qui, dans l'Europe du milieu du XVIIIe siècle, fait déjà largement figure de lieu commun, à savoir que Paris donne le *la* en matière de mode. « Eh ! comment ne pas imiter une admirable Parisienne, dont la plus simple attitude parle en faveur de la mode et des Français[18] », souligne ainsi l'écrivain d'origine italienne Caraccioli.

Apparue dans les cours italiennes de la Renaissance, la notion de « mode », qui suppose un renouvellement rapide des vêtements et des parures, détachés des fonctions utilitaires ou purement cérémonielles, s'est lentement imposée au cours des XVIe et XVIIe siècles. Louis XIV a fait du lancement de nouvelles modes un enjeu essentiel du théâtre de la Cour, mais aussi de la richesse économique du royaume, apte à encourager la production et le travail des étoffes. Sous son règne, la réputation déjà ancienne des tailleurs et couturiers de Paris s'est confortée, tout comme celle des nombreux artisans spécialisés dans les accessoires, merciers, brodeurs, plumassiers, fourreurs, gantiers ou modistes. En 1675, les couturières ont obtenu du roi le droit de se détacher de la corporation des tailleurs pour en former une nouvelle, à dominante féminine. Parallèlement s'est développée l'activité des marchandes de mode, qui appartenaient à l'origine au corps des merciers ou des modistes et se constituent en corporation indépendante à compter de 1776. Spécialisées dans les « ornements et agréments[19] », elles déploient des trésors d'inventivité pour orchestrer l'harmonie des accessoires et des coiffures, nœuds, rubans, dentelles, plumes ou chapeaux. À la fin du XVIIIe siècle, la plus célèbre d'entre elles est sans conteste Rose Bertin, une ancienne modiste qui, au début des années 1770, a ouvert rue Saint-Honoré une boutique fort réputée à l'enseigne du Grand Mogol, transférée par la suite rue de Richelieu. Dès 1774, l'habile marchande a su se concilier les faveurs de Marie-Antoinette, qu'elle visite personnellement à Versailles et dont elle devient la principale conseillère et fournisseuse. La baronne d'Oberkirch narre en détail la visite obligée à la célèbre styliste, si consciente de son importance qu'elle affiche une morgue de grande dame[20]. « Quand on quitte Paris, il faudrait des fourgons ! » s'exclame, à l'issue de son séjour, la provinciale émerveillée, dans une formule que reprendront, après elle, bien des voyageuses. Cette nouvelle frénésie d'achat ne concerne pas que les modes vestimentaires : meubles, bibelots, vaisselle, cosmétiques, parfums font aussi la réputation des marchands parisiens. Les Parisiennes à la mode se distinguent par le raffinement de leurs intérieurs, de leurs boudoirs, de leurs meubles de toilette. Ce « goût du luxe », célébré par Voltaire, s'est amplifié avec le siècle. Le terme ne désigne plus l'apparat somptueux de la haute aristocratie, mais un véritable « art de vivre » accessible à toutes les classes aisées, fait d'un souci de beauté et d'élégance jusque dans les moindres détails de la vie quotidienne.

Jusqu'au début du règne de Louis XV, c'est encore la Cour qui impose ses modèles et ses normes, et si les artisans parisiens sont déjà fort renommés, ils travaillent sous le regard et dans l'esprit de Versailles. « Le prince imprime le caractère de son esprit à la cour, la cour à la ville, la ville aux provinces[21] », rappelait Montesquieu pour décrire le ruissellement des modes en cascade, du sommet de la société jusqu'aux confins du royaume. Au milieu du siècle, cependant, la dynamique se modifie. « Quelque mode qu'on prenne à la cour, cette mode est suivie à l'instant à la ville, remarque le Saint-Preux de Rousseau ; et il n'en est pas des bourgeoises de Paris comme des provinciales et des étrangères, qui ne sont jamais qu'à la mode qui n'est plus[22]. » Ce qui fait la Parisienne, c'est sa proximité avec la plus brillante cour d'Europe, et la vitesse de translation des modes entre ces deux pôles. Rappelons au vrai que les lois somptuaires qui, autrefois, réservaient étoffes de luxe et pierreries à l'entourage des rois et des princes ne sont plus appliquées depuis 1720, même si la richesse et le style du vêtement restent proportionnés au rang et aux moyens des individus. De fait, les épouses des financiers et des grands négociants, les maîtresses entretenues des grands, les artistes de la scène, voire les bourgeoises aisées fréquentent les mêmes magasins que la haute aristocratie, tandis que les milieux inférieurs regardent vers les élites. Fille de graveur, Jeanne-Marie Phlipon, future Mme Roland, qui a grandi dans le Paris des années 1760-1770, évoque dans ses Mémoires l'attention que sa famille petite-bourgeoise prêtait à sa toilette :

> [Ma mère] était simple dans [sa parure], et même souvent négligée. Mais sa fille était sa poupée, et j'avais dans mon enfance une mise élégante, même riche qui semblait au-dessus de mon état. [...] Il me semble que j'entends demander pour quels yeux était cette toilette dans la vie retirée que je menais. Ceux qui feraient cette question doivent se rappeler que je sortais deux fois la semaine. Et s'ils avaient connu les mœurs de ce qu'on appelait les bourgeois de Paris de mon temps, ils sauraient qu'il en existait des milliers dont la dépense, assez grande en parure, avait pour objet une représentation de quelques heures aux Tuileries[23].

La remarque souligne les effets de compétition et de mimétisme sociaux qui irriguent la création de la Parisienne, synthèse imaginaire d'un complexe feuilletage social. Elle souligne aussi combien la mode tend à devenir un opérateur essentiel de fusion des élites, et même, plus largement, du groupe des « Parisiens », en brouillant les partitions rigides de la société d'ordre. Dans les deux dernières décennies du siècle, le sens de l'influence tend même à s'inverser : c'est la ville, désormais, qui influence la Cour, en mettant à la mode, pour les femmes, des robes plus simples et plus fluides, moins étroitement dictées par le souci du décorum et de l'étiquette. L'encombrante robe à panier tend à passer de mode dans les années 1770, même si le « grand habit » reste de rigueur pour les cérémonies à la Cour. L'influence anglaise est certes pour beaucoup dans cette évolution vers plus de naturel et d'« urbanité », ce qui témoigne aussi d'une attention plus grande à l'hygiène. Mais cette demande s'inscrit également dans la sociologie parisienne, et se nourrit du talent des artisans de la capitale, précurseurs et prescripteurs en matière de modes féminines : une robe « à la polonaise » ou « à l'anglaise » n'acquiert sa pleine séduction qu'à Paris.

Le prestige des modes parisiennes s'appuie de plus en plus sur une presse dédiée. D'abord réduite à de simples catalogues d'estampes, celle-ci a conquis ses premières lettres de noblesse, en 1785, avec *Le Cabinet des modes*, relayé, à partir de 1786, par le *Magasin des modes nouvelles, françaises et anglaises*, qui existera jusqu'à la Révolution. Des planches dessinées, d'une grande qualité graphique, accompagnées de descriptions très détaillées que complètent les adresses de boutiques et de fournisseurs, font rayonner les modes parisiennes dans tout le royaume et au-delà des frontières. Des « poupées de mode » sillonnent l'Europe pour présenter aux couturières les dernières trouvailles de la capitale. À la fin du siècle, Paris est si bien devenu la capitale de la mode que même un moraliste critique tel Mercier peut s'exclamer dans un accès d'orgueil patriotique :

> C'est de Paris que les profondes inventrices en ce genre donnent des lois à l'univers. La fameuse poupée, le mannequin précieux, affublé des modes les plus nouvelles, enfin le prototype inspirateur, passe de Paris à Londres tous les mois et va de là répandre ses grâces dans toute l'Europe. [...] Les nations voisines ont beau vouloir nous imiter, la gloire de ce goût léger nous restera en propre[24].

Rien n'illustre mieux la translation d'influence de la Cour à la ville que le tropisme parisien de Marie-Antoinette. La reine venue de Vienne et régnant à Versailles fut-elle la première Parisienne de l'histoire ? On serait presque tenté de l'affirmer, tant ses goûts, sa sensibilité, ses curiosités témoignent de la nouvelle attractivité de la ville. En 1770, Paris a réservé à la fille de Marie-Thérèse le plus chaleureux accueil, et la jeune dauphine en a conçu, non seulement de la reconnaissance pour le peuple de Paris, mais aussi l'insatiable envie de profiter des plaisirs et du luxe de la capitale. Ses visites « incognito » au bal de l'Opéra, sous la protection du masque, sont restées célèbres, mais elle fréquenta aussi régulièrement les boutiques et les théâtres des bords de Seine. Elle avait même fait le choix, on l'a vu, de s'habiller à Paris, chez Rose Bertin, bientôt surnommée le « ministre des modes », du fait de son influence jugée excessive sur les dépenses de la reine, et, partant, sur les finances de l'État. Dans son « particulier », c'est-à-dire en privé, et plus encore à Trianon à partir de 1774, la reine n'aimait rien tant que délaisser le carcan des robes de cour pour adopter les modes urbaines venues de Paris ou de Londres. En imposant ses choix, en régnant sur la mode, Marie-Antoinette rompait avec la retenue habituelle des épouses royales, vouées à assurer une descendance au royaume et à représenter la dignité de la monarchie. C'étaient, jusque-là, les maîtresses du roi qui avaient monopolisé l'érotisme féminin en monarchie, faire-valoir du phallus royal. Certaines, telles Mme de Pompadour ou Mme du Barry, avaient déjà joué un rôle de passeuses entre les modes de la ville et celles de la Cour. Par sa culture, la première se rattachait aux salonnières des Lumières. La seconde avait commencé sa carrière dans une boutique de mode de la rue Neuve-des-Petits-Champs et fut célébrée pour son goût à la fois sûr et novateur en matière d'art, de mobilier et de parures vestimentaires. Avec Marie-Antoinette, cette privatisation du goût s'installait au cœur du pouvoir, non sans créer tensions et discordances. En témoigne la réprobation suscitée par le portrait de la reine peint par Élisabeth Vigée-Lebrun en 1786, qui représentait la souveraine en « robe de gaulle », une robe-chemise en mousseline blanche – sorte de *casual chic* avant la lettre, qui suscita la colère de Marie-Thérèse, indignée de voir la reine de France « vêtue comme une actrice ». L'artiste dut revoir sa copie : d'où deux portraits presque identiques de Marie-Antoinette, une rose à la main, mais avec deux tenues fort contrastées, l'une très régalienne, sur fond azuréen, l'autre déjà « parisienne » par l'esprit, pleine d'élégance déliée, dans un cadre sobre et intime.

L'élégance et l'harmonie

« On ne peut employer avec plus de goût un habillement plus bizarre », remarquait justement Rousseau à propos des Parisiennes, pour souligner l'articulation problématique entre deux registres contradictoires, celui des modes dictées par l'ostentation, le paraître, le rang, et celui qui valorise la grâce et la simplicité. Les années 1760-1780 ont porté les modes féminines à des sommets d'excentricité, avec des paniers toujours plus larges – qui nécessitent parfois d'agrandir les portes ! – et les « poufs » démesurés qui ornent la tête des élégantes, pour la plus grande joie des caricaturistes. La vogue des postiches et des artifices ne fait pas pour autant des Parisiennes des poupées ridicules. « Elles sont de toutes les femmes les moins asservies à leurs propres modes, souhaite préciser Rousseau. La mode domine les provinciales ; mais les Parisiennes dominent la mode et la savent plier chacune à son avantage[25]. » Aux conventions du paraître social vient donc se surimposer une qualité plus ineffable, concentré de bon goût, de raffinement, d'harmonie, à laquelle le XVIIIe siècle assimile « le goût français ». Caraccioli la résume d'une notion essentielle, celle d'élégance : « l'Europe, sans l'élégance française, restait gothique et demeurait ensevelie sous son or. [...] tout ce qui caractérise une certaine délicatesse dans la manière de s'habiller, de se présenter, de marcher, de danser, d'écrire, de converser, s'appelle l'élégance ; c'est ce que le Français connaît parfaitement[26] ». Venu du vocabulaire de l'art et de l'esthétique, servant d'abord à qualifier, selon l'*Encyclopédie*, un tableau ou une poésie[27], le terme s'est déplacé vers le registre domestique et intime, pour désigner, notamment, la grâce vestimentaire. Contrairement à la mode, phénomène matériel objectivable que chacun peut s'approprier, l'élégance relève d'une qualité individuelle, plus difficile à imiter. Elle renvoie aussi à une esthétique de la nuance, du détail, de l'harmonie, plutôt qu'à un étalage de richesses. « Leur parure est plus recherchée que magnifique. Il y règne plus d'élégance que de richesse », insiste l'auteur de *La Nouvelle Héloïse* à propos de ses amies du bord de Seine[28]. À une esthétique de la pompe et du faste, qui est celle de la Cour, se substitue une autre, plus subtile et plus urbaine. Pour Rousseau, elle découle de nouvelles logiques de consommation, qui poussent au renouvellement régulier des toilettes : « La rapidité des modes, qui vieillit tout d'une année sur l'autre, la propreté qui leur fait aimer à changer souvent d'ajustement, les préservent d'une somptuosité ridicule. Elles n'en dépensent pas moins, mais leur dépense est mieux entendue ; au lieu d'habits râpés et superbes, comme en Italie, on voit ici des habits plus simples et toujours frais[29]. » Ces aspirations favorisent la netteté, la fraîcheur et une forme de « simplicité », certes encore très relative à nos yeux contemporains, mais qui doit s'apprécier à l'aune du système de valeurs antérieur. Les Parisiennes mettent ainsi à distance tant la somptuosité seigneuriale que le mauvais goût des nouveaux riches, dont Molière faisait sa cible dans *Le Bourgeois gentilhomme*. Ni grande dame caparaçonnée ni parvenue vulgaire, la Parisienne invente un style.

L'essentiel est peut-être que ce nouvel idéal n'engage pas seulement la toilette mais l'ensemble de la silhouette, le mouvement, la manière d'être – il s'incorpore au cœur de l'être. « Elles ont une silhouette souple et déliée, car peu s'encombrent de postures raides comme en Angleterre[30] », s'en émerveille un auteur anglais au milieu du siècle. Rousseau abonde dans le même sens : « Leur démarche est aisée et commune ; leur port n'a rien d'affecté car elles n'aiment point à se gêner. Mais elles ont naturellement une certaine *disinvoltura* qui n'est pas dépourvue de grâces et qu'elles se piquent souvent de pousser jusqu'à l'étourderie[31]. » Cette « désinvolture » exprime une culture somatique en pleine transformation, qui accorde plus d'attention à la démarche, à la gestuelle, au « liant » de l'allure. La vie de cour, fondée sur des rituels lents et hiératiques, des danses très codifiées, des costumes contraignants, se méfiait du corps libre : arrivant à Versailles en 1670, pour épouser Philippe d'Orléans, frère de Louis XIV, la princesse Palatine, élevée dans une petite cour allemande beaucoup moins guindée, fut frappée par l'incapacité des courtisans à faire trois pas sans s'essouffler[32]. Quant aux « promenades » de l'aristocratie, elles s'effectuent, pour l'essentiel, en voiture ou en carrosse. C'est bien à Paris, au cours du XVIIIe siècle, que s'invente un nouvel art de la marche[33], que Mercier et Rétif ont su mettre au service de leur œuvre littéraire. C'est, pour Caraccioli, « la seule ville où l'on a coutume de marcher à pied, hormis Londres[34] » – l'auteur signale aussi l'habitude, encore rare, de s'asseoir sur les pelouses[35]. Sans doute la promenade des Parisiennes élégantes reste-t-elle cantonnée, pour l'essentiel, à des lieux clos et dédiés, tels le Cours-la-Reine, les Tuileries, les Champs-Élysées, et relève encore, largement, de la parade mondaine. Mais elle s'émancipe déjà de la rigide chorégraphie des courtisans. C'est ainsi qu'on peut voir, autour du Palais-Royal, quartier des boutiques à la mode, déambuler les élégantes qui, descendues de leur carrosse, font leurs emplettes dans une atmosphère mondaine.

Le verbe et l'esprit

Maîtresses des modes, les Parisiennes n'ont pas, pour autant, une réputation d'écervelées. Car à cet extérieur aimable elles joignent, dit-on, la culture et l'esprit, et pas uniquement dans les sphères privilégiées. Au sommet de la société, ce sont les célèbres « salonnières » qui font la réputation de l'esprit parisien – ce sont elles, on l'a vu, qui inspirent à Rousseau l'essentiel de son portrait des Parisiennes. L'historien Antoine Lilti a certes montré que la réalité du « monde des salons » est bien plus complexe que ne le suggère cette imagerie très « philogyne », en grande partie reconstruite au XIXe siècle[36]. Souvent animés par des couples, les salons n'étaient pas tous des espaces de haute culture, et les femmes y tenaient, pour l'essentiel, un rôle d'hôtesse ou de maîtresse de maison, bien plus que d'intellectuelle – au XVIIIe siècle, la création artistique et littéraire féminine est d'ailleurs plutôt en retrait par rapport au siècle précédent. Quelques-unes, telles Mme du Deffand ou Julie de Lespinasse, se font, cependant, une plus haute ambition de leur rôle, ce qui donne aux assemblées qu'elles président une ambiance très différente de celle des salons purement mondains, même si elles en conservent certains codes. Le contact des philosophes, la fréquentation des théâtres et des librairies, la distance à la fois géographique et symbolique à la Cour leur procurent un esprit plus libre et plus incisif que celui des simples mondaines, sans que soient autorisés la pédanterie ou le ton « bas-bleu » qui au pays de Molière, resteront des tares. « Il n'y a point de pays au monde où les femmes soient plus éclairées, n'hésite pas à déclarer Rousseau pour célébrer cette féminité frottée au contact des intelligences masculines. [...] Elles sont plus solidement instruites et leur instruction profite mieux à leur jugement[37]. »

Cette réputation ne concerne pas que l'élite. Les petites-bourgeoises, les commerçantes, parfois même les domestiques ou les simples vendeuses donnent souvent aux observateurs, peut-être par projection des modèles élitaires, la même impression d'agilité intellectuelle, de maîtrise du verbe, d'ironie ou d'insolence dont l'absence rend insipide, *a contrario*, la conversation des provinciales ou des étrangères. « Ma foi, vive Paris, l'esprit ne vient point si vite aux filles de province[38] », remarquait déjà Dancourt à propos de sa Parisienne. Pour le meilleur et parfois pour le pire, la grande ville éveille, déniaise, insuffle de l'audace ou du bagout, faisant éclore cette « fleur d'urbanité » qui, pour Louis-Sébastien Mercier, fonde l'identité des habitants de la capitale. Rétif dépasse, lui, le simple archétype de la fille malicieuse et délurée, pour brosser le portrait d'une femme réellement cultivée : « Une Parisienne n'est pas la femme naturelle ; c'est un être perfectionné par l'éducation, l'urbanité, l'instruction ; par tout ce que les philosophes ont jamais dit de meilleur ; par les bonnes pièces de théâtre et par les bons exemples[39]. » Certes, à cette date, la plupart des Parisiennes du peuple savent à peine signer leur nom, et l'éducation des filles demeure, tous milieux confondus, moins poussée que celle des garçons. Néanmoins, la capitale offre, comparativement, une des moins mauvaises situations du royaume. Et ce sont les filles qui, dans la seconde moitié du siècle, ont le mieux profité des progrès de l'éducation, dispensée à travers le catéchisme et les « écoles de charité ». À la veille de la Révolution, un nombre croissant de Parisiennes est capable de déchiffrer les brochures, les petits livres de la Bibliothèque bleue, les placards qui se multiplient dans cette ville saturée d'imprimés. Il leur arrive aussi de fréquenter les salles de théâtre qui ont ouvert, dans les années 1760, sur le tracé des anciens remparts détruits à la fin du XVIIe siècle. Même diffuse et inégalitaire, l'imprégnation culturelle est réelle, qui procure un vernis de savoir supérieur à la moyenne française et européenne.

Au vrai, l'esprit des Parisiennes est aussi le produit des interactions sociales et commerciales, sensibles dans cet art du bagout que maîtrisent à la perfection marchandes et vendeuses. « [Les femmes de cette ville] sont fines et éloquentes, bonnes marchandes, habiles à compter, note le Sicilien Marana. Les plus belles tiennent boutiques dans des robes bien ajustées et sont habiles à soutirer l'argent du chaland[40]. » Pour Charles Cotolendi, « leur liberté est grande, on les voit partout vendre des marchandises avec éloquence et aplomb, elles ne le cèdent en rien aux hommes dans l'art du marchandage[41] ». Du talent oratoire à l'art du racolage il n'y a qu'un pas, évidemment moins apprécié des voyageurs. « Il faut avouer que les femmes, surtout quand elles sont à Paris, ont une adresse particulière quand elles veulent rendre leur homme leur dupe[42] », remarque de son côté Louis Liger, auteur d'un guide de voyage, exprimant un *topos* répandu dans ce type de littérature à propos des prostituées et autres aventurières intéressées. Au bas de l'échelle du commerce parisien figurent les poissardes, vendeuses de la halle réputées pour leur parler truculent, voire grossier. La Révolution en fera un type répulsif et menaçant, mais les poissardes d'Ancien Régime, organisées de longue date en corporation, représentent alors le peuple de Paris dans les cortèges et sont habilitées à présenter chaque année, vêtues de leurs plus beaux atours, leurs vœux à la reine. Dans ses *Contemporaines du commun*, Rétif de La Bretonne n'hésite pas à camper le type de la « jolie poissarde », ni à en faire un appât de séduction pour le regard masculin.

Le paraître et l'esprit convergent vers une même qualité ambiguë, qui est au cœur du portrait de la Parisienne : la séduction.

Séductrice et « galante »

Grande dame lettrée ou petite marchande pleine de bagout, elle semble en effet se signaler par une absence de réserve et de pudeur. « Depuis le faubourg Saint-Germain jusqu'aux halles, il y a peu de femmes à Paris dont l'abord, le regard, ne soit d'une hardiesse à déconcerter quiconque n'a rien vu de semblable en son pays[43] », peut ainsi déplorer Rousseau. Rétif de La Bretonne considère de même que la retenue n'est pas la qualité première des Parisiennes, « car les filles de Paris sont plutôt trop hardies[44] ». Le premier attribue ce trait à l'atmosphère licencieuse de la ville, mais aussi à la promiscuité qu'elle favorise. Cette impudeur se manifeste particulièrement dans l'apparence et le vêtement, dont la description fait alterner le registre de l'élégance et celui du choquant. « Les femmes se découvrent le corps et l'esprit, déplorait déjà Muralt. Elles oublient que c'est prodiguer leurs charmes que de les dilapider en tout temps et les hommes devraient les en faire souvenir[45]. » Les décolletés des Parisiennes polarisent particulièrement les critiques, tout comme l'abus du maquillage, rouge qui enflamme les joues ou blanc qui dénature la pureté du teint.

De l'effronterie à l'adultère, il n'y a qu'un pas et l'équivoque réputation des Parisiennes sous cet aspect est ancienne. Comme le rappelle cette remarque des deux Persans de Montesquieu : « Ici les maris prennent leur parti de bonne grâce et regardent les infidélités comme des coups d'une étoile inévitable. Un mari qui voudrait seul posséder sa femme serait regardé comme un perturbateur de la joie publique[46]. » Un demi-siècle plus tard, même constat chez Rousseau, avec moins d'ironie indulgente, à propos de la capitale française : « L'adultère n'y révolte point, on n'y trouve rien de contraire à la bienséance [...]. On dirait que le mariage n'est pas, à Paris, de la même nature que partout ailleurs[47]. » L'adultère quasi institutionnalisé des élites aristocratiques n'a assurément rien d'un mythe : « [Il] est devenu un mode de vie et un privilège de la haute noblesse[48] », souligne l'historienne Agnès Walch. Au-delà du cas particulier des maîtresses royales, les mariages d'intérêt et de convenance s'accommodaient fort bien, pour les hommes comme pour les femmes, de liaisons parallèles, parfois presque aussi officielles que celles des monarques, à condition que les intérêts patrimoniaux et familiaux soient préservés. « Tout dans le siècle conspire contre le mariage, analysent rétrospectivement les frères Goncourt dans leur portrait de la femme au XVIIIe siècle. Le relâchement des mœurs, les arrangements du monde, les longues absences des maris pour divers commandements militaires ou administratifs[49]. » Aimer son conjoint, valoriser la fidélité, relève plutôt d'un *ethos* bourgeois, même s'il existe des exemples de couples aristocratiques soudés. Publié en 1782, le roman de Choderlos de Laclos *Les Liaisons dangereuses* donne une vision à la fois hyperbolique et vraisemblable des mœurs galantes de la haute noblesse, en prêtant à la marquise de Merteuil un talent équivalent, voire supérieur à celui des hommes dans le cynisme érotique et amoureux. À partir de la fin des années 1770, la rumeur prête aussi de nombreux amants à la reine Marie-Antoinette, contribuant fortement à la détérioration de son image. La calomnie atteint son comble dans les années 1785-1786, avec l'affaire du Collier, ce bijou que la reine aurait cherché à acquérir en secret pour un prix exorbitant, par l'entremise du cardinal de Rohan. Le portrait de la Parisienne se construit dans un jeu de miroirs avec le trône, comme contaminé par l'opprobre qu'il subit. Modelée à l'image des élites, « reine » en sa cité-capitale, elle partage ainsi avec la souveraine un statut de symbole négatif, source des désordres affectant le royaume. Il est vrai que la sociabilité, la promiscuité, l'anonymat, propres à la grande ville, comme la moindre emprise de la religion en milieu urbain, ont pu favoriser des tentations amoureuses plus difficiles à satisfaire à la campagne ou dans les petites villes. Mais plus que d'un fait social, l'adultère de la Parisienne relève avant tout d'un *topos* symbolique, inscrit dans la longue durée.

La réputation de galanterie qui lui colle précocement à la peau se nourrit aussi du poids et de la visibilité de la prostitution. Certes, Paris n'a pas le monopole du sexe vénal. Toutes les grandes capitales, Londres au premier chef, ont leurs bordels, leurs quartiers chauds, leur « chair à vendre ». Mais à Paris, « Babylone moderne », le plaisir tarifé est censé s'étaler avec plus d'impudence et, dans le dernier quart du siècle, la prostitution apparaît comme un phénomène en recrudescence, nourrie par les migrations et la misère sociale. Dans les années 1780, les ambitieux travaux entrepris par le duc d'Orléans font du Palais-Royal le pôle d'exhibition de la galanterie parisienne. « Ce scandale incroyable pour la province se passe à la porte de l'honnête bourgeois, qui a des filles spectatrices de cet immense désordre[50] », se désole Mercier. Pour le voyageur étranger, la prostitution résume souvent l'essentiel de la Parisienne, comme en témoigne cette réaction du Russe Denis Fonvizine, en visite dans la capitale française en 1778 : « À voir les choses de plus près, je pense qu'il n'y a que deux choses qui attirent ici les étrangers en si grand nombre : les *spectacles* et, qu'il me soit permis de le dire, *les filles*. Si l'on retire ces deux attraits aujourd'hui, les deux tiers des étrangers quitteront Paris demain[51]. » Les « petites femmes de Paris » n'ont pas encore droit à ce label mais forment déjà un attrait ambigu de la capitale, avec un effet d'aura qui jette sur l'ensemble des femmes de la ville un soupçon de légèreté et de corruption des mœurs.

Si l'on conjugue réputation d'impudeur, d'adultère et de libertinage, on ne s'étonnera pas de lire, sous la plume de Rétif de La Bretonne, ce chapelet d'adjectifs pour le moins critiques :

> Ô femmes de Paris ! Jusqu'à quand serez-vous coquettes, hautaines, frivoles, inconséquentes, dissipées, fainéantes, joueuses, gourmandes, impérieuses, bavardes, doubles, méchantes, curieuses, impertinentes, dissipatrices, ostenteuses, lubriques sans passion, libertines sans jouir, amantes sans tendresse, savantes sans savoir, philosophes sans raisonnement, pieuses sans religion, pensantes sans réfléchir, jugeant sans discerner, voulant gouverner par caprice, désirant ce qu'on vous refuse, dédaignant ce qu'on vous offre ? Jusqu'à quand, ô femmes, serez-vous des enfants courant après des papillons ? Jusqu'à quand effraierez-vous tout homme de bon sens qui cherche à se marier[52] ?

Cette Parisienne très séductrice, au verbe haut, folle de chiffons, souvent rusée et au cœur plutôt froid, est-elle une figure positive ou négative, valorisée ou dénoncée ? Le portrait reste à vrai dire profondément ambivalent. Les qualités ou les défauts qu'on lui prête demandent dès lors ainsi à être interprétés, comme autant de points de crispations et de tensions d'une société ligotée par de nombreux blocages mais en proie à une intense fermentation sociale et intellectuelle.

Pourquoi la Parisienne ?

L'artifice et la nature

L'imaginaire qui se développe autour de la Parisienne se ressent d'abord des critiques adressées aux élites françaises, notamment par Rousseau et ses disciples : la banalisation supposée de la débauche, du libertinage, de l'adultère, le goût de l'artifice et du masque, les excès du luxe, autant d'accusations qui prolifèrent alors dans le corps social, et que la Parisienne reçoit en héritage. D'abord, on l'a dit, parce que le lien organique à Versailles l'englobe *de facto* dans le discrédit de la monarchie, mais aussi parce que la promiscuité des groupes sociaux dans la capitale favorise des phénomènes de contagion par l'exemple, ainsi que l'exprime Mercier à propos du tourbillon des modes : « Ces amusements de l'opulence amusent une foule d'ouvrières. Mais ce qu'il y a de fâcheux, c'est que la petite-bourgeoise veut imiter la marquise et la duchesse. Le pauvre mari est obligé de suer sang et eau pour satisfaire les caprices de son épouse[53]. » En brouillant les barrières d'ordre de la société d'Ancien Régime, la mode introduit de fortes discordances dans une architecture par essence hiérarchisée. Elle favorise aussi des dépenses excessives ou disproportionnées aux conditions, avec des implications économiques, dont nos moralistes aiment à pointer les dérives. La principale a trait au rôle et aux effets du luxe, débat essentiel dans la pensée économique et politique du XVIIIe siècle. Avec le déclin des lois somptuaires, le luxe, au sens large de consommation débordant le simple enjeu de la survie, commence en effet à se démocratiser : les Parisiennes emblématisent cette inflation de dépenses et de goûts « inutiles », que Mercier appelle joliment des « superfluités ». Dans les milieux privilégiés, elles atteignent un niveau de confort et de raffinement inconnu jusqu'alors, qui consacre la France et Paris comme étalons du bon goût. Mais le petit peuple parisien lui-même a désormais accès aux miettes de cette « culture des apparences » analysée par Daniel Roche – la hausse du niveau de vie et l'offre commerciale permettent déjà aux Parisiennes plus modestes d'acquérir un petit miroir, une parure de cheveux ou un coquet ruban. Et c'est bien ce goût nouveau du superflu qui, pour Rétif de La Bretonne, caractérise la femme de Paris, au point de bouleverser la hiérarchie traditionnelle des métiers : « Aux yeux d'une Parisienne, un fleuriste, un plumassier sont des hommes aussi utiles que l'agriculteur : le préjugé des conditions n'est presque rien à ses yeux. Dès qu'une fille peut dire de son père, c'est un honnête marchand, de n'importe quoi, qui vend et fait beaucoup travailler, elle est glorieuse de sa condition et n'envie celle de personne[54]. » Sous l'aimable badinage perce un débat économico-philosophique majeur. Car à la vieille condamnation morale et religieuse des excès du luxe s'ajoute, désormais, un argumentaire qui cherche à dénoncer ses effets perturbateurs et parasites dans le circuit économique. Il est développé par le courant physiocratique, nourri de la pensée de l'économiste François Quesnay (1694-1774), qui a publié en 1758 un *Tableau économique* et participe à l'*Encyclopédie* dans les années 1756-1757. Selon ce mouvement, la richesse d'une nation réside d'abord dans l'agriculture ; la ville, et tout particulièrement la capitale, est perçue comme un lieu stérile, qui absorbe le numéraire, sans créer de dynamique économique propre. « Paris pompe, il aspire l'argent et les hommes ; il absorbe et il dévore les autres villes[55] », déplore Mercier, en écho à ces thèses. La Parisienne se construit comme un rouage central de cette machine folle, qu'elle alimente par sa passion des modes et de la dépense.

Foyer du luxe et de la débauche, la capitale est aussi, de plus en plus, appréhendée par les médecins et les hygiénistes comme un milieu malsain, où les fluides stagnent, où l'air ne circule pas, où les maladies prolifèrent. Cette dénonciation, qui s'inscrit dans une nouvelle « urbaphobie » ou haine de la ville[56], va de pair avec l'exaltation symétrique de la nature, parée de toutes les vertus régénératrices. Il en résulte un portrait physique peu flatteur de la Parisienne, tout imprégné de métaphores agricoles visant à opposer les beaux fruits de la terre aux produits frelatés du milieu urbain, qu'elle évoque par sa maigreur, son teint pâle ou sa silhouette atrophiée. « Les Parisiennes ne sont pas belles, considère par exemple Rétif de La Bretonne. Elles n'ont qu'une certaine agréabilité, un air vif, éveillé, des grâces, des mignardises : on sent qu'avec un pareil physique, les femmes de Paris doivent être extrêmement curieuses de parures, afin d'embellir leurs défauts et de faire une grâce de leur maigreur, de leur taille fluette, de leur individu desséché[57]. » Corrigeant les épreuves de *La Nouvelle Héloïse*, Rousseau exige, pour sa part, de son illustrateur, qu'il revoie son dessin, avec cet argument : « Julie et Claire ont le sein trop plat. Les Suissesses ne l'ont pas ainsi. Probablement M. Coindet n'ignore pas que les femmes de notre pays ont plus de tétons que les Parisiennes[58]. » D'être antinaturel, la Parisienne glisse ainsi au statut de femme dénaturée, qui offense ou contredit les devoirs de son sexe. Cette critique s'insère dans une représentation des rôles et des rapports masculin-féminin alors en plein renouvellement.

Une exception à la « loi du genre »

Sans doute la Parisienne partage-t-elle nombre de ses défauts et qualités supposés avec le Parisien, lui aussi brocardé pour sa vanité, son goût du luxe ou son caquetage – songeons à tous les bellâtres gentilshommes mis en scène par Molière, Parisiens snobs et futiles avant la lettre. Mais c'est aussi en se distinguant de son *alter ego* qu'elle construit sa spécificité, tout particulièrement à travers ce « goût de la mode » censé la caractériser. Jusqu'au règne de Louis XV, en effet, comme le rappelle l'historienne américaine Jennifer M. Jones, la recherche vestimentaire, allant de pair avec le goût des ornements et des couleurs chatoyantes, concernait indifféremment, les deux sexes[59]. À compter des années 1750, parures masculines et féminines commencent à diverger. Sans doute les habits de cour ou de cérémonie demeurent-ils, pour les hommes, très recherchés, mais dans la vie quotidienne, le vestiaire masculin tend à s'assombrir et à se simplifier, y compris à Versailles. La passion des modes se constitue ainsi en un trait féminin, non sans dévalorisation morale implicite – coquetterie, futilité, superficialité.

C'est que le XVIIIe siècle a eu tendance à accuser et à naturaliser le principe de la différence des sexes. D'abord sur le plan anatomique et physiologique : Comme l'a montré l'historien Thomas Laqueur[60] jusqu'alors prévalait une conception des identités homme-femme fondée sur la similitude ou la parenté – de même nature, les sexes masculin et féminin ne diffèrent que par l'intensité, avec un effet d'inversion symétrique qui permet par exemple de concevoir le vagin comme un pénis rentré. Ce schéma cède peu à peu la place à l'hypothèse d'une hétérogénéité radicale : le corps féminin est « tout autre » que le corps masculin, et se définit, avant tout, par les organes de la reproduction, sans équivalent chez l'homme : *tota mulier in utero*. L'être social de chaque sexe se conçoit ainsi en fonction de cette donnée « de la nature », et à l'élément féminin est prioritairement assignée une fonction reproductrice, nourricière et domestique. C'est bien au prisme de ces théories diffuses que Rousseau a dressé son portrait des Parisiennes, par antithèse avec son propre idéal de féminité et de conjugalité, dont *La Nouvelle Héloïse* va se faire l'efficace propagateur. Subvertissant ces deux piliers fondamentaux de l'ordre social « naturel » que sont le mariage et la famille, les Parisiennes sont pour Rétif de La Bretonne une forme d'anomalie :

> Dans nos provinces, dans l'Europe, dans toute la Terre, quand une fille se marie, elle se regarde comme cessant d'être libre, comme n'étant plus à elle-même, comme devant consacrer le reste de ses jours à la retraite, à l'utilité, à l'homme qu'on va lui donner pour chef et dont elle va porter le nom [...]. À Paris, c'est tout le contraire. Une fille voit dans le mariage la liberté, l'indépendance, les plaisirs de toute espèce, la coquetterie, dans la mise et dans la conduite, l'empire, la dépense, enfin tout ce qui peut flatter les passions, ruiner la maison, et préparer les malheurs des enfants qu'elle doit mettre au monde. C'est un détestable abus que celui-là[61].

Ce refus des fonctions « naturelles » de la femme serait particulièrement bien représenté au sein des élites aristocratiques, peu sensibles à l'idéal domestique et conjugal du mariage petit-bourgeois. Chez Rousseau, ce reproche de légèreté ou d'immoralisme bascule même, on l'a vu, vers une accusation d'androgynie : la féminité véritable est dans l'harmonieuse articulation de l'apparence et de la fonction, si bien que toute remise en cause de l'une ou de l'autre entraîne la dénaturation de l'essence sexuée. En dernier ressort, cette identité « viriloïde » rendrait la Parisienne insensible à l'amour et au sentiment : « À Paris, l'amour même, l'amour a perdu ses droits et n'est pas moins dénaturé que le mariage[62] », se désole le héros rousseauiste. Dans la société galante de la capitale française, la femme semble privilégier le calcul et la raison sur les élans du cœur, détachement inadmissible pour le chantre du romantisme naissant.

L'immense succès de *La Nouvelle Héloïse*, plus particulièrement auprès des femmes, suggère que la critique porte, et que la seconde moitié du siècle est prête à suivre Rousseau dans la mise en accusation de ces Parisiennes trop coquettes et trop lascives, actrices, femmes galantes, « petites maîtresses », servantes et domestiques délurées à l'excès, ou corrompues par leurs amants. Le dénigrement suggère l'épuisement d'un modèle, et une tension lancinante vers « autre chose » de plus authentique, qui préfigure le romantisme. Pour autant, l'analyse rousseauiste n'épuise pas toutes les lectures possibles du type. D'autres regards suggèrent que la société d'Ancien Régime est aussi travaillée par une modernité paradoxale[63], dont cette figure est le fruit et le symbole.

Modernité de l'Ancien Régime

La Parisienne prend naissance dans une société en pleine ébullition, gagnée par de nouveaux modes de consommation, de nouvelles pratiques culturelles, aspirant à se détacher des rigidités de la société d'ordre, voire d'une monarchie de plus en plus discréditée. La mode dont la Parisienne est l'emblème est justement nourrie de ces nouvelles dynamiques socio-économiques qui refusent la fixité des castes. Quant au luxe, s'il est critiqué par l'école physiocratique, il fait plutôt figure pour d'autres de facteur d'enrichissement et d'équilibre politique. Voltaire, notamment, dans ses *Lettres philosophiques* de 1734 ou encore dans le poème *Le Mondain* (1736), avait déjà exalté ses vertus civilisatrices. Plutôt physiocrate, on l'a vu, au seuil du *Tableau de Paris*, Mercier développe une autre analyse dans les dernières pages de l'ouvrage, admettant le caractère stimulant du consumérisme parisien, tant du point de vue des mœurs que de l'économie : « Non, Paris n'est point une tête trop grosse, et disproportionnée, pour le royaume [...] car sans une grande capitale, il ne faut espérer chez un peuple ni politesse, ni ressources, ni instruction. Les grandes villes ne dévorent point les campagnes ; elles ne les rendent que plus florissantes par les moyens de reproduction et de consommation[64]. » Dans ce schéma, la Parisienne retrouve des séductions que Mercier et Rétif de La Bretonne, tout rousseauistes qu'ils soient, veulent bien lui reconnaître, prenant leurs distances avec la rigidité idéologique du maître. « Elles ont un tour, une vivacité, une marche, des manières, mille petits riens qui enchantent, inconnus aux provinciales et, je crois, à toutes les femmes de l'univers[65] », note ainsi Rétif de La Bretonne, pour conclure par un spectaculaire retournement de point de vue : « Malgré tout ce que je viens de dire, j'ai entendu dire à un homme de beaucoup de mérite que le chef-d'œuvre en fille et en femme était à Paris ; que pour un homme accoutumé au grand monde, ou seulement au monde de la capitale, une vertueuse Parisienne, comme il en est beaucoup, était la seule épouse qui pût rendre heureux[66]. » Les défauts si unanimement décriés des Parisiennes trouvent une excuse dans l'influence nocive des hommes, des élites ou de la société :

> Presque toutes les filles de Paris ont l'âme belle, du moins tant qu'elles ne sont pas gâtées par ces messieurs de corruption [...]. Elles sont coquettes : mais ce n'est pas un défaut de leur cœur ; c'est l'inconvénient de leur position, dans une population immense, environnée d'hommes sans femmes, d'hommes à talent supérieur, ou d'une condition relevée, qui peuvent satisfaire la vanité ou faire la fortune. Elles désirent de plaire à tout le monde ; mais quand une fois elles ont démêlé l'objet qui leur convient, qu'elles l'ont solidement fixé, on en voit beaucoup devenir aussi fidèles et plus dévouées qu'en province. Elles sont avides de parure : mais cela tient à leur envie de plaire, sentiment légitime en lui-même puisqu'il est naturel[67].

Dans cette empathie de principe pour des femmes qui demeurent, globalement, dominées et vulnérables, se dessine aussi une forme nouvelle de conscience de classe, qui suggère d'autres découpages sociaux que ceux de la société d'ordre, et l'affirmation d'une identité proprement urbaine. Invoquer les « Parisiens » et les « Parisiennes », c'est faire exister un groupe qui ne se définit plus prioritairement par les rangs, les titres, les conditions socioprofessionnelles, mais par ce que David Garrioch appelle la « culture métropolitaine[68] », ce mode de vie propre à la grande capitale, nourri de richesses culturelles, de sociabilité en réseaux, de goûts plus raffinés qu'ailleurs. Et c'est ce milieu urbain qui favorise la multiplication de ce que Mercier nomme, mi-critique, mi-séduit, les « états indéfinissables[69] », qui jouent sur la culture de l'apparence : à Paris, on peut se vêtir au-dessus de sa condition, et paraître ce que l'on n'est pas. Ces effets d'imitation et de trompe-l'œil jouent à plein dans cette ville dense, resserrée spatialement, qu'est Paris, dotée de nombreux lieux publics où les classes s'observent, se côtoient et s'influencent. Selon lui, cette capacité d'absorption est plus fréquente, encore, chez les femmes, car « elles prennent le style de leurs amants plutôt que celui de leur mari[70] ». La déstabilisation des statuts n'est jamais aussi sensible qu'à l'occasion de certains bals ou festivités tel le carnaval, puisque alors, commente encore Mercier, « les filles entretenues, les duchesses, les bourgeoises sont cachées sous le même domino[71] ». Le masque niveleur qui l'accompagne symbolise mieux encore ce désir d'estomper des barrières sociales, auxquelles même les souverains acceptent de déroger le temps d'un bal à l'Opéra.

La Parisienne reflète ainsi l'ascension de nouvelles couches sociales, élites de la finance et du négoce, mais aussi petite bourgeoisie commerçante. Elle suggère la cristallisation embryonnaire d'une « classe moyenne », dont sont précisément issus Mercier, Rétif de La Bretonne, ou encore Manon Roland, dont on a évoqué les aspirations contradictoires. Dans ce processus, l'élément féminin remplit ce que Daniel Roche appelle « l'effet vitrine[72] », faire-valoir de la réussite familiale, par la mode, le goût, le « bon ton », l'innovation esthétique et domestique. Voilà qui explique que, pour Rétif de La Bretonne, les « vraies Parisiennes » sont, non pas les dames de qualité, dont la condition prime sur l'enracinement urbain, mais les marchandes, car « c'est parmi elles qu'on trouve les modes, les costumes, qui les proposent, les font mettre en vogue par les hautes conditions ou par des Laïs célèbres et qui les portant ensuite elles-mêmes, les rendent générales[73] ». Ces catégories intermédiaires ont une fonction de représentation et d'entraînement économique, qui en font une interface essentielle entre les élites et le reste de la population. Les jolies petites vendeuses mises à la dernière mode, que Rétif de La Bretonne place en illustration de ses *Contemporaines du commun*, offrent déjà un versant populaire du type. Elles inspirent son iconographie naissante, au même titre que les gravures de Debucourt ou les portraits intimes de Fragonard, Boucher ou Watteau, qui célèbrent l'opulence, la volupté et le confort dans lesquels vivent les Parisiennes de l'élite.

Reste à évaluer jusqu'où ce modèle a pu irriguer le monde social, et quelle place y occupent les classes populaires, par-delà les représentations idéalisées. Les historiens du vêtement et de la consommation ont certes retracé la diffusion, dans la petite bourgeoisie ou chez les artisans, de menus objets ou vêtements à la mode, en même temps que celle de nouvelles pratiques culturelles, qui témoignent de la capillarité des modèles élitaires. Le Paris prérévolutionnaire abrite cependant une vaste population de travailleurs précaires et d'indigents pour qui l'existence se réduit encore, très largement, à la survie. Peu de chances de trouver des traces de « superfluités » dans les garde-robes ou les intérieurs de ces très pauvres qui sont aussi largement analphabètes, et n'ont accès à la culture parisienne qu'à travers les spectacles de rue ou les fêtes officielles. Commentant les descriptions des vêtements trouvés sur les cadavres des malheureux qui furent piétinés lors des mouvements de foule occasionnés par les fêtes du mariage du dauphin et de la dauphine Marie-Antoinette, le 16 mai 1770, Arlette Farge insiste sur l'extrême pauvreté de ces hardes[74], sans rapport avec la mise élégante des petites marchandes des gravures. L'historien Vincent Milliot émet les mêmes réserves lorsque, analysant les illustrations des petits métiers parisiens connues sous le nom de « cris de Paris », il constate l'absence complète de concordance entre cette représentation esthétisée et les vêtements employés dans le monde du travail[75]. Prêter aux modestes vendeuses de rue le sens de la mode relève d'une stratégie à la fois optimiste et élitiste, qui cherche à donner du peuple une vision rassurante, compatible avec la sensibilité raffinée des élites. Dans le cas des femmes, cette mise en valeur par l'esthétique de la mode peut n'être que le premier jalon d'une carrière galante, « solution » qui attend de nombreuses jeunes migrantes venues chercher en vain du travail dans la capitale – thème de nombreux romans de l'époque, dont *La Paysanne pervertie* de Rétif de La Bretonne, en 1784. La question de la définition sociale de la Parisienne et des mécanismes de voilement de la misère ou de l'exploitation qui nourrissent cette « jolie » figure se reposera à chaque époque. Dans les décennies précédant la Révolution, il est clair que la Parisienne ne peut représenter qu'une partie encore minoritaire de la communauté urbaine, et sous une forme quelque peu idéalisée, même si elle fait signe à des groupes toujours plus nombreux. La Révolution va plus encore rebattre les cartes, non sans faire voler en éclats la belle image et produire les conditions de sa réinvention.

Le tournant de la Révolution

La Parisienne dignifiée

À l'aune de l'énorme travail de refonte politique et institutionnelle qui s'engage en 1789, la Parisienne apparaît certes comme un inconsistant fétu de paille, emporté avec les frivolités de l'Ancien Régime. Pourtant, la période tourmentée qui s'étend de 1789 à 1814 forme un moment essentiel dans sa cristallisation historique. Si on la perd brièvement de vue, c'est que, encore dans sa chrysalide, elle entre en pleine maturation.

D'abord parce que Paris conquiert un nouveau statut, qui découle directement de la fin du règne de Versailles comme siège de la Cour et du pouvoir – si les monarques postérieurs à Louis XVI caresseront souvent le désir de s'y réinstaller, ils devront, à chaque fois, y renoncer. Devenue, à la fois, un département – « de Paris » de 1790 à 1794, « de la Seine » par la suite, sur un territoire qui englobe alors la proche banlieue – et la capitale du pays comme le centre de la nation, elle se doit de représenter celle-ci et s'en montrer digne[76]. Cette mission symbolique impose aux Parisiens, et plus encore aux Parisiennes, d'être lavés de tous les soupçons d'immoralisme et d'indécence qui pesaient sur la « Babylone moderne ». L'entreprise passe par une rénovation d'image qui transparaît par exemple dans l'ouvrage du géographe Joseph Lavallée, *Voyage dans les départements de la France*[77], publié entre 1792 et 1794, qui insiste sur cette idée : « La liberté a transformé Paris en un séjour nouveau[78]. » Les Parisiennes, « consultant davantage les grâces que la somptuosité[79] », se distinguent désormais par une mise plus simple, une attitude plus digne, qui les rendent comparables « à des statues grecques ». Une illustration les représente certes encore distinguées par leur condition – la femme du peuple, le couple de petits-bourgeois, le couple élégant –, mais dans une proximité censément harmonieuse, qui s'exerce aux dépens de l'aristocrate de cour.

Ce processus de moralisation va de pair avec l'ambition de forger une nouvelle communauté de Parisiens et de Parisiennes, soudés par leur cadre de vie et l'idéal de l'égalité citoyenne. Elle se manifeste notamment à l'occasion de la « journée des brouettes », qui, au début du mois de juillet 1790, entendit associer l'ensemble de la population parisienne aux travaux d'aménagement du Champ-de-Mars, en vue de la fête de la Fédération. L'épisode donna lieu à une ardente propagande et à une riche iconographie, qui vantaient le double rapprochement des sexes et des classes dans l'ardeur du travail. « Des femmes délicates, en robe de linon et en chapeau, chargeaient des tombereaux ; d'autres roulaient la brouette ou s'attachaient à des camions qu'elles tiraient avec un courage au-dessus de toute expression[80] », s'enchanta à cette occasion le *Journal de la mode et du goût*, tandis qu'une chanson prétendait : « Le Duc avec le portefaix / La charbonnière et la Marquise / Concourent ensemble au succès / De cette superbe entreprise. » Fantasme, bien sûr, que cette harmonieuse communion des classes, que les péripéties révolutionnaires ne vont pas tarder à démentir. Mais c'est dans ce nouvel idéal d'osmose urbaine que la Parisienne moderne va trouver son origine et sa justification.

La Parisienne déchirée

À court terme, pourtant, la Révolution approfondit les fossés, bien plus qu'elle ne les réduit : d'abord entre les nostalgiques de l'Ancien Régime et les partisans de la Révolution, eux-mêmes très diversifiés, ensuite entre riches et pauvres, peuples et élites, modérés et « enragés ». Dans l'incessante bataille d'images et de contre-images qui s'engage, les femmes en général et les Parisiennes en particulier vont focaliser l'attention, parce que Paris est le principal foyer de l'événement, et que la place des femmes y demeure ambiguë. Du côté de la contre-Révolution et des conservateurs ont surgi très tôt des représentations haineuses et accusatrices de la Parisienne en révolution, tout particulièrement lorsqu'elle est issue du peuple, car à la subversion de classe s'ajoute alors la subversion de sexe. Les journées des 5-6 octobre 1789, au cours desquelles les femmes de Paris sont allées chercher la famille royale à Versailles, ont précocement nourri cette imagerie négative, qu'accentuent le passage à la république en septembre 1792, et l'instauration de la Terreur un an après, alors que se développe un militantisme féminin contesté par les révolutionnaires eux-mêmes. Dénoncées pour leur violence et leur laideur – « des furies de l'enfer, incarnées dans les plus viles des femmes[81] » pour l'Anglais Edmund Burke –, elles se voient affublées de sobriquets peu flatteurs : désignant à l'origine, on l'a dit, des corporations de marchandes de la halle, « poissardes » ou « harengères » se chargent alors de connotations puissamment négatives, tandis que « furies de guillotine » et, plus tardivement, « citoyenne tricoteuse[82] » désignent péjorativement les foules féminines de la Ire République. « Elles environnaient les échafauds, elles vociféraient dans les groupes, elles retroussaient leurs manches le 4 prairial pour assassiner les conventionnels[83] », déplorera Louis-Sébastien Mercier dans son *Nouveau Paris*, publié sous le Directoire. En 1794, une caricature anglaise intitulée *A Paris Belle* montre une femme du peuple dont les falbalas tricolores, dérisoires restes de coquetterie, contrastent violemment avec le visage hideux et les yeux exorbités. L'image pulvérise la prétention des Parisiennes à incarner la civilisation et le raffinement, retournés en violence incontrôlable.

Cette sauvagerie symbolique n'épargne pas les égéries bourgeoises de la Révolution, de la rédactrice de la Déclaration des droits de la femme et de la citoyenne Olympe de Gouges à « l'amazone » Théroigne de Méricourt en passant par la Néerlandaise Etta Palm d'Aelders, car, ainsi que le formule un contre-révolutionnaire, « [...] une femme vouée [...] au culte du sang, à la propagation des idées révolutionnaires, et ne reculant devant aucun crime pour les faire triompher, une femme qui avait abjuré les vertus modestes de son sexe pour afficher l'exaltation d'une politique furibonde, devait nécessairement porter sur sa figure l'empreinte des passions féroces qui ravageaient son âme[84] ». À ce réflexe de caricature antiféminine et antiféministe, qui resurgira en 1848 et 1871, militantes et intellectuelles progressistes devaient gagner une durable réputation de harpies et de laiderons, et par là, d'anti-Parisiennes, même si le même auteur n'hésitait pas à souligner ce paradoxe presque incompréhensible : « J'ai vu et connu, outre Théroigne de Méricourt, bon nombre de tricoteuses de la société fraternelle qui étaient jolies[85]. » Quant aux Parisiennes du peuple, il faudra un long XIXe siècle pour dissiper l'imagerie sanguinaire que la Révolution leur a associée.

Sans doute l'imagerie républicaine cherche-t-elle de son côté, à produire un modèle positif compensatoire, mais il demeure assez peu « féministe » et libéral. La Révolution se veut en effet vertueuse, purificatrice, et son idéal féminin, qui puise largement à l'œuvre de Rousseau, est résolument différentialiste, sinon inégalitaire : définie comme « citoyenne passive », la femme trouve avant tout sa raison d'être dans l'organisation du foyer et l'éducation des enfants[86]. À ces fonctions éducatives et domestiques s'associe un idéal de vertu et de modestie, qui rend impensable tout projet de liberté sexuelle, ou même d'affirmation dans l'espace public ou dans l'activité intellectuelle. Jugeant que la place des femmes n'est pas dans les assemblées politiques, les sans-culottes n'hésitent pas à faire fermer, en octobre 1793, le club de femmes ouvert en mai par Claire Lacombe et Pauline Léon. Le droit au divorce n'est établi, non sans débats, en septembre 1792, que pour favoriser les remariages et la famille. À la bonne citoyenne républicaine, épouse et mère, s'oppose l'aristocrate dévergondée, qu'incarne au plus haut sommet du pouvoir la reine Marie-Antoinette, de longue date accusée d'adultère ou de lesbianisme, et même, au cours de son procès, en octobre 1793, d'inceste.

Comme l'a montré Dominique Godineau, idéal républicain et séduction féminine restent difficilement compatibles[87]. L'indulgence d'un Rétif ou d'un Mercier pour la coquetterie légendaire des Parisiennes n'a plus cours sous la Ire République : des mesures sont même prises contre les corruptrices de la pureté révolutionnaire, qui, en 1793, détournent la cocarde obligatoire pour en faire un accessoire de beauté – ces dévoiements frivoles servent d'excuse à l'interdiction des clubs de femmes[88]. Dénonçant les modes artificieuses et impudiques de l'Ancien Régime, la Ire République valorise une mise sobre et épurée, le blanc, la simplicité, le naturel. « Jamais une femme ne fut plus belle qu'avec ses cheveux nattés sans poudre et flottant au hasard sur ses épaules, expose une brochure de 1793. Jamais elle ne fut plus intéressante et plus digne du titre sublime de Républicaine, que quand ses pieds mignons et délicats sont enfermés dans des sabots[89]. » Cette modeste beauté est donc, à de nombreux égards, l'antithèse de la Parisienne telle que la concevait le XVIIIe siècle.

La femme régénérée et dignifiée est cependant difficile à imposer dans une ville, qui, même sous la Terreur, reste assimilée à la débauche et à la prostitution : si un arrêté du 4 octobre 1793 a interdit le racolage sur la voie publique, l'offre de sexe tarifé n'a pas été définie comme un délit par le Code pénal et le Code de police de 1791, et reste une composante essentielle de la vie de la capitale, en probable recrudescence même, du fait du grand nombre de femmes isolées et sans ressources. Surtout, la république jacobine fut beaucoup trop brève pour pouvoir imposer durablement son contre-modèle. Avec le Directoire allait renaître une Parisienne beaucoup plus conforme au type antérieur, mais dans une société profondément remodelée.

La Parisienne recomposée

Le terme de « Parisienne » demeure il est vrai peu employé, concurrencé qu'il est par le nouveau vocabulaire à la mode : « merveilleuses » sont alors les femmes en vue de la capitale, parfois appelées aussi « muscadines », « nymphes » ou « sultanes ». Mais elles sont bien parisiennes, de résidence et de réputation, ces femmes prescriptrices de la mode et du goût qui gravitent autour des hommes de pouvoir, dans une capitale où il n'y a plus ni monarque ni cour, où tous les plaisirs renaissent, où l'horizon s'ouvre aux ambitieuses. « Les femmes sont partout, s'émerveille le jeune général Bonaparte dans une lettre de 1795 à son frère Joseph. Ici seulement, de tous les Rois de la terre, elles méritent de tenir le gouvernail. Aussi les hommes en sont-ils fous, ne pensent-ils qu'à elles et ne vivent que par et pour elles. Une femme a besoin de six mois de Paris pour connaître ce qui lui est demandé et quel est son esprit[90]. » Les plus connues se nomment Thérésa Cabarrus, fille de financier d'origine espagnole, qui a été la compagne de Jean-Lambert Tallien et de Paul Barras, avant d'être exilée par Napoléon ; Joséphine de Beauharnais, née à la Martinique en 1763, qui, veuve depuis 1794 d'Alexandre de Beauharnais, épouse le général Bonaparte en mars 1796 ; Fortunée Hamelin, fille d'un planteur de Saint-Domingue, mariée à un financier ; ou encore Juliette Récamier, bourgeoise lyonnaise mariée en 1793 au riche banquier Jacques-Rose Récamier. Elles ont en commun d'être jeunes et séduisantes, issues de la bourgeoisie ou de la petite aristocratie, d'être les maîtresses, les épouses ou les amies de politiciens ou d'entrepreneurs puissants, d'entretenir, pour leur rendre service ou se placer elles-mêmes, des réseaux mondains qui mêlent étroitement intrigues politiques et divertissements luxueux. On peut leur associer des actrices à la mode, telle Mlle Lange, qui a fait ses débuts à la Comédie-Française en 1788, avant de devenir femme entretenue sous le Directoire, ainsi qu'un certain nombre de courtisanes ou d'intrigantes. La Parisienne du peuple, pour sa part, a largement reculé dans l'ombre, associée qu'elle reste, et restera longtemps, à la fureur sanguinaire de la Terreur.

Si ces privilégiées ne constituent qu'une toute petite minorité, peut-être une centaine, à peine, dans une ville de 546 000 habitants[91], elles forment une nébuleuse essentielle dans l'histoire de la Parisienne, en contribuant à l'invention d'un nouveau système de normes, à la fois mondaines, comportementales et esthétiques, en rupture partielle avec l'*ethos* aristocratique et monarchique antérieur. Des élites du Paris d'avant 1789, elles reconduisent certes le goût du faste et du luxe, une vie d'oisiveté tapageuse, une grande liberté de mœurs, qu'illustrent les intermittences de Joséphine dans sa relation avec Bonaparte ou les liaisons tapageuses de Thérésa Cabarrus et de Fortunée Hamelin. Mais elles le font dans un moment historique très particulier, provisoirement délivré des contraintes de la vie de cour et des hiérarchies nobiliaires. Les modes reflètent cet effet de *tabula rasa*, qui font la part belle aux tenues légères, de couleurs claires, sans architecture contraignante. Si elles prolongent le goût de l'antique et le tropisme vers le « naturel » apparus à la fin du XVIIIe siècle, elles traduisent aussi le nouvel équilibre social qui émerge des décombres de la Révolution, plus composite, plus instable, en demande de nouveaux référents : ces Parisiennes s'inscrivent sur une page blanche de l'histoire, et vont accoucher d'un nouveau modèle. Joséphine de Beauharnais et Juliette Récamier en sont les incarnations les plus éminentes, célébrées qu'elles furent pour leur élégance, leur esprit, et leur charme, mais aussi pour la nouvelle synthèse sociale qu'elles représentent. La mode est une instance légitimatrice pour ces femmes qui ne peuvent se prévaloir d'une position stable dans la société et dont la réussite dépend, avant tout, de l'usage adroit de talents personnels – beauté, séduction, esprit, paraître. Et si le comportement et les robes des *merveilleuses* suscitent de nombreux procès en indécence, ils confortent aussi Paris dans sa réputation de capitale de la mode, désormais sans la concurrence de Versailles. Fondé en mars 1797 par le libraire Jean-Baptiste Sellèque et l'homme de lettres Pierre de La Mésangère, le *Journal des dames et des modes* devient ainsi, grâce à la qualité de ses illustrations et à la finesse de ses commentaires, un référent dans toute l'Europe[92], avec des éditions anglaise et allemande, et de nombreuses contrefaçons. « J'apportais de Paris les plus élégantes toilettes, les modes les plus nouvelles[93] », peut s'enorgueillir de son côté l'actrice parisienne Louise Fusil lorsqu'elle arrive à Saint-Pétersbourg, en 1806, devenant aussitôt le point de mire de la bonne société. Conscient du rôle social, économique et symbolique de la mode, Napoléon, lorsqu'il accède au pouvoir en 1799, accorde à cet enjeu la plus grande attention. « Il croyait que la grande affaire des femmes était et devait être la toilette, a souligné Hortense de Beauharnais, la fille de Joséphine et l'épouse de Louis Bonaparte, frère de Napoléon devenu roi de Hollande en 1806.

Leur influence en toute autre chose lui déplaisait. Aussi, dans les grands cercles, ne leur adressait-il que quelques mots sur ce sujet : "Comme vous voilà bien mise ! Est-ce à la mode[94] ?" » Les femmes reçues à la cour impériale ont des consignes strictes en matière de parures vestimentaires, qui gagnent en dignité par rapport au Directoire, avec le retour d'étoffes plus riches, soieries, brocards, velours, et l'assombrissement des coloris.

Les vues de l'empereur en la manière ne font pas qu'exprimer un goût personnel ou une conception du pouvoir. Elles reflètent le changement de statut qui affecte les femmes sous son règne, et rend difficile de concevoir la nouvelle Parisienne comme la simple héritière de la « grande dame » d'Ancien Régime. S'il y a bien eu renouvellement partiel des élites, et flottement provisoire des normes morales et sexuelles, les années 1800 entraînent une sévère reprise en main, conforme à l'autoritarisme du régime, comme à l'accentuation de la dissymétrie entre hommes et femmes qu'avait déjà amorcée le siècle des Lumières et qu'a renforcée la Révolution, en condamnant la femme militante ou dissolue. Cette logique antiféministe trouve une traduction concrète dans le Code civil de 1804 qui vise à organiser et promouvoir le modèle de la famille patriarcale. Faisant du mari le chef de famille, il soumet l'épouse à son autorisation pour tous les domaines de la vie pratique et juridique, par exemple l'éducation des enfants, la gestion des biens ou l'intervention en justice. Si le droit au divorce a été maintenu par la loi de 1803, le Code rappelle qu'il doit rester l'exception, et ses conditions ont été durcies par rapport à la loi de 1792. L'adultère de la femme est désormais regardé avec sévérité.

Mâle méditerranéen, militaire de carrière, gouvernant autoritaire, Napoléon ne saurait tolérer la liberté de ton et de comportement que pouvaient s'autoriser les privilégiées de l'Ancien Régime et ne va pas hésiter à museler toutes celles qui s'inspirent de ce modèle dans le cadre de leurs salons. Fille du banquier Necker, élevée dans le salon libéral et cultivé de sa mère, écrivaine de talent et amoureuse passionnée aux nombreux amants, Germaine de Staël condense tout ce qu'il réprouve. Revenue à Paris au début du Directoire, après s'être montrée favorable aux idéaux de la première révolution, elle fut ainsi condamnée, en 1803, aux « quarantes lieues » qui lui faisaient obligation de se tenir à distance de la capitale, et se réfugia jusqu'en 1814 dans son château de Coppet en Suisse. Son amie Juliette Récamier, quoique d'apparence moins subversive, subit le même sort en 1811.

La Parisienne qui émerge sur les décombres de la société d'Ancien Régime a tout d'une figure séduisante mais entravée. Sa cristallisation reflète un changement sociopolitique de grande ampleur, qui articule étroitement, dans le cadre de la société capitaliste et industrielle, l'ouverture sociale des élites, couplée à l'infériorisation juridique des femmes. C'est de ce bel oiseau en cage, inoffensif et décoratif, que le XIXe siècle va hériter, pour en faire une figure paradoxale, à la fois magnifiée et seconde, que semble résumer cette formule frappante de Napoléon à Joséphine : « la nature m'a fait l'âme forte et décidée, elle t'a bâtie de dentelle et de gaze[95] ».

Chapitre 2

La Parisienne des romantiques
(1820-1850)

Effectuons maintenant un saut dans le temps. La Restauration a semblé vouloir refermer la parenthèse révolutionnaire et impériale, en se réclamant des valeurs de l'Ancien Régime. C'est pourtant une nouvelle révolution qui, en 1830, installe un régime nourri par la marche en avant de l'économie et de la société, dont la croissance sans précédent de la capitale française est peut-être le symbole le plus éclatant. Et c'est à ce moment charnière que nous retrouvons la Parisienne, figure clé d'une société en mouvement, qui regarde à la fois vers le passé et l'avenir, en tentant de forger des clés de compréhension pour le présent.

Elle est partout !

Physiologies

« La Parisienne est un mythe, une fiction, un symbole. Où trouver cet être idéal, cette sensitive habillée, cette harpe éolienne qui marche, cette personnification des trois Grâces ressuscitées qu'on appelle la Parisienne[1] ? » Ces lignes sont tirées d'un opuscule paru en 1841 aux éditions Aubert et Lavigne sous le titre *Physiologie de la Parisienne*. Son auteur, Taxile Delord, est un plumitif comme il en existe déjà pléthore au seuil du « siècle de la presse[2] », journaliste au *Vert-Vert*, au *Messager*, puis rédacteur en chef du journal satirique *Le Charivari* – il se fera en 1869 historien du Second Empire, avant d'être élu député en 1871. Le texte est court, une centaine de pages, imprimé sur du papier bon marché, et abondamment illustré de petites vignettes sans prétention artistique mais fort distrayantes, dues au dessinateur Menut-Alophe. Les titres des treize brefs chapitres soulignent d'entrée de jeu le caractère à la fois fantaisiste et pittoresque de l'entreprise : il sera question d'un « voyage à la recherche d'une Parisienne », de « quelques réflexions profondes ou lestes » selon l'humeur de l'auteur, ponctuées d'aphorismes cinglants tels que : « On aime une Parisienne pour ses défauts, une provinciale pour ses qualités[3]. » Dédié aux femmes de province, forcément jalouses de cette inaccessible déité, l'ouvrage entend déboulonner le mythe, d'abord en montrant que « la Parisienne » se dérobe toujours derrière ses multiples incarnations – la grande dame, la grisette, la courtisane... –, mais surtout que sa supposée perfection n'est qu'une façade ou une illusion – la majorité des habitants de Paris ne sont-ils pas nés en province ? S'il est bien vrai que « Paris est un artiste, un statuaire infatigable [...] qui équarrit sans cesse avec le marteau de l'esprit », il est tout aussi exact « qu'on prend du tabac et de l'embonpoint à Paris, qu'on y porte des toilettes extravagantes [...], qu'on y fait de la confiture, et qu'on s'y est préoccupé de l'affaire Lafarge comme dans n'importe quelle sous-préfecture »[4]. Il s'agira donc de démontrer que « la capitale est un paradis où il y a beaucoup d'appelées et peu d'élues. Ce sont les Grâces qui tiennent les clés[5] ».

La charge ne doit pas nous leurrer : si l'auteur s'autorise à malmener gaiement ce parangon de féminité qu'entend être la Parisienne, c'est bien parce que celle-ci est déjà constituée, à cette date, en poncif littéraire et médiatique. Les physiologies jouent d'ailleurs sur cet effet de résonance avec le reste de la production culturelle : ce sont de petites brochures bon marché qui, sur le modèle des tableaux descriptifs de la science naturelle et avec le renfort de l'image, ont l'ambition de croquer en quelques traits savoureux les principaux types sociaux du temps, du rentier au flâneur, du gamin de Paris à la vieille fille[6]. Leur publication a démarré en 1840, en parallèle de la gigantesque fresque sociale en dix volumes mise en chantier par l'éditeur Léon Curmer entre 1840 et 1842 sous le titre *Les Français peints par eux-mêmes. Types et portraits humoristiques à la plume et au crayon*. Confiée aux meilleures plumes du temps, cette somme joliment illustrée finira par compter huit volumes dont trois consacrés aux types provinciaux, offrant un véritable panorama de la société française. « La Parisienne » y apparaît dans ses multiples déclinaisons, « la grisette », « la modiste », « la lionne », « la ménagère », ou encore « l'habituée du Luxembourg et l'habituée des Tuileries ».

Cette « rage physiologique », selon la formule d'un contemporain, révèle en creux la démocratisation de l'écrit, l'élargissement du lectorat, le rôle nouveau de la presse, prescriptrice de formats courts et de récits enlevés. Elle trahit une société en plein changement, transformée par l'industrialisation, la révolution ferroviaire, l'urbanisation accélérée, comme par des séismes politiques répétés, à la recherche de nouveaux repères et de nouvelles catégories nominatives[7] : ces textes opèrent ainsi à la façon d'une sociologie intuitive et fantaisiste, à une date où cette discipline commence tout juste à se dégager de sa matrice littéraire[8]. La Parisienne n'est certes qu'un type parmi les centaines d'autres nés de la société postrévolutionnaire, mais c'est un des plus proéminents et des plus polysémiques, plus brillant que son *alter ego* masculin, le Parisien, qui va tendre à s'effacer pour lui laisser la vedette. Avant même sa « mise en physiologie », elle est déjà entrée dans l'horizon culturel des Français, comme le remarque ironiquement Delord : « À force de lire les livres de poésie, les romans et les journaux, j'avais fini par prendre au sérieux toutes ces femmes ravissantes, fantastiques, spirituelles, aphrodisiaques, tendres, espiègles, qui, au dire des romanciers, pullulent sur les trottoirs de la capitale[9]. »

Les romans de la Parisienne

Car ce sont les romanciers, sans nul doute, qui, dans les premières décennies du siècle, ont en quelque sorte inventé la Parisienne, femme de papier d'abord représentée par de brillantes héroïnes littéraires, dont le caractère idéalisé et souvent peu vraisemblable justifie l'ironie du physiologiste. Le roman est alors un genre en plein développement, qui s'adresse prioritairement à un lectorat féminin, souvent provincial, à qui l'on fait miroiter toutes les séductions de la capitale[10]. Moins fantasque et moraliste qu'au XVIIIe siècle, même s'il lorgne aussi du côté du picaresque et du rocambolesque, et se charge de toute la passion idéaliste du romantisme, il tend, de plus en plus, à prendre la société française pour décor ou pour objet[11], irrigué par ce besoin de représentation et de déchiffrement du monde social qui a fait le succès de la littérature physiologique. C'est dans ce nouvel espace littéraire que se construit la Parisienne, un *personnage* tour à tour séduisant et ambivalent, qui prend la valeur d'un modèle.

Balzac, le romancier le plus prolifique et le plus sociologique de son temps, fut l'un des principaux promoteurs de la Parisienne. Il eut cependant un prédécesseur immédiat, à l'œuvre plus élitiste et resserrée, mais elle aussi porteuse d'une ambition d'analyse de la société française : Stendhal. Dans *Le Rouge et le Noir*, publié en novembre 1830[12], le Grenoblois, intimement travaillé par sa trajectoire de provincial monté à Paris, cherchait déjà, comme l'indiquent ses carnets de travail[13], à opposer la provinciale, Mme de Rênal, caractérisée par sa douceur, sa pureté, sa fibre maternelle, à une Parisienne plus hautaine et plus fantasque, Mathilde de La Mole. Tenaillé par l'ambition, Julien Sorel commence par fantasmer, dans la Parisienne, la femme supérieure[14], avant d'éprouver un regain de sentiment pour son premier amour, laissé à Besançon. Jusqu'à la fin du roman, son cœur continuera d'osciller entre ces deux types féminins, la femme du monde et la femme pure, la Parisienne et la provinciale.

C'est bien, cependant, à Balzac qu'il revient d'avoir déployé et ramifié la première tout au long de son œuvre, là encore en miroir de la provinciale, son antonyme, son repoussoir et son faire-valoir. Rappelons que l'auteur de la *Comédie humaine*, né à Tours en 1799, a publié l'essentiel de son œuvre entre 1829 et 1850, date de sa mort. Conçue en 1845, la structure globale de *La Comédie humaine* intègre, rétrospectivement, les romans antérieurs, en regroupant les *Scènes de la vie de province* et les *Scènes de la vie parisienne*, qui forment respectivement la deuxième et la troisième partie de l'ensemble. Comme Stendhal, Balzac fait de la partition Paris-province un trait structurant de la société postrévolutionnaire, figuration « spatialisée » de deux systèmes de valeurs, qui accorde à Paris, non pas seulement la première place, mais bien une essence « autre » et supérieure. Beaucoup plus systématiquement que Stendhal, cependant, il mobilise la notion de type physiologique, emprunté à la science naturelle. Rédigé en 1842, l'avant-propos de *La Comédie humaine* annonce en effet son ambition de construire une typologie des espèces sociales sur le modèle des espèces zoologiques, pour se faire sociologue de son temps. Les étiquettes de « Parisienne » et de « provinciale » procèdent donc de cette ambition nominative et classificatrice qu'imite la littérature physiologique et panoramique.

Des « Parisiennes » et des « provinciales » balzaciennes, on en croise à tous les carrefours de l'œuvre, mais certains romans développent une véritable réflexion sur leur essence et leur identité. Considérons

Dinah de La Baudraye dans *La Muse du département*, court roman écrit en 1833, publié en 1837[15] : il met en scène une précieuse ridicule de province, toquée d'art et de littérature, qui ne rêve que de devenir une authentique Parisienne, statut qu'elle finira par acquérir à l'issue d'un long et chaotique apprentissage sentimental. Prenons encore Mme de Bargeton, le premier amour de Lucien de Rubempré à Angoulême dans *Illusions perdues*, dont la publication commence, elle aussi, en 1837[16] : cette « étoile de la Charente » voit son lustre pâlir lorsque le héros, arrivé dans la capitale, la compare à sa cousine Mme d'Espard, l'une de ces « lionnes » parisiennes qui défilent aussi dans *La Duchesse de Langeais* (1834) ou dans *Les Secrets de la princesse de Cadignan, princesse parisienne* (1839). Là encore, il faudra du temps pour que la chenille provinciale se mue en beau papillon parisien – hélas pour elle, Lucien s'est, entre-temps, entiché d'un autre genre de Parisienne, l'actrice Coralie, avant de s'éprendre de la courtisane Esther, qui se situe, elle, à la charnière de la Parisienne et de la « belle Juive[17] ». Les *Mémoires de deux jeunes mariées*, roman publié en 1841, développent une autre forme de réflexion sur le binôme Parisienne-provinciale, à travers les échanges épistolaires de deux anciennes amies de couvent, l'une menant grand train dans la capitale, l'autre coulant des jours paisibles et mornes dans la routine d'une vie conjugale campagnarde. D'abord prisonnière du monde qui « brise tous les sentiments[18] », Louise la Parisienne finit par céder aux tourbillons de la passion romantique, en épousant un Espagnol au sang chaud, puis un jeune écrivain sans le sou avec qui elle se retire à la campagne, avant de mourir prématurément.

Père créateur de la Parisienne, Balzac n'est pas le seul à en faire une héroïne privilégiée, presque toujours en miroir de la « femme des départements ». Récurrent dans les œuvres de la génération romantique, le binôme inspire à plusieurs reprises Alfred de Musset, qui, outre l'amusant poème *Conseils à une Parisienne*[19], plein d'une aimable ironie pour les coquettes de la capitale, fait de cette dualité féminine le principal ressort du roman autobiographique *La Confession d'un enfant du siècle*. Publié en 1836[20], nourri par les tumultes de sa liaison avec George Sand, il oppose des Parisiennes vénales et débauchées, « fruits gâtés de la Babylone moderne », à une douce provinciale, Brigitte Pierson, en qui le héros voit une promesse de rédemption. Rattrapé cependant par les tentations délétères de la grande ville, le couple ne résistera pas aux intermittences de leur passion. Une décennie plus tard, Alexandre Dumas fils, livre avec *La Dame aux camélias*, publié en 1848[21], ce qui va devenir l'un des plus beaux récits romancés de la haute galanterie parisienne : écartelée, comme avant elle Manon Lescaut ou la courtisane Esther, entre le pur et l'impur, Marguerite Gautier, inspirée par la demi-mondaine Marie Duplessis – de son vrai nom Alphonsine Plessis –, se sacrifie pour son amant, voué par son père à faire un beau mariage. Pour des générations, « la dame aux camélias », devenue Violetta dans la version de Verdi jouée pour la première fois le 6 mars 1853 à Venise, incarnera les séductions ambiguës de la Parisienne « galante », mi-ange, mi-démon.

Il faut, pour mieux évaluer la visibilité littéraire de la Parisienne sous la monarchie de Juillet, tenir également compte de la littérature grand public, qui prend son essor dans ces mêmes années, jusqu'à se voir souvent dépréciée par les contemporains comme « littérature industrielle » ou « littérature de femme de chambre », pour dénoncer sa production bâclée et ses ficelles jugées grossières. Auteurs vedettes de cette période qui invente le roman-feuilleton, Eugène Sue, Paul de Kock, Frédéric Soulié ou Henri Murger ont, eux aussi, mis en scène de multiples Parisiennes, tout particulièrement dans leur déclinaison de courtisane ou de grisette : ainsi de Rigolette, la petite couturière pauvre et gaie du feuilleton à succès d'Eugène Sue *Les Mystères de Paris*[22], ou de Mlle Mimi dans la série d'Henri Murger *Scènes de la vie de bohème*[23], qui s'inspirait pour partie du conte de 1845 d'Alfred de Musset *Mademoiselle Mimi Pinson. Profil de grisette*[24]. On sait d'ailleurs qu'il n'y a pas toujours lieu d'opposer littérature « noble » et littérature grand public : Balzac lui-même a conçu une large partie de son œuvre pour les journaux[25], ce qui justifie aussi la mobilisation de types sociaux faciles à identifier par les lecteurs, et proliférant d'un texte à l'autre.

On doit également évoquer les prolongements théâtraux de cette production littéraire, à une date où le théâtre est devenu, du haut en bas de l'échelle sociale, le passe-temps préféré des Parisiens, jusqu'à faire de la capitale une véritable « dramatocratie », forte d'un dense réseau de salles[26]. Nombre d'œuvres littéraires ont connu, au XIXe siècle, une adaptation théâtrale : celle des *Scènes de la vie de bohème*, au théâtre des Variétés, en 1848, issue d'une collaboration de Murger avec le dramaturge Théodore Barrière, connut un grand succès, tout comme celle *La Dame aux camélias*, en 1852, au théâtre du Vaudeville, avec la belle Eugénie Doche dans le rôle-titre. Si la tragédie classique et le

La Parisienne des romantiques (1820-1850) 59

drame romantique historique qu'inaugure Victor Hugo, le 25 février 1830, avec *Hernani*, tiennent à distance la société contemporaine, la comédie et les genres intermédiaires, tels le mélodrame, le vaudeville, et bientôt l'opérette, s'en inspirent plus volontiers, favorisant la circulation des types et des *topoï* mis à la mode par la production littéraire. En juillet 1839, au théâtre de la Porte-Saint-Antoine, le vaudeville *Les Plus Belles Femmes de Paris*[27] exploite ainsi, sur le mode comique, le thème de la légendaire coquetterie des Parisiennes, qui inspire également, le même mois, une pièce au titre identique, au théâtre des Variétés[28]. Les types physiologiques peuvent au vrai être transposés à d'autres époques : à propos de la pièce de Victor Hugo *Marion de Lorme* qui, en 1831, au théâtre Saint-Martin, évoque le destin d'une célèbre courtisane du XVIIe siècle, Taxile Delord n'hésite pas à déclarer : « Marion de Lorme est une des premières Parisiennes dont la tradition nous ait gardé le souvenir[29]. » Le présent remodèle le passé et récurrente sera la tentation de « parisianiser » les héroïnes de l'histoire.

La fille du siècle de la presse

Ce tour d'horizon des lieux d'éclosion de la Parisienne demeurerait cependant incomplet si l'on n'insistait pas, avec Taxile Delord, sur le rôle spécifique de la presse, à l'heure où les progrès de l'impression, de l'illustration et de l'alphabétisation entraînent sa forte croissance et une amorce de démocratisation. Le roman lui est étroitement imbriqué, et nombre de Parisiennes littéraires ont fait leurs premiers pas sur papier journal, avant de poursuivre leur carrière en volumes publiés. La presse, cependant, a, dans la propagation du type, des atouts spécifiques. Nés au siècle des Lumières, les journaux de mode connaissent, avec le siècle industriel, un fort développement, même si leur prix encore élevé et leurs pages culturelles à tonalité mondaine les réservent à un public élitiste. Jusqu'en 1839 règne le *Journal des dames et des modes*, lancé, on l'a vu, en 1797 par le polygraphe Pierre de La Mésangère. Dès les années 1820, toutefois, entrent en scène de nouveaux concurrents, notamment *Le Petit Courrier des dames*, qui paraît de 1821 à 1868, ou encore le journal *La Mode*, lancé en 1829 par l'ambitieux homme de presse Émile de Girardin – le titre profite, jusqu'à sa disparition, en 1855, de la collaboration régulière de Balzac –, et surtout *Le Moniteur de la mode. Journal du grand monde*, qui, né en 1843, existera jusqu'en 1913. Entre leurs pages, la figure de la Parisienne cristallise implicitement par le jeu d'échos et de références que distillent les différentes rubriques, même si les références à « la Parisienne » restent plus discrètes qu'en littérature. Elle est « l'élégante », la « jolie femme », qu'évoquent les descriptions vestimentaires ou les échos des mondanités et événements culturels de la capitale, laquelle concentre désormais l'attention autrefois diffractée entre la ville et la Cour. « Aux Italiens, à l'Opéra, seules réunions où se trouvent déjà les femmes élégantes, il est évident que l'hermine est la fourrure qui l'emporte sur toutes », remarque par exemple *Le Moniteur de la mode* en novembre 1843[30]. Installé au 43, rue Vivienne, épicentre du commerce de la mode, ce journal, comme beaucoup d'autres, est adossé à une maison de couture, dont il est chargé de faire la publicité – il s'est créé à la suite du *Journal spécial des nouveautés de la maison Popelin-Ducarre* lancé en 1839[31]. « Madame Popelin-Ducarre a, pour cette saison, la plus gracieuse, la plus riche, la plus variée collection de nouveautés qui ait jamais été réunie dans ce temple des choses bien portées », annonce par exemple le numéro du 10 avril 1848, pour inciter les lectrices, tout particulièrement provinciales, à y passer commande ou à s'inspirer des patrons de la maison. Dans la rubrique « Revue des nouveautés », la journaliste propose même une véritable tournée des boutiques parisiennes :

> Nous avons visité les magasins de Rosset (42 rue Neuve-Vivienne), et nous y avons particulièrement remarqué plusieurs cachemires, destinés à d'aristocratiques et riches corbeilles. […] Mayer (rue de la Paix, 26), a imaginé pour cette saison de fort jolies mitaines en velours et en moire. […] Ne quittons pas la rue de la Paix sans faire une visite au n° 14, chez Pirmet, le papetier à la mode de la richesse et de l'élégance[32].

À ce « shopping » virtuel s'ajoutent de nombreux aperçus des mondanités parisiennes, dont les chroniqueuses se font les interprètes. Ainsi le numéro du 1ᵉʳ novembre 1849 note-t-il : « Tandis que l'hiver nous revient, les salons s'ouvrent, les théâtres, les lieux de réunion attirent un essaim brillant de nos plus jeunes et plus jolies Parisiennes. Toutes veulent s'amuser, plaire, et rivalisent de luxe et d'élégance[33]. »

Naturellement, des illustrations donnent corps et vie à ces privilégiées de la capitale. Grâce à la mise au point de la lithographie à la fin

La Parisienne des romantiques (1820-1850) 61

du XVIIIe siècle, les images sont devenues plus nombreuses, gagnant en finesse et en précision. Des dessinateurs en font leur spécialité, tels Louis-Marie Lanté, dans les années 1810-1820, Achille Devéria dans les années 1820-1830, ou encore Jules David à partir des années 1840, qui va rester l'illustrateur privilégié du *Moniteur de la mode*. Leurs élégants crayons campent la femme à la mode dans ses lieux de vie favoris, salons, loges de théâtre, parcs ou églises. La Parisienne s'y fait plus élitiste et éthérée qu'entre les pages des romans ou des physiologies et conquiert une forte identité visuelle, qui contribue aussi, très largement, à son succès.

La presse l'honore encore à travers l'une de ses rubriques phares, les chroniques mondaines et autres « lettres de Paris », qui tous les jours « racontent Paris à Paris » – mais surtout à la province, public dédié du théâtre social parisien. La plupart des grands journaux en possèdent une, confiée à une plume incisive et brillante – ainsi des « Lettres sur Paris », que Balzac livre, en 1830-1831, au journal *Le Voleur*. Mais feuilletons plutôt les « Lettres parisiennes » du vicomte de Launay, que dévorent, à compter de 1836 et jusqu'en 1848, les lecteurs de *La Presse*, autre journal fondé par Girardin dans le but d'élargir le lectorat par l'abaissement du prix de vente et le recours à la publicité. Sous ce pseudonyme aristocratique et masculin se dissimule en effet une femme, la propre épouse du fondateur, Delphine de Girardin, jolie mondaine amie des meilleurs artistes et écrivains de son temps, tout particulièrement de Balzac. Elle est elle-même à la tête d'une œuvre littéraire nourrie de poèmes lyriques et de pièces de théâtre[34]. Une vraie Parisienne, en somme, qui instille un subtil jeu de va-et-vient entre sa connaissance intime des milieux élégants de la capitale et la position de surplomb et d'autorité qu'autorise ce pseudonyme à moustache – il permet également de nombreuses incursions dans l'actualité culturelle ou politique. Il s'agit bien cependant, en premier lieu, de parader aux yeux d'un public de province « qui veut savoir ce qui se passe et même ce qui ne se passe point à Paris[35] ». À son intention, l'espiègle chroniqueuse livre quantité d'observations piquantes, malicieuses, caustiques, qui dessinent, par petites touches, les figures opposées et complémentaires des Parisiennes et des provinciales. « Paris n'a jamais été plus brillant, plus sémillant, plus pétillant, plus frétillant. […], s'enthousiasme-t-elle ainsi le 3 mai 1839. Il faut aussi rendre justice à l'industrie parisienne […] : la parure des femmes, leur coiffure, la forme de leur vêtement, ces futilités si importantes, ont acquis ce qui leur manquait : de la légèreté et de l'élégance[36]. » L'originalité de Delphine de Girardin, cependant, réside moins dans cet aimable commentaire des modes que dans une grande liberté de ton, qui lui permet de se départir de la déférence traditionnelle dans ce type de rubrique et de faire primer le type générique de la Parisienne sur les hiérarchies sociales. Ainsi peut-elle écrire, à propos de la princesse Hélène, fille du prince Frédéric de Mecklembourg-Schwerin, qui épouse, en mai 1837, le fils aîné de Louis-Philippe, Ferdinand-Philippe d'Orléans : « La princesse n'est pas une belle femme dans toute la sévérité de ce mot mais c'est une jolie Parisienne dans toute la rigueur de cette expression, [...] une femme comme nous les aimons, nous qui faisons consister la beauté du visage dans la grâce de la physionomie, la beauté de la taille dans l'élégance de la tournure[37]. » La formule est riche d'implications : chacun sait, à cette date, « ce qu'est » une Parisienne ; le terme opère comme un label de qualité et il se superpose aux titres nobiliaires : on peut être princesse sans être parisienne, et parisienne sans être princesse ; enfin, s'il ne vaut pas brevet de beauté, il désigne une qualité particulière de la féminité, dont l'implicite se doit d'être déplié.

Plus qu'une femme : une Parisienne !

> Cette animation dans les traits, cette vivacité d'esprit, cette aisance de manière, cette facilité d'élocution, cette souplesse dans les mouvements, ce suprême bon goût dans l'habillement, où se trouvent-ils ? Ailleurs, ils sont le partage exclusif d'une caste privilégiée, d'une haute aristocratie, à quelques exceptions bien rares, dans les classes moyennes. Ici, toute femme, laide ou jolie, est en possession réelle de tous ces avantages qu'ailleurs une éducation distinguée peut à peine donner[38].

C'est à un journaliste d'origine polonaise, Charles de Forster, ayant séjourné dans la capitale française de 1832 à 1848, que l'on doit ce portrait pour le moins flatteur de la Parisienne. Nul doute que ce francophile sous le charme maîtrise ses classiques, tant sa description ramasse avec ferveur les hectomètres de louanges débités sur le fleuron de la capitale durant le règne de Louis-Philippe. Dévidons la pelote enchantée pour voir en quoi la génération romantique innove ou dévie, à partir du canevas déjà fixé par les Lumières.

« Le suprême bon goût dans l'habillement »

La Parisienne se distingue d'abord, c'est presque un truisme, par son enveloppe extérieure. Laquelle ne saurait se définir, comme y avaient déjà insisté les auteurs du XVIIIe siècle, par la beauté physique. « La beauté des Parisiennes a besoin d'être dignement appréciée, car le premier coup d'œil leur est, pour la plupart, peu favorable[39] », reconnaît Forster, auquel fait écho le journaliste russe Vladimir Stroïev lors de son séjour à Paris en 1838-1839 : « Détaillez la Parisienne : il n'y a rien de particulièrement beau en elle. Vous ne verrez pas les yeux au regard brûlant des Italiennes ; ni les rondeurs langoureuses des Russes, ni la noble blancheur anglaise du corps[40]. » Trahissant, pour Rousseau, les pathologies de la vie urbaine, cette disgrâce relative semble laisser presque indifférent le regard romantique, quand elle n'est pas valorisée comme un atout paradoxal. C'est que le génie de la Parisienne réside, justement, dans sa capacité à sublimer la nature pour se recréer elle-même. « Si une Parisienne n'a pas les hanches assez bien dessinées, son esprit inventif et l'envie de plaire lui font trouver quelque remède héroïque, analyse Balzac dans *La Muse du département*. Si elle a quelque vice, quelque grain de laideur, une tare quelconque, elle est capable d'en faire un agrément, cela se voit souvent[41]. » Delphine de Girardin forge de son côté la notion de « beauté sociale », beaucoup plus déterminante, à ses yeux, que la plastique léguée par les caprices de la génétique :

> La beauté sociale, la beauté qu'on se donne est toujours plus intéressante que la beauté naturelle. L'élégance y est pour beaucoup. [...] Aussi voit-on, à Paris, beaucoup de femmes très admirées, très aimées, et réellement très aimables, dont la beauté se compose :
> D'une charmante robe de soie, nuance amie, forme intelligente ;
> D'un soulier virginal ;
> D'un petit bracelet sans valeur mais d'un style pur ;
> D'une bague précieuse, religieusement portée ;
> D'un beau mouchoir brodé, élégamment déplié[42].

L'art de la toilette reste, on l'aura compris, le point fort de la Parisienne, son levier de domination incontesté. « Les Parisiennes ont la réputation de savoir s'habiller, rappelle Stroïev. Dès leur plus jeune âge, on leur inculque l'idée que le devoir premier, essentiel, de la femme est de plaire. Tous ses moyens, tous ses instants, tous ses désirs tendent à ce but[43]. » Ce leitmotiv est d'abord un hommage à la réputation inentamée de la capitale en matière de modes féminines. « Les modes parisiennes ont plus fait pour la popularité et pour l'universalité de la France, que la langue française elle-même, juge le critique d'art Jules Janin. Les modistes de la rue Vivienne soumettent et domptent plus d'esprits rebelles, que les plus beaux vers des plus grands poètes, que la prose des plus hardis inventeurs[44]. » Déjà bien établie à la veille de la Révolution, cette réputation s'est renforcée, on l'a vu, sous le Directoire et l'Empire, avec l'émergence de nouveaux talents obéissant aux injonctions du pouvoir comme aux exigences de la vie curiale et mondaine : celui d'Hippolyte Leroy, fournisseur officiel de l'impératrice Joséphine, dont l'affaire est reprise par sa nièce, Mlle Leroy, qui, sous la Restauration, habille la duchesse de Berry et la duchesse d'Angoulême ; ceux de Mlles Leroy, Palmyre ou Victorine, couturières en vogue sous la monarchie de Juillet. À cette date, la Cour s'est faite plus sobre, « bourgeoise », presque terne, et c'est surtout dans les salons mondains ou dans l'espace public, au théâtre, à la promenade, que se déploie l'élégance des Parisiennes. Ateliers et boutiques sont alors concentrés, pour l'essentiel, dans les rues qui joignent les Boulevards au Palais-Royal, la rue Vivienne, la rue de Richelieu, la rue des Petits-Champs, notamment. C'est aussi dans ce secteur que s'ouvrent, à partir des années 1810, les premiers « magasins de nouveauté », qui proposent sur plusieurs étages, articles et colifichets artistement disposés dans des vitrines donnant sur la rue – les principaux s'appellent Au Petit Saint-Thomas, rue du Bac, Aux Villes de France, rue Vivienne, Le Tapis rouge, rue du Faubourg-Saint-Martin, Le Persan, rue de la Bourse, ou encore, À la Petite Jeannette, rue de Richelieu. La Restauration voit également la naissance de la parfumerie moderne, avec le succès de Pierre Guerlain, fils d'épicier qui installe, en 1828, un petit magasin d'onguents, de savons et de crèmes de beauté rue de Rivoli, avant d'accueillir, à partir de 1841, la meilleure société parisienne dans son élégante parfumerie du 15 rue de la Paix. Grand amateur de ses eaux de toilette, Balzac s'inspire en partie de sa carrière pour le roman *César Birotteau*, publié en 1837, qui narre l'ascension mouvementée d'un parfumeur dans le Paris des années 1820. S'il faudra attendre le XXe siècle pour que la Parisienne s'identifie au parfum autant qu'à la mode, notamment par le canal de la publicité, la proximité commerciale et géographique des deux secteurs participe dès cette date à sa réputation de raffinement et de séduction, à un moment charnière où le parfum n'est plus seulement voué à masquer les odeurs corporelles mais accompagne un nouvel idéal de propreté corporelle et de chair saine, qui privilégie les senteurs florales[45].

Ce « bon goût » ne se résume pas, toutefois, à la seule maîtrise de la mode. Le sens du détail, de l'accessoire, la capacité à se mettre en valeur, autrement dit la manière et le style sont essentiels pour donner vie et sens au vêtement. Balzac insiste sur la gestuelle, l'harmonie des mouvements, l'invisible *habitus* qui anime gracieusement l'effigie pour en faire autre chose qu'une simple poupée à la mode. Ainsi de Mme de Bargeton lorsqu'elle a conquis ses galons de Parisienne : « Enfin, elle jouait avec ses jolies bagatelles dont le maniement est l'écueil des femmes de province : une jolie cassolette pendait à son bracelet par une chaîne ; elle tenait dans une main son éventail et son mouchoir roulé sans en être embarrassée[46]. » Assurance, distinction du geste, « seconde nature » acquise par l'éducation et la fréquentation des salons, autant de qualités qui distinguent la Parisienne de la provinciale, empêtrée dans les maladresses d'une paralysante conscience de soi. Le passage de Delphine de Girardin souligne encore une autre de ses qualités : l'aptitude à faire primer le goût individuel sur les signes de richesse et de pouvoir, jusqu'au choix d'un bracelet « sans valeur », mais « d'un style pur » – on croirait lire, avant la lettre, les préceptes que Coco Chanel diffusera dans les années 1920... Pour Jules Janin, les deux maîtres mots de la Parisienne sont justement la simplicité et le goût : « Pour la grande allée des Tuileries, la Parisienne met en réserve son chapeau le plus simple, sa robe la plus simple, sa chaussure la plus simple ; elle ne va pas là seulement pour être vue, mais encore pour y voir ; elle ne va pas là pour être admirée, mais pour plaire [...]. Elle n'a pas de luxe, elle n'a que du goût[47]. » Rousseau avait déjà insisté sur cette mutation décisive du goût, qui valorise la simplicité recherchée plutôt que la somptuosité. On verra plus loin les implications sociopolitiques de cette nouvelle échelle de valeurs. Bornons-nous à souligner ici qu'elle traduit un idéal non seulement social mais surtout urbain.

« La souplesse dans les mouvements »

Car cette aptitude à faire coaguler dans un ensemble harmonieux toutes les facettes de la séduction, qu'elles aient trait à la personne ou à la toilette, ne s'apprécie jamais mieux que dans la dynamique du mouvement, au cœur de l'espace urbain. « Allez où vous voudrez, vous verrez des modes françaises, mais il faut aller à Paris pour voir comment elles sont portées par les Français, remarque par exemple l'Anglaise Frances Trollope en 1835 [...]. La manière d'être, la démarche, le port, cette expression du mouvement, et même, si j'ose dire, de tous les membres, sont à la fois remarquables et impossibles à imiter[48]. » Auteur d'un *Traité de la démarche*[49], Balzac fait de cette aptitude dynamique la qualité cardinale de la « femme comme il faut », cette séduisante Parisienne que l'on croise dans le triangle d'or formé par la rue de Rivoli, le Boulevard et la Chaussée-d'Antin : « Examinez cette façon d'avancer le pied en moulant la robe avec une si décente précision qu'elle excite chez le passant une admiration mêlée de désir, mais comprimée par un profond respect. Quand une Anglaise essaie de ce pas, elle a l'air d'un grenadier qui se porte en avant pour attaquer une redoute. À la femme de Paris, le génie de la démarche[50]. » Le Russe Vladimir Stroïev pousse l'hyperbole encore plus loin en affirmant : « La Parisienne ne marche pas, elle glisse comme sur le parquet d'une salle de bal[51]. » Et Taxile Delord de surenchérir : « La Parisienne ne marche pas, elle ondule[52]. » La provinciale, *a contrario*, se signale par sa raideur et sa gaucherie : « Ce en quoi la vie de province se signe le plus, est le geste, la démarche, les mouvements, qui perdent cette agilité que Paris communique incessamment[53] », considère Balzac, encore, à propos de la « muse du département ». La Parisienne n'est donc pas seulement le fruit de la mode et du monde ; elle exprime, par toute sa manière d'être et de bouger, une nouvelle culture somatique, celle de la grande capitale animée par ses flux, d'où naît une séduction plus animée, plus nerveuse, en rupture avec un idéal du Beau soumis à la perfection statique.

« Un feu d'artifice d'esprit »

Si la rue prend le pas sur le salon, cela ne signifie pas que l'esprit et la culture aient déserté le portrait. « [Il y a des gens] qui s'imaginent que toutes les Parisiennes sont peintres, musiciennes, poètes de premier ordre. Pour ceux-là, une Parisienne ne parle pas, elle étincelle [...]. Toute sa personne est un feu d'artifice d'esprit[54] », peut ironiser Delord. Si, comme on va le voir, les salonnières du XIXe siècle n'ont

La Parisienne des romantiques (1820-1850) 67

plus le même rôle social qu'au siècle des Lumières, Paris a largement reconquis sa réputation de capitale culturelle, admirée pour la richesse de son offre théâtrale, chorégraphique et lyrique, la vigueur de sa vie littéraire, l'influence croissante des journaux. Être une Parisienne, c'est maîtriser à la perfection cette complexe palette de codes culturels, comme le suggère la trajectoire ascendante de la « muse du département » imaginée par Balzac :

> Au bout de trois mois, Dinah s'était acclimatée, elle s'était enivrée de musique aux Italiens, elle connaissait les répertoires de tous les théâtres, leurs acteurs et les plaisanteries du moment ; elle s'était accoutumée à cette vie de continuelles émotions, à ce courant rapide où tout s'oublie. Elle ne tendait plus le cou, ne mettait plus le nez en l'air, comme une statue de l'Étonnement, à propos des continuelles surprises que Paris offre aux étrangers. Elle savait respirer l'air de ce milieu spirituel, animé, fécond, où les gens d'esprit se sentent dans leur élément et qu'ils ne peuvent plus quitter[55].

Dinah passe ainsi du statut de précieuse ridicule de province, régnant sur un salon de troisième ordre, à celui de brillante Parisienne, spirituelle et lettrée. Même de condition plus modeste, la Parisienne reste définie par cette « vivacité d'esprit » que lui prêtait déjà Dancourt et que vante aussi Stroïev : « Mais pourquoi la Parisienne produit-elle cet effet magique […] ? Parce qu'elle […] sait se servir de ce qu'elle a : l'intelligence, la vivacité, le sentiment, souvent feint, remplacent la blancheur et l'incarnat des joues[56]. » Auteur, au début des années 1850, d'un ouvrage intitulé *Les Maîtresses à Paris. Ce que c'est qu'une Parisienne*, l'homme de lettres Léon Gozlan résume avec malice l'opinion dominante des étrangers à son propos : « C'est un composé d'esprit, de grâce et de sensibilité ; une intarissable source de séduction ; la justification éclatante de la supériorité de la France sur les autres nations ; la femme qu'on rêve à seize ans, et la seule dont on se souvienne à soixante[57]. »

« Les manèges de la coquetterie[58] »

Vive et fine, certes… mais aussi coquette et manœuvrière. Voilà sans doute le terrain qui, par-delà une apparente avalanche de louanges, jette sur la Parisienne une ombre plus critique et plus ambivalente. Pour Stendhal, c'est en effet le rapport à la coquetterie qui fonde la ligne de partage entre la femme de la capitale et celle des départements, et permet d'opposer à la chaste Mme de Rénal l'audacieuse séductrice Mathilde de La Mole : « En vraie Parisienne, elle l'agace, cherche à le troubler, se pique au jeu[59] », écrit-il en commentant la rencontre de la seconde avec Julien Sorel. Dans *La Peau de chagrin*, Balzac durcit le trait pour faire de la Parisienne une froide calculatrice :

> La Parisienne dont toute la beauté gît dans une grâce indescriptible, vaine de sa toilette et de son esprit, armée de sa toute-puissante faiblesse, souple et dure, sirène sans cœur et sans passion, mais qui sait artificieusement créer les trésors de la passion et contrefaire les accents du cœur, ne manquait pas à cette périlleuse assemblée[60].

Dans le joli poème *Conseils à une Parisienne*, Alfred de Musset, lui, se moque suavement d'une jeune inconstante peu avare d'œillades et de sourires séducteurs : « Oui, si j'étais femme, aimable et jolie / Je voudrais, Julie / Faire comme vous / Sans peur ni pitié, sans choix ni mystère / À toute la terre / Faire les yeux doux[61]. » À ce petit jeu, prévient néanmoins le poète, la belle risque de se faire prendre car « Voyez-vous, ma chère, au siècle où nous sommes, / La plupart des hommes / Sont très inconstants / Sur deux amoureux pleins d'un zèle extrême / La moitié vous aime / Pour passer le temps[62] ».

Cette durable réputation de légèreté a pour corollaire la tentation récurrente de l'adultère, dont on a vu qu'il avait précocement défini la Parisienne. Les romans de Balzac regorgent de liaisons menées tambour battant par des femmes du monde sans grands scrupules – ainsi de la princesse de Cadignan, qui doit mentir habilement sur son passé galant pour séduire le seul amour de sa vie, l'écrivain Daniel d'Arthez. Inversement, c'est à une provinciale, Mme de Mortsauf, dans *Le Lys dans la vallée*, qu'échoit la mission d'incarner la fidélité conjugale. Cette concentration d'héroïnes infidèles sur les rives de la Seine est peut-être ce qui autorise Hippolyte Lucas, auteur du portrait de « La femme adultère » dans *Les Français peints par eux-mêmes*, à écrire :

> Nulle part [l'adultère] ne s'étale avec plus de liberté qu'à Paris. Si l'adultère n'avait pas existé depuis la création, Paris l'aurait inventé. C'est là qu'il est à l'aise, qu'il se pavane et qu'il relève sa tête, humblement

baissée en province. [...] Vous le coudoyez à chaque pas que vous faites sur les boulevards ; il vous couvre de poussière au Bois ; il s'accoude sur le velours de la meilleure loge de nos théâtres ; il affectionne surtout le drame moderne créé en son honneur[63].

La réputation d'immoralité des Parisiennes n'a donc pas diminué dans les premières décennies du XIXe siècle, et nourrit, largement, comme y insiste ici Lucas, la production culturelle. Si la Parisienne brille par son éclat, son élégance, son esprit et son aisance, elle se révèle peu soluble dans les idéaux du romantisme, car imperméable aux feux de la passion et au sublime du grand amour. Sans doute faut-il déceler, dans l'ambivalence du regard romantique à son égard, la traduction littéraire des complexes rapports qu'ont entretenus les écrivains avec leurs protectrices et relations mondaines. Mais c'est aussi que la Parisienne est un être composite, synthèse imaginaire de statuts et d'identités feuilletés, dont certains renvoient aux femmes du monde ou de la bourgeoisie, d'autres à des positions plus modestes ou plus impures Si nous en avons parlé, jusqu'à présent, au singulier, il est justement temps de déployer l'éventail de ses déclinaisons.

Une et multiple

Lionnes intrépides

La Parisienne des années 1820-1840 est d'abord une *lionne*, femme lancée, à la mode. « Toute femme qui a de beaux diamants, de hautes dentelles, de grands cheveux et un bon cuisinier, qui se montre aux spectacles, aux courses, aux fêtes brillantes, est classée parmi les lionnes[64] », détaille Delphine de Girardin. Ce type plutôt masculin à l'origine[65] fait l'objet, au féminin, d'un portrait par l'écrivain Eugène Guinot dans *Les Français peints par eux-mêmes*[66], qui l'évoque sous les traits de Mlle de Verneuil. Riche aristocrate, appartenant au monde *fashionable*, comme on dit alors, elle a épousé un roturier, qui l'installe dans un hôtel particulier dernier cri de la Chaussée-d'Antin. Tranchant sur les oies blanches de la bonne société, elle se distingue par son intrépidité, son goût de l'escrime, de l'équitation, des cigares, et des « déjeuners de garçons », ce qui lui confère une petite touche virile.

Inspirée de personnalités atypiques, telle George Sand, qui, originaire du Berry, a séjourné de manière intermittente à Paris entre 1831 et 1848, en menant une vie très libre et en optant parfois pour une tenue masculine, la lionne incarne le sommet des mondanités parisiennes mais aussi toutes les audaces qu'elles autorisent. Par ses excentricités, elle se rapproche du *dandy*, figure venue d'Angleterre dont le modèle se diffuse en France à partir des années 1820[67]. Révolte contre l'utilitarisme bourgeois d'où résulte la simplification du costume masculin, le dandysme vise à la « recréation de soi » par la culture de l'apparence et le geste artistique. Représenté par Eugène Sue ou Jules Barbey d'Aurevilly, avant de l'être par Baudelaire, il se décline, cependant, pour l'essentiel, au masculin – le terme est à peu près synonyme de « lion », alors qu'il n'est jamais, à l'époque, attribué à une femme, même si George Sand et quelques autres auraient pu y prétendre. Aussi la *lionne*, malgré sa superbe, n'est-elle au fond qu'une mondaine délurée, Parisienne qui lance les modes et brille dans les salons. « Pour tout le reste, ironise Eugène Guinot, elle ne demande pas mieux que de demeurer femme. Dans les pratiques de la vie *fashionable* seulement, il lui faut des franchises illimitées[68]. » Même minorée, cette liberté relative ne fait pas moins de la lionne une figure enviée par les provinciales, à qui Delphine de Girardin adresse cette mise en garde sarcastique : « Une dame de Grenoble admire le mantelet d'une dame de Beauvais qu'elle prend pour une lionne parisienne ; elle étudie la forme gracieuse de ce mantelet. [...] Ces erreurs sont effrayantes[69] ! »

Charmantes grisettes

À l'autre extrémité de l'échelle sociale se situe la grisette, jeune ouvrière de la couture ou du linge, qu'on surnomme parfois l'« étudiante[70] » ou la « Parisienne du Quartier latin[71] », parce qu'elle est souvent la compagne de l'étudiant. « Sous le titre de grisette, nous nous permettons de comprendre indifféremment couturières, modistes, fleuristes ou lingères, enfin tous ces gentils minois en cheveux, chapeaux, bonnets, tabliers à poches, et situés en magasins[72] », précise Balzac. Figure ancienne, dont on trouve déjà mention chez La Fontaine[73], la grisette, désignée par l'étoffe de soie ou de laine grise de sa robe, devient une figure phare de la culture romantique, qui lui offre de nombreuses incarnations littéraires et théâtrales déjà évoquées, de la

La Parisienne des romantiques (1820-1850) 71

Mimi Pinson de Musset à la Rigolette d'Eugène Sue. Une physiologie lui est consacrée, sous la plume de Louis Huart, journaliste et écrivain à qui l'on doit de nombreuses légendes de Daumier, mais aussi un portrait par Jules Janin dans *Les Français peints par eux-mêmes* – Paul de Kock, lui, l'a mise en scène dans le vaudeville *Le Commis et la Grisette*[74]. Si elle est, virtuellement, de toutes les villes, Jules Janin y voit d'abord une figure typiquement parisienne : « De tous les produits parisiens, le produit le plus parisien, sans contredit, c'est la grisette[75]. » Il est vrai que, selon Huart, « la grisette de Paris offre un heureux mélange des qualités de toutes les autres grisettes de France – et qu'en conséquence nous n'hésitons pas à proclamer la reine des grisettes[76] ! ». Invariablement jeune – Huart lui attribue entre 16 et 30 ans, après quoi elle tourne au type négatif de la bourgeoise –, elle est toujours charmante, simple et gentille, voire candide. Sa vie de « collages » avec les étudiants suscite bien quelques critiques moralistes et nourrit une iconographie souvent grivoise, mais elle demeure une figure positive, soudée aux classes supérieures par la fréquentation des jeunes bourgeois et son lien au monde de la couture et de la mode. « La grande dame [...] ne peut lui pardonner son joli pied, sa taille fine et élégante et son joli minois[77] », croit savoir Louis Huart, tandis que le Russe Stroïev n'hésite pas à affirmer : « La grisette met de l'argent de côté pour s'acheter une petite robe pimpante, un joli fichu[78]. » L'iconographie la montre le plus souvent en coquette ouvrière vêtue à la dernière mode, même si l'illustrateur Paul Gavarni préfère l'imaginer sous les traits plus modestes mais non moins attractifs du trottin, sillonnant les rues de Paris avec son petit paquet. Symbole, à la fois, de charme et de courage, la grisette forme, dans la galerie des Parisiennes, le trait d'union entre le haut et le bas de la société, pivot essentiel de la communauté imaginaire que cherche à suggérer le terme.

À la grisette se rattache la figure plus ambiguë de la gamine délurée des milieux populaires, pendant féminin du « gamin de Paris », autre type disséqué par les physiologies de la période romantique. Elle s'incarne notamment sous les traits de Frétillon, héroïne d'une chanson de 1829 de Pierre-Jean de Béranger. Jeune fille du peuple vivant au jour le jour, Frétillon « n'a pourtant qu'un cotillon », dont elle n'hésite pas à se délester pour réchauffer l'amant d'un soir, mais qu'elle doit parfois vendre pour subvenir à ses besoins : « Deux fois elle eut équipage / dentelles et diamants / et deux fois mit tout en gage / pour quelques fripons d'amants[79]. » Dans les années 1840, elle s'apparente aussi au débardeur, jeune fille déguisée en ouvrier des quais pour le carnaval, à laquelle Gavarni consacre une série de dessins jouant sur l'insolence mutine et la trouble androgynie du modèle. Dans sa *Physiologie de la Parisienne*, Delord la représente sous les traits de « Fifine », courant les bals et dansant des mazurkas endiablées, avant de disparaître, sur un pied de nez, au bras d'un ouvrier déguisé en Indien. La scène évoque les transgressions ponctuelles qu'autorise le carnaval, mais aussi la séduction canaille des jeunes danseuses qui fréquentent les bals populaires, dont les « chahuts » et autres « cancans » suscitent parfois l'intervention de la police pour obscénité. Si le débardeur demeure une déclinaison intermittente et secondaire de la Parisienne, ce type ambigu rappelle que la capitale abrite aussi une population d'ouvriers et de manœuvres en augmentation constante, et que les filles sont en butte au risque d'une double exploitation, économique et sexuelle. Comme pour la grisette, Forster n'hésite pas à poétiser cette misère en écrivant : « La fille du peuple, à Paris, sous ses haillons mêmes qui la couvrent, laisse apercevoir encore le cachet particulier aux Françaises [...] Toute la coquetterie de sa toilette délabrée gît dans le mouchoir qu'elle porte sur la tête[80]. »

Accortes vendeuses

Plus central, dans l'imaginaire de la Parisienne, apparaît le peuple des vendeuses et des demoiselles de magasin, qui, comme les grisettes avec lesquelles on les confond parfois, se doivent de soigner leur apparence pour séduire le public. C'est sur un mode presque lyrique que l'écrivain Louis Roux dresse, dans *Les Français peints par eux-mêmes*, le portrait de la « demoiselle de comptoir », atouts de séduction capital pour le commerce parisien :

> Le faubourg Saint-Germain a ses duchesses [...], le théâtre ses *prime donne* [...]. La demoiselle de comptoir, pour trôner quelques degrés au-dessous de ces divinités diverses, n'en jouit pas moins d'une royauté réelle. [...] Elle habite dans la rue Saint-Denis ou la rue Saint-Martin, ces deux grosses artères du commerce parisien, un Alhambra dont la soie forme les corniches, la dentelle les arabesques et le coton populaire les soubassements[81].

La Parisienne des romantiques (1820-1850) 73

Si sa mise en valeur est souvent le fruit de purs calculs marchands, elle n'en mérite pas moins son titre de « Parisienne » par assimilation des modes et des codes des élites. Il est également décerné à toutes celles dont l'activité touche à la parure, à l'esthétique, à la beauté : ainsi de la modiste, dont la journaliste Maria d'Anspach dresse le portrait séducteur dans *Les Français peints par eux-mêmes*[82], ou de la bouquetière, qui tire de son commerce une image positive, quel que soit par ailleurs son degré de misère. « C'est aussi une fille du peuple mais que la civilisation a déjà retirée de la fange[83] », estime Forster en l'imaginant accorte, fraîche et, bien sûr, vêtue à la dernière mode. Dans les années 1820, le talentueux dessinateur Louis-Marie Lanté livre 42 planches qui modernisent la tradition des « cris de Paris », en donnant une représentation raffinée des petits métiers féminins de la capitale, jusqu'à parer de charme l'écaillère, la cordonnière ou la crémière, métiers offrant pourtant peu d'accointances avec la mode. Comme pour la grisette, cette imagerie vise à construire une communauté imaginaire de Parisiennes soudées par la grâce et la séduction.

Sulfureuses actrices et sylphides

Au-delà des frontières de la mode et du commerce, c'est aussi la vie culturelle de la capitale qui alimente les représentations de la Parisienne. Si, comme on l'a vu, le théâtre contribue à la prolifération du personnage, les actrices qui le prennent en charge ne peuvent manquer de lui être assimilées : jouant la Parisienne, elles *sont* des Parisiennes, de par leur position centrale dans la « dramatocratie », mais aussi du fait de la réputation de liberté et de légèreté qui suggère, selon Forster, tout le mystère inhérent à la scène et aux coulisses[84]. Cherchant sa Parisienne, le héros de Taxile Delord commence par l'actrice, en qui il fantasme un sommet du charme et de l'esprit : « j'attendais [...] les œillades brûlantes, les incroyables espiègleries, dont les actrices de Paris régalent toujours ceux qui dînent avec elles dans les romans[85] ». La piquante Musidora se signale pourtant par un appétit d'ogre et une conversation terre à terre – elle est d'ailleurs née à Die dans le Dauphiné –, mais cette ironie démystificatrice ne suffit pas à altérer l'image de l'actrice, que l'époque place au cœur de ses fantasmes érotiques. Si la plus célèbre interprète du premier XIXe siècle, Rachel, engagée au Théâtre-Français en 1838, jusqu'à sa mort, de tuberculose, en 1858, incarne surtout la tragédienne accomplie autant que la « belle Juive », d'autres, telles Marie Dorval ou Anne Boutet, dite Mlle Mars, ont nourri de manière plus centrale le stéréotype de l'actrice parisienne séductrice et frivole, encombrée d'amants et d'admirateurs. Héroïne du romantisme, proche de George Sand jusqu'à donner prise à des soupçons de lesbianisme, la première incarna notamment, en 1831, la Marion de Lorme de Victor Hugo. Née en 1779, sociétaire de la Comédie-Française jusqu'en 1841, notoire pour sa vie dispendieuse, la seconde a alterné les rôles du répertoire et ceux, plus contemporains, imaginés par Eugène Scribe, Frédéric Soulié ou Ernest Legouvé, qui préfigurent les Parisiennes légères et délurées du théâtre de boulevard.

Plus encore que l'actrice, cependant, c'est la danseuse d'Opéra qui, durant les premières décennies du siècle, offre une nouvelle déclinaison à la Parisienne. Si Delord ne l'évoque qu'en passant, Théophile Gautier, balletomane revendiqué, consacre dans *Les Français peints par eux-mêmes* un portrait empathique au « rat » d'Opéra, illustré par des vignettes de Gavarni, tandis qu'Honoré Daumier s'amuse des convoitises masculines dont la danseuse est l'objet, en croquant un bourgeois qui lorgne une sylphide à la jumelle, sous le regard réprobateur de son épouse[86]. Il est vrai que l'art chorégraphique s'est profondément renouvelé dans les années 1820, avec de nouvelles techniques dont s'empare l'imaginaire romantique des livrets de ballet. Première danseuse dénommée « étoile », Marie Taglioni a triomphé, en mars 1832, dans *La Sylphide* en perfectionnant la danse sur pointes élaborée par Fanny Bias, avant d'être concurrencée par sa compatriote Carlotta Grisi, qui danse le rôle-titre de *Giselle*, en 1842. Les tutus vaporeux, les ailes d'ange, les portés aériens suggèrent certes une femme idéale, angélique, presque éthérée, mais les grandes arabesques et la seminudité des costumes distillent aussi un subtil érotisme, qui fait de la danseuse romantique un objet de curiosité fascinée. Les danses « de caractère » ne sont pas moins émoustillantes, à l'exemple de l'incandescente cachucha andalouse que Fanny Elssler exécute en 1836. « Il faut que, pendant et après votre pas, vous inspiriez de l'amour dans *Le Diable boiteux*, et que le parterre et l'orchestre aient envie de coucher avec vous[87] », n'hésitait pas à recommander à la troupe Louis Véron, l'homme qui dirigea, de 1831 à 1835, l'Opéra, installé rue Le Peletier entre 1821 et 1873. On comprend mieux pourquoi, selon Jules Janin, « le principal centre d'attraction, pour un étranger, c'est, bien plus que l'art lyrique, la danse : [...] Ce sont là de véritables filles d'Ève, dressées à l'avance à ce grand art de la séduction, des nudités et des sourires, troupe légère, flottante, escadron vêtu de gaze, armé de fleurs[88] ». Les riches abonnés ont leurs entrées au foyer de l'Opéra, où les danseuses s'échauffent avant le spectacle : « Pendant cette petite toilette de chaussures, qui exige des mouvements de corps et des attitudes un peu risquées, les curieux, les adorateurs, les soupirants ou l'amant heureux, ne cessent de caqueter autour des danseuses, le chapeau bas[89] », poursuit Louis Véron, sans rien dissimuler des ressorts érotiques intéressés de cette mise en scène qui, tout au long du siècle, va nourrir une surabondante iconographie. Moins bien rémunérées que les actrices, les danseuses ont, encore plus qu'elles, besoin de la protection d'un riche mentor, qui règle leurs dépenses de costumes et de tournées, en échange de faveurs sexuelles. « Entretenir une danseuse » devient ainsi une pratique sociale autant qu'un motif central de l'imaginaire érotique masculin, qui participe étroitement à la mythologie de la capitale[90].

Déjà largement construite au siècle des Lumières, la réputation de légèreté des Parisiennes trouve donc, dans les reconfigurations du monde du spectacle de la période romantique, matière à se renforcer, non sans rencontrer l'univers polymorphe et complexe de la prostitution.

Troublantes courtisanes et lorettes

Voyons Ismène, imaginée par Delord : « l'héroïne des parties de campagne, l'Hébé des soupers de Carnaval, la Vénus des petites maisons, [...], trop pauvre pour se marier, trop jolie pour rester fille ». Elle représente, selon l'auteur, « l'élite de la galanterie »[91]. Voyons encore, Hermas, « qui ne comprend pas qu'il y ait un autre usage à faire de la beauté que celui de la vendre[92] ». Le terme de « courtisane » a longtemps permis d'anoblir symboliquement ces femmes au statut indécis, qui vivent dans la dépendance de leurs riches amants. Le thème est présent dans de nombreux romans de la période, au premier rang desquels *Splendeurs et misères des courtisanes*, de Balzac, dont la complexe gestation s'étale de 1838 à 1847, ou encore, dans celui de Dumas fils, *La Dame aux camélias*, déjà évoqué. Son modèle, Marie Duplessis, synthétise tout l'imaginaire galant de la génération romantique : issue d'un milieu rural modeste, la jeune fille fut d'abord servante, ouvrière et lingère, avant de séduire, à 15 ans, par sa beauté, un riche commerçant parisien qui en fit sa maîtresse régulière. Elle devint par la suite une femme entretenue aux nombreux amants, mais se distingua aussi par son charme, son élégance et son esprit, qui en firent l'amie d'artistes et d'écrivains en vue, dont Franz Liszt, Théophile Gautier et Alexandre Dumas fils. Engagé avec elle dans une brève liaison, ce dernier sut en faire un personnage mythique, en exploitant les tumultueux épisodes de ses dernières années : mariée, en 1846, au comte Édouard de Perregaux, contre l'avis du père de ce dernier, elle devait mourir l'année suivante, à l'âge de 23 ans, de phtisie, après avoir renouée avec sa vie dissolue.

La vie et la postérité littéraire de Marie Duplessis emblématisent un trait qui va nourrir, sur la longue durée, l'identité de la Parisienne : un statut, hybride, intermédiaire, entre la femme honnête et la prostituée, délivré des sujétions sociales et conjugales des premières, avec, pour corollaire, une vie sociale et sexuelle relativement libre, mais sans la connotation sordide et utilitariste qui se rattache à la seconde. Le XIXe siècle français maintient ainsi, en le valorisant culturellement, un statut féminin qui a existé à diverses époques et sous diverses latitudes, de la courtisane grecque à la geisha japonaise, mais dans une période qui tend à renforcer l'opposition entre la femme pure et impure. Si les courtisanes participent d'une sociabilité parallèle, pour partie nocturne et voilée, et restent socialement stigmatisées – elles font l'objet d'un opprobre moral, n'ont pas vocation à être épousées et ne sont pas reçues par les femmes de la bonne société –, elles n'en forment pas moins un élément clé de la société parisienne, objet d'attention, voire d'envie de la part des autres femmes : « S'il y a une chose que les femmes du monde désirent voir, [...] c'est l'intérieur de ces femmes [entretenues], dont les équipages éclaboussent chaque jour le leur, qui ont, comme elles, et à côté d'elles leur loge à l'Opéra et aux Italiens, et qui étalent à Paris, l'insolente opulence de leur beauté, de leurs bijoux, et de leurs scandales[93] », affirme Dumas fils en décrivant, à l'orée de son roman, la vente aux enchères des biens de Marguerite Gautier, à laquelle sont venues assister les femmes de la bonne société. Cette proximité, qui est aussi une concurrence et une complémentarité, est un poncif récurrent de la littérature sur la Parisienne.

La période voit d'ailleurs naître une nouvelle catégorie de courtisanes, la lorette, terme inspiré de l'église Notre-Dame-de-Lorette, construite entre 1823 et 1836 dans le nouveau quartier à la mode de la Nouvelle Athènes, où étaient installées de nombreuses prostituées et femmes entretenues. Les lorettes sont, selon Alexandre Dumas, « de charmants petits êtres propres, élégants, coquets, qu'on ne pouvait classer dans aucun genre connu : ce n'était ni le genre fille, ni le genre grisette, ni le genre courtisane[94] ». Elles répondraient ainsi aux attentes du bourgeois aisé, parfois intellectuel ou artiste, recherchant des compagnes amusantes et bien mises, moins coûteuses et lancées que les grandes courtisanes, mais plus raffinées que l'ordinaire des prostituées – une forme de démocratisation de la haute galanterie, en quelque sorte. Figure pittoresque et littéraire, qui reste attachée aux mœurs de l'époque, la lorette est honorée par toutes les plumes du temps, de Nestor Roqueplan à Jules Janin, et fait l'objet, en 1841, d'une physiologie due à l'écrivain et journaliste Maurice Alhoy, tandis que Delord l'intègre à sa typologie des Parisiennes, sous le nom de « Laïs », référence conventionnelle, on l'a dit, à la courtisane de l'Antiquité Laïs de Corinthe, passée en archétype de la femme galante. Si le terme finira par désigner, sous le Second Empire, une version dégradée de la courtisane, la lorette reste, jusqu'à la fin du règne de Louis-Philippe, une figure plutôt positive, dont la désinence en « ette » évoque, comme pour la grisette, le charme mutin de la fillette ou de la soubrette. Son succès comme type conforte le rôle central, et durable, des femmes de plaisir dans la sociabilité et la sexualité des élites masculines du XIXe siècle, nettement dissociées de la vie conjugale et domestique.

Car cette poétisation littéraire de la courtisane ou de la lorette va de pair avec un aiguisement de la sensibilité sociale au fait prostitutionnel, dont l'augmentation est régulièrement dénoncée. Si les chiffres en ce domaine restent et resteront flous, ne serait-ce que parce qu'il existe une importante prostitution intermittente, le vivier des corps féminins à vendre est sans conteste bien alimenté, tout au long du siècle, par la vigoureuse croissance de la capitale, qui draine à la fois de nombreux migrants célibataires, et de jeunes femmes peu qualifiées, en quête de revenus. Depuis l'ordonnance du 6 novembre 1778, complétée par plusieurs textes ultérieurs[95], le racolage sur la voie publique est interdit – et c'est dans le cadre de son application qu'ont été détruites, entre 1827 et 1829, des fameuses baraques en bois du Palais-Royal, où se concentrait la partie la plus visible de la prostitution parisienne. Un peu plus discrète, elle n'en est pas moins omniprésente. Car en parallèle achève de se mettre en place, dans les années 1820, le système réglementariste, qui vise à concentrer les filles dans des maisons de tolérance, en exerçant sur toutes un étroit contrôle : inscrites sur un registre de police, elles doivent posséder une carte, se soumettre à des contrôles sanitaires réguliers et exercer leur activité uniquement dans des lieux prévus à cet effet[96], ce qui n'empêche pas un certain nombre d'« insoumises » de pratiquer la prostitution clandestine. Conçu par les médecins et les hygiénistes comme un mal nécessaire, le sexe vénal est censé permettre aux libidos masculines d'épancher leur trop-plein d'énergie, tout en préservant les femmes « honnêtes » des désordres de la sexualité non procréative et extraconjugale. Critiquée par les conservateurs et les autorités religieuses, mais aussi par les premiers courants féministes, cette tolérance ambiguë, au nom du « moindre mal », se paie du risque de la contamination vénérienne, qui fait l'objet d'une attention croissante de la médecine, elle-même en plein essor. La prostitution conserve donc, tout au long du siècle, un statut ambivalent, à la fois central et périphérique, visible et conspué, qui nourrit « par en dessous » le portrait de la Parisienne. Car si la prostitution est partout, c'est bien dans la capitale française qu'elle fait l'objet d'une institutionnalisation et d'une visibilité culturelle maximales, jusqu'à susciter un véritable tourisme sexuel qu'amplifiera encore l'haussmannisation. Courtisanes et lorettes représentent donc la traduction littéraire, idéalisée, de ces dessous troubles, qui hantent les consciences du temps, et vont régulièrement entretenir, par effet d'aura, la réputation équivoque des femmes de la ville. Pour tout le XIXe siècle, Paris va rester la ville jouisseuse et permissive par excellence : une réputation est désormais solidement établie, qui ne se dissipera jamais tout à fait.

« Une et multiple », la Parisienne laisse ainsi entrevoir sa nature instable et composite, qui, à bien des égards, l'apparente à une chimère, monstre forgé de morceaux disparates et peu cohérents. Cherchant à concilier le pur et l'impur, le noble et le moins noble, le haut et le bas de la société, le type nous parle d'une société en plein « travail », qui promeut des figures nouvelles pour se penser et résoudre les tensions qui la traversent. Elles peuvent se ramener à trois dimensions principales : un espace qui mute, une hiérarchie des sexes qui s'accentue, une société qui s'embourgeoise.

La femme du Boulevard, de la Bourse et du Code civil

Le fruit de la grande ville

La Parisienne prend corps sur le terreau d'une ville en pleine croissance, et qui, depuis la Révolution, est devenue la capitale incontestée des Français, siège du pouvoir, des institutions et des administrations, pôle des mondanités et de la vie de cour, foyer de la création culturelle et de la presse : si la province s'était déjà constituée en espace repoussoir, c'est bien à partir des années 1820-1830 que Paris devient son principal antonyme, la capitale prenant désormais en charge les valeurs de supériorité et de distinction autrefois attachées à la Cour et à Versailles. Ces privilèges de fonction se renforcent du mouvement même de l'économie et de la démographie : le développement de secteurs industriels dynamiques (bâtiment, textile, confection, tannerie...), alimenté, à compter des années 1830, par la construction d'un réseau ferré polarisé autour de la capitale, attire une masse de travailleurs qui forment souvent des communautés régionales soudées – de Franciliens, de Limousins ou d'Auvergnats, dans un premier temps. Les métiers de cols blancs (domestiques, employés...) et les étudiants – 7 000 par an, en moyenne, sous la monarchie de Juillet – nourrissent également cette immigration. La population de la ville, alors divisée en douze arrondissements, effectue ainsi un bond en avant spectaculaire[97], passant d'un peu moins de 550 000 habitants recensés en 1801 à 785 000 en 1831, et près d'un million en 1846[98], soit un quasi-doublement en un demi-siècle, dû pour l'essentiel aux migrations : en 1833, la moitié seulement des Parisiens sont nés à Paris et ce pourcentage ira déclinant tout au long du siècle – la proportion n'est plus que de 35 % à la fin des années 1860. Certes, le Paris de 1848, dans un pays de 36 millions d'habitants, ne regroupe jamais qu'un peu moins de 3 % de la population nationale, et des villes de province, telles que Bordeaux ou Marseille, ont connu, entre 1821 et 1831, des croissances plus rapides. Mais le poids relatif de la capitale n'a cessé de se renforcer, puisqu'elle ne rassemblait que 1,8 % des Français en 1800, et en concentrera 6,31 % en 1896, sur un territoire urbain agrandi d'un tiers en 1860. Outre les travailleurs, elle attire plusieurs catégories d'occupants temporaires, riches rentiers partagés entre la province et la capitale, touristes plus ou moins fortunés et toujours plus nombreux à céder aux charmes de la « vie parisienne ».

Pompe aspirante du pays, Paris est donc, pour une large partie, une ville de provinciaux, qu'il s'agit de former, de dégrossir, d'acculturer. Et c'est bien l'une des fonctions principales de la Parisienne, que de se constituer en repère identitaire positif, dans une ville qui se nourrit des « départements », comme le rappelle ironiquement Taxile Delord :

> N'avions-nous pas raison de dédier ce livre aux femmes des provinces ? Ce sont elles qui alimentent cette population si vive, si gaie, si originale, des femmes de Paris. Depuis le salon où trône une reine entourée d'hommages, jusqu'à la mansarde où travaille en chantant une pauvre ouvrière [...], partout vous rencontrez la province : Paris n'est point un moule, c'est un creuset[99].

« La Parisienne » serait moins, en ce sens, une essence inaccessible, réservée aux natives, qu'un idéal donné en modèle, qu'il est possible de conquérir par l'effort et la volonté : nombre d'héroïnes balzaciennes, de Dinah de la Baudraye dans *La Muse du département*, à Mme de Bargeton dans *Illusions perdues*, sont des provinciales *devenues* des Parisiennes à force de persévérance, tandis qu'être née sur les bords de la Seine ne suffit pas pour conquérir cette identité : « Toutes les femmes de Paris ne sont pas Parisiennes [...], insiste Delord. Paris n'invente pas ; il perfectionne. Le monde lui envoie des blocs de marbre, il en fait des statues. Paris est un artiste[100]. »

Donnée en modèle aux femmes, la Parisienne est avant tout, un fantasme d'hommes à destination d'autres hommes, dans cette capitale où l'élément masculin tend à devenir majoritaire : en 1835, on dénombre 96 femmes pour 100 hommes dans la classe d'âge des 30-40 ans[101], la plus nourrie en migrants. Le poids des jeunes célibataires, ouvriers ou étudiants, explique indirectement le succès de la grisette, mais aussi, on l'a vu, l'obsession de la prostitution. Paris, « ce rêve familier des jeunes hommes de vingt ans[102] », selon la belle expression du romancier russe Nikolaï Gogol, se constitue plus globalement en lieu cardinal des apprentissages érotiques ou amoureux, et, pour les plus privilégiés, de la consécration mondaine et professionnelle, à l'exemple d'un Julien Sorel, d'un Lucien de Rubempré ou d'un Eugène de Rastignac. Sur le chemin de leur ambition, on

La Parisienne des romantiques (1820-1850) 81

trouve toujours une Parisienne, femme du monde qui, telles Mathilde de La Mole, Mme de Sérisy ou Diane de Maufrigneuse, ouvre les portes des salons et de la réussite, ou encore actrice, demi-mondaine ou petite ouvrière qui, telles Coralie, Esther ou Mlle Mimi, offre chair et tendresse avant l'entrée dans la vie conjugale. Comme chez Rousseau, ces Parisiennes de papier trouvent souvent leur origine dans les expériences personnelles de leurs auteurs, pétries de frustrations et d'amours inabouties : celles du Grenoblois Stendhal qui, arrivé à Paris en 1799, n'ose pas aborder les femmes « supérieures » de la capitale, ou du Tourangeau Balzac, qui, après de nombreux déboires littéraires et financiers, rencontre enfin le succès auprès du public féminin, en 1829, avec *La Physiologie du mariage*. Transpositions littéraires de leurs fantasmes et de leurs échecs, leurs héroïnes parisiennes se ressentent de cette ambivalence originelle, mais elles témoignent aussi du nouveau pouvoir de plume de cette « élite artiste[103] », selon la formule de la sociologue Nathalie Heinich, qui compense, par sa capacité à imposer son imaginaire, son absence de capital économique et mondain, aussi bien que les aléas de la dure condition d'homme de lettres.

Initiatrice dans l'alcôve ou au salon, la Parisienne est aussi la fille de la modernité urbaine, et de toutes les promesses qu'elle semble offrir. La modernisation de la ville, qui s'accélérera de manière spectaculaire de 1850 à 1870, s'est en réalité enclenchée dès l'Empire et se poursuit sous l'égide du préfet Rambuteau, entre 1833 et 1848, notamment en raison de l'épidémie de choléra de 1832, qui rend nécessaires des assainissements. La Parisienne est, par excellence, la cliente des passages, ces élégantes galeries marchandes éclairées au gaz où l'on peut faire ses emplettes à l'abri de la pluie : après le percement du passage des Panoramas, en 1800, on en recense près d'une vingtaine à la fin des années 1820, dont le passage de l'Opéra, percé en 1822, la galerie Vivienne en 1823, la galerie Colbert, en 1826, ou le passage Véro-Dodat en 1826 – c'est dans ce dernier que l'écrivain Louis Gabriel Montigny admire la séduction des marchandes[104]. Si elle marche avec la grâce et la souplesse que tous nos auteurs sont prêts à lui reconnaître, c'est aussi parce que les trottoirs sont généralisés dans les années 1820, en même temps que s'améliore l'éclairage des rues : « la municipalité lui devait l'asphalte des trottoirs[105] », estime Balzac. Elle est enfin la femme que l'on frôle de près dans l'omnibus, dont les premières lignes sont ouvertes en 1828. Est-ce un hasard si elles sont affublées de noms aussi séducteurs que féminins, tels les « Dames Blanches », les « Favorites », et les « Sylphides », et surtout, en 1836… les « Parisiennes », ligne qui circule du faubourg Saint-Germain à la Chaussée-d'Antin[106] ? Comme si leurs gestionnaires avaient été les premiers à flairer le « potentiel marketing » de ces appellations discrètement grivoises, qui entendent faire du voyage urbain une expérience de la volupté.

Plus encore qu'au XVIIIe siècle, la Parisienne est la femme que l'on rencontre dans les parcs et les espaces publics de la ville, dont la géographie n'en finit pas d'évoluer. On a évoqué l'inexorable déclin du Palais-Royal au cours des années 1820 comme quartier de divertissement et de prostitution. Dès 1825, Montigny le déclare passé de mode[107], même s'il reste « au centre de tout », bordé, notamment, par l'élégante rue Vivienne et le passage du même nom, où se concentrent les boutiques de mode. Les Tuileries, en revanche, dont le palais abrite jusqu'en 1870 les cours des différents souverains, restent l'espace privilégié de la parade mondaine, le lieu où s'affichent les modes et courent les potins. Delphine de Girardin en fait son terrain d'observation favori pour ses chroniques, tandis que le critique Jules Janin y aperçoit les plus séduisantes femmes de la capitale : « Que la femme de Paris est une charmante créature dans la grande allée des Tuileries[108] ! » Dans *Les Français peints par eux-mêmes*, l'écrivain Jacques Arago forge pour sa part le type de « l'habituée des Tuileries », qu'il compare à « l'habituée du Luxembourg »[109], la première futile, coquette, arbitre des modes, la seconde plus austère et réservée, car relevant de cette province parisienne qu'est le lointain Quartier latin – le Marais, depuis longtemps passé de mode, fait l'objet du même préjugé.

Mais la vraie Parisienne est peut-être avant tout celle qui habite ou fréquente les nouveaux quartiers à la mode : la Chaussée-d'Antin, lotie dans le dernier tiers du XVIIIe siècle, quartier des fortunes récentes, ou la Nouvelle Athènes, qui, depuis le début du siècle, s'est couverte d'élégants immeubles et hôtels prisés des artistes et des intellectuels – elle jouxte, on l'a vu, le quartier des lorettes. La Parisienne arpente également les Champs-Élysées, eux aussi dotés de trottoirs et bordés de baraques, de petits théâtres et d'hôtels particuliers, même s'il faudra attendre le Second Empire pour que cette artère symbolise toute l'opulence de la « vie parisienne ». Sous la monarchie de Juillet, celle-ci se déploie principalement sur les boulevards, de la Madeleine à la Bastille, élargis et embellis par Rambuteau. Située au niveau des actuels boulevards des Capucines et des Italiens, la partie la plus *fashionable*

La Parisienne des romantiques (1820-1850) 83

concentre les cafés et restaurants élégants, notamment la maison Tortoni, qui a succédé, en 1804, au glacier Velloni, ou encore la luxueuse Maison-Dorée, ouverte en 1841, et vite à la pointe de la mode. Mais la partie plus populaire, le long des boulevards du Temple, Beaumarchais et Filles-du-Calvaire, concentre de nombreux petits théâtres et bruit d'animation : c'est là que l'on croise les grisettes en goguette, mêlées aux petites-bourgeoises du quartier.

La vogue nouvelle du Boulevard entraîne la création d'un type structurellement lié à l'histoire de la Parisienne : le flâneur, lui aussi « mis en physiologie » par l'écrivain Louis Huart, en 1841[110]. La mémoire collective en a fait, à la suite de Baudelaire commenté par Walter Benjamin, un artiste ou un poète un peu en marge, attaché à retranscrire les sensations du milieu urbain. Mais le flâneur est plutôt, sous la monarchie de Juillet, un homme à la mode, en quête de plaisirs et de bonnes fortunes, qui succède au promeneur du XVIIIe siècle, façon Mercier ou Rétif. Son émergence traduit à la fois le développement d'une classe de bourgeois rentiers qui s'inspirent de l'aristocrate oisif, mais en privilégiant des pratiques de la ville plus extraverties, moins centrées sur l'entre-soi, qui vont de pair avec la consécration de la capitale française comme lieu de la « vie élégante » et des plaisirs urbains, spectacles, cafés, magasins, promenades. « On ne flâne qu'à Paris, n'hésite pas à affirmer le critique Jules Janin. Paris est la première capitale des flâneurs. La ville est disposée, coupée, arrangée tout exprès pour la flânerie[111]. » Or, si l'activité nécessite du temps, du goût et de la sensibilité, elle a pour principal objet la conquête féminine, comme le suggère le parcours type du héros de Huart : sa déambulation commence par l'examen charmé de jolies marchandes, se poursuit par une visite aux danseuses de l'Opéra et se prolonge par la poursuite d'un trottin – la vignette de la page de garde le montrait déjà reluquant deux élégantes en promenade. Dans le portrait de « la femme comme il faut », cette jolie passante au statut indécis que l'on croise dans les rues de Paris, Balzac fait, lui aussi, de cette quête amoureuse l'un des principaux ressorts de la flânerie :

> Par une jolie matinée, vous flânez dans Paris. [...] Vous voyez venir à vous une femme. Le premier coup d'œil jeté sur elle est comme la préface d'un beau livre. [...] La coquette se donne par la marche un certain mouvement concentrique et harmonieux qui fait frissonner sous l'étoffe sa forme suave et dangereuse. [...] Doit-elle à un ange ou à un

diable cette ondulation gracieuse qui joue sous la longue chape de soie noire, en agite la dentelle au bord, répand un baume aérien, et que je nommerais volontiers la brise de la Parisienne[112] ?

La Parisienne se fait ici le fantasme et l'appât du flâneur, la passante qui réjouit son regard et ses sens, en donnant un moteur à sa promenade. Le signifiant trouve là sa légitimité, en agrégeant dans un même horizon de désir et d'accessibilité virtuelle toutes les catégories de femmes séduisantes aperçues dans la rue, l'élégante mondaine à l'accorte grisette. Elle est donc une image, une impression, mais aussi une synthèse, fusion imaginaire de tous les *obscurs objets du désir* qui la composent en se superposant. Par là, elle mêle et confond toutes les femmes séduisantes, sans distinction d'origine sociale, ce qui ne signifie pas qu'elle ait vocation à accueillir l'ensemble du « beau sexe ».

Des milieux mêlés

> Maintenant qu'est cette femme ? À quelle famille appartient-elle ? D'où vient-elle ? [...] Depuis cinquante ans bientôt, nous assistons à la ruine continue de toutes les distinctions sociales. [...]. Les duchesses s'en vont et les marquises aussi [...]. Toute femme comme il faut sera plus ou moins comtesse, comtesse de l'Empire ou d'hier. [...] Cette femme sortie des rangs de la noblesse ou poussée de la bourgeoisie, venue de tout terrain, même de la province, est l'expression du temps actuel, une dernière image du bon goût, de l'esprit, de la grâce, de la distinction réunies, mais amoindries[113].

Si « la ruine continue de toutes les distinctions sociales » qu'aiment évoquer les contemporains est assurément une vision excessive, « la femme comme il faut », cette nouvelle Parisienne imaginée par Balzac, est bien la traduction imagée d'un nouvel équilibre social, dont « la lionne » est également le produit. Bourgeoises ou aristocrates, et dans ce cas de noblesse récente ou douteuse plus que grandes dames, elles expriment toutes les deux la fusion partielle des élites qui s'accomplit sous la monarchie de Juillet, par déplacement de la source des hiérarchies mondaines de la Cour vers les salons privés, désormais ouverts aux talents et aux nouvelles fortunes – ce qu'on appelle « le monde »,

La Parisienne des romantiques (1820-1850) 85

puis « le Tout-Paris », société brillante et choisie mais plus mêlée que ne l'était le monde aristocratique de l'Ancien Régime, ou même, encore, de la Restauration[114]. L'avènement de Louis-Philippe, roi bourgeois, libéral, plutôt sobre de mœurs, a tari le prestige de la Cour, qui n'est plus le sommet des hiérarchies mondaines, et si elle retrouvera, sous le Second Empire, un certain éclat, ce sera sous l'effet d'un syncrétisme social plus grand encore. Car le développement du capitalisme industriel et financier, comme des professions administratives, libérales et médiatiques, n'a cessé de grossir les rangs d'une bourgeoisie aisée, qui entend convertir en autant de plaisirs et voluptés le fruit de ses efforts.

Balzac, qui cultive un aristocratisme hyperbolique, voit certes dans l'émergence de cette nouvelle mondaine un signe d'abaissement : « Notre époque, soupire-t-il, n'a plus ces belles fleurs féminines qui ont orné les grands siècles[115]. » Elle demeure, cependant, sous sa plume un type positif. Et lorsqu'elle reste une aristocrate de haut vol, à l'instar de nombreuses héroïnes balzaciennes ou stendhaliennes, encore faut-il qu'elle ait, pour prétendre incarner la Parisienne, des qualités individuelles de charme et d'esprit, que ne peuvent procurer les seuls quartiers de noblesse. C'est bien ce qu'impliquent Delphine de Girardin en adoubant « Parisienne » la duchesse d'Orléans, ou encore le physiologiste Maurice de Courchamps en distinguant, dans sa physiologie des duchesses, celle qui s'est figée dans le passé – « Madame la duchesse en est restée, pour les idées politiques, à l'année 1788 et ses opinions littéraires sont à peu près celles de la Régence[116] » – de celle qui continue de régner sur les salons par sa grâce et son piquant.

Ainsi, même avec de « beaux restes », le faubourg Saint-Germain n'est plus le centre exclusif du Tout-Paris, et les brillants salons de la comtesse de Boigne, élevée à Versailles et amie de l'épouse de Louis-Philippe Marie-Amélie, ou de la duchesse de Maillé, dame d'honneur de la duchesse de Berry sous la Restauration, ont dû s'ouvrir aux élites nouvelles. C'est peut-être Delphine de Girardin qui incarne le mieux ce complexe équilibre d'esprit, d'élégance et d'entregent qui définit la Parisienne du siècle nouveau : née Delphine Gay, en 1804, dans une famille de petite noblesse mais aisée et lettrée – son père était receveur général, sa mère femme de lettres –, elle s'est fait d'abord connaître par sa plume, avant de conquérir, par son mariage, en 1831, avec le magnat de la presse Émile de Girardin, la fortune et le rayonnement mondain – cette particule, au vrai, n'avait rien de très authentique, puisque Girardin était le fils naturel d'un aristocrate.

L'hybridation sociale est plus manifeste encore dans le cas de George Sand, née Aurore Dupin en 1804, d'un père apparenté au maréchal Maurice de Saxe et d'une mère de milieu populaire. Elle conservera toute sa vie une identité sociale indécise, qui fut à la source de son anticonformisme.

La Parisienne apparaît bien comme la traduction imagée de ces « femmes nouvelles », issues de milieux atypiques, et menant souvent une vie irrégulière ou non conventionnelle – profil que nous allons très souvent retrouver, parce que Paris se constitue, dans les premières décennies du siècle, comme lieu d'ouverture et de fluidification sociale, tremplin pour les classes ascendantes, y compris au féminin. « La Parisienne » s'affirme quand décroît l'absolutisme de la particule, et ce label opère à la manière d'un titre de substitution, décerné par ces nouveaux « faiseurs de reines » que sont les journalistes et les écrivains.

Identité ouverte, individuelle, renvoyant à l'apparence et au comportement plus qu'à l'appartenance sociale, cette qualité peut s'appliquer à diverses catégories de femmes qui, par leurs talents propres, se révèlent aptes à l'incarner. Certaines étrangères, notamment, que l'imaginaire social pare de charme et de féminité : « Parmi les Parisiennes, beaucoup sont étrangères, observe ainsi Taxile Delord. Les Parisiennes les plus distinguées sont des Russes. Une Anglaise ne deviendra jamais Parisienne, une Allemande non plus ; une Espagnole pourra le devenir à la troisième génération [...]. Les Italiennes sont Parisiennes de droit après trois mois de séjour, le temps d'oublier le mot *signor*[117]. » Il est vrai que, en ce siècle où les élites oisives sont voyageuses, la bonne société parisienne reste structurellement cosmopolite. La comtesse Nogarola, épouse italienne d'Antoine Apponyi, ambassadeur d'Autriche de 1826 à 1848, ou la princesse de Lieven, d'origine russo-prussienne et maîtresse de François Guizot de 1837 à 1857, ont incarné, parmi beaucoup d'autres, ces Parisiennes que la monarchie de Juillet n'hésita pas à adopter[118].

Le titre peut-il cependant honorer les strates inférieures de la bourgeoisie ? Balzac reste, pour sa part, très ambivalent vis-à-vis de ce « bourgeois » que l'élite artiste, de Daumier à Proust en passant par Flaubert, ne cessera de conspuer : « Quant à la bourgeoise, il est impossible de la confondre avec la femme comme il faut [...]. Là où la femme comme il faut sait bien ce qu'elle veut et ce qu'elle fait, la bourgeoise est indécise, retrousse sa robe pour passer un ruisseau, traîne avec elle un enfant qui l'oblige à guetter les voitures[119]. » Le symbole

La Parisienne des romantiques (1820-1850) 87

de ce grossier *habitus* bourgeois, utilitariste et inélégant, est le parapluie, accessoire sans charme qu'une vraie Parisienne, d'après Taxile Delord, ne saurait arborer : « Une jolie femme en parapluie est comme un joli vers faux. […] La femme de Paris soigne sa santé, la Parisienne soigne la forme […] voilà toute la différence[120]. » Mais le « bourgeois » renvoie à une manière d'être – cupide, bornée, inesthétique… –, plus qu'à une essence sociale fermée, si bien que certaines bourgeoises, mieux loties que d'autres, se révèlent aptes à transcender leur condition pour se faire, elles aussi, « Parisiennes ». C'est le cas de Caroline, l'héroïne balzacienne de la *Philosophie de la vie conjugale à Paris (Chaussée d'Antin)*, qui aime le théâtre, les soupers fins et les toilettes à la mode[121], comme de son amie, Mme Fouillepointe, au nom certes un peu vulgaire, mais dépeinte par Balzac comme « la jolie brune, la vraie Parisienne, une femme cambrée, mince, au regard brillant étouffé par de longs cils, mise délicieusement[122] ». Dans *Les Français peints par eux-mêmes*, on trouve aussi l'amusant portrait de la « ménagère parisienne », modeste épouse de clerc ou d'employé qui doit tenir son ménage mais sait se métamorphoser, l'heure venue, en séduisante maîtresse de maison :

> Alors s'opère une transformation prompte et complète, qu'étudierait avec intérêt le spectateur le plus indifférent. Le bonnet du matin, jeté avec mépris, laisse flotter les trésors d'une riche chevelure et, de son habile main, l'adroite Parisienne la dispose avec art en tresses, en bandeaux. Bientôt, sa tête lisse, bouclée, élégante, semble sortie du plus renommé des coiffeurs. […] Et voilà notre ménagère aussi coquette, aussi pimpante que pas une femme de Paris. Aussi digne qu'une duchesse, aussi gracieuse qu'une grisette, vienne maintenant qui voudra la visiter[123] !

La Parisienne se définit ainsi moins par sa condition sociale que par son immersion dans cet écosystème stimulant qu'est la ville. Et la mode joue, de ce point de vue, un rôle capital, puisqu'elle privilégie l'apparence et le changement sur la condition fixe. « La réalité parisienne est toute dans l'aspect […], être n'est rien, paraître est tout[124] », n'hésite pas à proclamer Delphine de Girardin. Et si, comme on l'a vu, il ne suffit pas d'être née sur les rives de la Seine ou d'y habiter pour devenir une vraie Parisienne, le titre se révèle accessible à toute femme séduisante et douée, puisqu'il s'agit aussi de fédérer le haut et le bas de la société, comme le trahit cette formule de Balzac : « grisettes, bourgeoises et duchesses sont enchantées d'un bon petit dîner arrosé de vins exquis, pris par petite quantité, terminé par des fruits comme il n'en vient qu'à Paris[125] ». À la structure pyramidale, hiérarchique des conditions sociales se substitue donc un autre découpage, structuré par des critères de charme, de style, de séduction, qui permet de départager les Parisiennes « et les autres » – « non-Parisiennes » ou « anti-Parisiennes », celles qui, par leur profession, leur apparence ou leur manière d'être, se révèlent inassimilables au type : vieilles filles, nourrices, institutrices, marchandes à la toilette ou autres portières, que les physiologies parisiennes accablent d'un dédain apitoyé.

Le « titre » traduit certes la fluidification sociale de l'âge libéral et bourgeois, qui valorise l'effort et le talent individuel ; mais il accentue, du même coup, d'autres clivages – entre hommes et femmes, ou entre femmes. Non seulement celles-ci ne sont pas toutes égales dans l'accession à la « parisianité », mais ce sont bien les hommes qui demeurent, en la matière, les maîtres du jeu : « la Parisienne » naît d'abord dans le regard du mâle bourgeois – tour à tour incarné par le romancier, le journaliste, le flâneur – qui voit s'ouvrir avec délectation l'éventail des possibles, économiques et sexuels, mais en renforçant l'essentialisation du féminin. Marché de dupes, donc, que cette mise en majesté de la Parisienne ? Dans un siècle de renforcement des inégalités entre les sexes, il se pourrait bien, en effet, que sa puissance affirmée ne soit qu'un effet de trompe-l'œil.

Une reine en trompe-l'œil

> Oui, les femmes ont perdu en attraits tout ce qu'elles ont gagné en qualités. Chose étrange ! Elles ont plus de valeur, elles ont moins de puissance ; c'est que leur puissance à elles n'est point dans l'activité qu'elles déploient, mais dans l'influence qu'elles exercent. […] La femme n'est point la compagne de l'homme, elle doit être son idole, toujours, dans toutes les phases de sa vie, et sous les plus séduisantes images. […] La femme règne mais ne gouverne pas[126].

Ces lignes légèrement désabusées de Delphine de Girardin résument assez bien la hiérarchisation des genres qui sous-tend l'émergence de la Parisienne sous la monarchie de Juillet : elle est certes une figure positive, valorisée, idole sur son trône, mais constamment ramenée

La Parisienne des romantiques (1820-1850) 89

aux facettes inessentielles de la féminité – mode, charme, grâce... –, sans pouvoir réel dans l'ordre social et politique. Le physiologiste des grisettes, Louis Huart, traduit cette hiérarchisation avec humour en remarquant : « Les malheureuses jeunes filles, à qui la nature avait interdit l'agrément d'embrasser la profession de pompier, de tailleur, de député, de ministre ou de tambour de la garde nationale, se consolaient en se disant : "Du moins il nous reste la couture et les magasins de mode[127] !" » La société du XIXe siècle se développe sous l'emprise du Code civil de 1804 et des vues patriarcales de l'empire napoléonien, que renforcent les logiques du développement capitaliste. Elles font de la femme bourgeoise avant tout une mère destinée à assurer la pérennité des dynasties industrielles et financières, et une maîtresse de maison chargée de valoriser la fortune et la réussite de son mari – même une femme aussi indépendante et spirituelle que Delphine de Girardin dut mettre sa plume au service des entreprises du sien. Quant aux autres, elles ne sont plus guère que des travailleuses à exploiter ou de potentiels objets sexuels, ce que traduit le « joli » mythe du trottin ou de la grisette, statuts intermédiaires entre la prostituée et la femme entretenue. En 1814 a été supprimée la liberté de divorcer, qui ne sera rétablie qu'en 1884. Mariée jeune à un époux buveur et médiocre, George Sand dut subir une pénible bataille judiciaire avant d'obtenir la séparation de corps.

La valorisation culturelle de la Parisienne a partie liée avec l'infériorisation politique et civique de la femme. Les inventeurs du type, on l'a vu chez Balzac, l'ont volontiers conçue comme une version dégradée et amoindrie de la grande dame d'Ancien Régime, à laquelle on prête, non sans, peut-être, un brin d'idéalisation rétrospective, une liberté de mouvement et une influence sur les hommes annihilées par la société postrévolutionnaire. « Amour, galanterie, tout est mort en France, soupire Stéphanie de Longueville dans le portrait de *La Grande Dame de 1830*. Les femmes n'y ont même pas maintenant privilège de venir, pour les hommes, en première ligne après leurs affaires. Elles ne sont plus qu'une sorte d'entracte à leurs plaisirs, un temps d'arrêt entre une course à cheval au Bois et un souper au Café de Paris[128]. » Cette dégradation se décèle dans le déclin de la salonnière, symbole de la femme influente des Lumières. « Depuis qu'il n'y a plus de salons à Paris, la Parisienne a beaucoup perdu de son empire[129] », analyse Taxile Delord en répercutant un lieu commun. La formule est, en réalité, excessive : le salon reste – et restera jusqu'à la fin du siècle – un lieu cardinal de la sociabilité parisienne, renforcé, même, à certains égards, par la perte d'influence de la Cour[130]. Et de grandes aristocrates, telles Mme de Maillé ou Mme de Boigne, des femmes de lettres à la mode, telles Delphine de Girardin ou Virginie Ancelot, des égéries, telle Juliette Récamier – qui meurt en 1849 –, continuent d'y jouer un rôle central, celui de maîtresses de maison spirituelles et lettrées, parfois même de « femmes politiques », comme on désigne celles qui s'intéressent à la vie parlementaire et gouvernementale. Mais le salon est bien concurrencé par des formes de sociabilité plus exclusivement masculines, tels les clubs et les cercles, sur le modèle anglais – fondé en 1753, le Jockey-Club, le plus huppé d'entre eux, illustre la nouvelle passion virile pour les courses. L'atmosphère de joutes galantes qui faisaient la réputation de la sociabilité d'Ancien Régime, en donnant souvent l'initiative aux femmes, s'est évanouie. Sans atteindre la logique des « sphères séparées » qui va caractériser l'Angleterre victorienne, en limitant fortement les espaces de mixité, les nouveaux salons accentuent le fossé entre les sexes, tant du point de vue de l'apparence que des comportements. « Tout d'un coup, chose inouïe dans les salons de Paris, les hommes passèrent d'un côté et les femmes de l'autre, s'en plaint Alfred de Musset dans *La Confession d'un enfant du siècle* ; et ainsi, les unes vêtues de blanc comme des fiancées, les autres vêtus de noir comme des orphelins, ils commencèrent à se mesurer des yeux[131]. » Avec plus d'ironie, Delphine de Girardin fait le même constat : « Ces hommes si pauvrement vêtus sont entourés de femmes éblouissantes de bijoux, de diamants [...]. Il est impossible de croire que des êtres si différemment costumés soient du même pays et de la même société[132]. » Ces remarques traduisent, sur un mode imagé, l'accentuation de la césure masculin-féminin que le XVIIIe siècle a esquissée et que le suivant renforce, sous l'effet, notamment, du regard médical : être fragile, définie avant tout par ses capacités de reproduction et ses fonctions d'ornement, la femme est d'une essence autre que l'homme, fait pour l'action et la réalisation. L'investissement de ce dernier dans le monde du travail et la vie publique explique la simplification et l'assombrissement de son costume, quand la femme doit rester un appât pour l'œil, assumant par là ses fonctions décoratives et érotiques. « L'homme ne demande pas à sa compagne de partager ses travaux, il lui demande de l'en distraire, résume Delphine de Girardin. L'instruction, pour les femmes, c'est le luxe ; le nécessaire, c'est la grâce, la gentillesse, la séduction : les femmes sont un ornement dans la vie, et la loi de tout ornement est de paraître fin, léger, délicat et coquet[133]. » Si la Parisienne, on y reviendra, est assez peu mère, elle a tout du superbe ornement.

Cette subtile dégradation transparaît aussi dans le discours sur l'adultère. Cette propension, on l'a vu, reste attachée à sa réputation, mais sur un mode plus biaisé et plus honteux. « Aujourd'hui, le nom, la position, la fortune ne sont plus des pavillons assez respectés pour couvrir toutes les marchandises à bord, analyse Balzac pour expliquer cette évolution. L'aristocratie entière ne s'avance plus pour servir de paravent à une femme en faute. La femme comme il faut n'a donc point, comme la grande dame d'autrefois, une allure de haute lutte, elle ne peut rien briser sous son pied, c'est elle qui serait brisée[134]. » Le privilège de classe allégeait autrefois la faute morale : celle-ci pèse désormais plus lourdement. Commentant l'adultère parisien sur un mode plus badin, le physiologiste Hippolyte Lucas n'en conclut pas moins : « La loi française contre l'adultère a été faite évidemment par des maris trompés, s'il faut dire la vérité : tout y est contre la femme, et rien en leur faveur[135]. » Rappelons que, sous le régime du Code civil de 1804, l'adultère de l'homme et de la femme n'a pas le même statut. Si le premier reste combattu par l'Église et la médecine pour des raisons morales et sanitaires, il ne peut se constituer en délit que dans ses formes les plus graves (entretien de concubines au domicile conjugal, notamment) et bénéficie, de fait, d'une large tolérance sociale. Le second est toujours passible d'une sanction pénale, pouvant aller jusqu'à deux ans d'emprisonnement.

Placée sous l'ombre écrasante et nostalgique d'un XVIIIe siècle reconstruit comme le temps de la galanterie, du libertinage et de la suprématie féminine – vision dont les frères Goncourt font la synthèse, en 1862, dans *La Femme du XVIIIe siècle* –, la Parisienne de 1830 peut se déchiffrer comme le fruit d'une époque à la fois plus misogyne et « féminolâtre[136] », exaltant le « féminin » pour mieux le circonscrire et le dominer. « Elle est la femme [...] des convenances gardées, des passions anonymes menées entre deux rives à brisants, résume Balzac. [...] Cette femme si libre au bal, si jolie à la promenade, est esclave au logis ; elle n'a d'indépendance qu'à huis clos ou dans les idées[137]. » La période voit certes émerger des figures de femmes plus ou moins affranchies, telles George Sand ou Delphine de Girardin, que transposent, sur un mode imagé, les types pittoresques à la mode, lionne fumant le cigare, femme en pantalon, insolent débardeur. Mais outre qu'elles sont restées des exceptions, leurs succès furent conquis dans l'âpreté et restèrent intermittents. Et si la courte période du carnaval autorise des transgressions de genre ponctuelles, la Parisienne romantique se doit de rester conventionnellement féminine. Visible dans l'espace public, elle ne bénéficie pas de la même liberté de mouvement et d'action que les hommes, à moins d'être ouvrière ou prostituée – mais alors se mue-t-elle en proie exposée à la convoitise du flâneur. Comme y a insisté l'historiographie anglo-saxonne, « la flâneuse » reste une figure difficile à concevoir, même si une Delphine de Girardin s'autorise cette posture – mais à l'écrit et sous pseudonyme masculin[138]. Les femmes respectables ne peuvent accéder, dûment chaperonnées, qu'à des lieux dédiés, magasins, parcs ou théâtres, et restent à l'abri de leur calèche, pour déguster les glaces de Tortoni, chez qui n'entrent que des demi-mondaines et quelques excentriques. Quant à la femme écrivaine ou journaliste, elle se doit de limiter ses ambitions et de surveiller son apparence si elle ne veut pas se voir infligée du stigmate de « bas-bleu », dont l'époque fait l'un de ses sujets de moquerie préférés, pour dénoncer l'inflation supposée de femmes ayant des prétentions intellectuelles. Venu de l'anglais *blue stockings*, qui désignait, à l'origine, les bas de couleur bleue portés par les invitées du salon littéraire d'Elizabeth Montagu à Londres, dans les années 1760-1770, le terme est devenu synonyme de femme pédante ou vaniteuse, nouvel avatar de la précieuse ridicule ou de la femme savante, que Daumier croque avec un humour féroce dans une série de 1844. Le bas-bleu fait l'objet, en 1841, d'une acerbe physiologie par le romancier et journaliste Frédéric Soulié[139], et d'un portrait encore plus cruel de Jules Janin, qui la désigne explicitement comme une anti-Parisienne, par manque de coquetterie revendiquée :

> Porter à une jambe bien faite, des bas blancs et bien tirés ! Fi donc ! Nous abandonnons ces petits soins aux mièvres Parisiennes, qui n'ont pas d'autres occupations que de se laisser vivre et d'être heureuses ; mais nous autres qui aspirons à la popularité et à la gloire [...] nous n'avons pas le temps de regarder ce qui se passe à nos pieds[140] !

La Parisienne se construit donc, pour l'essentiel, en antonyme du bas-bleu, et peinera dans la durée à intégrer la figure de l'intellectuelle. Mondaine à la mode, Delphine de Girardin dut renoncer à la littérature

« noble », et ne négliger ni son salon ni son apparence. George Sand, elle, ne put échapper à l'accusation de « bas-bleuisme » – il est vrai qu'elle ne fut « parisienne » que par intermittence, et sur un mode bien plus transgressif que la lionne des gazettes.

Aussi serait-on tenté de conclure que la cristallisation de la Parisienne repose sur une accumulation de faux-semblants : le charme du modèle, ses fausses insolences, sa pseudo-liberté ne seraient que des leurres destinés à masquer un renforcement des interdits et des entraves, au profit d'une gent masculine largement renforcée dans ses prérogatives. Pourtant, quelque chose de spécifique se joue bien à Paris qui, le siècle durant, fera d'elle un objet de fascination et d'envie dans le regard des étrangères et des provinciales : malgré « l'amoindrissement », la filiation avec la grande dame d'Ancien Régime est maintenue, dont elle va conserver une forme de légèreté, et un rapport assez distancié à la maternité. Malgré le renforcement de la dissymétrie des rapports de sexe, la croissance spectaculaire de la « Babylone moderne », son rayonnement culturel, son relâchement moral créent des poches de liberté, qui justifient l'ambivalence de la génération romantique à son endroit. Moins idéaliste, plus grinçante, la génération suivante ne va pas hésiter à forcer le trait, pour faire de la Parisienne l'équivoque héroïne de la « fête impériale », autant que la muse canaille de la modernité en marche.

Gavarni, illustration pour « La femme comme il faut » de Balzac,
dans *Les Français peints par eux-mêmes. Types et portraits humoristiques à la plume et au crayon*, Paris, Léon Curmer, 1840-1842, vol. 1, p. 352, BNF, Paris.

Chapitre 3

L'icône de la « vie parisienne » (1850-1870)

La cristallisation d'un mythe

Célébrations

> La Parisienne armée en guerre !
> En la voyant on devient fou
> Et l'on ressent là comme un choc ;
> Sa robe fait frou, frou, frou, frou
> Ses petits pieds font toc, toc, toc.
> [...]
> Le nez au vent,
> Trottant, trottant, trottant
> Elle s'en va droit devant elle
> En la croisant
> Chaque passant,
> S'arrête et dit : Dieu ! Qu'elle est belle[1] !

Ces couplets à la gloire de la Parisienne sont entonnés au troisième acte de l'opéra-bouffe de Jacques Offenbach *La Vie parisienne*, qui a commencé le 31 octobre 1866, au théâtre du Palais-Royal, une carrière triomphale. Elle se prolongera jusqu'au 27 juillet 1867, date de la 265e et, provisoirement, dernière représentation – le couple impérial a assisté à la 58e, le 28 décembre, le tsar de Russie Alexandre II à la 217e, le 5 juin 1867, à l'occasion de sa venue pour l'Exposition universelle. Offenbach et ses inséparables librettistes, Henri Meilhac et Ludovic Halévy, n'en sont pas à leur premier succès – *La Belle Hélène*, avec la cantatrice Hortense Schneider dans le rôle-titre, a enflammé Paris en 1864 –, et la carrière du compositeur se prolongera jusqu'au début de la IIIe République. *La Vie parisienne*, cependant, forme un point d'équilibre, qui fait coaguler l'esprit d'une époque, dans une apothéose quasi carnavalesque de notes joyeuses, insolentes et canailles. Le titre est d'ailleurs un clin d'œil à la revue hebdomadaire illustrée du même nom, née quelques années plus tôt, en 1862, sous la houlette de l'illustrateur Marcelin, et qui vivra, sous des formes diverses, jusqu'en 1970. Sous-titrée « Mœurs élégantes. Choses du jour. Fantaisie. Voyages. Théâtres. Musiques. Modes », elle régale chaque semaine le Tout-Paris d'éditoriaux piquants, d'historiettes légères, de dessins gentiment coquins, qui montrent d'accortes Parisiennes en tenues plus ou moins légères, aux diverses « heures » d'une vie mondaine aussi remplie que voluptueuse.

La revue comme l'opérette exaltent l'image d'un Paris tout entier voué au plaisir, au spectacle, aux jeux galants. Meilhac et Halévy ont imaginé l'histoire de deux jeunes gandins parisiens qui, furieux d'avoir été négligés au profit d'un troisième par la belle demi-mondaine Métella, se lancent à la conquête de femmes du monde, tout en intronisant aux divertissements épicés de la capitale un couple de touristes suédois. Propice à de multiples rebondissements, ce canevas permet surtout de multiplier les situations scabreuses, les échanges équivoques, les travestissements comiques. Toutes choses qui sont assurément monnaie courante sur les scènes de la capitale – notamment chez Eugène Labiche, l'un des principaux auteurs à succès de la période, souvent joué, lui aussi, au théâtre du Palais-Royal – mais qui trouvent, dans l'opéra-bouffe, avec ses airs entêtants et ses chorégraphies endiablées, une dose de volupté supplémentaire. C'est aussi la première fois qu'Offenbach ose un récit contemporain à l'univers du public, au point que, pour son biographe, Jean-Claude Yon, « le livret est une remarquable photographie du Paris de 1866[2] ». On ne s'étonnera donc pas que toute l'Europe, jusqu'aux têtes couronnées, rêve de venir voir « pour de vrai » les « petites femmes » qui affolent le baron de Gondremarck en faisant froufrouter leurs jupons blancs et tournoyer le talon pointu de leurs bottines. « Du plaisir à perdre haleine / Oui, voilà la vie parisienne ! » s'époumone le chœur dans la scène finale. La Parisienne est bien au cœur d'un fantasme de fête et de sexe qui embrase les dernières années du Second Empire.

L'icône de la « vie parisienne » (1850-1870) 97

Paris, capitale du XIXe siècle

Ne relevons pas tout de suite que, sous l'apparente gaieté, le ton des auteurs est en réalité assez grinçant – ils ont d'ailleurs eu maille à partir, comme pour la plupart de leurs œuvres, avec la censure impériale. Ou que « les Parisiennes » célébrées par le chœur sont en trompe-l'œil puisqu'il s'agit, en réalité, de domestiques déguisées en femmes du monde. Pour l'auditoire, « la Parisienne » est bien devenue un mythe actif et séducteur, qui s'enchâsse dans un mythe plus vaste, celui de Paris, « capitale du XIXe siècle », selon la formule postérieure de Walter Benjamin[3]. Sous l'effet de la propagande du régime et des transformations du préfet Haussmann, la capitale se prend pour le nombril du monde : « Ville lumière », ville des « nourritures offertes », ville qui a sédimenté, au fil du temps, un impressionnant feuilletage de dimensions et de fonctions, le pouvoir politique, économique, financier, le savoir et la culture, le plaisir et la civilisation.

Il est vrai que, en deux décennies, la ville a presque doublé sa population, passant, dans le périmètre annexé en 1860, de 1,2 million d'habitants en 1848 à 2 millions en 1870[4]. Certes, Londres, avec ses 3,8 millions, la dépasse largement et s'est modernisée plus tôt. Mais la capitale anglaise ne peut revendiquer le même étalage d'opulence, le même « art de vivre », la même attractivité touristique ou culturelle. Surtout, Paris a presque rattrapé, avec l'haussmannisation, ce retard en équipements urbanistiques, qui, pendant longtemps, lui a donné le visage d'une ville à la fois somptueuse et négligée. Les percées haussmanniennes ont agrandi les perspectives, fluidifié les flux, modernisé les immeubles et leurs devantures ; les trottoirs se sont imposés partout, le gaz s'est généralisé sur les boulevards et dans les établissements publics, de nouveaux parcs et jardins agrémentent ce décor un peu froid. Des gares ont surgi, perçant la ville de leurs vaporeuses saignées, de nouveaux édifices se sont érigés, les deux théâtres de la place du Châtelet, notamment, achevés en 1862, ou l'Opéra Garnier, qui n'ouvrira ses portes qu'en 1875, mais dont la façade est terminée en 1870. La mue rapide, spectaculaire, souvent chaotique, de la capitale obéit à des objectifs multiples : prestige impérial, rivalités nationales, affairisme économique et financier, besoins industriels, touristiques, commerciaux, démographiques, désir de contrôle social et d'efficacité militaire. Ces facettes parfois contradictoires se conjuguent pour renforcer la puissance et la gloire de la capitale française, devenue un pôle d'attraction pour le tourisme mondial, à l'heure où le terme apparaît, porté par la démocratisation du voyage à l'étranger[5]. Ces atouts ont incité l'empereur à prendre en charge, en 1855 et 1867, deux Expositions universelles qui font suite à la première, organisée à Londres, en 1851. Elles ont, à chaque fois, drainé les foules, 5 millions entre mai et novembre 1855, 7 millions entre avril et novembre 1867. Les visiteurs sont venus admirer les produits du commerce et de l'industrie française mais goûter, aussi, aux joies de la « vie parisienne »,

Cette ville modernisée, rationalisée, agrandie, embellie – même si critiques et nostalgies accompagnent inévitablement la destruction parfois brutale du vieux Paris –, a vu sa sociologie muter : moins d'ouvriers et d'artisans dans les quartiers du centre, profondément remodelés, plus de classes moyennes et supérieures, parfois flétries en « nouveaux riches », dans les immeubles neufs, au goût du jour, poussés sur les avenues et les boulevards du préfet urbaniste. Elle a surtout besoin de publicité, de promotion, de « communication », dirait-on aujourd'hui, pour vanter son attractivité, exalter sa supériorité, faire rayonner son prestige. La tendance déjà ancienne à l'autocommentaire n'en finit pas, avec Haussmann et Napoléon III, d'enfler, pour faire de Paris cette « capitale des signes[6] » qui se gargarise de formules tautologiques – « Paris sera toujours Paris » – ou performatives – « Ça, c'est Paris ! ». Outre la littérature et la presse, les guides touristiques et de voyage alimentent cette machine à louanges. Lancés dans les années 1830, les guides allemands Baedeker sont traduits en anglais à partir des années 1860 ; en France, les guides Chaix, Joanne ou Conty accompagnent, dès les années 1850, le développement du chemin de fer. La tradition des « guides plaisirs », consacrés aux divertissements de la capitale, connaît un nouvel essor, tout particulièrement pour les Expositions universelles ; à cette occasion circulent aussi de nombreuses brochures bon marché, en anglais ou en français, qui livrent les meilleures adresses pour se divertir et, bien sûr, accéder aux plaisirs érotiques qui fondent la réputation de la ville. À travers ce flot d'imprimés, Paris n'en finit pas de se mythifier lui-même et de faire rayonner la Parisienne, noyau brûlant d'un fantasme urbain qui alimente les rêves de la femme venue y faire ses emplettes et frissonner l'homme en quête d'un parfum d'interdit.

L'icône de la « vie parisienne » (1850-1870) 99

Un filon vendeur

Pour en respirer les premiers effluves, l'homme pourra feuilleter la littérature consacrée à la Parisienne, qui irrigue désormais un prolifique filon éditorial, souvent plus épicé que la littérature physiologique et panoramique de la monarchie de Juillet. C'est l'écrivain Léon Gozlan qui, en 1852, évoque *Les Maîtresses à Paris. Ce que c'est qu'une Parisienne*[7] ; Amédée Achard qui, en 1856, trace le portrait des *Parisiennes et provinciales*[8] ; l'ouvrage collectif *Le Diable à Paris. Les Parisiennes à Paris* qui, en 1862, remet au goût du jour, sous ce titre aguicheur, des textes de la période romantique[9]. En 1864, la comtesse Dash, également auteure de manuels de beauté et, sous le pseudonyme de Marie Giovanni, d'un livre intitulé *Journal de voyage d'une Parisienne*[10], narre les vacances de *La Belle Parisienne*[11] ; deux ans plus tard, c'est au poète Théodore de Banville de célébrer *Les Parisiennes de Paris*[12], tandis que la même année un auteur moins connu, Émile Villars, imagine *Le Roman de la Parisienne*[13] ; on peut encore mentionner, en 1868, l'écrivain Paul Perret qui, avec *La Parisienne*[14], revisite, lui aussi, le filon des physiologies, tandis que en 1869, l'écrivain mondain Arsène Houssaye publie une série rocambolesque en quatre tomes, *Les Parisiennes*, qui met en scène la sulfureuse Bianca et la non moins capiteuse Mlle Phryné ; en 1869, encore, un autre littérateur à la mode, Nestor Roqueplan, déjà auteur, en 1851, de l'ouvrage *Regain. La vie parisienne*, forge le joli néologisme de *Parisine*[15] qui suggère l'esprit vénéneux propre aux femmes de la capitale par analogie avec « nicotine » ou « strychnine ». À ce corpus hétéroclite, s'ajoutent les thèmes connexes, par exemple *Les Cythères parisiennes* d'Alfred Delvau, en 1864[16], ouvrage consacré aux bals de Paris, ou *Les Coulisses parisiennes* de Victor Koning[17] livre qui évoque le monde du théâtre et des actrices. « Parisienne », sous forme adjectivale ou substantivée et, est devenu, on le voit, une excellente accroche éditoriale et médiatique, signe de sa centralité dans l'imaginaire de l'époque.

Centrale ne veut pas dire consensuelle. Omniprésente et protéiforme, la Parisienne reste une figure ambivalente, dans une période elle-même tiraillée entre ouverture et autoritarisme. Mais elle est bien « mythifiée », au sens où elle fait l'objet d'un ensemble de croyances mis en récits et en images, qui lui attribuent des pouvoirs exceptionnels ou fantastiques dont on ne songe plus guère à mettre en doute la véracité ou le bien-fondé. Et c'est, comme le Paris d'Haussmann, un

« mythe moderne », selon la formule de l'anthropologue Roger Caillois[18] empruntée à Balzac, c'est-à-dire sécularisé et « déshéroïsé », qui substitue aux figures de l'antique Panthéon des types inscrits dans la contemporanéité. Ainsi la « belle Hélène » d'Offenbach, sous les traits d'Hortense Schneider, se fait-elle, elle aussi, « Parisienne », qui inspire à un critique cette remarque enthousiaste : « C'est le présent, c'est notre société, c'est nous[19] ! » Au prisme de cette créature glorifiée, la société du Second Empire dévoile, parfois à son corps défendant, un imaginaire en pleine évolution, façonné par les transformations qui affectent la ville et, avec elle, la société. Si les « fondamentaux » de la Parisienne, l'élégance, l'esprit, la séduction, n'ont pas changé, l'époque modifie la tonalité d'ensemble. Les deux dynamiques qu'elle met à l'œuvre, la célébration du plaisir et la conquête de la modernité, en ont fait un porte-étendard de choix.

L'aiguillon des plaisirs

« Cette bourgeoisie victorieuse tiendra à trôner, à s'amuser. L'Opéra deviendra son Versailles, elle y accourra en foule prendre la place des grands seigneurs et des cours exilées[20]. » Écrites au début des années 1850 par l'ancien directeur de l'Opéra de Paris, Louis Véron, ces lignes résument parfaitement les enjeux sociopolitiques du divertissement parisien à l'orée du régime : cet hédonisme s'adosse à une mémoire historique pétrie par le souvenir des fastes monarchiques et aristocratiques, mais en voie de démocratisation ; et l'horizon de ce plaisir, c'est bien sûr la femme. « Le Péruvien, le Valaque, l'Anglais morose, l'homme enrichi viennent s'établir ici. C'est que la Parisienne les réveille[21] », considère Hippolyte Taine, dans une série d'articles donnés à la revue *La Vie parisienne*, en 1867. Comme beaucoup, Maxime Du Camp n'hésite pas à faire de la capitale un véritable lupanar : « Ce n'est pas seulement l'Europe, c'est le monde entier qui vient s'amuser à Paris, y dépenser son argent et y goûter avec facilité toutes sortes de plaisirs sur lesquels il est bon de fermer les volets[22]. » La Parisienne du Second Empire, c'est donc, avant l'effigie de la mode, la femme du plaisir et du divertissement, dont la ville haussmannienne a multiplié les déclinaisons et renforcé la visibilité[23], non sans accentuer la note galante.

Chair sur scènes

La Parisienne est d'abord la femme que l'on vient admirer sur les scènes de la capitale et dont le style semble sans équivalent ailleurs, comme le résume ce portrait « typique » de l'actrice que les frères Goncourt imaginent à propos de leur personnage Armande : « Je suis aux Folies-Dramatiques. Je tutoie des vaudevillistes, des millions, et les plus jolis garçons de la terre. Je vis le matin, je vis la nuit, je vis toujours. J'ai des amants, des caprices, des dettes […]. Je suis drôle, j'ai de l'esprit, j'*épate*[24] ! » Plus que jamais capitale européenne de la culture scénique[25], la ville offre, dans les années 1860, plus de 40 000 places de spectacle, qui juxtaposent théâtre classique, vaudeville, mélodrame, comédie, ballet, opéra, opéra-bouffe, opérette. Le décret du 6 janvier 1864, qui supprime le contrôle administratif sur les théâtres, a aussi favorisé la prolifération de genres intermédiaires, tels le café-concert ou le cabaret[26]. L'appât féminin y est d'autant plus crucial que le théâtre léger gagne en importance par rapport au théâtre littéraire, au point qu'un auteur n'hésite pas à dénoncer « ces expositions de pornographie vivante qu'on appelle aujourd'hui un théâtre de vaudeville[27] ». Ainsi, à côté des artistes dévolues au répertoire noble, telles Rachel, qui meurt en 1858, Virginie Dejazet, qui a brûlé les planches de 1818 à 1875, ou la cantatrice Adelina Patti, qui a charmé Paris et Londres entre 1859 et 1906, se développe un vaste vivier de femmes de spectacle plus ou moins « artistes », plus ou moins talentueuses, pour qui la scène n'est souvent qu'un éphémère moyen de capter l'attention d'un protecteur – on les surnomme, d'après Taxile Delord et Edmond Texier, des *Ciel, mon mari !* parce que leur texte va rarement au-delà de cette réplique[28]. Souvent situés dans le monde contemporain, les livrets de vaudevilles, d'opérettes ou d'opéras-bouffes accentuent la confusion entre le personnage et l'actrice qui incarne, à la ville comme à la scène, cette femme légère et séduisante. C'est le cas d'une des principales interprètes d'Offenbach, Hortense Schneider, qui fut l'héroïne de *La Belle Hélène* en 1864, de *La Grande-Duchesse de Gerolstein* en 1867 et de *La Périchole* en 1868. Célébrée aussi bien pour sa beauté que pour son aura érotique – un critique du *Figaro* lui prête « une carnation à la Rubens » mais aussi « des yeux fripons à ce point de damner un archevêque »[29] –, elle eut de nombreux amants parmi les têtes couronnées de l'époque, et sut donner à tous ses rôles ce piquant équivoque censé faire tout le charme de la Parisienne. Ainsi, selon Christophe Charle, « les nouvelles reines de la scène sont des femmes objets, de plus en plus érotisées, qui chassent définitivement dans les coulisses les héroïnes classiques [...]. L'ouverture économique et la surenchère dans la séduction s'entretiennent l'une l'autre, puisque forcer les interdits assure la prospérité tandis que la réussite financière tient à distance la censure et suscite le respect des élites acquises au culte de l'argent – et grandes consommatrices de bonnes fortunes auprès des "théâtreuses" plus ou moins illustres[30] ».

Chair à chahut

À côté de l'actrice ou de l'artiste lyrique, la danseuse demeure une déclinaison essentielle de la Parisienne. Moins la ballerine en tutu, cependant, associée aux gloires passées du romantisme – « aujourd'hui, les pirouettes ne prennent plus les cœurs[31] », souligne l'ouvrage *Paris-actrice* –, que la danseuse de chahut ou de cancan, qui enflamme les bals publics et les soirées lestes. Pour l'auteur de guides Alfred Delvau, c'est là un trait distinctif des Parisiennes : « Si la danse n'existait pas, les Parisiennes l'auraient inventée depuis longtemps [...]. Infatigables, les Parisiennes, quand il s'agit de leur cher cancan et de leur précieux chahut[32]. » Et si elles se précipitent au bal, « c'est pour y faire valoir les charmes fascinateurs particuliers que la nature a prodigués à la Parisienne[33] ». Opinion partagée par un auteur anglais au pseudonyme évocateur de Peeping Tom (« le voyeur ») qui évoque en termes peu équivoques, dans un guide pour l'Exposition universelle de 1867, la prestation d'une danseuse du bal Mabille :

> Vous prenez votre place, avec comme partenaire l'une de ces filles d'Ève qui font palpiter votre respiration sous l'effet de passions de nature contradictoire. En dansant, elle s'échauffe avec animation, lance son pied en avant, rebondit et pirouette d'une manière qui provoque une considérable accélération de votre pouls. Ses gambades vous ravissent et vous la fixez, les joues écarlates, ce qu'elle est prompte à remarquer et à tourner à son avantage. Elle redouble d'effort pour alimenter vos sensations. Elle lève une jambe plus haut que la tête, en la tenant par la main, tout en tournoyant sur l'autre avec une vélocité merveilleuse, avant de s'écrouler dans vos bras, complètement épuisée[34].

Il est vrai que le bal public connaît, à Paris, depuis les années 1840, un succès croissant, qui participe largement à la réputation permissive et festive de la ville. Souvent organisés, comme au XVIIIe siècle, autour de jardins en plein air, ces bals offrent, outre des pistes de danse, des espaces pour se promener, se rafraîchir, se divertir, autour d'un billard, d'un jeu de quilles ou d'un tir à l'arc, avec, à compter des années 1850, le confort de l'éclairage au gaz. C'est selon ces normes modernes qu'ont été réaménagés, en 1844, le bal Mabille, près des Champs-Élysées, sur l'actuelle avenue Montaigne, qui fermera ses portes en 1875, ou encore, en 1847, sur la rive gauche, le bal de la Closerie des Lilas, plus connu sous le nom de « bal Bullier », qui s'agrandit en 1850 et survivra, avec diverses vicissitudes, jusqu'en 1940. Un peu plus loin, sur l'actuel boulevard Montparnasse, le bal de la Grande-Chaumière, créé en 1788, a longtemps été le repaire préféré des étudiants et des grisettes du Quartier latin, qui, selon un refrain d'époque, « s'en vont à la chaumière / pour y danser l'cancan et la Robert-Macaire[35] », mais il est fermé en 1858. Les bals ont également prospéré sur les pourtours nord de la capitale, avec l'Élysée-Montmartre, ouvert en 1807, fréquenté par un public plus populaire, ou encore le bal du Château-Rouge, aménagé en 1847 dans le parc d'un petit manoir datant de la fin du XVIIIe siècle, qui restera actif jusqu'en 1882. Si la croissance de la ville finira par avoir raison de ces espaces presque champêtres, elle favorise la création de nouveaux lieux : ainsi le Ba-ta-clan ou Grand Café chinois, qui a ouvert ses portes, en 1865, boulevard du Prince-Eugène (actuel boulevard Voltaire), autour d'une salle de spectacle et d'un dancing.

Équivalents des boîtes de nuit d'aujourd'hui, désormais ouverts le soir et souvent toute l'année, ces bals offrent aux noctambules et aux noceurs un réseau dense de plaisirs nocturnes, réputés pour leur ambiance très chaude. « On peut expliquer l'effet que produit un quadrille à Mabille et l'empressement des hommes de toute sorte pour ce genre de spectacle, par l'illusion que doit engendrer l'ensemble de cette mise en scène, analyse, en 1867, l'auteur des *Joyeuses Dames de Paris*. Tous les détails en sont connus et quelquefois repoussants, il s'en dégage néanmoins un attrait, je dirais presque un charme[36]. » Les hommes de différents milieux s'y côtoient, même si les plus élégants bals, tel le Mabille, garantissent, par leurs tarifs élevés, une clientèle plus choisie. La fréquentation féminine, en revanche, est soigneusement ségréguée : les femmes du monde et les bourgeoises ne sont pas censées les fréquenter, même si les plus délurées s'y risquent parfois sous bonne escorte et sous la protection du masque. Les Parisiennes qui font la réputation des lieux sont, pour l'essentiel, les artistes de la scène, les demi-mondaines ou les femmes du peuple à la lisière de la prostitution qui forment la compagnie de ces messieurs. Et si les jardins et promenoirs de ces bals sont réputés pour être des espaces de racolage, c'est bien la danse qui en forme l'attraction principale, car on y pratique des chorégraphies réputées pour leur débraillé et leurs audaces, la polka, le quadrille, le chahut, le cancan ou la « robert-macaire », variante de ce dernier. Apparues dans les guinguettes ou bastringues populaires au début du siècle, ces danses se sont répandues, au cours des années 1840, dans les bals plus réputés. Détournement insolent, voire transgressif, des quadrilles dansés dans la bonne société, elles permettent aux danseuses d'exhiber leurs talents en multipliant les poses suggestives. Dès les années 1850, les protagonistes les plus douées sont devenues de vraies vedettes, « déesses de la danse moderne[37] » dûment rémunérées par les directeurs de salle : Clara Fontaine, Élise Sergent dite « la reine Pomaré », Céleste Mogador, Amélie Badel dite « Rigolboche » donnent ses lettres de noblesse à un style de chorégraphie pratiqué, à l'origine, par d'anonymes ouvrières. On leur consacre même d'égrillardes petites biographies, vendues sous les arcades de l'Odéon[38]. Si la police intervient parfois pour tempérer leurs « obscénités », ces danses sont devenues, au cours du Second Empire, une véritable attraction festive et touristique. Elles influencent même les pratiques des élites, notamment dans le cadre du très huppé bal de l'Opéra, qui, rétabli sous la Restauration, se déroule à raison de deux séances par semaine pendant la période du carnaval, avec masques et déguisements. De 1839 à 1849, le compositeur et chef d'orchestre Philippe Musard y dirige des quadrilles endiablés, en y intégrant des airs de polka ou de cancan. Le « style Musard » n'est pas délaissé par son successeur, Isaac Strauss, ancien chef d'orchestre du Théâtre-Italien lui-même compositeur de musique festive, qui dirigea l'orchestre de l'Opéra de 1854 à 1870, en faisant du bal l'un des temps forts de la « fête impériale », célébré par une riche iconographie, d'Eugène Giraud – *Le Bal de l'Opéra*, 1866 – à Édouard Manet – *Bal masqué à l'Opéra*, 1873. « Les étrangers qui n'ont pas vu le bal masqué de l'Opéra ne peuvent se faire une idée de ces fêtes carnavalesques, souligne le journaliste Amédée de Cesena. Elles donnent la fièvre même

L'icône de la « vie parisienne » (1850-1870) 105

à ceux qui n'y assistent qu'en simples spectateurs [...]. Tout ce qu'on voit, tout ce qu'on entend, tout ce qu'on éprouve fait rêver d'une ronde de sabbat, exécutée par des démons et des sorcières[39]. » Bals publics et bal de l'Opéra célèbrent un hédonisme débridé, qui, bien plus que les bals socialement fermés de la mondanité, participent à l'image d'un Paris tout de plaisirs tapageurs, offrant en pâture aux désirs masculins la figure tentatrice de la Femme.

Chair exhibée

Mais c'est aussi que les équivoques atouts de la Parisienne débordent ces lieux fermés, pour infiltrer les espaces publics et semi-publics de la ville – parcs, jardins, promenades, boulevards, cafés ou restaurants. Cette dilution dans l'espace public n'est pas un phénomène nouveau, mais avec ses aménagements urbanistiques dédiés au commerce, à la déambulation, aux divertissements, la ville haussmannienne démultiplie la visibilité et l'attractivité de la femme dans la ville, tout en modifiant la géographie de sa concentration[40]. Avec ses trottoirs élargis, son éclairage au gaz, ses colonnes Morris surchargées d'affiches, ses rutilants cafés et restaurants, c'est bien le « Boulevard » qui, désormais, forme la colonne vertébrale, palpable et frémissante, de la vie parisienne, même si celle-ci tend aussi à annexer la partie centrale de la rive droite, et se prolonge sur les Champs-Élysées. Bordé de luxueux hôtels particuliers, il est surtout l'artère qui mène au bois de Boulogne, aménagé dans les années 1850, et devenu un haut lieu des mondanités parisiennes. On peut y admirer, sur leurs montures, les « belles amazones de Paris[41] », qui vont fournir une nouvelle déclinaison, plus sportive, mais non moins attractive, de la Parisienne. « L'effet [que Paris] produit le soir est magique, résume la comtesse Dash pour impressionner ses lectrices de province. Ses boulevards éclairés sont une féerie ; ses promenades n'ont pas de rivales[42]. » L'empreinte féminine, surtout, y est palpable, au point que le Boulevard se définit, selon Alfred Delvau, comme « un lieu peuplé d'arbres verts et de femmes souriantes[43] ». Et d'ajouter, la plume émoustillée : « Les Andalouses de Goya sont moins affriolantes que les petites Parisiennes des boulevards, qui vous ont dans la démarche, dans le costume, dans la physionomie, un je-ne-sais-quoi de provocant, d'irrésistible[44] ! » Reine du Boulevard, la Parisienne s'affiche aussi dans tous les lieux qui en sont le prolongement naturel, cafés et restaurants à la mode. « Dans ces endroits, on rencontre des femmes bien habillées, et plus d'une fois, j'ai vu certaines d'entre elles fumer la cigarette[45] », remarque un auteur américain légèrement scandalisé. Les plus célèbres de ces établissements se nomment la Maison-Dorée, Ledoyen, le Moulin-Rouge (alors sur les Champs-Élysées), mais les luxueux cafés des Boulevards, le Café Riche, le Café Anglais ou le café Tortoni, sont aussi réputés pour leur restauration de qualité, à déguster dans le secret des cabinets particuliers.

Bien habillée mais fumant des cigarettes... comment interpréter cette confusion des apparences ? Que la plupart de ces « Parisiennes » monnaient leurs charmes est tenu pour acquis par la plupart des observateurs, mais il n'est pas toujours facile de repérer les strates auxquelles appartiennent « ces dames ».

Chair à vendre

Ce qui est sûr, c'est qu'après le relatif nettoyage de l'espace public opéré sous la monarchie de Juillet, la prostitution semble alors en phase de reconquête, dans la « ville extravertie[46] » de l'haussmannisation. La prostitution close, elle, se porte bien : si le nombre de maisons semble diminuer en chiffre absolu[47], les mutations urbanistiques et sociologiques de la ville favorisent l'ouverture ou le réaménagement de nombreux bordels haut de gamme, dans les quartiers aisés de la Madeleine, de l'Opéra, de la Bourse ou des Boulevards, où la clientèle est internationale[48]. Aux niveaux inférieurs, il existe toute une hiérarchie de « maisons de tolérance » pour bourgeois et petits-bourgeois[49], auxquelles il convient d'ajouter des maisons de rendez-vous souvent clandestines, où des non-professionnelles font des passes discrètes pour payer une dette ou arrondir leurs fins de mois[50]. Le Second Empire se caractérise surtout par la prolifération de filles travaillant hors maison[51], encartées ou « insoumises », qui investissent les espaces publics, autour des nouvelles gares, des jardins, des axes de circulation et des boulevards. La nuit favorise la dissémination prostitutionnelle dans l'espace urbain, notamment du quartier Saint-Georges vers les Boulevards : « À six heures, grand remue-ménage ! le faubourg descend ! a noté un observateur. Les habitantes des quartiers Bréda et Notre-Dame-de-Lorette s'avancent à la conquête des boulevards. C'est une région

L'icône de la « vie parisienne » (1850-1870) 107

que signalent de loin le cliquetis du jais, l'odeur du musc, le frissonnement de la soie[52]. » Devenue un vrai poncif, l'invasion de l'espace public par la prostitution professionnelle[53] excède les frères Goncourt : « Aujourd'hui, Paris a une prostitution assise – assise en plein éclat de gaz, aux tables des cafés, des restaurants des boulevards, rangée en ligne, faisant front aux passants, insolente avec le public et familière avec les garçons à tablier blanc[54]. » Ce sentiment de prolifération est renforcé par le développement de nouvelles formes de galanterie, « brasseries à femmes » où officient d'accortes verseuses de bière, soupeuses de restaurants qui accompagnent les noceurs jusqu'aux alcôves des cabinets particuliers, danseuses de bals publics en quête d'un lieu où passer la nuit, sans parler des « marcheuses », figurantes et autres rats à la recherche d'un complément de revenus… Ce riche nuancier contribue à répandre l'idée que toutes les femmes de Paris sont offertes[55], y compris les « respectables », que l'on soupçonne parfois de prostitution intermittente ou d'arrangements peu ragoûtants.

Mais c'est bien sûr le sommet de la hiérarchie prostitutionnelle qui polarise les regards, celui où trônent les demi-mondaines emblématiques de la « fête impériale ». Si certaines ont une origine étrangère et un genre de vie cosmopolite, c'est bien Paris qui devient, dans la période, leur lieu de consécration, faisant de la ville une véritable capitale du divertissement érotique. Prenons l'exemple de la marquise de Païva, née Esther Lachmann à Moscou, en 1819, qui a fait ses débuts de lorette à Paris, dans les années 1840, sous le nom de « Thérèse », avant d'épouser un riche marquis portugais qui l'installe dans un luxueux hôtel rue Saint-Georges ; elle le quitte pour un cousin du chancelier Bismarck, qui, à son tour, lui fit construire l'un des plus somptueux hôtels particuliers des Champs-Élysées, achevé en 1865. À la fin du régime, « la » Païva, honorée de l'article qu'on réserve aux divas, symbolise tous les excès érotiques et financiers du régime. Même ascension pour Cora Pearl, pseudonyme d'Emma Crouch, née à Londres ou à Plymouth, on ne sait, en 1835, qui fit, elle aussi, ses débuts sous la houlette d'un proxénète parisien, avant d'attirer dans son lit tout le gratin du Second Empire, le duc de Rivoli, le prince Achille Murat, le duc de Morny, demi-frère de Napoléon III, ou encore le prince Napoléon, cousin de ce dernier ; elle aussi a reçu en cadeaux ses hôtels de luxe, d'abord rue de Chaillot puis rue Copernic, dans le 16e arrondissement, où elle mena une vie des plus tapageuses. Évoquons encore la capiteuse Anna Deslions, issue d'un milieu ouvrier, qui se hissa jusqu'à la couche de l'empereur et amassa une vraie fortune, vite dilapidée – les Goncourt l'observaient, fascinés, en voisins, depuis la fenêtre de leur appartement de la rue Saint-Georges, et elle fut l'un des modèles de Zola pour Nana ; ou encore, Émilie-Louise Delabigne, née en 1848, qui commença, à 15 ans, par racoler sur les Boulevards et à Mabille, puis servit dans une brasserie à femmes du Champs-de-Mars, avant de devenir la maîtresse et interprète d'Offenbach, puis une demi-mondaine des plus en vue, sous le pseudonyme ironique et canaille de « Valtesse de La Bigne », contraction ironique de « Votre Altesse ».

Si la fonction n'est pas neuve, l'affairisme des années 1850-1860 et la nouvelle culture du luxe et de la dépense qui l'accompagne, plus clinquante, plus ostentatoire, d'aucuns disent plus vulgaire, font muter la figure littéraire et presque noble de la courtisane, ce dont témoigne l'évolution du vocabulaire. En usage depuis les années 1830, le terme de « demi-monde » est consacré par la pièce éponyme d'Alexandre Dumas fils, en 1855[56] : il caractérise ce milieu douteux, « interlope », des femmes richement entretenues, qui vivent sur les marges de la bonne société. On observe aussi la percée du terme « cocotte », dont l'origine argotique et l'image animalière reflètent une même dévaluation de la fonction. Pour le dictionnaire Larousse, qui lui consacre, en 1866, près de trois colonnes, « c'est un mot de création toute moderne », qui désigne à Paris « toute fille de mœurs légères, qui se fait remarquer par la liberté de ses allures et l'extravagance de sa toilette »[57]. L'auteur en fait un synonyme de « biche », « expression dont on se sert depuis peu pour désigner une femme de mœurs très légères, une femme entretenue » – on parle collectivement, de « bicherie ». Il s'est en partie substitué à « lorette », avec une connotation moins aimable : « La biche est venue, représentant le même monde galant, mais avec une désinvolture nouvelle et avec un degré d'insolence inconnu à sa devancière. La lorette était relativement simple et de mœurs paisibles ; la biche arbore les toilettes les plus riches et les plus tapageuses, et donne sa vie en spectacle[58]. » Cette altération du regard était déjà perceptible dans l'opuscule de 1853 des frères Goncourt consacré à la lorette[59] ou dans le *Paris-lorette* de Taxile Delord : chutant de son piédestal, cette égérie du romantisme n'habite plus désormais qu'un étage intermédiaire, et guère reluisant, de la galanterie, tandis que, selon Alfred Delvau, « l'argent a fait disparaître le type pur et modeste de la grisette, qui ne convenait pas aux nouveaux riches[60] ». Les termes de « grue » ou de « crevette »[61] achèvent de dépoétiser la

« fille ». Publié en 1880, mais visant les mœurs du Second Empire, le roman de Zola *Nana* offrira, rétrospectivement, un saisissant portrait à charge de ces demi-mondaines de haut vol, montrées sous l'aspect de la dépravation et d'un parfait immoralisme.

Ce changement de registre reflète bien sûr un changement de société : les élites du Second Empire agrègent des financiers, des négociants, des capitaines d'industrie et des administrateurs qui contribuent à la modernisation de l'économie, avec le soutien d'un régime composé, pour partie, d'hommes nouveaux. La vie de plaisirs, la fréquentation des bals et des spectacles, l'entretien de maîtresses reproduisent le mode de vie « galant » de l'aristocratie du XVIIIe siècle, mais visent aussi à célébrer les réussites capitalistes, dans le cadre de la ville transformée. Ce nouveau règne de l'argent, qui, selon la comtesse Dash, « a tout envahi[62] », jette sur la Parisienne un éclairage à la fois plus cru et plus directement sexuel, qui autorise le journaliste Amédée de Cesena à dénoncer « cet immense filet féminin aux mailles nombreuses et serrées qui enveloppe la partie masculine de la société parisienne à tous les degrés et à tous les âges, depuis l'homme d'État jusqu'à l'étudiant en droit ou en médecine, depuis le vieillard jusqu'à l'adolescent[63] ». Les frères Goncourt lâchent avec plus d'aigreur : « La fille est un homme d'affaires et un pouvoir. Elle trône, elle règne, elle toise de l'œil, elle insulte ; elle a le dédain, l'insolence, la morgue olympienne. Elle envahit la société et le sent[64]. »

Ces propos semblent assurément ramener la Parisienne à son visage le plus sordide et le plus vénal, en l'amalgamant à la prostituée. Mais elle ne saurait se résumer aux troubles dessous de la capitale impériale. Une autre notion, plus récente et plus essentielle, lui est également associée, celle de « modernité ». Valeur clé d'un régime assoiffé de croissance industrielle et de succès commerciaux, elle s'enracine d'abord dans les domaines de l'art et de la mode, qui vont mettre la Parisienne en majesté.

La « muse moderne »

Un nouveau rapport au temps

« Ô muses modernes ! vous dont les chapeaux tout petits sont des merveilles de caprice et dont les robes effrénées semblent vouloir engloutir l'univers sous des flots d'étoffe de soie aux mille couleurs, inspirez-moi[65] ! » lance le poète Théodore de Banville, au seuil d'un ouvrage de 1867 intitulé *Les Parisiennes de Paris*. En cette année d'Exposition universelle, qui révèle aux visiteurs du monde entier les plus récents fruits de l'inventivité technique et industrielle, la Parisienne serait donc vouée à incarner les mutations d'une société en pleine accélération[66], emportée par les progrès de la machine à vapeur, de l'acier, de la révolution ferroviaire. Et c'est justement au cours des années 1850-1860 que cristallise pleinement la notion de *modernité*[67], que ce soit pour en exalter les bienfaits ou en déplorer la dictature et les effets pervers. S'inscrire dans la modernité, c'est prendre conscience de la marche en avant de l'histoire et de la technique, aspirer à ne pas reproduire le passé à l'identique, se projeter dans l'avenir sous l'angle du progrès et de l'enrichissement collectif.

Matérielle, technique, économique, cette modernité est aussi psychologique, esthétique et comportementale : elle va de pair, tout particulièrement en France, avec le rejet croissant des traditions établies, des autorités indiscutées, des références au sacré et aux anciens, au profit de postures de détachement, de positivisme, d'individualisme, voire de scepticisme, assumées. « La société parisienne est indulgente parce qu'elle est sceptique ; elle admet tout parce qu'elle ne croit à rien[68] », considère par exemple Amédée de Cesena pour rendre compte des mœurs relâchées de la capitale. De fait, le lien avec le religieux est, à Paris, plus distendu, plus mondain, plus superficiel que dans le reste du pays[69], même si le régime, autoritaire et césarien, n'hésite pas à faire de l'Église un instrument de maintien de l'ordre. Le rapport au temps et à la sensibilité « modernes » diffère donc selon les milieux et les espaces, accentuant la césure entre Paris et la province, entre les villes et les campagnes, parfois même entre les différents quartiers ou milieux parisiens, pour produire cette *discordance des temps* qu'évoque l'historien Christophe Charle. Et c'est dans le cadre du débat esthétique que cet enjeu a d'abord été formulé, à propos de la mutation des canons de l'art et de la beauté, dont Baudelaire se fait l'incisif analyste, à l'aube des années 1860. Voilà qui implique directement la Parisienne, car si la représentation de la beauté féminine, bien plus que masculine, a toujours été un enjeu majeur des beaux-arts, il s'agit désormais d'en capter la nuance *contemporaine*.

Un enjeu de peinture

Nourris de culture classique, adeptes des « grands sujets », d'origine mythologique, biblique ou historique, la plupart des peintres ou sculpteurs de la première moitié du siècle ont rechigné à représenter la société de leur temps, jugée inesthétique et prosaïque. La tradition du portrait, la représentation de l'univers domestique restent des veines mineures, et presque toujours subordonnées à la production d'un « beau » idéalisé. À compter des années 1850, cependant, le désir de chercher ce beau au cœur de la société contemporaine s'affirme dans l'œuvre de plusieurs peintres d'avant-garde, tels Gustave Courbet, puis Édouard Manet et Henri Fantin-Latour. Aux artistes de cette mouvance hétéroclite, l'empereur accorde, en 1863, un « Salon des refusés », qui va devenir le point de ralliement de l'anticonformisme pictural. Les enjeux du débat sont, au même moment, formulés avec clarté par Charles Baudelaire, poète, mais aussi critique d'art éclairé, dans une série de réflexions consacrées au dessinateur Constantin Guys[70] qui, rédigées en 1859-1860, furent publiées dans *Le Figaro* à la fin de l'année 1863. Le Beau, analyse le sulfureux poète des *Fleurs du mal*, est composé d'une partie stable, immanente, qui cherche l'idéal et la perfection, mais aussi d'une partie mouvante, transitoire, qui est celle du monde dans lequel vit l'artiste, et qu'il doit savoir capter, s'il veut produire un art vivant, pertinent pour son époque. D'où le choix d'élire comme « peintre de la vie moderne », non un artiste consacré, mais une figure plus hybride, celle d'un illustrateur adepte du dessin à l'encre ou à l'aquarelle, et qui s'est consacré, pour l'essentiel, à la représentation de la vie urbaine contemporaine, tant à Londres qu'à Paris[71]. Les femmes occupent, dans l'œuvre de Guys, une place prépondérante[72] : femmes à la promenade au Bois ou sur le Boulevard, femmes au champ de courses, femmes au bal, au spectacle, au café, mondaines, demi-mondaines, simples passantes, prostituées... Ce sont les figures types de la « vie parisienne », telles qu'on les trouve, depuis les années 1820, dans l'illustration, la caricature, les vignettes physiologiques ou les gravures de mode, sous le pinceau ou le crayon des Daumier, Devéria, Gavarni ou Monnier, qui, autant que Guys, se sont attachés au « croquis de mœurs[73] ». Pour Baudelaire, cependant, Guys se distingue par la qualité vivante de son style graphique, particulièrement apte à rendre une certaine canaillerie de la vie urbaine moderne et de ses créatures féminines, dont le poète a donné sa propre version, en 1857, dans *Les Fleurs du mal*[74]. Vivantes, en mouvement, immergées dans la ville, les Parisiennes de Guys n'ont pas grand-chose en commun avec les jolies créatures des revues de mode, posées, comme de précieux bibelots, dans un cadre générique, salon, parc ou boudoir.

La modernité de Guys s'affirme tout particulièrement dans le rendu du vêtement féminin, dont Baudelaire fait un enjeu essentiel, car c'est la mode qui, selon lui, traduit le mieux l'essence singulière, contemporaine et transitoire d'une époque :

> Les draperies de Rubens et de Véronèse ne vous enseigneront pas à faire de la moire antique, du satin à reine ou toute autre étoffe de nos fabriques, soulevée, balancée par la crinoline ou les jupons de mousseline empesée. [...] Ajoutons aussi que la coupe de la jupe et du corsage est absolument différente, que les plis sont disposés dans un système nouveau, et enfin que le geste et le port de la femme actuelle donnent à sa robe une vie et une physionomie qui ne sont pas celles de la femme ancienne. En un mot, pour que toute *modernité* soit digne de devenir antiquité, il faut que la beauté mystérieuse que la vie humaine y met involontairement en ait été extraite. C'est à cette tâche que s'applique particulièrement M. G.[75].

Dans un article de 1858 intitulé « De la mode », Théophile Gautier s'en était déjà pris à tous ceux qui jugeaient indigne de l'art « noble » la représentation du costume moderne. Le noir des fracs masculins, argumentait-il, n'a rien d'inférieur à celui des modèles de Rembrandt ; quant à la crinoline, associée par la caricature de l'époque aux excès du progrès industriel et de la coquetterie féminine, elle est aussi stimulante pour le pinceau que les riches drapés des temps anciens :

> Mais la crinoline, allez-vous dire ; les jupes cerclées, les robes à ressort qu'on fait raccommoder comme des montres par l'horloger lorsqu'elles se détraquent, n'est-ce pas hideux, abominable, contraire à l'art ? Nous ne sommes pas de cet avis. Les femmes ont bien raison qui maintiennent la crinoline malgré les plaisanteries, les caricatures, les vaudevilles et les avanies de toute sorte. [...]. Si l'on nous permettait un rapprochement mythologique dans une question si moderne, nous dirions qu'une femme en toilette de bal se conforme à l'ancienne étiquette olympienne[76].

L'icône de la « vie parisienne » (1850-1870)   113

Par sa conception même (métallique, industrielle), comme par sa dynamique propre (balancement, légèreté...), la crinoline est, par excellence, le vêtement de la femme moderne. Les jupes des héroïnes de Guys évoquent précisément cette fluidité très aérienne, qui fait de la crinoline, non le carcan qu'y voient ses contempteurs, mais le vêtement de la vie urbaine moderne.

Ce qui fonde enfin la modernité des Parisiennes de Guys, pour Baudelaire, c'est leur équivoque sociale et sexuelle : femmes du monde ou du demi-monde ? prostituées ou femmes « respectables » ? Le pinceau de l'aquarelliste donne avant tout à voir des femmes libres et aguicheuses, parfois provocantes, « très parées et embellies par toutes pompes artificielles, à quelque ordre de la société qu'elles appartiennent[77] ». La formule traduit l'allergie revendiquée du poète à toute forme de beauté « naturelle », et la valorisation de l'artifice, du maquillage, de la parure. Aussi les courtisanes, les comédiennes, les prostituées, les filles déchues, jusque dans les tréfonds du *low life*, sont-elles des sujets à privilégier dans la représentation de la « vie moderne », parce que ce sont elles qui dominent l'espace public de la ville, et y instillent leur vénéneuse séduction. Baptisées « Gourgandines », « Grisette », « Séductrice », « Trottins », « Femmes galantes », « Décolletée » ou « Belles de nuit », les ambivalentes créatures de Guys exaltent une féminité aussi polymorphe qu'épicée et sensuelle. Certaines sont, tout simplement, des « Parisiennes », terme qui brouille les codes sociaux pour ne plus retenir que l'essence de la ville moderne.

Dans ce texte appelé à devenir le manifeste de la modernité esthétique, Baudelaire, lui, n'y recourt pas, mais c'est bien la Parisienne moderne qui est au cœur de sa réflexion comme de celle de plusieurs de ses confrères. Théophile Gautier, lui aussi admirateur du talent novateur de Guys[78], préféra attribuer à Gavarni cette audace esthétique dont la Parisienne devient, en quelque sorte, le mètre étalon, par la rupture qu'elle institue avec les canons de la beauté classique :

> La plus grande gloire de Gavarni, c'est d'avoir [...] compris la Parisienne ! Il l'a non seulement comprise mais aimée, ce qui est la vraie et bonne manière de comprendre. Croyez qu'il ne s'est pas beaucoup soucié des figures du Parthénon, ni de la Vénus de Milo, ni de la Diane de Gabies, et qu'il a trouvé un idéal très suffisant de la petite mine chiffonnée de la Parisienne, dont les gentilles laideurs sont encore des grâces [...] Ce n'est pas une nymphe antique qu'il veut dessiner, mais

la femme qui passe et que vous suivez. Il ne lithographie pas d'après la brosse mais d'après le vif[79].

C'est peut-être en écho à ces lignes que les frères Goncourt, très proches de Gavarni, peuvent écrire à leur tour, dans *Manette Salomon*, leur roman de 1865-1866 consacré au monde de la peinture :

> À côté de l'homme, il y a la femme... la femme moderne... Je te demande si une Parisienne en toilette de bal, n'est pas aussi belle pour les pinceaux que la femme de n'importe quelle civilisation ? Un chef-d'œuvre de Paris, la robe, l'allure, le caprice, le chiffonnement de tout, de la jupe et de la mine !... et dire que cette femme-là, la femme du dix-neuvième siècle, la poupée sublime, tu ne l'as pas encore vue dans un tableau d'une valeur de deux sous[80].

En réalité, la « poupée sublime du XIXe siècle », avec ses grâces et ses crinolines, est loin d'être ignorée par la peinture de la période : l'art du portrait n'a cessé de lui rendre hommage, par exemple ceux du peintre de cour allemand Franz Winterhalter, qui, en 1855, installe l'impératrice Eugénie et ses dames d'honneur dans un vaporeux océan de jupons ; on la trouve encore dans la peinture mondaine d'un Auguste Toulmouche, d'un Carolus-Duran, d'un Eugène Lami, qui aiment à représenter les élégantes de la capitale en grande toilette, dans des poses aguicheuses et maniérées. On doit aussi mentionner les portraits de Dominique Ingres, dont les piquantes mondaines, *La Comtesse d'Haussonville* en 1845, *La Princesse Albert de Broglie* en 1853, ou encore *Madame Moitessier* en 1856, semblent tout droit sorties d'une chronique de Delphine de Girardin, même si Baudelaire reproche à l'artiste « de vouloir imposer à chaque type qui pose sous son œil un perfectionnement [...] emprunté aux répertoires des idées classiques[81] ». Il est vrai qu'on reste ici dans l'entre-soi confiné du beau monde : l'individu prime sur le type, le salon sur la rue, la pose sur le mouvement, et les traits qui servent, désormais, à identifier la Parisienne, l'anonymat, l'indécision sociale, l'immersion dans l'espace public, n'accèdent pas encore au sacre de la toile. Jusqu'à la fin des années 1860, elle reste donc intermittente ou trop individualisée pour atteindre à la généralité du type. C'est peut-être *L'Olympia* de Manet, portrait blafard d'une courtisane dénudée et de sa servante noire, peint en 1863, qui fut l'un des premiers à suivre la ligne baudelairienne

L'icône de la « vie parisienne » (1850-1870)

– les deux hommes étaient proches –, non sans faire scandale au Salon de 1865. En dehors de cette peinture d'avant-garde, choquante et confidentielle, la Parisienne demeure, pour l'essentiel, un croquis de presse ou une gravure de mode. Mais c'est aussi par ce biais qu'elle s'inscrit dans le monde contemporain et accède à une forme de modernité qui échappe encore, pour partie, aux « beaux-arts ».

Modernité des modes

Car tous nos esthètes soulignent, on l'a vu, le rapport organique qui s'est tissé entre mode, modernité et parisianité : reine de la mode, icône de la plus moderne des capitales européennes, la Parisienne représente doublement cette « modernité de la mode » qui se nourrit d'une boulimie consumériste encouragée par le nouveau capitalisme. « Il serait difficile de séparer ces deux mots : la Mode et la Parisienne ; ils se complètent l'un par l'autre et n'auraient plus qu'un sens tronqué si l'on s'avisait de les isoler », analyse la journaliste Emmeline Raymond dans un article du *Paris-Guide* de 1867[82], au moment même où l'Exposition universelle célèbre les réalisations d'un secteur où la France entend bien rester leader.

Il est vrai que la mode a connu, depuis les années 1850, des innovations majeures, qui l'ancrent dans la modernité technique et commerciale. La mécanisation de la fabrication du textile comme l'intensification des échanges internationaux permettent une grande diversification des étoffes : les cotonnades indiennes inondent le marché, les soieries lyonnaises, soutenues par le pouvoir impérial, trouvent un second souffle à compter des années 1850. Initialement destinés au secteur du luxe, certains procédés se démocratisent par la magie du machinisme : la dentelle mécanisée, les imitations du cachemire sont désormais à la portée des bourses petites-bourgeoises. Se diffusent aussi les étoffes mélangées – laine et soie, coton et laine… – ou travaillées – faille de soie, velours coupé, tissus brochés ou brodés, passementeries, soutaches… –, ainsi que les imprimés – à fleurs, à carreaux, à rayures, à motifs géométriques… À partir de la fin des années 1850, l'industrie chimique apporte sa part d'innovation, en fournissant des colorants artificiels dont les noms aux mystérieuses consonances – fuschine, pourpre d'aniline… – évoquent des couleurs éclatantes ou particulièrement profondes, tel le noir, longtemps difficile à fixer. « Fille du grand Daumier ou du sublime Cham / Toi qui portes du reps et du madapolam / Ô Muse de Paris[83] ! » peut s'extasier Théodore de Banville, en associant à la modernité graphique du type les sonorités rares des textiles industriels.

Deux des principaux marqueurs de la femme à la mode sous le Second Empire sont liés au progrès de l'industrie : le corset et la crinoline. Au cours des années 1850, le premier s'est doté de buscs et de baleines en métal flexible, ainsi que d'œillets métalliques pour le laçage, qui assurent une plus grande solidité de l'ensemble et un ajustement modulable. Quant à la crinoline, elle est d'abord constituée d'une superposition de jupons, dont le plus rigide est en crin – d'où son nom –, avant de se muer en une structure de cerceaux métalliques horizontaux retenus par des bandes de tissu, qui mènent, en 1856, à la « crinoline-cage », brevetée par l'Américain Thomson. À la fin des années 1860, elle évoluera vers la tournure, qui rejette les jupes vers l'arrière. Perçue comme une véritable prison textile, réactivant aussi le débat sur les excès du luxe, la crinoline permet, en réalité, l'allègement du costume féminin, puisqu'il ne faut plus qu'un ou deux jupons pour recouvrir l'armature de la cage – d'où cet effet de « balancement », léger et gracieux, qu'aiment à célébrer les chantres de la modernité. Cette commodité relative permet aussi une diffusion sociale large, comme l'atteste la photographie, qui, inventée en 1839, se banalise dans les années 1850 : certaines catégories d'ouvrières ou d'employées l'arborent sur leur lieu de travail[84], tandis qu'elle n'entrave guère ces « aventurières en crinoline[85] » qui commencent à sillonner le monde. Produit de la modernité technique, elle définit par excellence la femme à la mode, et donc la Parisienne : les frères Goncourt remarquent ainsi, à propos de leur petite cousine, fraîchement arrivée de province, qu'elle est déjà « Parisienne par la crinoline[86] », tandis que Baudelaire y voit « le signe principal de la civilisation », qui donne aux Turques vêtues à l'occidentale croquées par Guys « l'air de Parisiennes qui auraient voulu se déguiser »[87].

Icône de la mode, la Parisienne est au cœur des mécanismes de consommation modernes qui s'accélèrent dans la seconde moitié du siècle. Difficile, ici, de ne pas évoquer le roman d'Émile Zola *Au Bonheur des Dames*, qui, publié en 1882-1883[88], décrit un univers marchand qui prend corps à la fin du Second Empire, avec le passage du « magasin de nouveautés » au « grand magasin ». Dès le milieu du siècle, toutefois, l'Américaine Harriet Beecher Stowe, auréolée du succès de la *Case*

L'icône de la « vie parisienne » (1850-1870) 117

de l'Oncle Tom en 1852, se montrait admirative de cette *shopocracy*[89] qu'elle a pu admirer lors de son voyage à Paris : « nous avons couru de boutique en boutique, de magasin en magasin[90] », écrit-elle pour décrire la journée de la parfaite Parisienne. Le roman de Zola prend, lui, pour modèle le Bon Marché, repris en main en 1869 par l'ancien commis Aristide Boucicaut. Mais c'est dès 1865 qu'ont commencé les travaux d'agrandissement du magasin Au Louvre, et que s'installe, sur le boulevard Haussmann, lui-même percé en 1857, le magasin Au Printemps. Rompant avec la stratégie élitiste des fournisseurs de la Cour ou de l'aristocratie, le grand magasin entend rendre accessibles les modes de l'élite aux classes moyennes, grâce à des techniques de vente rationalisées (soldes, publicité, opérations ciblées...) et des aménagements spectaculaires[91]. Dans cette « cathédrale du commerce moderne, [...] faite pour un peuple de clientes », la femme, selon Zola, « devient sans force contre la réclame »[92], poussée à l'achat par un frisson quasi érotique : « elles se trouvaient comme en partie fine au *Bonheur*, elles y sentaient une continuelle caresse de flatterie. [...] L'énorme succès du magasin venait de cette séduction galante[93] ». Le contact charnel avec les étoffes et les bibelots, favorisé par la mise à disposition directe dans des casiers ou sur des rayonnages, hystérise jusqu'à la bourgeoise la plus sage, avec son corollaire pathologique, la kleptomanie. « Est-ce que Paris n'est pas aux femmes, et les femmes ne sont-elles pas à nous[94] ? » plaide le directeur du Bonheur des Dames pour justifier ses aménagements grandioses et ses techniques d'hameçonnage. Sous la « patte » du commerçant tout-puissant, la Parisienne se fait le symbole d'une nouvelle modernité capitaliste, qui exalte la pulsion d'achat et la douce dictature de la marchandise.

Mais c'est aussi dans la modernisation des traditions du luxe que la Parisienne trouve des arguments à ses revendications de supériorité. Outre que la capitale française a largement devancé Londres dans l'aménagement des grands magasins, elle revendique toujours la domination en matière de modes féminines, quand l'Angleterre tend à se spécialiser dans le *tailoring* masculin[95]. Et Paris y apporte un savoir-faire artisanal depuis longtemps reconnu, redynamisé par l'éclat de la cour impériale et les mondanités des élites. Par nécessité de représentation et volonté de son mari, Eugénie de Montijo, devenue impératrice, en janvier 1853, à l'âge de 27 ans, a réinvesti la fonction d'ambassadrice des modes, qu'avait endossée avant elle l'impératrice Joséphine. Les commandes de la Cour favorisent le développement de ce qu'on commence à appeler, à la fin des années 1860, la « haute couture », sous l'impulsion de l'Anglais Charles-Frederick Worth et du Français Émile Pingat. Arrivé à Paris vers 1845, longtemps commis en soieries chez le marchand de tissus Gagelin, le premier s'est associé en 1858 au Suédois Gustave Bobergh pour ouvrir sa propre maison de couture et d'accessoires, d'abord située rue Neuve-Saint-Augustin, puis rue de la Paix. Aussi habile commerçant que styliste doué, Worth innove en s'inspirant des techniques du marketing anglais, en s'associant à des dessinateurs industriels, en faisant un usage créatif des innovations proposées par l'industrie des colorants et du textile, comme par les soyeux lyonnais. Aussi n'y a-t-il pas lieu, comme y insiste l'historienne de la mode Françoise Tétart-Vittu, d'opposer le marché démocratisé et rationalisé des grands magasins et de la confection, et une haute couture qui relèverait d'un artisanat de luxe, demeuré traditionnel[96]. Même si Worth capitalise sur le soutien des monarques et de la haute aristocratie de cour – celles de France et de Suède lui accordent le titre de fournisseur officiel en 1864 –, même s'il se considère comme un artiste à part entière, et traite sa clientèle avec morgue, tout en pratiquant des prix outranciers, il vise aussi, au-delà des cercles du pouvoir, un vivier plus composite de femmes de spectacle, de demi-mondaines et de riches étrangères. Ce sont elles qui, armées du capital de leur beauté et leur sensualité, et moins soumises que les épouses de dignitaires ou d'industriels aux impératifs du bon goût et de la correction, lancent les modèles les plus audacieux : d'un grand raffinement, les robes de l'époque se caractérisent aussi par leur aspect bariolé, voire clinquant, qui confère à l'élégante du Second Empire quelque chose d'un peu tapageur, même si les couturiers proposent des versions plus ou moins sages, selon le statut et la richesse des femmes auxquelles elles sont destinées[97].

Héroïne de presse

L'image est un peu différente si l'on feuillette la presse de mode des années 1850-1860, destinée aux femmes de la bourgeoisie, grande ou petite, dont beaucoup vivent en province. Repérable dès la fin du XVIIIe siècle, son rôle dans la « fabrique » de la Parisienne va croissant, puisqu'on décompte une quinzaine de titres pérennes à la fin du Second Empire. *Le Moniteur de la mode* reste le plus élitiste, mais il doit désormais compter avec *Le Monde élégant. Journal de mode de dames*, fondé en 1857[98], et surtout *La Mode illustrée*, revue créée en 1860 par la maison Firmin-Didot, pour un lectorat plus large. Leur formule est la même que sous la monarchie de Juillet et n'évoluera guère avant la fin du siècle : sur les jolies planches que proposent ces publications hebdomadaires – au talent de Jules David est venu s'ajouter celui des trois filles du peintre Alexandre Colin, Héloïse, Laure et Anaïs, devenue Toudouze par son mariage –, la femme idéale diffère assurément des créatures équivoques de la presse légère ou du regard artiste. Les traits ciselés, le visage doux, l'expression rêveuse, voire éthérée, elle vaque à ses occupations d'épouse et de mère aussi aisée qu'oisive, loin de toute interférence masculine : promenade au parc avec les enfants, lecture au salon, thé entre amies, parfois un mariage ou un bal... La mise est élégante, recherchée – il s'agit bien d'exalter la mode et de la vendre. Mais le souci de correction et de pudeur domine, même pour les robes du soir, qui, dénudant la gorge et les bras, valorisent la grâce et la beauté, plutôt que la sensualité. Cette presse vaut aussi pour ses patrons et conseils techniques, notamment en matière de broderie, de tapisserie ou de crochet. Les décors sont neutres, génériques, parfois campagnards, jamais explicitement « parisiens ». Conservatrice et familialiste, cette vision de la femme exprime l'idéal d'une société qui accentue l'essentialisation des identités sexuées et le modèle des « sphères séparées », attribuant à chaque sexe une nature et des fonctions spécifiques – si *Le Moniteur de la mode*, le plus huppé, peut encore se définir comme « le journal du grand monde », *La Mode illustrée* vise à devenir « le journal de la famille ». Être fragile, délicat, défini et dominé par son appareil reproductif, la femme « honnête » se doit de conserver pudeur et retenue, assignée à des espaces dédiés, intérieur domestique et lieux de représentation mondaine, salons, théâtres ou bals pour les plus aisées.

Comment concilier ce modèle avec celui d'une « Parisienne » devenue, on l'a vu, assez canaille ? Dans un pays de périmètre limité, qui remodèle son territoire par le développement du chemin de fer et connaît une forte croissance de la presse nationale, la capitale n'a évidemment rien d'un huis clos lointain et inaccessible. Elle demeure, comme sous la monarchie de Juillet, la source de l'élégance, et les journalistes jouent, plus que jamais, un rôle de courroie de transmission. « Nous voici de retour d'une expédition dans Paris, à la recherche de choses gracieuses, originales et élégantes, écrit par exemple la chroniqueuse du *Moniteur de la mode*, le 1er avril 1860. Nous nous sommes arrêtés d'abord rue Vivienne, 41, dans la maison Lhopiteau, où nous savons trouver toujours des modèles d'un goût vraiment parisien. » Elle ajoute cependant, précision intéressante : « mais d'un style sérieux, exempt d'affectation et d'excentricité, de ceux en un mot qu'adoptent les personnes de bon goût et véritablement distinguées »[99]. Toutes les Parisiennes ne sont donc pas à imiter, et la capitale demeure un lieu partiellement suspect, où s'étale le mauvais genre des « filles » et autres courtisanes. Cette ambivalence du regard n'empêche pas la presse féminine de maintenir, à travers le « courrier de Paris », et autres « bulletins des théâtres », une fenêtre ouverte sur les trépidations de la « vie parisienne », donnée en modèle dans une version édulcorée.

Prolongement du journal, les guides de beauté et de bon ton qui commencent à se répandre dans la période prennent plus volontiers la Parisienne comme référent – le label, on l'a dit, est vendeur. Ainsi d'Emmeline Raymond qui, dans son ouvrage de 1866 *Les Secrets des Parisiennes*[100], n'hésite pas à affirmer : « Les femmes de Paris [...] tiennent entre leurs mains la beauté de toutes les femmes du globe. On attend leur décret pour se déclarer belle, elles ont soumis les notions de beau et de laid à la notion de Mode[101]. » Mêmes hyperboles sous la plume de la comtesse Dash, pseudonyme d'Anne-Gabrielle de Cisternes de Courtiras, vicomtesse de Saint-Mars, femme de lettres désargentée, amie d'Alexandre Dumas qui, outre de nombreux romans, publie, en 1868, un guide intitulé *Les Femmes à Paris et en province* : « Les Parisiennes, dans quelque classe qu'elles soient nées, ont un cachet tout particulier. Il les ferait deviner au bout du monde[102]. »

C'est peut-être Flaubert qui, dans *Madame Bovary*, publié en 1857, avec comme sous-titre *Mœurs de province*, a su le mieux évoquer le nouveau pouvoir de fascination et d'influence du modèle parisien sur une petite-bourgeoise provinciale. Voici comment l'écrivain décrit le « rêve parisien » d'Emma :

> Elle s'acheta un plan de Paris, et, du bout de son doigt, sur la carte, elle faisait des courses dans la capitale. [...] Elle s'abonna à la *Corbeille*, journal des femmes, et au *Sylphe des salons*. Elle dévorait, sans rien en passer, tous les comptes rendus des premières représentations et des soirées, s'intéressait au début d'une chanteuse, à l'ouverture d'un magasin. [...] Elle savait les modes nouvelles, l'adresse des bons tailleurs, les jours de Bois et d'Opéra[103].

L'icône de la « vie parisienne » (1850-1870) 121

En fait de voluptés urbaines, l'héroïne ne connaîtra guère que celles de la capitale régionale, Rouen. Mais c'est bien Paris, ce « nom démesuré, plus vaste que l'océan[104] », qui emporte ses rêves, grâce à ce nouveau canal médiatique faisant office de vitrine et de caisse de résonance. Par là, le roman est aussi une réflexion sur l'éveil au désir et à la consommation, dont la Parisienne représente l'emblème invisible et lointain. Cette nouvelle culture consumériste circule matériellement par l'entremise du « marchand de nouveautés » Lheureux qui, dans l'économie du récit, joue un rôle fondamental, puisque c'est l'endettement contracté auprès de lui qui mène Emma Bovary au suicide. La fin tragique du roman traduit moins, en ce sens, une quelconque punition morale qu'elle ne prend acte de cette discordance des temps et des espaces, qui rend encore inaccessible à la petite-bourgeoise normande, enclavée dans un monde rural réactionnaire et immobile, la modernité consumériste et comportementale qu'incarne la Parisienne.

La Parisienne grivoise de la vie parisienne, la Parisienne canaille du regard artiste, la Parisienne éthérée de la presse de mode, ne sont évidemment pas tout à fait juxtaposables. Elles s'adressent à différents types de milieux et de publics, elles résultent aussi de la dissymétrie « genrée » des producteurs, puisque ce sont, majoritairement, des hommes qui prennent la plume ou le pinceau pour l'évoquer, même si quelques plumes féminines trouvent déjà matière à l'honorer. Ces déclinaisons visent toutes, cependant, à exalter une forme de suprématie et d'exception parisiennes ; et si la Parisienne reste caractérisée par l'élégance et le raffinement, elle se définit, de plus en plus, par la modernité et l'hédonisme, apports du siècle des machines et de la culture médiatique.

Pourtant, ce modèle reste ambigu, et « grince » souvent avec les objectifs d'un régime qui manie à la fois la carotte de l'opulence et le bâton de l'autoritarisme. S'il fait de la Parisienne une émancipée relative – distincte du modèle « victorien » de l'Angleterre, qui valorise plutôt les vertus domestiques et maternelles –, c'est par le truchement d'un regard masculin, tour à tour exalté et égrillard, mais toujours prescripteur. Moderne, vraiment, la Parisienne ? Peut-être, alors, de cette « modernité douteuse » qu'évoquait l'historienne Michelle Perrot[105] pour définir les statuts féminins sous le Second Empire, englués dans un régime de semi-tolérance, qui relativise le triomphe apparent de l'icône de la capitale.

Une modernité douteuse

Un ferment de déstabilisation sociale

Si la monarchie de Juillet suggérait, à travers la Parisienne, la naissance du « monde », le Second Empire accentue l'effet de synthèse et de mélange, non sans altérer sa distinction originelle : monarchie postrévolutionnaire fondée par une dynastie récente et, selon les critères de l'ancienne noblesse, illégitime et parvenue, le régime a favorisé l'ascension d'hommes nouveaux, dont les fortunes, tirées du capitalisme industriel, commercial et financier, favorisent de nouvelles formes de dépenses somptuaires. Certes, après le coup d'État du 2 décembre 1851, il n'y a pas eu de renouvellement complet des élites politiques et administratives, et pour asseoir son pouvoir dans les campagnes, l'empereur n'a pas hésité à s'appuyer sur des notabilités locales, souvent nobles et légitimistes[106]. Le prestige social de la particule est loin d'avoir disparu, qui façonne toujours, pour partie, les représentations de la Parisienne. La comtesse Dash maintient ainsi la duchesse au sommet de la « parisianité » : « Il y a dans la tournure d'une grande dame quelque chose qui ne s'imite pas, on ne la reconnaît jamais mieux que lorsqu'elle est simple. C'est alors que sa distinction éclate et qu'on ne saurait s'y tromper[107]. »

L'échelle des hiérarchies sociales a cependant subi de nombreuses distorsions. Malgré son riche décorum et un souci d'étiquette imités du Premier Empire, la cour de Napoléon III est beaucoup plus mêlée que celle de ses prédécesseurs. Les différents niveaux de noblesse – d'épée, de robe, d'Ancien Régime, d'Empire... – se côtoient, et les nouvelles fortunes supplantent souvent, par leur faste, la distinction un rien corsetée du faubourg Saint-Germain – exilés de l'intérieur, les plus légitimistes ont de toute façon quitté Paris. Des proches de l'empereur, tel son demi-frère le duc de Morny, s'enrichissent dans les affaires et mènent grand train. L'éclat de la vie parisienne repose aussi sur un cosmopolitisme alimenté par le développement des voyages européens et transatlantiques. Le Paris des années 1850-1860 abrite ainsi une coterie internationale aux contours variables, qui s'autorise une liberté souvent inaccessible à domicile.

C'est le cas du fils aîné de la reine Victoria, Albert, prince de Galles, né en 1841, qui mena, en marge de son mariage avec Alexandra de Danemark, une vie assez dissolue entre Paris et Londres, avant d'accéder au trône en 1901, entretenant des relations intimes, non seulement avec des femmes du monde et des actrices britanniques, mais aussi, en France, avec la cantatrice Hortense Schneider et la jeune Sarah Bernhardt.

Cette société plus mêlée donne à la Parisienne une identité plus confuse, et souvent plus scabreuse : les frontières entre monde, spectacle et demi-monde se brouillent, les élites ne cachent guère des mœurs dissolues, tandis que l'entretien d'une danseuse ou d'une actrice fait figure de pratique institutionnalisée – l'empereur lui-même noue de nombreuses liaisons, même s'il entend, de l'autre main, se faire le gardien des valeurs morales et familiales. À côté des termes de « cocotte » ou de « grue » apparaît celui de « cocodette », qui désigne une femme du monde délurée et peu farouche. Dans les *Souvenirs d'une cocodette écrits par elle-même* publiés sous le manteau, en 1878, l'écrivain Ernest Feydeau, le père de Georges, en donnait une représentation assez salace[108], que précise Guillaume Apollinaire dans une préface de 1910 : « Il ne faut pas le confondre avec cocotte. [...] Cocodette s'appliquait au contraire à la femme du monde à la mode, la femme du monde qui a besoin d'argent pour alimenter son luxe [...]. La cocodette, c'est la cocotte avec un masque, le masque de la respectabilité, le masque de la vertu, qui dissimule le vice et le rend plus aimable[109]. » De son côté, le richissime homme de lettres Arsène Houssaye, également administrateur de la Comédie-Française de 1849 à 1856, forge l'oxymore « courtisanes du grand monde » pour désigner les Parisiennes entre aristocratie et demi-monde[110], qu'il met en scène dans ses propres romans, aux scénarios corsés. Ses héroïnes de papier, telle Bianca de Montefalcone[111], qui apparaît dans le premier tome de la série *Les Parisiennes*, s'inspirent directement de grandes mondaines aux mœurs tapageuses, telle la comtesse Barbara Rimsky-Korsakov, Russe de haute noblesse venue s'installer à Paris en 1861 avec son amant, après un divorce retentissant, et qui affola Paris par sa légèreté et ses audaces vestimentaires – elle s'était présentée, en 1863, à un bal des Tuileries, vêtue d'un costume presque transparent, inspiré d'un personnage de *Salammbô* de Gustave Flaubert ; ou encore, la comtesse italienne Virginia de Castiglione, son amie, qui commença sa carrière galante en attirant dans son lit, pour le compte du gouvernement piémontais, l'empereur lui-même, avant de devenir l'une des reines extravagantes de la haute société impériale, célèbre pour son opulente beauté complaisamment offerte à l'objectif du photographe Pierre-Louis Pierson, dans des poses et des tenues aussi luxueuses que narcissiques. Ces étrangères excentriques, souvent veuves ou séparées, étaient certes moins tenues aux conventions que les femmes de l'aristocratie ou de la haute bourgeoisie, mais leur position, distincte de celui des demi-mondaines, révèle le trouble syncrétisme qui caractérise le Second Empire. C'est en leur honneur que Banville ou Houssaye célèbrent la Parisienne hors les murs, la Femme absolue qui n'a pas besoin d'être née dans la capitale française pour en incarner toute la capiteuse séduction. « Il est bien entendu, n'est-ce pas, que par toute la terre et partout où l'homme a bâti des villes, une femme réellement belle, riche, élégante et spirituelle est une Parisienne[112] », déclare le premier, tandis que le second affirme : « Faites-vous présenter une étrangère venant de Russie, d'Autriche, d'Italie ou d'Espagne, vous reconnaîtrez tout de suite une Parisienne, car c'est l'âme qui fait la femme. La femme naît deux fois. Peu importe son premier berceau[113] ! » Cette déterritorialisation de la Parisienne contribue aussi à flouter les frontières du « monde », en y associant toute une cohorte de belles étrangères d'origine indécise.

Sans doute les demi-mondaines « de profession » demeurent-elles, pour l'essentiel, au ban de la bonne société : femmes de plaisir et de divertissement, elles ne sont pas reçues dans le monde, et la géographie comme la temporalité de leur influence demeurent soigneusement balisées. Tous les témoins s'accordent, cependant, pour souligner leur influence diffuse sur les mœurs et l'esthétique du temps, tout particulièrement, on l'a vu, en matière de modes vestimentaires. Le vieux *topos* de la confusion sociale entraînée par la diffusion des modes se renforce sous la poussée même de la modernisation économique et sociale. « La toilette n'a point de secret d'un monde à l'autre, considère ainsi la comtesse Dash ; je ne voudrais pas jurer qu'on ne s'empruntât des modèles. [...] Les femmes de la société ont pris aux autres leurs armes pour combattre. Les autres en ont ajouté de nouvelles à leur arsenal[114]. » Pour Nestor Roqueplan, ce serait même la demi-mondaine qui, désormais, donnerait le *la*, indice d'une inversion de la dynamique sociale : « ces femmes qui parcourent nos promenades, agréablement anonchalies (*sic*) dans des voitures à huit ressorts, [...] elles ont, ce qui ne devrait pas leur être permis d'avoir, elles ont maintenant du goût[115] ». C'est aussi l'avis d'Alfred Delvau, qui remarque sur un mode plus badin :

> Les Parisiennes honnêtes s'habillent bien, je le reconnais avec empressement ; mais je suis forcé d'avouer que... les autres Parisiennes s'habillent cent fois mieux. Jamais la feuille de vigne de notre grand-mère Ève n'avait subi des modifications aussi larges, aussi originales. Les gens pudibonds crient au scandale en se bouchant – mal – les yeux ; mais les gens de goût s'inclinent ravis devant tant d'ingéniosité et de science diabolique, exclusivement dépensées pour leur plaire et les séduire[116].

Dans ce renversement des hiérarchies, Offenbach n'a pas de mal à faire passer les domestiques de *La Vie parisienne* pour d'authentiques grandes dames. Et il n'y a pas jusqu'à l'impératrice Eugénie, pourtant pieuse et simple de mœurs, qui n'ait gagné, dans ce climat de soufre, la réputation d'une femme coquette et séductrice, décrite, à la fin de l'Empire, comme une véritable Messaline[117].

En brouillant les frontières du vice et de la vertu, en entretenant cette ambiguïté érotique et sociale, la Parisienne gagne une aura pour le moins « douteuse », souvent perçue comme choquante à l'étranger, mais qui entretient aussi une forme de particularisme, dans un siècle qui tend à polariser les identités féminines, entre ange du foyer et vile prostituée. Ce statut d'exception lui vaut, à l'échelle de l'Europe et de la France, une réputation de liberté de mœurs et de pouvoir sur les hommes : « Ici les femmes savent comme nous quel est le but de la vie, écrit par exemple Théodore de Banville. À Paris seulement elles sont déesses, adorées bien plutôt qu'aimées et aussi elles ont la confiance et le respect de leur divinité[118]. » La formule, on le voit, demeure ambiguë : le « comme nous » implique-t-il une instrumentalisation au service des désirs masculins ou propose-t-il déjà un embryon d'égalité ? En d'autres termes, la Parisienne relève-t-elle d'une mystification phallocratique ou suggère-t-elle, à sa manière, une forme précoce d'*empowerment* ?

Une puissance ambiguë

Pour démêler ce complexe écheveau, feuilletons l'ouvrage du philosophe et historien Hippolyte Taine *Notes sur Paris, vie et opinion de M. Frédéric-Thomas Graindorge*[119], recueil d'articles d'abord publiés dans le journal léger *La Vie parisienne*, entre 1863 et 1865, puis réunis en volumes, en 1867[120] : à la charnière de la chronique mondaine brassant les clichés, et d'une réflexion plus personnelle, l'ouvrage, qui consacre un long chapitre à la Parisienne, offre un bon observatoire du faisceau de possibles et de limites qui forme l'horizon du personnage à la fin du règne de Napoléon III. Imaginant un industriel français parti faire fortune aux États-Unis, et qui revient au pays nourri de ses expériences, l'auteur sculpte à la Parisienne un statut de « femme puissante », qui ne s'en laisse pas conter par la gent masculine : « la Parisienne est une personne, non une chose ; elle sait parler, vouloir, mener son homme ; elle a des reparties, des insistances, des caprices […]. À Paris, ce sont elles qui exploitent les hommes, tiennent des salons, font du commerce[121] ». Elle se démarque par là des modèles étrangers perçus comme ternes, soumis, sans personnalité : « deux mois en Allemagne. Au retour, à Paris, on est tout surpris. C'est une autre espèce de femme[122] ». Ces propos ne sont pas sans évoquer ceux de Jules Michelet qui, dans son célèbre ouvrage de 1860 *La Femme*, vantait déjà, chez la Française, l'étincelle de la vivacité, là où l'Anglaise lui semblait se résumer à la mère de famille, et l'Allemande, à une femme molle et lourde : « La Française donne prise, la Française réagit ; et quand elle reçoit en elle le plus fortement vos pensées, elle vous renvoie le charme, le parfum personnel, intime, de son libre cœur de femme[123]. » Si le type national prime ici, c'est bien la Parisienne qui concentre ces qualités dans un roman de la comtesse Dash narrant les amours d'un jeune hobereau du Poitou tombé sous le charme d'une piquante marquise de la capitale : « Jusque-là, [Victor] n'avait considéré la femme que comme un être faible, qu'il était appelé à conduire. Il n'imaginait pas la possibilité pour elle d'avoir une opinion avancée. Il l'avait vue timide, aimante, dévouée ; mais non hardie, exaltée, secouant les entraves opposées à son intelligence et à ses habitudes[124]. » Selon Taine, c'est l'air de la ville qui donne à la Parisienne cette hardiesse presque virile, propre à déstabiliser la hiérarchie des sexes :

> L'être intérieur, ici, c'est un petit hussard déluré, un gamin avisé et hardi que rien ne démonte, à qui le sentiment du respect manque et qui se croit l'égal de tous. Les jupes n'y font rien, il faut voir l'âme. Nous croyons leur enseigner la timidité à domicile, elles n'en portent que la grimace. Encore cette apparence craque après trois mois de mariage et de monde : [...] il faut qu'elles commandent, du moins qu'elles soient indépendantes. [...] La subordination les étouffe. [...] la femme, en France, est un homme mais passé à l'alambic, raffiné et concentré[125].

Le mariage ne serait, pour la Parisienne, qu'une convention ouvrant les portes de la liberté, puisque « le mari n'est qu'un prince consort, un portefaix[126] » – en d'autres termes, c'est elle qui « porte la culotte », menant père, oncle ou mari « par le bout du nez ». Cette puissance fantasmée n'est d'ailleurs pas cantonnée à l'univers domestique mais s'étend aussi à la sphère du travail, où la Parisienne, selon Taine, est presque l'égale de l'homme : « Il leur faut les mêmes emplois qu'à nous, mais plus fins, ceux où l'on domine, non pas brutalement et par force mais par manège et habilement[127]. » Le commerce la valorise particulièrement, qui lui permet d'être à la fois « en parade et en fonction », « mi-décente et demi-provocante »[128]. Figure type de l'iconographie de la Parisienne, la « dame de comptoir » est aussi, en ce sens, une illustration positive d'un travail au féminin, qui place la femme presque à l'égale de l'homme : « elle a l'œil sur tout, ses ordres sont nets, ses livres exacts, on lui obéit. C'est un bon lieutenant, souvent meilleur que le capitaine[129] ».

Ces belles déclarations ne valent pas, pour autant, brevet de féminisme. Car à peine distribués ces satisfecit, l'auteur pose des limites : « Boutiquière, femme du monde ou lorette, voilà les trois emplois d'une Française ; elles excellent en cela et seulement en cela[130]. » Outre le caractère pour le moins restrictif de cet horizon professionnel, observons surtout les implications de la trilogie : « [La femme du monde] prend les gens par leurs faibles. Aux étages inférieurs, la lorette et la marchande font de même : un seul esprit en trois personnes ; même talent, même besoin [...] profiter des hommes en leur plaisant[131]. » Ce « pouvoir » féminin demeure donc second et en biais, caractérisé par la ruse, l'habileté, le sens de l'intrigue, voire la manipulation des hommes. Reposant sur des bases impures, il maintient largement la Parisienne dans ses fonctions traditionnelles de pourvoyeuse de plaisirs charnels ou spirituels.

À peu près à la même date, Théodore de Banville accuse le trait pour faire de la Parisienne une divinité aussi superbe qu'impuissante :

> D'abord et avant tout être une femme honnête, posséder trente mille livres de rente et se faire habiller par une vraie couturière, savoir la musique à fond et ne jamais toucher du piano, avoir lu les poëtes et les historiens et ne pas écrire, montrer une chevelure irréprochablement brossée et des dents nettement blanches, porter des bas fins comme une nuée tramée et bien tirés sur la jambe, être gantée et chaussée avec génie, savoir arranger une corbeille de fruits et disposer les fleurs d'une jardinière et toucher à un livre sans le flétrir, enfin pouvoir donner le ton et la réplique dans une causerie sont des qualités qu'on ne réunit pas sans être nécessairement une Parisienne[132].

Sous l'apparente « féminolâtrie » du discours se déploie donc la vision d'une femme-objet ou femme-bibelot enfermée dans une cage dorée, tel un bel oiseau aux ailes coupées : amorcée au XVIIIe siècle, la dégradation de la salonnière aristocratique en simple maîtresse de maison cultivée, sans pouvoir créateur et intellectuel autonome, atteint ici son paroxysme. Si modernité esthétique et culturelle il y a dans la Parisienne du Second Empire, elle ne trouve guère de prolongement politique ou social : la « muse moderne » chère aux esthètes a tout d'un cauchemar pour le féminisme naissant, au vrai sur la défensive, en France, après l'échec de 1848.

Il appartient à une femme d'avoir résumé avec le plus de clairvoyance et de netteté toutes les contradictions qui pétrissent cette Parisienne au mitan du siècle, objet d'envie et de fascination, mais symbole, aussi, de tous les faux-semblants de la condition féminine du XIXe siècle. Il s'agit de la journaliste Emmeline Raymond qui, dans l'article de 1867 déjà évoqué, trace ce portrait à la fois empathique et nuancé :

> De même que les plus belles fleurs ne sauraient croître sur une terre pure et saine [...] la Parisienne procède du mal et du bien, de l'égoïsme et du dévouement, de l'esprit et de la sottise, de la crédulité niaise et du scepticisme absolu, de l'ignorance la plus ridicule et de l'intuition de toutes les sciences. [...] La niaiserie domine ici, sans exclure complètement, chose rare, une certaine variété d'intelligence qui domine là-bas. [...] La Parisienne ne se borne pas à se préférer, en général, à toutes choses : elle s'érige naturellement en divinité. Le seul culte qu'une Parisienne professe réellement, au fond de l'âme, c'est celui dans lequel elle remplit le

L'icône de la « vie parisienne » (1850-1870) 129

rôle d'idole et de desservant à la fois. [...]. Quant à l'esprit, la Parisienne ne sait pour ainsi dire rien de ce qui s'apprend, mais elle lit tout ce qui se devine [...], elle excelle à saisir au vol les enseignements sommaires et variés que l'on recueille en traversant Paris, en s'arrêtant devant les vitrines servant de cadres aux journaux illustrés [...]. Elle n'ignore pas d'ailleurs que le défaut d'instruction est celui que les hommes excusent le plus volontiers, chez les femmes, quand elles sont jeunes[133].

Femme-objet, là encore, mais capable, aussi, de grappiller, dans le bain de la ville, les bribes de culture et d'intelligence qui lui façonnent un vernis d'esprit : c'est peu dire qu'il reste du progrès à faire, à une époque où l'éducation des filles reste embryonnaire – remarquons que ces lignes sont exactement contemporaines de la circulaire du ministre de l'Instruction publique Victor Duruy, qui, en 1867, prône le développement des cours primaires et secondaires pour les jeunes filles[134]. Il faudra cependant attendre la loi Camille Sée de 1880 pour que l'enseignement féminin secondaire soit enfin organisé par l'État. Dans l'attente d'une amélioration réelle des statuts et des conditions socio-économiques, la Parisienne n'est qu'une femme d'esprit par réverbération, tout juste apte à « donner la réplique ».

Utile aux fastes du régime et à ses ambitions économiques, symbole de la modernité haussmannienne, reflet de mœurs élitaires assez peu pudibondes, ce modèle risquait toujours de basculer dans l'immoralisme. Sa visibilité culturelle et médiatique ne doit pas nous faire conclure à son innocuité, car si la société du Second Empire exalte bien la Parisienne, elle surveille aussi de près ses possibles débordements.

Un modèle sous haute surveillance

En effet, les gentilles coquineries de la « vie parisienne » ne peuvent faire oublier que cette mythologie se déploie dans une société qui demeure corsetée par des préceptes moraux et religieux omniprésents. Césarien en son essence, le régime bonapartiste n'eut de cesse, dans sa première phase, de brandir les valeurs de l'ordre, de l'autorité et de la religion. La rationalisation de l'économie et de l'organisation sociale, dont l'haussmannisation était le fruit, nécessitait par ailleurs le contrôle croissant d'une population de travailleurs à laquelle il fallait inculquer le sens de la discipline, de l'obéissance et de la morale, également imposé au couvent, en prison, à la caserne, dans les lycées. C'est peu dire que la vie des paysannes et des ouvrières, et même de la majorité des femmes de la bourgeoisie, ressemblait peu à celle de la Parisienne des gazettes, dont les référents réels ne se rencontraient qu'au sein de cercles étroits du monde, du demi-monde et du spectacle.

La modernité, cependant, signifie la croissance de la publicité, du spectacle, de l'espace public, et la difficulté de maintenir hors champ l'entre-soi des élites. Aussi la Parisienne dut-elle régulièrement composer avec une censure qui demeure vivace jusqu'à la fin du régime et chercha constamment à limiter la mauvaise influence de ce modèle sur l'ensemble du corps social. Cette censure frappe, en premier lieu, la presse politique, soumise, par les décrets de février 1852, à l'autorisation préalable, au droit de timbre, au cautionnement et à la menace des avertissements[135]. C'est d'ailleurs du poids de cette censure que découle le succès de la presse légère et mondaine dont la Parisienne est la fleur la plus vivace, car privilégier l'actualité culturelle, les faits divers et les potins mondains était un bon moyen d'esquiver les risques politiques – ce fut précisément la stratégie de Marcelin pour *La Vie parisienne*. Le succès de la Parisienne a tout, en ce sens, d'un dérivatif, que l'ancien physiologiste Taxile Delord, devenu député républicain à la fin du régime, résume en ces termes : « La société française se corrompait ; uniquement occupée d'oisives médisances, de frivoles bavardages, elle passait son temps à commenter la chronique scandaleuse de la ville et de la Cour[136]. »

Cette chronique scandaleuse ne doit pas, cependant, enfreindre certaines limites ni transgresser un registre soigneusement codifié, celui de l'humour grivois, de la légèreté, de la bouffonnerie. La loi de 1819 sur les publications écrites est toujours en vigueur, qui stipule que « tout outrage à la morale publique et religieuse, ou aux bonnes mœurs [...] sera puni d'un emprisonnement d'un mois à un an, et d'une amende de seize francs à cinq cents francs[137] ». Les années 1850 sont ainsi scandées de célèbres procès littéraires, qui mettent en cause des passages jugés « licencieux », voire pornographiques. En 1853, les frères Goncourt furent jugés pour la citation de quelques vers galants dans un article de la revue *Le Paris*. L'auteur à succès Xavier de Montépin fut, lui, condamné, en 1856, à trois mois de prison et 500 francs d'amende pour l'« obscénité » supposée de son ouvrage *Les Filles de plâtre*. Mais c'est bien sûr le procès de *Madame Bovary*, en 1857, qui doit retenir notre attention, car il met directement en cause le pouvoir d'influence du modèle de la Parisienne, tout particulièrement du point de vue de l'adultère. Écrit entre 1850 et 1856, le roman fut publié dans *La Revue de Paris*, à l'automne 1856, et fit l'objet, dès le mois de décembre, d'une instruction judiciaire qui déboucha sur un procès ouvert le 31 janvier 1857[138]. Par la voix de l'avocat impérial Ernest Pinard, la justice reprochait au romancier d'avoir glorifié l'adultère et bafoué la religion dans la scène finale, en mettant en scène le suicide d'une mère de famille dépravée[139].

Pourtant, on le sait, l'adultère féminin n'avait rien de tabou dans la production littéraire et culturelle française de la première moitié du XIXe siècle. Central dans l'œuvre de Stendhal et de Balzac, régulièrement mis en scène par le vaudeville, le théâtre, l'opérette, il avait fait l'objet, en 1842, de la physiologie déjà évoquée d'Hippolyte Lucas, « La femme adultère », où figurait, quelques années avant le roman de Flaubert, une scène de rendez-vous galant dans une calèche. En 1851, la pièce à succès d'Eugène Labiche, *Un chapeau de paille d'Italie*, exploitait un filon proche, puisque la quête burlesque du chapeau avait pour enjeu d'éviter à une jeune mariée le déshonneur d'avouer à son mari qu'elle l'avait perdu avec son amant. L'année d'après, Léon Gozlan, dans *Les Maîtresses à Paris*, pouvait encore ironiser : « Une Parisienne est une adorable maîtresse, une épouse presque impossible, une amie parfaite[140]. »

En quoi Flaubert transgressait-il cette tradition, et qu'est-ce qui, en 1857, rendait le pouvoir particulièrement chatouilleux à cet endroit ? L'avocat impérial incrimina la « peinture réaliste », autrement dit, les choix formels et stylistiques de l'écrivain, qui marquaient un tournant décisif vers l'école naturaliste. Assurément, l'écriture feutrée, mais aussi incisive qu'un scalpel, du romancier produit un « effet de réel » et un estompage des balises morales autrement redoutable que le comique bon enfant des physiologistes ou des vaudevilles. Tout était donc affaire de forme, de normes et de milieu. Là où le vaudeville, l'opérette, la caricature mettaient à distance le potentiel de scandale par la légèreté et l'ironie, le roman réaliste lui donnait au contraire une apparence de vraisemblance qui faisait planer le risque de la contagion par le mauvais exemple : l'un des reproches des juges à l'encontre de *Madame Bovary* fut que le roman risquait d'être lu par des jeunes filles et d'honnêtes mères de famille[141]. De fait, les progrès de l'alphabétisation, la croissance de la presse, le succès non démenti du genre romanesque apportaient jusque dans la petite chambre normande d'Emma Bovary les mirages immoraux de « la vie parisienne ». Le risque semblait d'autant plus grand que l'héroïne n'est pas une aristocrate excentrique, semblable à certaines héroïnes de Balzac ou d'Arsène Houssaye, mais une petite-bourgeoise provinciale, représentant l'armature « saine » de la société. Ses rêveries voluptueuses, ses négligences d'épouse et de mère, sa quête forcenée du plaisir n'en étaient que plus scandaleuses.

L'issue du procès témoigne au vrai d'une bataille d'influences entre conservateurs moralistes et modernistes plus détachés ou fatalistes. Quoique méritant, selon les juges, un blâme sévère[142], Flaubert fut finalement acquitté, comme, avant lui, les frères Goncourt. Quelques mois plus tard, en août 1857, c'est Baudelaire qui fut poursuivi, devant le même tribunal, avec les mêmes chefs d'inculpation, pour plusieurs poèmes des *Fleurs du mal*. Sa vision du sexe et de la femme était plus radicale et plus « déviante » que celle de Flaubert, car le saphisme et la prostitution y étaient centraux. Cependant, la qualité de la forme poétique comme la reconnaissance de la nature « inquiète et sans équilibre » du poète aboutirent à une condamnation *a minima* : suppression de six poèmes et amende de 300 francs, finalement ramenée à 50 francs[143].

L'évidente disproportion entre la gravité des accusations et ces verdicts en forme de couacs laisse transparaître une justice peu homogène, soumise à de multiples tiraillements. En témoignent aussi les réflexions personnelles des frères Goncourt[144] ou de Flaubert[145], qui multiplient les tractations pour tenter d'échapper à des poursuites perçues comme absurdes et injustes. Ces discordances laissent affleurer la difficile articulation entre les milieux culturels et le monde parisiens, un pouvoir politique écartelé entre ses aspirations à l'ordre et ses propres libéralités, enfin une France plus conservatrice, adossée à la justice et à la religion, mais sur la défensive dans le cadre parisien. Ce sont peut-être les frères Goncourt qui ont souligné avec le plus de vigueur ces incohérences entre la culture, les mœurs et les normes, en remarquant, à propos de leur propre procès :

> Notez bien que ce jour-là même où la société, par la voix du substitut, nous accusait de la corrompre, cette même société tenait ouvertes les maisons de tolérance, devait ouvrir le soir les théâtres, les coulisses, tous les tripots d'actrices, sans compter les bals publics, sans compter les femmes décolletées, sans compter les cent mille millions d'excitations à

la débauche de la femme pour tromper son mari, de la mère pour marier sa fille et de la fille en carte pour souper[146].

On ne pouvait mieux résumer la paradoxale situation de la Parisienne du Second Empire, enrôlée de force dans les opulentes mises en scène de la « fête impériale », mais toujours vulnérable aux salves intermittentes de l'ordre moral. Si les années 1860 purent donner l'impression de desserrer le carcan, la censure resta active jusqu'à la fin du régime, pinaillant par exemple sur de nombreux détails des librettistes d'Offenbach, qui jouaient souvent, il est vrai, avec les limites[147]. L'élasticité morale des élites de la capitale était telle, cependant, qu'un critique hostile au régime pouvait remarquer avec désabusement, en 1866, au moment du triomphe de *La Vie parisienne* : « Vous verrez que pas une réclamation ne s'élèvera contre la pornographie spirituelle qui […] fait de notre capitale un immense Bréda[148]. » À la fin de l'Empire, c'est moins la censure puritaine et conservatrice qui dénonce ce registre grivois que l'opposition républicaine, qui y voit un symptôme de la décadence du régime et des élites.

Sous son apparence de légèreté, la Parisienne ne pouvait échapper tout à fait aux enjeux du politique.

Cham, « Modes parisiennes en prévision des bombardements », *Le Charivari*, 14 novembre 1870, BNF, Paris.

Chapitre 4

Politiques de la Parisienne

Une mythologie biaisée

Un enjeu de sexe et de classe

« Un Parisien peut seul appliquer avec propriété la qualification de grisette, et distinguer, dans la population féminine qui vit de son travail, les catégories qui prennent justement ce nom des états proprets, la couture, les modes, la broderie, la lingerie, les fleurs, qui fournissent des grisettes. [...] Les blanchisseuses sont les plus jolies ouvrières de Paris, comme les Arlésiennes les plus jolies femmes de la Provence[1]. » Cette remarque de l'homme de lettres Nestor Roqueplan dans *Parisine* souligne deux traits essentiels : le caractère fortement construit de la catégorie « Parisienne », et le pouvoir d'arbitrage et de nomination des hommes privilégiés qu'il implique, en articulant un effet de classe et un effet de genre. Car c'est bien dans le regard du bourgeois séducteur, diffracté entre les figures du rentier, du flâneur, de l'homme de lettres ou de l'artiste, que s'élabore la communauté imaginaire des Parisiennes, soudée par des critères de séduction et de disponibilité sexuelle visant à transcender les frontières de classes. Par là, il s'agit donc, aussi, de définir les frontières entre « bon » et « mauvais » peuple, et cette entreprise s'avère plus facile au féminin qu'au masculin, car ce sont les femmes des milieux populaires qui, du fait de leur vulnérabilité économique et physique, se retrouvent les plus impliquées dans cette forme particulière de « solidarité » avec les élites masculines.

Cet enjeu de représentation est d'autant plus crucial que le « peuple de Paris » évolue fortement au cours du XIXe siècle : jusqu'aux années 1870, il augmente en nombre absolu et en poids relatif, se gonfle de provinciaux mal acculturés aux mœurs de la ville, s'entasse dans des quartiers malsains et pathogènes, prend le visage nouveau de « l'ouvrier », et surtout, reconduit à trois reprises, en 1830, 1848 et 1871, l'acte de rébellion frontale inauguré par la révolution de 1789. Le plus souvent perçu sous l'angle de la délinquance, de la pathologie, de la violence et du désordre politique, il effraie d'autant plus les élites et la bourgeoisie que la promiscuité, à Paris, est grande, du fait des densités très élevées et du caractère encore faiblement ségrégué de l'habitat, même si l'haussmannisation tend à spécialiser les espaces. À ce faisceau de perceptions négatives s'ajoute, dans le cas du commerce sexuel, le spectre de maladies vénériennes, au premier rang desquelles la syphilis, qui, scrutée et disséquée par la médecine, hante les consciences de l'époque. Par là, la définition et les frontières sociales de la Parisienne se révèlent grosses d'enjeux symboliques et politiques sous-jacents : forger et promouvoir cette catégorie, c'est désamorcer les peurs sociales, proposer un modèle d'acculturation aux mœurs des privilégiés, créer une catégorie qui contribue à voiler la dureté des rapports de sexe et de classe à l'œuvre dans la « capitale du XIXe siècle », autant qu'à conjurer des angoisses tapies au cœur des organismes.

N'est-il, pour autant, qu'un mythe bourgeois, masculin, libéral, imposé d'en haut pour sublimer le désir ambivalent qu'inspire aux privilégiés la part juvénile et séduisante des filles du peuple ? Ou bien ne recèle-t-il pas sa part de rêve et de force intégratrice ? Longtemps minoritaire, le féminisme naissant vient aussi complexifier la donne. Figure carrefour et polysémique, la Parisienne a ainsi fait l'objet d'âpres batailles de signes et d'images, entre vision élitiste et contre-modèles populaires, entre progressistes et conservateurs, entre hommes et femmes. Et sa déclinaison la plus modeste, la grisette, doit d'abord être replacée dans la puissante dynamique de la révolution industrielle, qui altère en profondeur la physionomie des classes laborieuses.

La grisette et l'ouvrière

Avec la mécanisation de la production et le développement de l'atelier puis de l'usine, le XIXe siècle invente en effet l'ouvrier moderne, « homme-machine » soumis à de dures conditions de travail, qu'aggravent l'exode rural les logements vétustes et une hygiène de vie longtemps déplorables. Partiellement déshumanisées, les classes laborieuses se font, selon la formule bien connue de Louis Chevalier, « classes dangereuses », dont les brusques révoltes raniment le spectre des révolutions. L'industrialisation contribue aussi à déstructurer la division sexuelle du travail et l'organisation familiale des sociétés traditionnelles, en mettant à profit aussi bien le travail des femmes et des enfants que celui des hommes, tout en ne concédant aux premiers que des salaires inférieurs. En ce siècle où, on l'a vu, la pensée médicale insiste sur la fragilité du corps féminin et sa différence de nature avec les aptitudes viriles, l'ouvrière fait volontiers figure d'être dénaturé, privé de toutes les vertus de son sexe. « L'ouvrière ! mot impie, sordide, qu'aucune langue n'eut jamais, qu'aucun temps n'aurait compris avant cet âge de fer et qui balancerait à lui tout seul tous nos prétendus progrès[2] ! » se désole, en 1859, l'historien républicain Jules Michelet, dans une diatribe restée célèbre. Si l'ouvrier se constitue en figure du barbare, le stigmate est double pour le sexe faible.

Paris occupe cependant, dans le processus d'industrialisation, une place particulière. La capitale est certes devenue, elle aussi, une grande ville industrielle, qui abrite dans ses murs des ateliers de mécanique, des imprimeries, des manufactures de tabac, une industrie chimique. Mais la capitale tend à se spécialiser dans la production de biens de consommation haut de gamme, en laissant l'industrie lourde aux régions minières, et en évacuant vers sa périphérie les industries les plus polluantes et les plus consommatrices d'espace[3] – dans le domaine textile, la capitale ne conserve ainsi que la fabrication des étoffes légères, châles et passementerie[4]. Aussi le monde du travail parisien se caractérise-t-il par la domination de l'atelier et de la petite entreprise, autant par le poids important des métiers très qualifiés, encore proches de l'artisanat, tournés vers le secteur du luxe[5]. Cette ruche ouvrière disséminée dans le centre de la ville forme la « Fabrique », qui ne survivra que partiellement à l'haussmannisation mais symbolise longtemps le mode de production propre à la capitale.

Les travailleurs parisiens y gagnent la réputation de former une sorte d'aristocratie ouvrière, qui vaut aussi et peut-être surtout pour les femmes, car c'est à Paris que restent concentrées, durant tout le siècle, et même au-delà, la confection de qualité et, à partir des années 1860, la « haute couture », ainsi que la fabrication des accessoires et autres « articles de Paris »[6], nourries par la croissance de la mode. Parallèlement, le souci toujours plus grand de l'hygiène[7], l'augmentation des besoins en linge[8], l'accélération de la rotation des garde-robes accroissent la demande en lingères, blanchisseuses, et repasseuses

– les « états proprets » fantasmés par Nestor Roqueplan. La sociologie élitiste de la capitale et les progrès de la civilisation urbaine expliquent donc que le travail féminin y est, proportionnellement, plus important qu'ailleurs : au moins un travailleur sur trois, voire, à certaines époques, un sur deux, est une femme[9] ; les métiers féminins y sont plus qualifiés et plus majoritairement liés au linge et à la couture. Surtout, ces tendances se renforcent au cours du siècle, à la fois en nombre absolu, du fait de la forte croissance de la ville – elle est passée de 900 000 habitants au milieu des années 1830 à 2 millions au milieu des années 1870, progression amplifiée par l'annexion territoriale de 1860 –, mais aussi en poids relatif au sein de la population active. En 1870, les métiers de la couture emploient ainsi près de 48 % des 550 000 ouvriers parisiens, et ceux-ci sont, pour moitié, de sexe féminin : 166 000 ouvrières de l'aiguille, auxquelles on peut ajouter 70 000 blanchisseuses[10], soit 236 000 travailleuses « du propre » au début de la IIIe République.

Une ville de coquettes ouvrières, fraîches et bien mises, comme « décrassées » symboliquement par leur relation privilégiée à l'eau, au savon, aux étoffes : voilà ce que, en substance, connote la figure de la grisette. Le critique d'art Jules Janin l'a précocement exprimé en opposant la robuste ouvrière de sa ville d'origine, Saint-Étienne, qui a vu se développer l'extraction du charbon et l'industrie métallurgique dans les années 1820, et la fine travailleuse de la capitale :

> À Saint-Étienne, véritable république pour l'orgueil, il n'y a pas une servante, et pas une grisette... il y a *l'ouvrière* ! La grisette parisienne, jeune et vive, accorte, est inconnue en ces domaines du travail sérieux. Déjà pour une certaine partie de citoyens, la fille attachée à la soie est une artisane du second ordre ; il y a dans la ville, tel vieux Stéphanois qui coudoiera avec mépris l'ourdisseuse la plus fraîche et la plus jolie ; un pareil homme, au fils qui doit hériter de son enclume, recommande quelque grande ouvrière, habile à tracer une lime, habile à manier le fer, qui va se pencher, hardiment, sous une meule d'usine[11].

En l'occurrence, c'est plutôt au « travail sérieux » de l'ouvrière stéphanoise que va l'estime de l'écrivain, mais l'on voit combien, par effet de contraste, « l'ouvrière » de la capitale, qui mérite à peine ce titre, est restée épargnée par l'imaginaire vulcanien de l'usine et du travail mécanisé, définie qu'elle est par son rapport à la soie et au linge.

La nature des matériaux utilisés, le type d'objets fabriqués de même que leurs destinataires distingueraient ainsi la Parisienne de l'ouvrière, en assimilant la première à ses clientes, comme le suggère une autre remarque, celle de l'écrivain Auguste Luchet à propos des travailleuses de la Fabrique : « Ces petites femmes si piquantes, si proprement, si blanchement habillées qu'on les croirait prédestinées à figurer dans une calèche ou dans un salon, sont occupées depuis l'extrême pointe du jour jusqu'au soir à faire des fleurs et des éventails[12]. » Un article de *L'Illustration* de juillet 1862, lui aussi consacré aux fabricantes de fleurs artificielles, mobilise le même registre sémantique de l'élégance : « Il n'y a que les Françaises, surtout les Parisiennes, qui savent chiffonner les fleurs artificielles[13]. » Ce doigté est souvent évoqué, on l'a vu, à propos de cette catégorie particulièrement renommée de l'artisanat féminin parisien qu'est la modiste. Jules Simon remarque plus largement : « Une bonne ouvrière parisienne est, jusqu'à un certain point, un artiste. On peut avoir de l'habileté ailleurs, c'est seulement ici que l'on a du goût[14]. » La travailleuse parisienne se démarque donc du prolétariat sale et grossier, pour capter quelque chose de l'esthétique des élites pour lesquelles elle travaille. Et l'on ne sait trop si c'est aux ouvrières ou aux clientes que s'applique cette observation de l'écrivain Léon Gozlan : « Les étrangers n'ont du goût pour ces épingles dorées, ces peignes d'écaille, ces rubans de soie, ces éventails de dentelle, ces étoffes suavement diaprées, ces mouchoirs délicats, ces chaussures élégantes que parce que les Parisiennes les ont portés et leur ont donné la consécration du goût, le baptême de la mode[15]. » À tout le moins, le raffinement des articles de Paris englobe celles qui les façonnent. Même l'ouvrière d'usine bénéficie parfois de cette représentation idéalisée : ainsi dans cette gravure de 1860, qui montre les cigarettières de la Manufacture des tabacs travaillant en élégantes crinolines[16].

Travailleuses en robes de soie

Cette représentation élitiste et « choisie » de la Parisienne au travail déborde le seul monde ouvrier pour englober les métiers de la vente et du commerce, en pleine croissance, ainsi que la domesticité – groupe qui, avec le déclin du personnel mâle de grandes maisons, se féminise de plus en plus au cours du siècle. En 1872, sur les 200 000 domestiques que l'on dénombre à Paris, près des trois quarts sont des femmes – elles formeront 83 % du groupe en 1901[17]. À propos des vendeuses, Hippolyte Taine n'hésite pas à peindre de « vraies dames », qui pourraient en remontrer à bien des clientes :

> Deux jeunes filles se sont avancées pour me recevoir : elles marchaient aussi bien que de vraies dames. […] Point d'embarras ni d'effronterie ; la voix la plus douce, la mieux modulée ; un sourire fin, complaisant, une promptitude étonnante à comprendre, des mouvements menus, gracieux, le manège de la plus habile maîtresse de maison. Ce n'est pas seulement par spéculation et pour vendre ; elles sont ainsi tout de suite et naturellement ; elles ont du plaisir à plaire, comme à s'habiller coquettement, à lisser leurs cheveux, à encadrer leur corsage dans une bordure moirée, à serrer leurs poignets dans des manchettes blanches[18].

On aura noté le « naturellement », qui postule l'incorporation de ces normes esthétiques, pour créer un véritable *habitus* de la Parisienne, tout de grâce et de distinction. Quant aux domestiques, elles sont réputées vivre en symbiose avec leurs maîtresses, dont elles reçoivent parfois confidences et cadeaux, jusqu'à reproduire leurs manières d'être et de s'habiller. Ce qui peut faire remarquer à la comtesse Dash :

> Les femmes de chambre parisiennes de haut ton sont mieux mises que les bourgeoises riches. Dans la maison, elles se contentent de la recherche ; lorsqu'elles sortent pour leur plaisir, elles vont jusqu'à la magnificence. […] Ce titre de Parisienne est leur fortune ; elles l'exagèrent afin de lui donner plus de prix. Elles sont généralement habiles, elles ont des doigts de fée et chiffonnent admirablement. Ce sont d'excellentes faiseuses de rien. […] Elles ont des rentes, lisent les journaux, savent le cours de la Bourse et des chemins de fer. Pour elles tout est lucre et commerce, elles trafiquent les moindres détails. Elles sont folles de la toilette et du plaisir[19].

Dans l'opéra-bouffe d'Offenbach, le refrain de la Parisienne renvoie, lui, au vieux *topos* de la confusion des apparences, qu'invoquent ironiquement les femmes de chambre déguisées en dames :

> Nous les femmes
> De ces dames
> Nous prendrons le ton galant

Les manières
Cavalières
Leur air crâne[20]

La supercherie fonctionne parfaitement, puisque c'est au cri ravi de « Les Parisiennes ! Les Parisiennes ! » qu'elles sont accueillies par le baron suédois Gondremarck. Et si les maîtresses ont ici un « ton galant » et des « manières cavalières » qui évoquent plus la grue que la grande dame, c'est aussi que, dans le grand tohu-bohu socio-sexuel parisien, la synthèse entre grisettes, parvenues et cocottes ne semble plus avoir rien d'impossible.

Ces représentations visent bien sûr, avant tout, à l'autocélébration des élites, désireuses de construire une image acceptable du peuple et privilégiée de la capitale, comme lieu de tous les raffinements et de toutes les élégances, jusque dans son envers laborieux – avec, pour les hommes, des implications sexuelles sous-jacentes, puisque ces travailleuses sont aussi, potentiellement, des corps disponibles, du moins selon certains critères d'âge et de séduction. Ignorées, refoulées ou dédaignées sont les autres travailleuses, impliquées dans des métiers plus rudes ou plus sales, balayeuses, chiffonnières, marchandes de la halle ou femmes de ménage. Cette dernière est, pour le physiologiste des *Français peints par eux-mêmes*, une « pauvre femme, que l'on fait travailler à la tâche, ou que l'on prend à l'heure[21] ! » quand la femme de chambre bénéficie, elle, d'un portrait tout en louanges : « reine dans le boudoir comme dans l'office, reine de sa maîtresse dont elle possède les secrets, et reine de ses égaux dont elle tient le sort entre ses mains[22] ».

Très tôt, des voix se sont élevées pour dénoncer les évidents faux-semblants de cette imagerie à la fois trop belle pour être honnête, subtilement immorale dans sa glorification de la chair fraîche, et, parfois, sourdement misogyne sous ses apparences « féminolâtres ». Ces voix sont éparses, discordantes, ne forment pas un corpus cohérent. Mais elles s'inscrivent dans les grands courants de pensée ou d'action qui ont traversé le siècle, socialisme, philanthropie sociale, conservatisme religieux, et de plus en plus, aussi, féminisme. Directement ou indirectement, ils interrogent les ressorts cachés du mythe et livrent les instruments de sa déconstruction.

Une mythologie critiquée

Une « histoire sanglante » : la critique économique et sociale

Le mythe de la Parisienne est d'abord dénoncé comme discours trompeur, visant à masquer les conditions de vie et de travail réelles des travailleurs. Cette analyse se développe dans le sillage des grandes enquêtes sociales qui, avec des sensibilités diverses, ont cherché à réfléchir sur les conséquences de la révolution industrielle et les bouleversements du monde du travail qu'elle a entraînés. Publié en 1861, l'ouvrage de Jules Simon, *L'Ouvrière*, peut nous servir de fil directeur : ce républicain modéré, philosophe de formation, fut l'un des premiers libéraux à se pencher sur la question ouvrière. S'il n'hésite pas, on l'a vu, à souscrire au mythe de l'élégante ouvrière parisienne, il se montre bien plus sensible que les auteurs de la production culturelle à « l'envers du décor », même si son analyse sécrète à son tour ses propres œillères. L'ouvrage insiste notamment sur un phénomène qui ira s'amplifiant avec le siècle, celui de la déqualification des métiers de la couture, liée au développement de la confection standardisée et de la machine à coudre, mise sur le marché dans les années 1850 par l'Américain Isaac Singer. Accroissant la parcellisation des tâches, elle tire les salaires vers le bas et creuse le fossé entre les « cousettes » de grandes maisons, qui relèvent de l'artisanat de luxe, et la masse des ouvrières de l'aiguille, soumises à ce nouveau *sweating system*. Si les premières ont profité d'une amélioration de leurs revenus, les secondes ont vu leurs conditions de travail se détériorer : « la concurrence croissante, la nouvelle organisation du commerce en gros et la vulgarisation de la machine à coudre ont maintenu et probablement augmenté l'avilissement de la main-d'œuvre dans les ouvrages courants[23] », observe Simon. Travaillant à la pièce, isolées dans leurs chambres, soumises à des journées interminables et à la précarité de l'offre de travail, ces travailleuses prolétarisées n'ont évidemment pas le même potentiel de séduction que les petites couturières, trottins et autres modistes, qui nourrissent les représentations idéalisées de la Parisienne du peuple. Leur augmentation explique d'ailleurs pour partie le déclin progressif de la « charmante » figure de la grisette, alors même que le secteur de la couture est, globalement, en expansion. Calculant le budget détaillé d'une ouvrière parisienne, décrivant des conditions de logement pour le moins sordides, Jules Simon dresse ainsi un sombre tableau des métiers de la frivolité parisienne :

> La plupart s'exténuent pour gagner 5 centimes par heure de travail ininterrompue [...] Il est triste de penser que la broderie, la dentelle, les gants, les bijoux, les fins tissus, tous ces charmants objets de la toilette des femmes, si nécessaires à notre luxe et à nos plaisirs, représentent souvent bien des douleurs. Il n'y a peut-être pas un seul de ces joyaux de la mode et de la fantaisie, dont l'histoire ne soit sanglante[24].

Selon ce philanthrope, la croissance des industries et du commerce du luxe dans le Paris du Second Empire se paie d'une distorsion croissante entre la façade avenante des employées, domestiques ou serveuses qui y travaillent et leurs conditions de vie réelles. À propos des employées de la confiserie, il remarque ainsi :

> Ce n'est pas tout que de faire des bonbons exquis, il faut savoir les parer pour la vente, les cacher sous de séduisantes enveloppes, les couvrir de paillettes et de faveurs, et c'est ce que font avec un art infini les doigts de fée de nos Parisiennes. N'est-ce pas un joli métier ? Par malheur, le soir venu, il faut quitter ces beaux salons étincelants, ces grandes glaces, ces tapis moelleux, ces fleurs, ces parfums, se glisser en robe de soie, dans des pauvres rues hantées par la misère, monter à un 6ᵉ étage et trouver sa famille sur un grabat[25].

L'haussmannisation aurait même aggravé cette situation, car elle s'est faite, pour l'essentiel, par la destruction de l'habitat populaire ancien du centre de la capitale, non compensée par l'édification de logements sociaux – projet encore très embryonnaire et abandonné pour l'essentiel à l'initiative privée. Le peuple de Paris s'est vu, pour partie, refoulé vers les marges de la ville, notamment vers les faubourgs annexés en 1860, ce qui, argumente Simon, éloigne les travailleuses des donneurs d'ordre et augmente leurs frais en transport et chaussures[26]. « La transformation de Paris ayant fait refluer forcément les populations laborieuses du centre vers les extrémités, on a fait de la capitale deux villes : une riche, une pauvre[27] », s'indigne de même, en 1863, l'artisan saint-simonien Anthime Corbon, qui deviendra député et sénateur sous la IIIᵉ République. Certes, les nouveaux immeubles de rapport édifiés sous le Second Empire réservent des chambres, en étage, aux employés de maison et aux travailleurs pauvres, et jusqu'au milieu du XXe siècle, l'inégale qualité des immeubles permet de préserver, dans de nombreux quartiers, une certaine mixité sociale. L'haussmannisation, couplée au renforcement des modes de production capitalistes et industriels, n'en a pas moins été, globalement, dure aux pauvres et a renforcé la coupure, symbolique et matérielle, entre les parties intégrées du monde du travail, et la partie prolétarisée, concentrée dans des quartiers à forte identité populaire, tels Belleville ou Montmartre, avant de déborder, bientôt, sur la banlieue. Le mythe de la Parisienne valorise les premières au détriment de la seconde, refoulée dans l'envers misérable de la ville, qui est aussi, politiquement, le plus instable. Dans les années 1870-1880, l'œuvre d'Émile Zola a précisément pour ambition d'analyser ce processus, d'un point de vue à la fois scientifique et engagé, celui d'un écrivain naturaliste de sensibilité républicaine. Prenant le contre-pied de l'idéalisation romantique ou du pittoresque grivois, le romancier fait une peinture sans concession des Parisiennes au travail : la blanchisseuse Gervaise, dans *L'Assommoir*[28], n'incarne que très brièvement la jolie travailleuse du linge, avant de sombrer dans l'alcoolisme et la misère ; soumises à un travail écrasant, les domestiques du dernier étage de *Pot-Bouille*[29] ont les traits émaciés de la petite bonne à tout faire Adèle, maltraitée par ses maîtres ; tenues d'offrir aux clientes le visage avenant d'élégantes Parisiennes en robes de soie, les vendeuses d'*Au Bonheur des Dames* sont, comme les domestiques, logées sous des combles inconfortables et soumises à un règlement draconien, pour un salaire calculé au plus juste.

Ces analyses sont également formulées par les différents courants socialistes qui s'organisent, en France, à partir des années 1830. Mais si l'exploitation économique des travailleurs des deux sexes est dénoncée avec vigueur, la condition spécifique des ouvrières reste mal spécifiée, subordonnée qu'elle est au combat ouvrier dans son ensemble. Nécessité économique, le travail féminin est faiblement valorisé, sauf au sein du socialisme utopique des saint-simoniens et des fouriéristes, et beaucoup de militants considèrent, à l'instar du petit patron Denis Poulot, auteur d'une riche analyse sur le monde du travail parisien, que « la femme n'est pas faite pour travailler en atelier, sa place est dans le ménage[30] ». Le travail féminin est accusé de concurrencer le travail masculin, de peser à la baisse sur les salaires, et de perturber la vie familiale – les ouvriers les plus aisés ont d'ailleurs pour objectif

Politiques de la Parisienne 145

de retirer dès qu'ils le peuvent leurs femmes de l'usine ou de l'atelier. Le théoricien le plus influent dans le milieu ouvrier français, Charles Proudhon, estime pour sa part que la femme, naturellement inférieure à l'homme, ne peut être que « courtisane ou ménagère[31] ». Les carrières féminines, aussi bien dans la bourgeoisie intellectuelle que dans le monde ouvrier, lui inspirent la plus grande méfiance, car elles exposent la femme à l'immoralité et au risque de prostitution. « Talents : danseuse, musicienne, femmes de lettres. Si c'est métier, soit. Chose dangereuse, mais acceptée, comme modiste, couturière, etc.[32] », a noté avec suspicion le théoricien. C'est donc moins, ici, l'exploitation socio-économique qui est dénoncée que l'émancipation sensuelle et individuelle que pourrait favoriser l'activité laborieuse. La conclusion n'est guère émancipatrice : « La femme qui commande humilie son mari et, tôt ou tard, elle le coiffe. La femme qui dans le mariage cherche le plaisir ne vaut pas mieux [...]. Plutôt la réclusion que l'émancipation[33]. » On retrouve ici l'idéal rousseauiste de la Révolution française : la femme pure et honnête, gardienne du foyer et de la famille. La Parisienne est hors champ, modèle doublement négatif, de par son origine élitiste, mais peut-être, aussi, son potentiel émancipateur.

« Venger la grisette » : la critique morale

Si une pente rectiligne semble pouvoir mener du travail féminin à la « courtisanerie », c'est aussi parce que les jolis métiers du linge et de la couture ont, de longue date, la réputation de se situer aux confins de la galanterie, tout particulièrement à Paris où, selon la formule de Denis Poulot, « le plus grand commerce, [...] c'est le commerce de la femme[34] ». Par leur métier, mais aussi par leur frottement permanent aux élites et leur confrontation aux richesses urbaines, ces jeunes ouvrières risquent, selon beaucoup d'observateurs, de contracter des goûts et des aspirations au-dessus de leur condition, voire de tomber sous la coupe de séducteurs sans scrupules – le mythe de la Parisienne ne prospère-t-il pas sur une forme de droit au harcèlement ? Déjà largement mobilisés par la littérature du XVIIIe siècle, ces thèmes trouvent une nouvelle actualité dans la ville modernisée du XIXe siècle, qui déploie l'étalage toujours plus abondant des « nourritures offertes » et les tentations qui vont avec. « Dès le premier pas qu'elle fait dans la rue, tout le luxe du monde lui entre à la fois dans les yeux, note ainsi Jules Simon à propos de l'ouvrière. Les vitrines ruissellent de diamants, les plus coquettes parures appellent ses regards de Parisienne et de connaisseuse[35]. » Le danger est d'autant plus grand que, comme le rappelle Auguste Luchet, « ces gentilles ouvrières ne gagnent que trente sous par jour[36] ». Ancienne domestique et ouvrière de la couture, puis syndicaliste proche du journal féministe *La Fronde*, Jeanne Bouvier a évoqué, dans ses Mémoires, des camarades d'atelier qui allaient jusqu'à s'affamer pour s'offrir une jolie robe : « Cet amour de la parure tient à ce qu'elles ne font que des objets de luxe. La plupart arrivent dans cette profession de 12 à 15 ans. Elles grandissent dans cette spécialité de l'industrie du vêtement, une des gloires de notre industrie nationale. Comment ne pas aimer les parures [...] lorsque ces enfants devenues jeunes filles passent toutes leurs journées à faire des robes qui pareront d'autres femmes[37] ? » Si cette fascination a ici pour seule conséquence d'inciter les jeunes apprenties à rogner sur leurs économies, elle représente, pour nombre d'observateurs paternalistes, un des plus sûrs chemins vers le risque prostitutionnel. C'est en tout cas la thèse qu'a défendue le médecin hygiéniste Alexandre Parent-Duchâtelet dans son enquête-somme de 1837 sur la prostitution parisienne, en remarquant : « La vanité et le désir de briller sous des habits somptueux est, avec la paresse, une des causes les plus actives de la prostitution, particulièrement à Paris[38]. » Jules Simon, lui, dénonce moins la vanité ou le vice des jeunes filles, que la responsabilité des élites et des demi-mondaines, dans un climat d'immoralisme généralisé :

> [L'ouvrière] voit passer, dans leurs équipages, et dans leurs splendides toilettes, les héroïnes du vice. Les théâtres, les bals publics, les concerts, lui envoient des flots de musique par leurs portes béantes. Si elle n'a ni famille, ni religion, qui la retiendra ? Qui donc lui apprendra, entre la misère et le luxe, à préférer la misère ? Elle n'a pas même besoin de chercher ni d'attendre une occasion. [...] Tous les hommes ne sont-ils pas des acheteurs ? [...] Est-ce pour rien que la débauche élégante a son quartier à elle dans la capitale ? qu'on cite dans le monde entier nos jardins publics, nos bals d'été, nos bals d'hiver ? qu'on a fait tout un théâtre et toute une littérature pour décrire les mœurs de nos courtisanes et pour exalter ce qui leur reste de vertu ? Quand les filles d'atelier voient ces triomphes du vice, est-il possible que leur âme reste pure[39] ?

S'il reste bien sûr très difficile d'évaluer l'influence du modèle culturel de la Parisienne sur les jeunes filles du peuple, il ne fait pas de doute que la dureté des conditions de vie et la modicité des salaires des travailleuses de la capitale ont été des facteurs objectifs d'incitation à la galanterie intermittente ou professionnelle, source de survie dans une ville de migrations intensives et de fortes inégalités sociales. « Dans les moments de chômage, cette horrible ressource qui semble un droit au travail pour la femme, remplit sa journée entière[40] », note, en 1866, une enquêtrice sociale. Et tous les observateurs ont à cœur de souligner combien les métiers de Parisiennes, linge, couture, commerce, monde du spectacle, offraient de bien glissantes passerelles, sinon vers la galanterie professionnelle, du moins vers des relations intéressées. L'insistance de la littérature sur le charme des grisettes ou des trottins signale, à tout le moins, la concupiscence obsessionnelle du regard masculin, qui semble parfois s'apparenter à un véritable droit de cuissage.

L'immoralisme implicite de cette production a donc suscité quelques tentatives de contre-feux. On peut citer dans ce registre une pièce de 1837, intitulée *Les Grisettes vengées*, due à l'écrivain Ferdinand Mâconnais, tenant du catholicisme social. Elle met en scène une ouvrière lingère de 19 ans, Rosalie Montciel, qui résiste vaillamment à ses nombreux séducteurs et finira par épouser, sur l'intervention d'un couple d'aristocrates bienveillants, un jeune littérateur idéaliste. Le drame se clôt sur une ferme condamnation de la littérature pittoresque, qui banalise le concubinage avec les grisettes, dans l'indifférence aux lois sociales et au respect dû à la femme : « Jeunes vierges pour qui je conte [...] répétez après moi : honte, anathème à ces plumes impies, à ces plumes sacrilèges, qui osent chanter le plaisir d'amour, privé de la double sanction de la religion et des lois[41]. » Dans une veine proche fut joué, en novembre 1850, sur la scène du théâtre de la Porte-Saint-Martin, un drame en cinq actes écrit par Adrien Decourcelle et Jules Barbier, *Jenny l'ouvrière*[42]. Jeune et charmante brodeuse, Jenny est séduite par l'aristocratique Maurice d'Ornay, dont elle devient, à contrecœur, la maîtresse, pour venir financièrement en aide à ses parents. Répudiée par son père pour cette « faute », elle finit par s'attacher à son séducteur et lui faire accepter le mariage. Brodant sur le thème du prince et de la bergère, ce canevas édifiant sans grande vraisemblance sociologique témoigne bien, cependant, lui aussi, de l'ambition de dénoncer l'immoralisme du mythe de la grisette, qui ne valorise l'amour « libre » qu'au profit des mâles privilégiés. Et si la dénonciation se nourrit ici d'une sensibilité conservatrice pétrie de valeurs religieuses et familialistes, elle trouve des échos symétriques dans l'œuvre d'Émile Zola, par exemple lorsqu'il évoque les amours ancillaires du bourgeois de *Pot-Bouille* avec la petite bonne Adèle, dont la disponibilité sexuelle tient moins à ses grâces de Parisienne qu'à son extrême vulnérabilité d'employée pauvre et simplette.

Une critique féminine et féministe ?

Il est plus difficile d'entendre, dans cette amorce de remise en question, la voix des femmes elles-mêmes. Comment s'en étonner, dans un siècle où les différences de statut, d'éducation, d'implication dans la sphère publique et politique demeurent, entre les sexes, structurelles, quand elles n'ont pas tendance à se renforcer ? N'oublions pas non plus que, bien que phallocrate en son essence, le mythe de la Parisienne recèle aussi des aspects valorisants – Taine et Michelet y ont même vu une forme de puissance relative. Des privilégiées, telle Delphine de Girardin, n'ont pas hésité à s'approprier ce jeu de rôle, qui transposait au siècle industriel la figure de la grande dame des Lumières, spirituelle et libre de mœurs. Aux femmes de la bourgeoisie, grande et petite, la Parisienne offrait un modèle d'investissement et de réussite par l'élégance, les mondanités et le vernis culturel, dans une époque où l'implication dans un métier ou une carrière artistique n'était accessible qu'à une poignée d'audacieuses pionnières. Il est encore plus difficile d'imaginer le point de vue d'une grisette ou d'une employée soumise à un travail harassant, et à une double domination, de classe et de genre. On ne peut toutefois exclure que, même pour les classes populaires, la Parisienne ait diffusé sa part de rêve : le « bain de la ville », la promiscuité avec des milieux sociaux privilégiés, la fierté, pour les ouvrières les plus qualifiées, d'exercer un métier gratifiant, tout particulièrement dans le secteur de la mode, ont peu à peu associé à ce vocable un type de séduction et une fierté professionnelle, que la remarque de Jeanne Bouvier laisse entrevoir. Devenir une Parisienne pouvait signifier une échappée hors du village et de l'usine, ainsi qu'une moindre coercition sur les mœurs et la sexualité, comme en témoignent, indirectement, la trouble vitalité des bals de la capitale, ou la plus grande fréquence de l'union libre dans les milieux populaires parisiens, autant par manque de moyens que par désir d'échapper aux normes contraignantes du mariage religieux et bourgeois[43] – les milieux libertaires en feront même un enjeu politique, en valorisant l'égalité avec leurs compagnes.

Il n'en reste pas moins que des femmes se sont également exprimées, non pas directement contre la Parisienne, mais autour des enjeux qui ont nourri son éclosion, notamment l'inégalité de statut et d'éducation entre hommes et femmes, qui contribue à polariser outrageusement les identités de genre, ou encore l'extrême laxisme social vis-à-vis de la prostitution[44], qui banalise l'exaltation de la séduction galante. Un débat s'engage également, au cours du siècle, à propos du contrôle mutilant du corps des femmes, entravé par des corsets et des costumes antinaturels, qui brident le libre exercice et le mouvement[45]. Or, si la Parisienne incarne à sa manière l'espace urbain, elle reste une poupée décorative qui porte la mode à des sommets de complications sophistiquées.

Ces voix sont peu nombreuses et s'expriment de manière intermittente. Dans les années 1830, les femmes liées au mouvement saint-simonien, telles Claire Bazard, Eugénie Niboyet ou Élisa Lemonnier, ont activement milité contre les entraves du Code civil, et en faveur de l'éducation des femmes[46], tandis que le socialiste utopique Charles Fourier, relayé par la féministe Flora Tristan, prône l'égalité entre hommes et femmes jusque dans l'éducation sexuelle[47]. Peu de temps après, la révolution de 1848 libère comme jamais auparavant la parole féminine populaire, non sans questionner les faux-semblants de cette « communauté » censée unir ouvrières et privilégiées dans la communion de la mode et de l'élégance. Et si le Second Empire donne l'impression d'un reflux des enjeux féministes[48], c'est bien dans les années 1860 que s'organise le combat pour l'abolition de la prostitution, sous l'influence, notamment, de l'Anglaise Josephine Butler, tandis que l'éducation des femmes fait l'objet d'une circulaire de Victor Duruy en 1867. En 1866, celle qui fut, en 1861, la première bachelière française avec dérogation, Julie-Victoire Daubié, n'hésite pas à décortiquer, dans *La Femme pauvre au XIXe siècle*, les mécanismes qui lient exploitation économique des femmes et recours à la prostitution[49]. Bref, les outils rhétoriques et conceptuels qui vont permettre de questionner le mythe de la Parisienne d'un point de vue féministe et féminin, parfois teinté de socialisme, sont en voie d'élaboration, même si le « parisianocentrisme » de la production culturelle masculine les rend peu audibles.

Ce sont, en réalité, les trois épisodes révolutionnaires de 1830, 1848 et 1870-1871 qui contribuent le plus efficacement à déstabiliser le mythe, en taillant brutalement des brèches dans la mécanique voilée des rapports de domination. Symbole de la capitale des modes et des divertissements, la Parisienne a aussi été, dans le sillage de 1789, l'emblème et parfois l'actrice des révolutions. Y a-t-il alors correction, subversion, voire inversion des représentations dominantes ? La digne femme de Paris succède-t-elle à la petite femme de Paris ? Ou bien l'imaginaire de la Parisienne est-il suffisamment plastique, pour s'adapter à tous les contextes ? À tout le moins, les épisodes révolutionnaires ont, à chaque fois, bousculé l'imagerie enchantée des élites, contribuant eux aussi à nourrir, sur la durée, cette complexe synthèse imaginaire.

Une mythologie subvertie ?

1830 : une Parisienne virile et guerrière

La révolution de juillet 1830, assurément, ne s'est guère préoccupée de la Parisienne. Si c'est bien à cette occasion que le « peuple de Paris » prend conscience de lui-même et de son destin politique progressiste, c'est, pour l'essentiel, au masculin, en gommant ou en allégorisant la présence des femmes. Oubliant largement la présence des combattantes sur les barricades, les récits ultérieurs ont surtout valorisé l'implication des femmes dans leurs rôles traditionnels, thérapeutiques et nourriciers[50]. Et il faut tout l'imaginaire romantique d'un Alfred de Musset pour faire de la grisette Mimi une héroïne révolutionnaire :

> Mimi n'a pas l'âme vulgaire,
> Mais son cœur est républicain :
> Aux trois jours elle a fait la guerre,
> Landerinette !
> En casaquin,
> À défaut d'une hallebarde,
> On l'a vue avec son poinçon
> Monter la garde
> Heureux qui mettra sa cocarde[51].

Elle reste gardienne et muse, plutôt qu'actrice à part entière.

Il est vrai cependant que le « sexe faible » fut associé à l'événement, à travers l'une de ses plus célèbres représentations, *La Liberté guidant le peuple*, d'Eugène Delacroix, tableau conçu presque à chaud, en décembre 1830, puis présenté au Salon de 1831. Fièrement dépoitraillée, portant haut le drapeau français, cette belliqueuse liberté suggère bien, à sa manière, une présence féminine sur les barricades et n'est pas totalement dénuée d'un léger érotisme qui pourra faire écrire, bien des années plus tard, à un journaliste américain : « [Delacroix] a personnifié la liberté comme une jeune et belle Parisienne[52]. » Son statut d'allégorie ne souffre pourtant pas l'ambiguïté et le peuple parisien à qui elle ouvre la voie reste incarné par le sexe « fort », un ouvrier, un bourgeois et un « gamin de Paris » brandissant deux pistolets : pas de mise à l'honneur de la « vraie » femme de Paris, qui demeure, très largement, hors du champ de l'action politique.

La même remarque vaut pour l'hymne composé par le musicien Casimir Delavigne à la demande du nouveau souverain Louis-Philippe, peu désireux de réhabiliter une *Marseillaise*, au passé sanguinaire et républicain[53]. Jouée pour la première fois au théâtre de la Porte-Saint-Martin, le 2 août 1830, d'abord intitulée *La Marche parisienne*, cette pièce musicale fut ensuite dénommée *La Parisienne : marche nationale* et resta dans les mémoires sous le titre *La Parisienne* : voilà qui pouvait concilier, symboliquement, la révolution et ses actrices. Les paroles, cependant, n'avaient rien à envier à celles de Rouget de Lisle en matière de virilisme militaire : « En avant marchons / Contre leurs canons / À travers le fer, le feu des bataillons. » Quant au féminin du titre, c'était celui du genre musical adopté – une marche, une chanson –, non d'une imaginaire grisette montée sur les barricades. Au vrai, le nouvel hymne ne fut accepté ni par le roi, réticent à sa violence, ni par la mémoire révolutionnaire, allergique à ses origines monarchistes, et ce fut bien *La Marseillaise* qui, à l'avènement définitif de la république, en 1879, devint l'hymne national. Outre qu'elle avait le privilège de l'antériorité, il aurait sans doute été problématique de donner à la France républicaine un hymne officiel intitulé *La Parisienne*, tant le terme évoquait presque exclusivement, à cette date, la femme pétillante et légère plutôt que le sérieux et la vertu attendus d'un régime purgé de ses rois.

Ces enjeux symboliques ont de fortes implications sexuées, car de 1789 à 1871, la révolution régénératrice et le projet républicain ont volontiers pris la forme d'une réaction virile et guerrière contre des régimes jugés impurs, décadents et « féminins » : épicentre des révolutions, la capitale change alors symboliquement de sexe, reléguant ses femmes au rang de spectatrices ou d'auxiliaires. Ce primat du masculin se voit partiellement contesté en 1848, lorsque des femmes tentent d'articuler au projet révolutionnaire des enjeux de genre, qui ne vont pas sans bousculer les modèles et les rôles féminins.

1848 : une Parisienne citoyenne et féministe

La révolution de 1848 se caractérise en effet par l'irruption des femmes comme actrices, militantes, voire combattantes[54] et par l'éclosion d'une parole politique féminine spécifique[55]. Sur les quelque trois cents clubs fondés à Paris durant la première année de la IIe République, on en compte au moins deux qui sont exclusivement féminins – le Club des femmes et le Club de l'émancipation féminine –, tandis que sont créés plusieurs journaux féministes, dont le principal est *La Voix des femmes*, fondé en mars 1848 par la philanthrope protestante Eugénie Niboyet[56]. Préparé par les courants de pensée socialistes utopiques du premier XIXe siècle, notamment le saint-simonisme et le fouriérisme, ce féminisme est loin d'être homogène : il mêle des militantes issues des différentes strates de la bourgeoisie et des femmes du peuple, il articule aussi des revendications portant sur l'égalité des droits civiques et politiques à d'autres, de nature plus socio-économiques, avec un large éventail de positions et de nuances entre les deux.

Multiformes, les revendications des femmes de 1848 interrogent indirectement et à divers titres la figure de la Parisienne. D'abord parce que l'entrée en scène des humbles et des exploitées sur la scène politique met en question la pseudo-cohésion de la communauté, plus facile à fantasmer en période de paix sociale. Un article accusateur de l'éphémère journal féministe *Le Volcan* souligne ainsi le contraste entre la morgue des bourgeoises républicaines grassement payées pour superviser les ateliers nationaux féminins, mis en place par le gouvernement en février, et les conditions de vie des ouvrières qui, à raison de 30 centimes par jour, gagnent à peine de quoi s'acheter du pain[57] :

> Entrez et jugez : ces dames à chapeaux, recouverts de voile de prix, drapées dans de grands châles sortis des magasins de la rue Vivienne et les pieds ensevelis sous leurs longues robes de soie : ces dames qui lisent nonchalamment le journal, accompagnent chaque phrase d'une fraise au sucre et au vin de Bordeaux, ces dames sont les déléguées générales, payées à raison de 3 francs par jour[58].

On est loin, on le voit, du mythe des jolies Parisiennes unies dans le culte de la mode et du raffinement. L'élégance vestimentaire, et même tout l'*habitus* de ces bourgeoises aisées, nonchalance, gourmandise, paresse, se retournent ici en traits négatifs, qui matérialisent les barrières de classe, et trahissent la quasi-impossibilité des solidarités sociales entre groupes aux intérêts antagonistes.

Cette méfiance n'empêche pas que l'épisode de 1848 fut aussi porteur d'un nouveau rêve de *sororité*, symétrique à celui, essentiel à l'époque, de fraternité. En témoigne par exemple un article publié dans La Voix des femmes du 1er avril 1848. Intitulé « Aux femmes du monde », il est signé d'une certaine Henriette D., ouvrière de la couture qui, dans un style volontiers lyrique, invite les femmes de l'élite à rallier le projet républicain :

> L'humanité vous fait une loi de ne point vous ensevelir au fond de vos séduisants boudoirs […]. Ne boudez pas la république, acceptez franchement ce qui est fait. Nous, vos sœurs qui vous invoquons, nous avons besoin de l'élan de votre concours pour stimuler l'élan au travail renaissant de chaque saison nouvelle. Montrez-vous dignes de porter le glorieux nom de citoyennes françaises. […] Qu'est-ce que nous vous demandons ? De ne point interrompre le cours de vos dépenses. […] Soyez fécondes comme la Terre notre mère. Si nous étalons sous vos yeux nos industries, ne détournez point la tête avec un superbe dédain […]. L'argent dans une petite main blanche sied moins que ces jolis riens nouveaux qui donnent à la jeune ouvrière tant de peine à confectionner pour attirer de vous un sourire d'envie, un regard de convoitise. Vous êtes le bras droit, la force matérielle, physique et morale des femmes industrielles. Ne vous enorgueillissez point des blasons de vos aïeux[59].

Si le propos ne masque rien des fractures sociopolitiques qui, depuis février, ont conduit une partie des plus aisées à fuir la capitale et les autres à restreindre leurs commandes, il porte aussi un idéal de ralliement qui résulte autant de la complémentarité économique objective entre les ouvrières de la mode et leurs clientes[60], que d'un nouvel horizon de solidarité entre les sexes. Sous-titré « organe quotidien, socialiste et politique, organe des intérêts de toutes », *La Voix des femmes* proposait ainsi, dans son premier numéro, un programme de régénération de l'éducation féminine qui critiquait les sujétions imposées par un Code civil structurellement inégalitaire et l'éducation frivole des femmes de l'élite :

> Les femmes se livraient sans amour ou comptaient la dot, non les vertus [...] Au lieu d'enseigner aux femmes les choses utiles, on les façonnait à la frivolité. C'était le moyen de leur rendre plus facile l'oubli de leur dignité propre [...]. Toucher le piano, danser ou chanter, tel était le fond de ce qu'on appelait une brillante éducation.
> Mais les femmes ne faisaient que dormir et aujourd'hui elles se réveillent !
> La citoyenne ! Ce titre oblige plus qu'aucune noblesse[61].

À la féminité définie par la mode, la séduction, le culte de l'amour, que véhicule le modèle de la Parisienne, peut donc se substituer un projet féministe structuré par d'autres valeurs, éducation, vertu, implication dans la vie civile et politique – les plus hardies réclament même, pour les femmes, le droit de suffrage et d'éligibilité. Ce programme était loin, cependant, de faire l'unanimité, comme en témoigne, au même moment, la réaction effarouchée de Delphine de Girardin dans *La Presse*, celle d'une Parisienne attachée à une société libérale mais structurellement inégalitaire, élitiste et antiféministe. Consternée par les excès de la révolte populaire, elle n'hésitait pas à vanter le lien organique entre peuple et élites, qu'emblématisait, selon elle, le rapport du rentier et de la grisette :

> Quand on a été millionnaire, quand on a ébloui Paris de son luxe, qu'on a eu les plus beaux chevaux, les plus beaux hôtels du monde élégant ; quand on a séduit dix duchesses, une douzaine de marquises et même quelques fières ladies, veux-tu savoir ce qui plaît, ce qui amuse ?... C'est de sortir à pied, un parapluie sous le bras, et de s'en aller voir, à un cinquième étage, une grisette bien rieuse qui se moque de vous gentiment[62].

En clair, les filles du peuple avaient bien plus à gagner de leur « alliance » traditionnelle avec les hommes de l'élite qu'à un nouvel équilibre sociopolitique qui faisait peu de place aux femmes : « La preuve qu'ils ne comprennent pas la République, c'est que, dans leurs belles promesses d'affranchissement universel, ils ont oublié les femmes ! » ne se privait pas d'ironiser le vicomte de Launay[63]. Il s'agissait moins, cependant, de réclamer un suffrage féminin dont Delphine ne voyait pas l'utilité que d'affirmer son attachement à un modèle aristocratique différentialiste qui valorisait, à tous les échelons de la société, un féminin complémentaire du masculin : « Les femmes ne demandaient point de droits politiques, de droits nouveaux ; mais elles demandaient du moins qu'on respectât les droits anciens, qu'on leur laissât ce qui leur appartient légitimement depuis des siècles, l'autorité du foyer, le gouvernement de la demeure[64]. » À une république masculiniste en son essence était donc préférable une monarchie gynophile, dans laquelle la valorisation esthétique et domestique compensait largement l'infériorité politique et civique.

Il est vrai que, en 1848, le régime républicain évoquait encore, pour le monde élégant auquel appartenait Delphine de Girardin, les souvenirs de la Terreur et les figures honnies des « tricoteuses » de la Ire République. La presse conservatrice en forgea une nouvelle version, mâtinée de bas-bleu, sous les traits de « la Vésuvienne », militante féministe hystérique que la révolution avait fait entrer en éruption[65] : cette imagerie en disait long sur la difficulté de concilier féminité et militantisme révolutionnaire, et allait longtemps maintenir une cloison étanche entre la Parisienne des gazettes et les égéries des barricades.

Plus moderne et progressiste apparaît la position de George Sand. « Parisienne » intermittente par la résidence mais aussi par sa liberté de mœurs, son indépendance, ses succès dans la carrière littéraire, elle était proche des socialistes Pierre Leroux et Louis Blanc, et accueillit avec enthousiasme la proclamation de la IIe République. Vivant cependant, à cette date, retirée sur ses terres de Nohant, dans le Berry, elle ne suivit l'événement que de loin et refusa, même symboliquement – car les femmes n'étaient bien sûr, malgré les protestations des féministes, ni éligibles ni électrices –, de se présenter à la députation, estimant que l'égalité dans la vie quotidienne et conjugale devait être un préalable à l'égalité politique[66]. Au vrai, celle-ci n'était réclamée que par une minorité de radicales, et, le plus souvent, au nom du droit des mères et des épouses à participer aux décisions de la cité, plutôt qu'en vertu d'une égalité parfaite entre hommes et femmes[67] : même pour les féministes, la loi du genre restait une donnée anthropologique difficile à dépasser.

Il n'y eut donc pas, en 1848, de jonction entre la figure de la Parisienne émancipée qu'avaient pu représenter Delphine de Girardin ou George Sand et la nouvelle citoyenne féministe, incarnée par une petite frange de militantes politisées, telles les institutrices saint-simoniennes Jeanne Deroin et Pauline Roland ou la couturière Désirée Gay. Si la révolution avait ouvert une réflexion sur les statuts et les rôles féminins, si Paris se constituait bien en « espace du possible » pour l'implication des femmes, l'élan féministe fut rapidement brisé par la réaction conservatrice qui s'amorce dès les élections d'avril 1848 et, plus encore, de mai 1849, qui voient la victoire du parti de l'ordre. Après ce bref moment de déstabilisation, le Second Empire revint, on l'a vu, à la « modernité douteuse des bourgeoises, demi-mondaines à crinoline, dames de charité et "petites femmes de Paris"[68] » – modernité socioculturelle, non politique. Ramenée à ses plus équivoques déclinaisons, celles de la cocotte et de la cocodette, la Parisienne se fait alors, pour la propagande républicaine, le symbole d'un régime prostitué, obsédé par l'affairisme et le plaisir. Toute virtualité progressiste du type semble avoir disparu.

1870 : une Parisienne républicaine et combattante

C'est bien ce qui ressort d'un des premiers romans d'Émile Zola, *La Curée*, violente charge contre les élites du Second Empire. Préparé en 1869, rédigé en mai-juillet 1870, publié en 1871, ce deuxième tome de la série des *Rougon-Macquart*[69] met en scène le couple formé par l'audacieux spéculateur Aristide Saccard et sa jeune femme Renée. Issue de la noblesse de robe parisienne, aux mœurs austères, Renée Saccard s'est, au contact du milieu dissolu de son mari, muée en séductrice névrosée, collectionnant les toilettes de luxe et les amants, avant de tomber amoureuse de son jeune beau-fils, Maxime. Sur fond de spéculation immobilière dans le Paris d'Haussmann, alors que le préfet venait d'être destitué le 5 janvier 1870, Zola a voulu peindre trois portraits emblématiques de l'époque, « l'enrichi imprudent », Saccard, « l'homme-femme », soit le jeune homme efféminé, Maxime, et la « Parisienne affolée », Renée[70]. Chroniqueur parlementaire, collaborant à plusieurs feuilles de gauche, Zola fréquentait aussi, depuis 1867, le riche homme de lettres et administrateur de la Comédie-Française Arsène Houssaye, qui l'invita plusieurs fois à ses très décadents mardis, dans son luxueux hôtel de l'avenue de Friedland. Dans *Le Gaulois* du 21 août 1869, Zola avait fait de l'ouvrage d'Houssaye *Les Parisiennes* une critique aimablement mondaine, mais c'est sur un ton beaucoup plus virulent qu'il s'en prend, dans le roman, au type de la Parisienne détraquée, avec l'ambition d'évoquer un « monde à marquer au fer rouge » et une capitale devenue « le mauvais lieu de l'Europe[71] ». Sur le canevas rodé de la légèreté des Parisiennes, le romancier brode un scénario sombre et radical, nourri par les travaux des médecins aliénistes Magnus Huss et Benedict-Auguste Morel sur la dégénérescence, qui postulent l'hérédité des pathologies mentales acquises (notamment par l'abus d'alcool) et leur aggravation au fil des générations. Le thème de l'argent dilapidé en toilettes et objets de luxe ranimait le spectre de Marie-Antoinette, alors que l'impératrice Eugénie avait souvent été victime de peu flatteuses comparaisons avec la reine guillotinée. Le roman s'achève par cette phrase-couperet : « L'hiver suivant, lorsque Renée mourut d'une méningite aiguë, ce fut son père qui paya ses dettes. La note de Worms se montait à deux cent cinquante-sept mille francs[72]. »

La réputation très dégradée de la Parisienne à la fin du Second Empire permet de comprendre le spectaculaire renversement d'image qui s'opère après le début de la guerre franco-prussienne, le 19 juillet 1870. En septembre, alors que Sedan est tombé, que l'empereur a été fait prisonnier et que la république a été proclamée à Paris, se multiplient les pamphlets antibonapartistes qui prennent souvent pour thème les débauches supposées du couple impérial et des élites du régime[73], avec des titres éloquents, tels *La Femme Bonaparte, ses amants, ses orgies*[74], ou encore *Histoire des amours, scandales et libertinages des Bonaparte*[75]. Ce climat de règlement de comptes interrogeait la capacité des Parisiens, et plus encore des Parisiennes, à se concevoir comme une communauté soudée par le siège et les privations, dans une ville dont la réputation et l'identité s'étaient construites sur des valeurs opposées. Comme en 1789, 1793, 1830 ou 1848, le renversement imposé par les événements passe par la reconstruction de l'identité « genrée » de la ville, qui de frivole, séductrice et féminine, doit se « reviriliser » pour résister à l'ennemi. « La vieille Lutèce était devenue un moment la courtisane sans pudeur [...] mais au souffle du malheur, notre cher et grand Paris se redressa de toute sa hauteur[76] », écrira, en 1878, un romancier anonyme évoquant le siège de Paris. Victor Hugo, rentré d'exil en septembre 1870 et accueilli en triomphe par les Parisiens, ramasse d'un beau quatrain cette bascule qui s'apparente à un changement de sexe symbolique :

> Paris est un héros, Paris est une femme.
> Il sait être vaillant et charmant. Ses yeux vont
> Du pigeon qui revient au ballon qui s'envole
> C'est beau : le formidable est sorti du frivole[77].

La ville est cependant loin d'avoir embrassé d'un seul mouvement ce nouveau registre héroïque[78], même si, au 19 septembre, elle est devenue un immense camp retranché, où stationnent les troupes, les armes et les réserves, ainsi que les réfugiés venus des zones envahies. Les premières semaines du siège maintiennent un semblant de normalité[79], et la Parisienne conserve, dans les colonnes des journaux, sa silhouette charmeuse, comme en témoigne une amusante caricature du dessinateur Cham, en novembre 1870, qui imagine une « mode parisienne en prévision du bombardement[80] ». Même filon grivois dans une série due au dessinateur Draner, qui n'hésite pas à camper en « Parisiennes » très séductrices les infirmières et vivandières qui secondent les troupes[81]. Alors que le siège se prolonge, que le froid augmente et que la nourriture vient à manquer, le recours aux motifs de la « vie parisienne » va un temps permettre de conjurer le sort par l'humour ou le déni.

Très vite, cependant, vient se surimposer une contre-image à visée patriotique, qui entend substituer à la Parisienne frivole une beaucoup plus digne « femme de Paris ». C'est bien l'objet du poème de Victor Hugo *Lettre à une femme*, rédigé en janvier 1871, qui exalte une noble et courageuse Parisienne :

> Quant aux femmes, soyez très fière, en ce moment
> Où tout penche, elles sont sublimes, simplement. [...]
> Eh bien, dans ce Paris, sous l'étreinte inhumaine
> L'homme n'est que Français et la femme est Romaine.
> Elles acceptent tout, les femmes de Paris.
> Leur âtre éteint, leurs pieds par le verglas meurtris
> Au seuil noir des bouchers les attentes nocturnes[82].

Cette héroïsation va de pair avec une ambition de moralisation : dans ce Paris où le gaz se raréfie, où théâtres et cafés ferment les uns après les autres, où la vie nocturne s'étiole, actrices et demi-mondaines mettent désormais un point d'honneur à chanter *La Marseillaise* lors des célébrations patriotiques[83] et, pour certaines, à s'investir auprès des blessés. Âgée de 26 ans, engagée depuis peu à l'Odéon, la jeune Sarah Bernhardt aide ainsi à la transformation du théâtre en hôpital militaire. Il se dit même que le gouvernement a bouté les prostituées hors de la ville au début du mois de septembre[84]. En réalité, le stationnement des troupes et la pauvreté inhérente au temps de guerre ont, presque mécaniquement, augmenté l'offre prostitutionnelle[85], mais ce fantasme souligne combien la réputation galante de la capitale est devenue insupportable, dans ce contexte de crise aiguë. En 1870, la Parisienne ne peut être que fière et forte, sous les traits d'une mère, d'une infirmière ou d'une épouse, comme l'illustre une belle série de dessins au crayon due au graveur et dessinateur A. P. Martial[86].

Car si l'événement suscite bien un réflexe de purge, l'imagerie reste étroitement modelée par les jeux de rôle sexués traditionnels : la femme seconde, accompagne, soutient, mais elle ne saurait être une combattante en uniforme, sinon, on l'a vu, dans des rôles d'auxiliaire souvent tournés en dérision. Il y eut pourtant, comme dans tous les conflits depuis le XVIIIe siècle, des femmes pour prendre les armes, parfois sous de fausses identités masculines. Un original du nom de Félix Belly essaya même, en octobre, de mettre sur pied un bataillon « d'amazones de la Seine », avec l'argument que les femmes montraient souvent au combat plus de bravoure et d'intégrité que les hommes[87]. L'initiative permettrait, selon lui, de forger un nouveau type féminin républicain, en rupture radicale avec l'ancien modèle de la Parisienne :

> Je croyais concourir enfin, dans la mesure de mes forces, à la transformation morale que réclame le nouveau régime, en faisant oublier aux femmes, dans un grand effort de patriotisme, leurs habitudes traditionnelles de luxe, de vanité et de jalousie. [...] Les bataillons d'Amazones seront créés le jour où les dames des classes riches auront compris que le temps des colifichets est passé[88].

Pour atypique qu'elle soit, l'ambition semble avoir rencontré une réelle attente au sein de la population féminine, dont témoigne cette lettre d'une jeune élève du Conservatoire que cite Belly : « Si nous prenions une part active à la défense de notre patrie, on serait bien forcé de ne plus nous regarder comme un instrument de plaisir ou comme un ornement de luxe indispensable à la vanité, et nous aurions le droit de demander pour nos filles une instruction relativement aussi sérieuse que pour les garçons[89]. » Indice ténu de ce que les modèles forgés par et pour les hommes, et largement intériorisés par la majorité des femmes, n'étaient pas tolérés par toutes. Pourtant, malgré plus de trois cents inscriptions le premier jour, l'initiative du patriote féministe tourna court, en raison de nombreuses moqueries et surtout de l'intervention de la police, qui contestait la création de milices privées, surtout si elles entraînaient la subversion de l'ordre sexué.

Le terme d'« amazone » devait conserver pour longtemps son parfum trouble, en évoquant aussi bien l'hystérie guerrière féminine que les équivoques cavalières du *high life* impérial. Si le siège de Paris a été un temps fort dans le processus de dignification de l'image des Parisiennes, il resta peu féministe : la « république des frères » n'avait même pas envisagé de donner aux femmes le droit de vote. Beaucoup plus radicale, la Commune accentua la tentation du contre-modèle, mais sans parvenir à l'imposer.

1871 : la communauté fracturée

Du 26 janvier 1871, fin du siège, au 18 mars, proclamation de la Commune de Paris, s'enchaîne une séquence très rapide, qui à l'image d'un Paris uni contre l'ennemi substitue celle d'une capitale fracturée par la lutte des classes, et théâtre d'une expérience politique à visée égalitariste, qui sème la consternation dans les rangs de la bourgeoisie, y compris de sensibilité républicaine. Si l'expérience avorte rapidement, elle n'en polarise pas moins très violemment les positions, suscitant, d'abord à chaud puis dans les décennies ultérieures, une violente bataille d'images. Bien plus encore qu'en 1789, 1793, 1830 ou 1848, les femmes forment un enjeu essentiel de ce système de représentation, car les soldates et les meneuses sont plus visibles que par le passé, et la violence de l'événement pousse, de part et d'autre, à une outrancière « sexualisation » verbale et iconographique du conflit politique[90].

Du côté communard, l'événement fait jouer les mêmes mécanismes d'« inversion du stigmate » qu'en 1870, mais à travers un prisme fortement gauchisé et dans une configuration sociale nouvelle : il ne s'agit plus de souder une communauté transclassiste dans un but patriotique et militaire, mais bien de régler leurs comptes aux possédants, en faisant du peuple le principal ferment de cette renaissance. Dans le cas du « sexe faible », l'enjeu est aussi moral et sexuel, puisqu'il s'agit de substituer à l'équivoque Parisienne, toujours plus ou moins compromise avec les vices de l'élite même quand elle appartient aux milieux prolétaires, une femme pure et honnête. Une des premières mesures des communards fut ainsi de détruire les registres recensant les prostituées[91], perçues comme les victimes d'une exploitation de classe, bien plus que définie par une nature intrinsèquement vicieuse, dans la lignée d'un Proudhon. « Cette femme qui salue ou accompagne, c'est la vaillante et vraie Parisienne, s'enthousiasme le journaliste Prosper-Olivier Lissagaray. L'immonde androgyne née des fanges impériales a suivi sa clientèle à Versailles ou exploite la mine prussienne de Saint-Denis. Celle qui tient le pavé maintenant, c'est la femme forte, dévouée, tragique, sachant mourir comme elle aime, de ce pur et généreux filon qui, depuis 1789, court vivace dans les profondeurs populaires[92]. » Informé par les envoyés de l'Internationale, Karl Marx lui fait écho en forgeant sa propre représentation de la Parisienne régénérée : « Quel changement prodigieux, en vérité que celui opéré par la Commune de Paris ! Plus la moindre trace du Paris dépravé du Second Empire. [...] les cocottes avaient retrouvé la piste de leurs protecteurs [...]. À leur place, les vraies femmes de Paris avaient reparu, héroïques, nobles et dévouées comme les femmes de l'Antiquité[93]. » Pour Lissagaray, cette vraie Parisienne sort des profondeurs populaires, même si l'on sait, depuis les travaux de Jacques Rougerie[94], que la composition sociale de la Commune fut moins étroitement ouvrière que ne l'a voulu la tradition marxiste, avec une forte composition petite-bourgeoise et intellectuelle. Mais la régénération ne peut bien sûr venir que d'un « peuple » idéalisé dans ses vertus.

La promotion de cette « contre-Parisienne » implique-t-elle une vision plus égalitariste des rapports de sexe, voire une conversion des leaders aux enjeux du féminisme ? Malgré leur évidente empathie, ces voix tendent à convoyer les mêmes préjugés de genre que pendant le siège : la communarde selon Lissagaray « salue ou accompagne », tandis qu'elle se caractérise, pour Marx, par son dévouement, non sans évoquer les dignes matrones de l'Antiquité. L'imagerie, on le voit, reste traditionnelle. Pourtant, de nombreuses femmes se sont investies dans les clubs, dans la rue, au combat[95]. Parmi elles domine la figure de Louise Michel, institutrice parisienne de sensibilité blanquiste, qui participe à toutes les activités du gouvernement de la Commune, y compris militaires. Ces femmes actives et engagées pouvaient contribuer à réorienter l'image de la Parisienne communarde du côté de la citoyenne active et impliquée. Pourtant, autant du fait de la brièveté de l'épisode que d'une tacite subordination des enjeux de genre aux enjeux de classe, l'exécutif communard n'a guère mis au rang de ses priorités la question de l'égalité entre hommes et femmes. L'enjeu du suffrage féminin, ardemment défendu par les féministes de 1848, n'est pas, dans ce contexte, à l'ordre du jour, et en dehors de ces quelques figures atypiques, les communardes restèrent, de fait, et dans l'imagerie, des comparses plutôt que des actrices de premier plan. La radicalité du projet communard n'empêchait pas ses membres de rester, en matière de rapports sociaux de sexe, dans les schémas mentaux dominants du XIXe siècle, et la tenace imprégnation proudhonienne des milieux révolutionnaires français n'incitait guère à l'avant-gardisme dans ce domaine. Une des rares avancées en matière de droit des femmes fut la décision d'accorder une pension civile aux veuves de combattants communards, mariés ou non, ce qui revenait à une reconnaissance implicite de l'union libre[96]. Mais l'indifférence aux normes du mariage bourgeois n'impliquait évidemment pas la révolution sexuelle et la conception même d'une sexualité féminine libre restait associée à la débauche supposée des élites.

Seuls quelques témoignages parviennent à évoquer la Parisienne communarde autrement que sous les traits de la « vierge rouge » – surnom qui devait rester attribué à Louise Michel –, de la compagne sacrificielle ou de la rude combattante presque androgyne. Celui, notamment, de Maxime Vuillaume, ingénieur de formation et fondateur du *Père Duchêne* version 1871, qui, dans ses Mémoires, fait le portrait d'une jeune femme désignée sous le nom d'« Henriette la cantinière » : « Curieux type que cette Henriette [...], qui s'était jetée, comme bien des femmes, et de jeunes et jolies femmes, à corps perdu dans le combat, et même davantage, braves comme des lionnes, courant à travers les balles et les éclats d'obus avec la même désinvolture que lorsqu'elles trottaient à travers les troquets du père Bullier[97]. » De la grisette à la vaillante révolutionnaire un trait d'union se forme, sans renoncement à l'esthétique et au rapport de séduction[98]. Il est vrai que le communard de 1871 n'est plus le sans-culotte de 1793, ni même l'ouvrier révolutionnaire de 1830 ou de 1848 : dans la ville haussmannienne, il est devenu, lui aussi, un « Parisien », dont la presse, le vaudeville, la vie de café et de boulevard ont modelé la sensibilité et la culture, et qui peut fantasmer, pour compagne, une semblable. La militante peut-elle revendiquer le charme, la séduction, la « civilisation des mœurs » ? Ou bien se doit-elle d'adopter, par principe, et par réaction contre les normes imposées par le haut, l'austérité des apparences et des comportements ? Dans cette ville du linge, de la couture et du commerce, la question a traversé tous les épisodes révolutionnaires et rebondira au XXe siècle.

Le moralisme sourcilleux de la Commune n'empêcha pas la réaction de caricaturer l'épisode en orgie de barbares livrés à la pure sauvagerie. Moins légitimes dans un rôle politique ou militaire, donc plus systématiquement ramenées à la dimension du corps et des fonctions sexuelles, les femmes firent l'objet d'un traitement particulièrement haineux : représentées tantôt en prostituées, tantôt en « poissardes » grossières, ou, pour les meneuses, en pasionarias hystériques, elles prennent, quand s'enclenche, en mai 1871, la reconquête de la capitale par les Versaillais, le redoutable visage de la « pétroleuse », furie incendiant les bâtiments avec du pétrole. On sait aujourd'hui que les incendies du printemps 1871 furent, pour l'essentiel, le fait des hommes, ce qui se déduit de leur position de meneurs du mouvement, mais ce sont, une fois de plus, les passions idéologiques qui sculptèrent les œillères sexistes et anticommunardes. En écho à la tricoteuse de 1793, la pétroleuse de 1871 devient le symbole dominant de cette « barbarie » révolutionnaire. Elle mobilise une arme inattendue et redoutable, le feu, métaphore d'une incandescence féminine hors de contrôle. Cette femme du peuple hideuse et violente, quasiment retournée à l'état sauvage, forme donc l'inversion radicale de la Parisienne élégante et civilisée des élites. Par-delà la femme du peuple, ce sont aussi les militantes et les intellectuelles qui sont visées, comme le suggère l'une des plus célèbres représentations du personnage, intitulée « La femme émancipée répandant la lumière sur le monde », un pot de pétrole enflammé à la main. L'aimable persiflage à l'encontre du « bas-bleu » trouve ici une forme d'apogée haineuse, qui achève de nouer étroitement intellectualisme féminin, engagement politique et antiséduction.

Aussi la Parisienne se reconstruit-elle, après l'événement, dans le refoulement de la communarde, associée à la laideur, la grossièreté et la violence. C'est ce que suggère à sa manière un tableau quelque peu ambigu, peint peu de temps après l'épisode, par un anonyme. Intitulé *Plaisanteries sur le cadavre d'un communard*, il représente des types réactionnaires – un bon bourgeois, un prêtre cauteleux, un couple élégant – groupés autour du cadavre d'un fusillé, dans un décor de ruines, qui laisse apercevoir, à l'arrière-plan, l'effritement de la devise *Liberté-Égalité-Fraternité*. Placée au centre de la toile, mise en valeur par un jeu de lumière, la femme minaude, sa toilette claire et son ombrelle jurant avec le chaos alentour, indifférente, en apparence, à la chair ensanglantée qui effleure le satin de sa robe : la « Parisienne » frivole et superficielle, tirée de la gravure de mode ou de la presse légère de la fin des années 1860. La parenthèse se serait donc refermée, renforçant la ligne de fracture entre le peuple et les élites.

À ce détail près que la France de 1871 n'est plus celle de 1814 : si la Commune scelle l'échec des contre-modèles de Parisiennes révolutionnaires, elle ouvre aussi la voie pour une synthèse plus consensuelle, qui va trouver son apogée autour des années 1900.

Chapitre 5

La Belle Époque de la Parisienne (1880-1914)

Un apogée culturel

La Parisienne de « l'Expo »

Lorsque s'ouvre, le 14 avril 1900, la cinquième Exposition universelle organisée en France (après celles de 1855, 1867, 1878, 1889), les visiteurs peuvent admirer, au-dessus de la porte monumentale qui marque l'entrée du périmètre principal, place de la Concorde, une immense statue de plus de six mètres, représentant une belle femme, vêtue d'un long manteau à plis ouvert sur une robe décolletée. De loin – la statue se trouve à plus de quarante mètres du sol –, l'œuvre évoque l'une des multiples allégories qui ornent les places ou les gares de la IIIe République : élancée, fière, dynamique, elle incarne avec éclat cette France prospère, pacifiée, sûre d'elle-même que l'événement entend célébrer. À y regarder de près, cependant, elle n'est pas tout à fait dans le ton de la statuaire traditionnelle : son costume est plus moderne, sa physionomie plus avenante, son décolleté plus aguicheur. C'est que le sculpteur sollicité par les édiles, Paul Moreau-Vauthier, a tenu à « faire contemporain ». Certes, il s'agit bien d'une allégorie, celle de la Ville de Paris, dont la symbolique fluviale est discrètement rappelée par son coquet petit chapeau en forme de proue de navire. Mais à cette distance, le couvre-chef pourrait tout aussi bien être né sous les doigts de la dernière modiste en vogue. La tenue de la statue s'inspire d'ailleurs d'un modèle de la maison Paquin, que l'on peut acheter sur un stand. Bref, pour le public de 1900, cette belle dame ne peut être que « la Parisienne », femme idéale qui symbolise, tout à la fois, la mode, l'élégance, la modernité, la joie de vivre de la civilisation française

– en un mot, sa supériorité. Elle devient la mascotte de « l'Expo », inspirant quantité de dessins, de caricatures, et de chansons[1].

Nous l'avions pourtant laissée en cocotte ou cocodette équivoque, éreintée par l'opposition républicaine, vomie par le mouvement communard... Et voilà qu'elle s'est muée en symbole consensuel du jeune régime républicain, toisant, du haut de ses quarante mètres, les silhouettes en redingotes et hauts-de-forme du président de la République Émile Loubet, du président du Conseil Pierre Waldeck-Rousseau ou du ministre du Commerce et de l'Industrie Alexandre Millerand. Mais c'est que, bien sûr, depuis 1871, un régime a chassé l'autre : en 1900, la république bourgeoise et opportuniste se sent suffisamment solide, malgré les turbulences de l'affaire Dreyfus, pour récupérer à son profit cette fleur apprivoisée. Dans cette république où les femmes n'ont toujours pas le droit de vote, où la différence des sexes reste pensée comme un fait de nature, l'exaltation de la féminité parisienne opère comme une efficace compensation symbolique, qui permet de rapprocher les classes, de célébrer le génie de la nation, de fédérer Paris et la province. Les débuts de la IIIe République forment, en ce sens, des années 1880 aux années 1910, la « Belle Époque » de la Parisienne, célébrée sur tous les tons par l'ensemble des médias culturels, des plus élitistes aux plus populaires.

Recyclages littéraires

Elle reste d'abord un type hérité des physiologies, volontiers mis en avant par la littérature promotionnelle qui profite toujours plus du développement des voyages et des loisirs. En portant le réseau ferroviaire à plus de 38 000 kilomètres et en améliorant le réseau local, la loi Freycinet de 1879 a en effet facilité les voyages en train et les déplacements dans la capitale, qui deviennent réguliers pour la petite et moyenne bourgeoisie, notamment à l'occasion des Expositions universelles. L'écrivain Albert Millaud, sous le pseudonyme de La Bruyère, l'évoque, en 1885, sous les traits de « La belle madame » dans ses *Physiologies parisiennes*, avec des illustrations de Caran d'Ache[2], tandis que Louis Morin rénove, en 1895, le type de la grisette avec *Les Cousettes. Physiologie des couturières de Paris*[3]. Georges Montorgueil, pseudonyme du journaliste et écrivain Octave Lebesgue, s'inscrit, lui, dans la tradition des *Français peints par eux-mêmes* pour proposer, en 1897, *La Parisienne peinte par elle-même*[4] : à côté du trottin ou de la bouquetière, elle prend les traits plus modernes de la « bicycliste » ou de la « perverse ». L'ouvrage collectif *Figures de Paris, ceux qu'on rencontre et celles qu'on frôle*[5], préfère, lui, évoquer, sous ce titre pour le moins graveleux, la « snobinette » ou « les femmes du d'Harcourt », un café du Quartier latin, tandis que l'auteur-dessinateur Pierre Vidal marie le genre physiologique avec celui des « heures de la femme » pour représenter, sur un mode plus réaliste mais toujours aguicheur, les Parisiennes de tous milieux dans leurs différentes occupations de la journée[6]. Et c'est en sonnets rimés que le poète Pierre Vrignault dresse une typologie des *Parisiennes de 1897*[7], au gré de leurs lieux de fréquentation – « Palais des Glaces », « Grands Magasins » ou « Sortie de messe ».

Parallèlement à cette production touristique et pittoresque, le filon grivois n'a pas désarmé, qui prospère sur de très suggestives illustrations, parfois à la lisière de la pornographie : en 1878, la couverture des *Parisiennes*[8] d'Alfred Grévin et d'Adrien Huart montre ainsi un dompteur de cirque faisant sauter de petits chiens à tête de femme à travers un cerceau ! Dans *Les Parisiennes fatales, études d'après nature*[9], Édouard Cavailhon préfère faire défiler une galerie de portraits équivoques, tandis que Montjoyeux rapporte, dans *Les Femmes de Paris*[10], une collection d'anecdotes salaces, visant à démontrer que la Parisienne est tout sauf un parangon de vertu. Inutile, bien sûr, de viser la recension exhaustive : cette production reconduit un stock culturel déjà ancien, qui se renforce du développement du tourisme et de la culture de masse. Elle porte à son apogée une forme de sexisme bon enfant, qui fait de la Parisienne le point de mire du regard masculin.

Au sommet de cette littérature « parisianophile », trône l'ouvrage que consacre à la Parisienne[11], parmi de nombreux textes dédiés à la femme, la mode ou la toilette, l'écrivain bibliophile Octave Uzanne, ami de Marcel Proust et de Jean Lorrain. Cet esthète graphomane et raffiné, très représentatif d'une culture « fin-de-siècle » obsédée par la figure féminine[12], livre en effet, en 1894, une synthèse monumentale – près de 500 pages – sur la Parisienne. À la fois apothéose et chant du cygne, l'étude, rééditée en 1910, réinvestit le genre des tableaux parisiens, mais aussi celui des grandes enquêtes hygiénistes du XIXe siècle, sans renoncer aux moules des physiologies ou du portrait mondain. Entre panégyrique et tentation de faire œuvre sociale, voire féministe, l'ouvrage tire un peu à hue et à dia, pour démontrer que, « à tous les degrés de l'échelle sociale, la femme est cent fois plus femme à Paris qu'en aucune autre cité de l'univers[13] ».

La Parisienne reste aussi une héroïne de roman. Sa silhouette se diffracte, on l'a vu, en multiples personnages dans l'œuvre d'Émile Zola, rédigée entre 1869 et 1893, sous les traits des clientes hystériques du *Bonheur des Dames* (1883), des petites-bourgeoises arrivistes de *Pot-Bouille* (1882) ou de la sulfureuse courtisane *Nana* (1880). Avec un regard plus nuancé, Guy de Maupassant laisse, dans *Bel-Ami*, en 1885, de beaux portraits de femmes qui s'inscrivent aussi dans les conventions du type, maîtresse aux mœurs légères, telle Clotilde de Marelle, ou femme de tête exerçant un discret pouvoir d'alcôve, telle la journaliste Madeleine Forestier[14]. Et c'est en 1906 que Marcel Proust commence à rédiger *À la recherche du temps perdu*, dont le premier tome paraît en 1913 : les personnages féminins, de la grande dame – Oriane de Guermantes – à la cocotte – Odette de Crécy –, en passant par la salonnière – Mme Verdurin – ou la jeune fille délurée – Albertine –, semblent directement hérités de Balzac. Sous les plumes plus conventionnelles, le recours aux types tend à se muer en cliché, au service d'un style souvent académique. Il est vrai que l'achèvement de l'alphabétisation par l'école républicaine, l'abaissement régulier du coût des livres, la multiplication des éditions bon marché, accessibles grâce à un réseau toujours plus dense de bibliothèques et de librairies[15], favorisent le développement d'une littérature grand public, qui use et abuse des poncifs. En 1894, le best-seller scandaleux de Marcel Prévost, *Les Demi-Vierges*, émoustille la France entière en peignant les jeunes Parisiennes du monde comme d'assez peu farouches créatures, prêtes à « tout » sauf coucher.

Distraction préférée des classes aisées, quand les catégories modestes lui préfèrent le café-concert ou le music-hall, le théâtre boulevardier[16] installe, lui, au centre de la scène, les Parisiennes de la bonne société. Elles peuplaient déjà, sous le Second Empire, l'œuvre prolifique d'Eugène Labiche, associé à Auguste Lefranc et Marc Michel. Retiré de l'activité littéraire en 1877, cet auteur inclassable meurt en 1888, mais reste l'un des auteurs les plus joués de la période 1880-1914 et se survit dans l'œuvre de son héritier spirituel Georges Feydeau. Avec *La Dame de chez Maxim*, celui-ci fait, en 1899, de l'opposition Parisienne-provinciale un ressort comique irrésistible : à la suite d'un quiproquo, Petypon, bon bourgeois parisien, se voit obligé de faire passer pour son épouse sa conquête d'un soir, la « Môme Crevette », petite grue ramassée à Montmartre, qu'il emmène au mariage d'une nièce de province. Intérêt et jalousie immédiate des dames du cru, qui singent la gouaille et les manières crues de « la Parisienne », sans flairer la supercherie. D'une grande drôlerie, l'œuvre fut jouée plus de deux cents fois en 1900[17], et va rester un classique du genre. Moins connue aujourd'hui mais tout aussi appréciée à l'époque, *La Parisienne* d'Henry Becque débuta au théâtre de la Renaissance le 7 février 1885, avant d'être reprise à la Comédie-Française en novembre 1890. La pièce retrace les méandres sentimentaux de Clotilde Dumesnil, jolie bourgeoise parisienne mariée à un économiste de renom, qui louvoie avec inconstance et dextérité entre deux amants. Le titre suggère un archétype constitué, que réinvestissent nombre de pièces du Boulevard avec des accroches à peine moins éloquentes : de *La Femme nue* d'Henry Bataille, en 1908, à *L'Enfant de l'amour*, en 1911, du même auteur, en passant par *Mais n'te promène donc pas toute nue*, de Georges Feydeau ou *Un beau mariage*, du jeune Sacha Guitry, les deux également en 1911. Aux alentours de 1900, l'identité scénique de la Parisienne est donc fixée, souvent autour des délices ambiguës de l'adultère, comme l'exprime la célèbre formule « Ciel mon mari ! » – Octave Uzanne n'hésite pas à parler de son côté d'un « abandon complaisant et ouvertement affiché des lois monogamiques[18] ». Aristocrates évaporées, bourgeoises délurées, soubrettes ou « petites femmes » au verbe haut incarnent une femme sensuelle et peu farouche, parfois jusqu'à la rouerie, même si sous l'apparence de gaieté couvent les angoisses masculines et l'hypocrisie d'une société bourgeoise à la fois égrillarde et guindée.

Peintures : entre avant-garde, académisme et pittoresque

Plus encore qu'une héroïne de roman ou de théâtre, cependant, la Parisienne 1900 est le produit d'une culture visuelle développée sous le Second Empire et désormais omniprésente. Répondant à l'injonction baudelairienne, la peinture d'avant-garde s'empare de *La Parisienne*, avec les deux tableaux que peignent, sous ce titre, Pierre-Auguste Renoir en 1874 et Édouard Manet en 1875[19]. Le premier, « l'inventeur du moderne », proche de Baudelaire, en a fait une élégante amazone toute de noir vêtue, marchant d'un pas majestueux, une badine à la main ; le second, une jeune fille d'allure chaste et charmante, dans une robe de ville d'un bleu délicat. Le rendu n'est certes pas le même : la Parisienne de Manet, sous les traits de la comédienne Ellen Andrée, a quelque chose d'altier et d'élégant qui rappelle les portraits aristocratiques ; celle de Renoir, qui prend le visage de l'actrice Henriette Henriot, alors âgé de 16 ans, paraît plus fraîche et juvénile. Elles n'en ont pas moins plusieurs traits communs : même silhouette en pied, même ébauche de mouvement, même fond flouté, qui évacue tout contexte événementiel ou social. La leçon du poète a été entendue : il s'agit de représenter le Beau dans son inflexion « moderne », en se focalisant sur la représentation de la mode[20] et du corps mobile, celui de la passante, de la promeneuse, de la femme urbaine. Le titre et l'absence de décor permettent de s'émanciper du portrait individuel et des exigences des commanditaires, pour ne retenir qu'une synthèse imaginaire, celle de l'artiste : c'est une idée de la Femme qui se dégage ici, dont il serait bien difficile de dire si elle est bourgeoise, grande dame ou cocotte.

La Parisienne cristallise en peinture au moment même où l'école impressionniste prend son essor, puisque c'est au printemps 1874 que le groupe trouve son unité, à l'occasion d'une exposition dans l'atelier du photographe Nadar. La *Parisienne* de Renoir y a été présentée, et la volonté de tracer le portrait de la femme urbaine « moderne » reste une ambition récurrente au sein de ce groupe aux contours flous, soudé par le désir de capter la vie, la lumière, la poésie du quotidien. Cette Parisienne impressionniste a pu prendre les traits d'une passante anonyme – par exemple dans le tableau d'Édouard Manet *Le Chemin de fer* (1873) ou dans celui de Gustave Caillebotte *Rue de Paris, temps de pluie* (1877) ; d'une élégante femme du monde – *Madame Jeantaud au miroir* d'Edgar Degas (1875) ou *Madame Marie Hubbard* de Berthe Morisot (1874) ; ou encore, d'une « petite main » des métiers parisiens – *Chez la modiste* (1884) ou *Les Repasseuses* (vers 1884) d'Edgar Degas. Mais l'impressionnisme c'est aussi – et plus encore ? – l'évasion hors de la ville pour partir en quête des vibrations de la nature : l'évolution de la peinture de Renoir illustre cette mutation de la sensibilité, qui mène de la petite Parisienne sagement attifée de 1874 aux nus sensuels des baigneuses des années 1910[21] : autrement dit, à la fin du privilège des types urbains. Seul Edgar Degas reste durablement attaché à l'univers très parisien des danseuses d'Opéra et des créatures de maisons closes, sources d'inspiration que prolongeront les artistes postimpressionnistes tels Henri de Toulouse-Lautrec ou Félix Vallotton. On retrouve, chez l'un comme chez l'autre, la femme urbaine fardée, séductrice, souvent un peu malsaine, chère au poète des *Fleurs du mal*, et si représentative du Paris de la Belle Époque.

Cette peinture d'avant-garde demeure cependant, pour l'essentiel, ignorée du grand public ou suscite son incompréhension et ses moqueries. C'est plutôt dans la peinture académique et mondaine, certes influencée par la technique impressionniste, mais sans sa radicalité formelle, que la Parisienne trouve son principal terrain d'élection. En 1876, le sculpteur Émile Chatrousse, jusque-là spécialisé dans les commandes publiques et les sujets patriotiques, expose au Salon une *Jeune Contemporaine* à la mode, proprette et léchée, qui fut d'emblée rebaptisée *La Parisienne*. Le sujet était donc en passe de devenir un véritable exercice de style. On retrouve la même logique d'adaptation tempérée chez James Tissot qui, en 1885, après un long séjour à Londres où il s'est taillé une solide réputation de portraitiste mondain, expose à la galerie Sedelmeyer une série de quinze tableaux représentant, sous toutes ses facettes, *La Femme à Paris*, de la demoiselle de magasin à la mondaine, en passant par la jeune fiancée ou la femme de politicien. Snobé par la critique d'avant-garde pour sa touche jugée maniériste et vulgaire, Tissot relaie la modernité artistique en y instillant, par sa technique sophistiquée, une séduction et un érotisme diffus. À son exemple, de très nombreux artistes vont développer une forme d'impressionnisme mondain, qui fait la part belle aux jolies femmes de la capitale : ainsi Charles Giron, qui propose, en 1883, une *Femme au gant* elle aussi rebaptisée *La Parisienne* ; ou encore Henri Gervex, qui peint à satiété les élégantes du monde et du demi-monde – notamment, en 1879, la cocotte Valtesse de La Bigne, vêtue d'une impudique robe d'été. Mais c'est probablement Jean Béraud, né en 1849 à Saint-Pétersbourg, élevé à Paris et formé aux Beaux-Arts, qui s'est révélé le plus inlassable et réputé illustrateur de la Parisienne. Actif entre 1872 et 1914, lui aussi sous influence impressionniste, mais toujours dans la veine plus léchée et illustrative qui caractérise cette production académique, l'artiste a représenté un nombre incalculable de passantes, de trottins, de modistes, de danseuses, de demoiselles de magasin, autant que de femmes du monde et de grandes bourgeoises[22], en soulignant toujours, par le titre, le décor ou le trait, leur lien à la vie parisienne[23]. Mise en majesté, dans l'écrin de la ville posthaussmannienne, par ses atours, son air mutin, sa silhouette déliée, qui contrastent avec celle, plus austère, des profils masculins, la Parisienne est à son apogée pictural, affriolante passante que traque l'œil aux aguets du flâneur, prolongé par celui du peintre. Béraud se fait ici le catalyseur d'une longue production iconographique qui trouve, à la charnière des XIXe et XXe siècles, une forme de consécration.

Cette peinture consensuelle s'adresse au public aisé qui fréquente les galeries ou les salons de peinture et s'initie au plaisir aristocratique de la collection d'art. Il y décèle, en miroir, le reflet de son succès matériel et d'une vie façonnée par l'opulence et le raffinement, dans une dynamique circulaire qui vise à l'autocélébration d'un groupe. Si cette peinture choque parfois par ses implications sexuelles – le tableau *Rolla* d'Henri Gervex, qui représentait un homme au bord du suicide après sa nuit avec une cocotte, fut refusé au Salon de 1878 pour son caractère « immoral » –, les peintres de la Parisienne vécurent largement de leurs commandes, en s'intégrant pleinement aux réseaux officiels et mondains du temps. Auteur de plus de deux cents portraits, Béraud fut, en 1890, l'un des fondateurs de la Société des beaux-arts, avant de recevoir, en 1897, la Légion d'honneur[24]. C'est avec leurs pinceaux que la Parisienne passe du statut de créature un peu sulfureuse du Second Empire à celle d'icône intégrée de la Belle Époque. Son succès, cependant, n'aurait pas dépassé l'entre-soi des élites, s'il n'avait été amplifié par des relais neufs, qui vont lui assurer une visibilité sans précédent, tout en complexifiant ses modes de représentation.

Une icône de la culture de masse

À partir des années 1880, en effet, les modèles culturels se diffusent à l'échelle nationale[25]. Les journaux de masse, tels *Le Petit Journal* ou *Le Matin*, tirent quotidiennement à plus d'un million d'exemplaires, la publicité colonise leurs pages et les murs des villes, gagnant aussi l'affiche, les vignettes, les calendriers, les catalogues. La photographie se banalise avec la diffusion de la carte postale, et le cinématographe, apparu en 1895, est déjà en 1910 un divertissement populaire. Quant au gramophone, mis au point en 1877, il commence à relayer les succès du caf'conc'. De nouvelles passerelles s'établissent alors entre culture des élites et culture grand public. Les modèles se disséminent, débordent les frontières nationales, exaltent un mode de vie urbain, qui s'uniformise peu à peu, de New York à Berlin, en passant par Paris,

La Belle Époque de la Parisienne (1880-1914) 173

Londres et Milan. La Parisienne s'en trouve à la fois renforcée et, déjà, quelque peu diluée, banalisée, concurrencée.

L'affiche lui fait la part belle. Nourrie par les progrès de la lithographie, cette forme d'art visuel a trouvé en France un ardent promoteur en la personne du dessinateur Jules Chéret qui, dans les années 1870, a mis au point son propre procédé de fabrication, lequel lui permettra de concevoir, au cours de sa carrière, plus de 1 300 annonces publicitaires[26]. D'autres lui emboîtent le pas, pour des raisons tant esthétiques que commerciales. Parmi eux, des peintres d'avant-garde tels Toulouse-Lautrec, Pierre Bonnard ou Félix Vallotton, qui vont adapter aux goûts du grand public leurs propres Parisiennes, sulfureuses ou privilégiées. L'affiche la montre souvent sous les traits d'une actrice ou d'une danseuse, agitant ses froufrous pour un cancan endiablé, à la manière de « la Goulue » représentée par Toulouse-Lautrec en 1892, ou de Jane Avril par le dessinateur Maurice Biais, en 1900. Elle prend aussi les traits d'une opulente bourgeoise, bien mise et sûre d'elle-même, qui vante le papier à cigarette « Job » dans une affiche de Jules Chéret datant de 1889, ou qui offre des cachous Lajaunie à une cohorte de souriants messieurs en hauts-de-forme, sous le crayon de Francisco Tamagno, en 1898. Ici, le référent « Parisienne » reste implicite, seulement identifiable à la féminité capiteuse de cette nouvelle héroïne publicitaire – celles de Jules Chéret, rayonnantes et sensuelles, reçoivent le surnom affectueux de « chérettes », qui rime implicitement avec grisette et midinette. Ailleurs, c'est la capitale elle-même qui devient actrice à part entière de la stratégie commerciale : ainsi dans deux publicités de 1900 pour le chocolat Poulain, pour lesquelles l'artiste Louise Abbéma a réutilisé ses propres toiles, l'une montrant une femme du monde promenant son chien sur les Champs-Élysées, l'autre, un bouquet à la main, traversant la place de la Concorde. En 1900, le peintre Albert Guillaume mobilise de son côté, pour le catalogue de la maison de mode High Life Taylor, le vieux modèle des « heures de la Parisienne », en représentant une opulente bourgeoise aux divers moments de sa journée, bain, shopping, visites ou théâtre. Ce va-et-vient entre art et publicité assure à la Parisienne une visibilité toujours plus grande, qu'amplifiera le XXe siècle.

Elle profite aussi des progrès de la photographie, même si cette technique reste coûteuse pour la presse et ne s'imposera dans la mode qu'à partir des années 1930. Dans les années 1860 s'est répandu l'usage des « photos-cartes », cartes de visite ornées de portraits photographiques, dont toutes les vedettes de la scène parisienne vont devenir friandes[27]. Mais c'est surtout la carte postale qui assure le succès de la « petite femme de Paris », sous sa forme individualisée ou « typique ». Officiellement autorisée par les postes françaises à partir de 1873, utilisant le dessin puis, de plus en plus, la photographie, elle atteint, en deux décennies, une production massive, portée par l'essor de l'alphabétisation et du tourisme[28]. Utilisée dans toutes les occasions, pour tous les publics, elle mobilise souvent l'image des Parisiennes, qu'il s'agisse des vedettes de la capitale[29] ou de jolies anonymes aguichant le touriste ou le permissionnaire – réorganisé en 1905, le service militaire concerne désormais l'ensemble des jeunes Français –, avec parfois un slogan humoristique ou coquin. D'autres cartes célèbrent les événements mondains de la capitale[30], toute une vie de luxe et de plaisirs, qui vise aussi à exalter les modes parisiennes. En 1884, la mise au point, par l'Américain George Eastman, du film souple en celluloïd permet de diminuer la taille des appareils et d'en faciliter l'usage : capter la Parisienne dans le cadre de sa ville et de ses activités quotidiennes devient alors un enjeu photographique, que les magazines les plus luxueux savent mettre à profit. À partir de 1909, les trois frères Séeberger inaugurent la photographie de mode, en fixant avec naturel sur la pellicule les élégantes et les mondaines de la capitale aux courses ou au Bois.

L'affiche, la publicité, la carte postale élaborent en commun l'image générique d'une femme urbaine, élégante, sophistiquée, pleine d'assurance – dans une publicité pour les Motocycles Comiot, aux alentours de 1900, on la voit bousculer avec bravoure et insouciance, juchée sur son vélo, une troupe de volatiles, sous le regard ébahi de deux paysans. Est-elle forcément une « Parisienne » ? Il arrive que le décor le suggère, ou que le mot vienne au renfort de l'image. Mais celle-ci, à l'orée du XXe siècle, est devenue si omniprésente qu'il n'est plus vraiment besoin de la nommer pour l'identifier. Un vaste système d'échos et de références s'organise autour d'elle, qu'amplifie également la production musicale.

En chansons

Ce médium, on le sait, n'est pas tout à fait neuf : la chanson populaire, celle d'un Pierre-Jean de Béranger, par exemple, évoquait déjà la Parisienne dans les années 1830-1850 sous les traits de Frétillon, et les opérettes d'Offenbach lui ont fait la part belle. Mais le dernier tiers du siècle renforce considérablement sa texture musicale et sonore. D'abord grâce au succès croissant du café-concert, ce « temple de la gaieté parisienne[31] », qui profite de la suppression du privilège officiel des théâtres en 1864, lequel, depuis le décret napoléonien de 1807, rendait nécessaire une autorisation du ministère de l'Intérieur pour l'ouverture d'une salle de spectacle. À l'origine simples cafés ou estaminets où des amateurs poussaient la chansonnette, ils connaissent, dans les années 1880, un véritable boom, en proposant des numéros dansés et chantés, exécutés par des professionnels. Les plus grandes salles, tels l'Alcazar, rue du Faubourg-Poissonnière, l'Eldorado, boulevard de Strasbourg, ou le Ba-Ta-Clan, boulevard Voltaire, préfigurent déjà le music-hall. Méprisé par les élites, mais apprécié des classes moyennes et populaires, le café-concert voit fleurir un riche répertoire de chansons gaies, légères, pétulantes, qui prolongent ceux de l'opérette ou de l'opéra-bouffe dans l'exaltation de la « vie parisienne ». La création, en 1851, de la Société des auteurs, compositeurs et éditeurs de musique, ou SACEM, favorise, par ailleurs, la diffusion des partitions, qui permettent de reprendre en chœur, autour du piano domestique, les couplets à la mode entendus au caf'conc'. Il reste évidemment difficile d'évaluer le poids de la Parisienne dans cette énorme production[32], d'autant que tous les titres n'ont pas été transcrits. Un sondage montre bien, cependant, une croissance sensible à partir de 1885, avec une moyenne de quinze morceaux tous les cinq ans, et un pic de plus de trente chansons pour le seul quinquennat 1901-1905, véritable apogée de la Parisienne en chansons. Sa réputation est alors suffisamment établie pour que l'implicite joue à plein, exprimé par le point d'exclamation (*La Parisienne*[33] *!*, *Ma petite Parisienne*[34] *!*) ou l'interjection laudative (*Oh là ! Oh là ! la Parisienne*[35] *!*, *C'est la Parisienne*[36] *!*, *C'était une vraie Parisienne*[37] *!*, *La Parisienne y a qu'ça*[38] *!*, *Bien Parisienne*[39], *Pour la Parisienne*[40] *!*). On la décline volontiers en sous-types hérités des physiologies (*La Cocotte parisienne*[41], *La Blanchisseuse, historiette parisienne*[42], *La Bouquetière parisienne*[43]), avec parfois des hybridations originales (*L'Andalouse parisienne*[44], *La Parisienne du sérail*[45], *La Parisienne de Séville*[46]). La confrontation Paris-province reste un thème essentiel, dans une France encore très clivée entre monde rural et monde urbain, pouvoir central et identités régionales, comme le suggèrent *Une Parisienne* *au village*[47] ou *L'Auvergnat et la Parisienne*[48]. La tonalité est, globalement, laudative. La chanson valorise tantôt la proverbiale élégance du personnage (*Quel chic aura Cora ! Étude parisienne*[49], *Élégance parisienne*[50], *La Mode parisienne*[51]), tantôt sa séduction piquante (*La Jolie Parisienne*[52], *L'Aguicheuse Parisienne*[53], *Le Péché de la Parisienne*[54]). Certes, aucune de ces chansons n'est passée à la postérité et c'est à la conquête coloniale, non au mythe de la Parisienne, que l'on doit l'un des premiers « tubes » de l'histoire de la chanson française, avec *La Petite Tonkinoise*, composé en 1905 par Vincent Scotto sur des paroles d'Henri Christiné, interprété, en 1906, par Polin. La richesse du corpus n'en révèle pas moins la centralité du personnage dans la société de 1900, son statut de référence et de modèle.

Avant d'interpréter les raisons de ce succès, analysons les filtres qui organisent sa perception. Deux termes s'imposent alors pour la caractériser, le « chic » et le « chien », dans un subtil rapport de balancement et de complémentarité.

Entre « chic » et « chien »

Ce chic inimitable...

« Ma toilette de dame les étonne, et surtout, je crois, la façon coquette et pimpante que j'ai de la porter. Elles se poussent du coude [...] pour se montrer mon luxe et mon chic. [...] Mademoiselle est Parisienne, sans doute ? [...] Ça se voit tout de suite. Il n'y a pas besoin de vous regarder à deux fois[55]. » C'est en ces termes qu'Octave Mirbeau imagine, en 1900, le récit de Célestine la femme de chambre, arrivant dans un petit village normand pour prendre son service. Si la notion de luxe traduit la hiérarchie des classes et des moyens – une toilette « de dame » pour une domestique –, celle de « chic » est moins facile à saisir mais s'accole immédiatement, on le voit, à « une certaine idée de la Parisienne ». Il est vrai que celle-ci possède, selon Georges Montorgueil, « la beauté du diable et ce chic qui n'est qu'à elle[56] », tandis que la littérature anglo-saxonne utilise souvent le mot en français dans le texte, comme pour souligner son caractère intraduisible : « Le secret de ce *chic* repose en partie sur le génie particulier de la Parisienne[57] », remarque ainsi l'Américain Theodore Child. « Les filles

La Belle Époque de la Parisienne (1880-1914) 177

appartenaient toutes à cette catégorie *chic* et *petite* si caractéristique d'une certaine classe de Parisiennes[58] », renchérit l'un de ses compatriotes, à propos des danseuses du Moulin de la Galette.

Dérivé de l'allemand *gerschick* ou *schick* qui désigne ce qui est « conforme » ou « adapté », « chic » appartient, à l'origine, au jargon des ateliers de peinture, pour définir une forme de virtuosité technique : peindre « de chic », c'est travailler de mémoire, sans modèle, avec art et rapidité. Le terme peut suggérer, péjorativement, l'excès de facilité du « faiseur », qui mène au stéréotype ou au poncif[59], mais aussi, en bonne part, l'aptitude à capter l'essentiel d'un portrait ou d'une figure en quelques coups de crayon. Passé du monde des ateliers à celui des cafés, des restaurants, du Boulevard, il désigne, au début des années 1850, selon Nestor Roqueplan, tout ce qui est dans le vent, à la mode, *fashionable*[60]. En 1866, c'est, pour le Larousse, un terme encore neuf : « Ce qu'on nommait le goût, la distinction, le comme il faut, la *fashion*, la mode, l'élégance se fondent bien dans le chic[61]. » Il faut attendre les années 1880 pour qu'il définisse l'élégance et l'allure, celle du vêtement, autant que de la manière de le porter puisqu'en argot militaire « avoir du chic » signifie « avoir de la tenue ». Le mot intègre le *Dictionnaire de l'Académie française* en 1902, supplantant des concurrents moins chanceux, tels « sélect » ou « smart[62] ». Même s'il peut être anglais, c'est Paris qui est réputé pour être « la capitale du goût, de l'élégance et du chic[63] ». Enfin, si les deux sexes peuvent s'en prévaloir, ce sont bien les femmes et, parmi elles, les Parisiennes qui l'incarnent au mieux, puisque ce sont elles qui règnent sur la mode. Entre 1883 et 1908, au moins huit revues féminines l'incluent dans leur titre, selon le recensement de Françoise Tétart-Vittu[64], dont *La Parisienne chic*, éphémère revue haut de gamme fondée en 1912 et disparue en 1914. L'expression a presque tout, à cette date, d'un pléonasme.

Que désigne exactement le « chic » ? C'est toute la subtilité du mot que d'échapper à une définition simple et stable. « Le chic est un ensemble de beaucoup de choses, de mille détails réunis, concrétés. C'est un composé de charme, de distinction, de grâce, de naturel, de simplicité, d'originalité, sans aucune excentricité[65] », analyse, en 1908, la baronne Staffe, auteure réputée de guides de mode, de beauté ou d'art de vivre, dont un, précisément intitulé *Indications pratiques pour obtenir un brevet de femme chic*[66]. L'entreprise semble bien contradictoire, qui offre des recettes pour conquérir le « chic », tout en le définissant comme une qualité ineffable, complexe synthèse d'attributs physiques et de qualités acquises. Par là, le chic exprime, encore et toujours, le fameux « je-ne-sais-quoi » que l'on prête de longue date à la Parisienne, avec son allure détachée, son élégance sans effort, son sens du style parfaitement incorporé. « L'Anglaise n'a jamais ce je ne sais quoi qui fait qu'une Parisienne vous ramasse le cœur d'un geste et laisse tomber le désir de sa jupe[67] », note, à ce titre, l'écrivain communard Jules Vallès lors de son exil à Londres entre 1875 et 1880, tandis qu'une autre auteure de guides de beauté, la marquise de Garches, observe : « les Parisiennes ont, dans l'univers entier, une réputation de beauté, bien imméritée, je l'avoue, du côté de l'esthétique pure et des lignes classiques ; mais combien d'attraits, de piquant, de "je ne sais quoi", qui font de la Française en général et de la Parisienne en particulier, un être tout à fait séduisant, un "article de Paris", en un mot, qu'on ne trouve dans aucun pays[68] ».

Mais le chic renvoie, plus précisément, à un style, dont la baronne Staffe a suggéré les principales composantes : la « simplicité » ou l'« originalité, sans aucune excentricité ». « La femme vraiment élégante n'attirera pas l'œil par des toilettes tapageuses, élabore un article du *Petit Journal* en 1900. Sa mise au contraire sera des plus simples [...] Point de garnitures voyantes, mais la plus grande correction dans la coupe, tout est là ! Le cachet, la distinction, l'élégance[69]. » Le chic de la Parisienne n'apparaît jamais mieux que dans sa confrontation avec le style des étrangères, tout particulièrement les Américaines et les Anglaises, réputées pour leur mauvais goût. « Leurs tenues doivent se distinguer par leur ampleur, leur volume, de manière à frapper l'observateur par leurs variétés, et donc par leur coût[70] », ironise, à leur propos, leur compatriote Stuart Henry. L'épouse de l'écrivain Alphonse Daudet, Julia, remarque pour sa part lors d'un voyage à Londres, en 1895 : « Je constate dans la parure des duretés, des disparates. Chez nous, cette saison, on assemblait du mauve, du violet, du grenat et du rose, sans rien de choquant[71]. » L'art de marier subtilement les couleurs forme donc la base du chic, tout comme celui d'harmoniser l'ensemble de la tenue. « L'Anglaise a un souci louable de grâce et de légèreté, mais elle utilise une gamme trop large de tissus et de nuances, poursuit Stuart Henry. La domination de la Parisienne, en comparaison, n'est pas seulement due à sa supériorité sur le terrain de la grâce et de la légèreté, mais aussi à sa relative prudence et simplicité dans ses associations et ses contrastes de matériaux et des coloris[72]. »

Ces remarques définissent une esthétique de l'épure, de la discrétion, de la subtilité, dont les premiers rudiments ont été formulés par Balzac et Delphine de Girardin. La notion de chic lui offre un tremplin de démocratisation. Car le mot, par sa sonorité brève et joyeuse, presque argotique, modernise ce que les notions d'élégance ou de distinction contenaient encore d'un peu élitiste et compassé. « La femme chic n'est pas nécessairement riche[73] », a d'ailleurs rappelé la baronne Staffe, osant cette formule : « Une femme chic est peut-être une religieuse, une paysanne, une ouvrière[74]. » C'est, on l'a vu, à une femme de chambre qu'Octave Mirbeau décerne la palme du chic, tandis que, pour Georges Montorgueil, le chic se repère aussi bien dans l'allure d'une serveuse du bouillon Duval ou d'une bande d'ouvrières sur les Boulevards, que d'un mannequin de haute couture. À propos d'une fille faisant le trottoir, le physiologiste va jusqu'à risquer : « S'habille-t-on avec plus de chic[75] ? »

Pour complaisante et parfois ouvertement chauvine qu'elle soit, cette apologie du chic parisien s'adosse à un substrat économique toujours aussi dynamique, et qui n'en finit pas d'élargir sa palette, de la haute couture à la confection bon marché. Si Charles-Frederick Worth est mort en 1895, puis Émile Pingat, en 1901, leurs maisons conservent tout leur prestige, et de nouveaux noms leur succèdent avec brio. Jacques Doucet et Jeanne Paquin ont ouvert ateliers et boutique, rue de la Paix, en 1880 ; les quatre sœurs Callot s'installent rue Taitbout, en 1895 ; Paul Poiret, élève de Doucet et de Worth, et Madeleine Vionnet, formée chez les précédentes, apportent l'un et l'autre une touche de modernité, en proposant des modèles colorés, décoratifs, sans corset, inspirés des avant-gardes artistiques. Quant au Britannique John Redfern, si c'est à Londres qu'il a conçu le « costume-tailleur », pièce essentielle de la garde-robe de la femme urbaine moderne, c'est à Paris qu'il va trouver la consécration, en y installant, en 1891, ses ateliers et sa boutique. C'est donc bien dans la capitale française que les élégantes de tous horizons continuent de s'habiller. Elles en profitent également pour se fournir en parfums et cosmétiques, déjà indissociables du sillage de la Parisienne. C'est en 1889 que la vénérable maison Guerlain a lancé le parfum *Jicky* et, en 1912, *L'Heure bleue*, des « jus » qui font encore son succès au début du XXIe siècle. En 1904, les maisons Coty et Caron[76] lancent leurs propres fragrances, tandis que la maison Roger & Gallet, installée en banlieue parisienne depuis 1862, prospère sur la recette de l'eau de Cologne, mise au point par Jean-Marie Farina en 1808.

Ces produits de luxe et de demi-luxe restent réservés, bien sûr, à une élite, mais la Belle Époque est celle d'une démocratisation accrue des modes Si on a déjà évoqué le passage du magasin de nouveautés au grand magasin, c'est bien dans la période 1870-1900 que triomphe le nouveau modèle, dont Émile Zola fait, en 1883, dans *Au Bonheur des Dames*, la cathédrale de la Parisienne moderne – car, précise Uzanne, « pour la Parisienne [...], la toilette est un autel aux dieux inconnus[77] ». Après la modernisation du Bon Marché, en 1869, le mouvement s'amplifie : ouvert en 1874, le Printemps profite de l'incendie de 1883 pour se réaménager, tandis que les Grands Magasins du Louvre s'agrandissent en 1877, tout comme la Belle Jardinière en 1878. La fondation de la Samaritaine, en 1870, et celle des Galeries Lafayette, en 1895, prouvent qu'il existe encore, dans ce secteur, des places à prendre. Le modèle gagne aussi la province, avec le Grand Bazar de Lyon, ouvert en 1886, la Samaritaine, ouverte à Marseille, en 1910, ou Au Capitole, à Toulouse, en 1904.

À la Belle Époque, les grands magasins sont fréquentés par toutes les strates de la bourgeoisie, voire par les franges les plus aisées des milieux populaires. Si les vraies élégantes ne s'habillent que sur mesure, ils proposent, désormais, des modèles de confection de qualité – les Grands Magasins du Louvre se targuent même, dans l'une de leurs publicités, de « créer » la mode au même titre que la haute couture[78]. Le grand magasin conforte la réputation flatteuse des vendeuses parisiennes, qui, selon Georges Montorgueil, appartiennent « à la fois à l'École des Sciences Politiques et des Beaux-Arts[79] ». La fin du siècle voit aussi se développer le métier de mannequin ou d'« essayeuse[80] », les maisons de couture préférant désormais présenter leurs robes sur des femmes vivantes plutôt que sur des mannequins de bois ou de tissu. Si le métier, souvent ingrat, n'a pas encore acquis ses lettres de noblesse, il nécessite tout de même le recrutement de jeunes femmes avenantes, conformes aux canons esthétiques de la clientèle. Aussi se caractérisent-elles souvent par une silhouette mince et élancée, à laquelle Montorgueil trouve « quelque chose d'aristocratique[81] ». Pour Octave Uzanne c'est la plus parisienne des demoiselles et employées de magasins, même s'il leur reproche d'être souvent « imposantes et froides[82] ».

La presse féminine reste le très efficace vecteur de ce secteur économique. Entre 1871 et 1908, l'historienne Annie Barbera recense la création de plus de cent quatre-vingts revues de mode[83], dont près d'une

La Belle Époque de la Parisienne (1880-1914)

centaine sont stabilisées au tournant du siècle[84]. Les plus lues sont encore *La Mode illustrée* et *Le Moniteur de la mode*, qui ne s'éteindra qu'en 1913, mais de nouveaux titres leur disputent la faveur des lectrices, tels *Le Petit Écho de la mode*, lancé, en 1880, par un notable breton souhaitant mettre l'élégance à portée de toutes les bourses[85], ou encore, en 1892, *La Mode pratique, revue de la famille*, dirigée par Caroline de Broutelles. En 1901, l'entreprenant Pierre Lafitte lance à destination d'un lectorat aisé le magazine *Femina*, qui combine rubriques féminines traditionnelles et articles de fond. Les grands quotidiens parisiens, tirant désormais à plus d'un million d'exemplaires, s'engagent, eux aussi, sur ce terrain propice à la segmentation toujours plus fine des lectorats : le supplément « Modes » du *Petit Journal* est lancé, au prix populaire de 10 centimes, en 1896 sur un rythme hebdomadaire, et au début du XXe siècle, plusieurs quotidiens, dont *Le Figaro*, en proposent l'équivalent. Grâce à leurs illustrations toujours plus nombreuses et élaborées – incluant aussi, désormais, pour les plus luxueux, la photographie –, grâce à leurs patrons et conseils techniques, ces feuilles contribuent aussi à démocratiser le modèle de la Parisienne chic. Elle inspire plus d'une dizaine de titres entre 1857 et 1916, dont *La Parisienne élégante* (1882-1887), *La Parisienne, journal de mode pratique* (1908-1922), *La Parisienne chic*, revue déjà évoquée, ou encore *Les Parisiennes* (1899-1929), journal américain édité à New York, en anglais et en allemand. La presse petite-bourgeoise et généraliste parle plus volontiers de la « femme élégante », avec parfois une inflexion patriotique – « Nous autres Françaises[86]... » –, mais la Parisienne n'en est pas moins présente en filigrane, à travers notamment les illustrations qui mobilisent de plus en plus le décor urbain : ici une allée du Luxembourg[87], là un boulevard haussmannien[88], ou encore une allée du Bois[89], un pont de Paris[90] ou une visite de « l'Expo[91] ».

Mètre étalon du chic, cette Parisienne n'a pas renoncé à un subtil érotisme, dont cette remarque d'un Britannique traduit le complexe alliage : « La Parisienne élégante lance un indéfinissable défi : on ne trouvera jamais le même formidable pouvoir de séduction [*appeal*] dans la tenue d'une Anglaise. Ce ne sont pas les vêtements qu'elle porte, mais la façon qu'elle a de les porter, qui est si singulière, si caractéristique, si suggestive pour l'homme[92]. » Voilà qui opère la bascule d'un registre à un autre : le chic, la mode, le vêtement, bien sûr, mais aussi – et surtout ? – l'*appeal*, qu'on nommera bientôt *sex appeal*, pour l'attribuer aux stars hollywoodiennes. Pour l'heure, il est encore le monopole de la France et s'exprime dans la notion suggestive de « chien ».

Quel « chien » !

« Quand on dit, en parlant d'une femme, pardon ! d'une coquette : *Elle a du chien*, cela signifie qu'elle a des airs qui agacent, des hanches qu'elle sait remuer à propos, des regards qu'elle sait rendre incendiaire. Quant à la pudeur, elle a mis ce superflu de côté, comme ces *chiens* que l'on rencontre parfois dans la rue[93]. » Telle est la définition que donne du terme, en 1866, le dictionnaire Larousse, non sans préciser qu'il s'agit de « l'un des mots les plus niaisement insolents de la langue des roués du XIXe siècle ». Cette connotation un peu canaille explique que le terme n'ait pas la même ubiquité que « chic », mais aux alentours de 1900, il s'est lui aussi banalisé et dédiabolisé, en se rapprochant de son acception contemporaine : « Avoir de l'élégance, de la séduction, du caractère, du charme un peu provocant, surtout en parlant des femmes[94]. » Autant que les mœurs lubriques de la chienne, il évoque le petit chien de luxe qu'aiment à cajoler les élégantes, ou la coiffure « à la chien » que les années 1860 ont mise à la mode, chignon haut retombant en boucles souples sur le front. Le physiologiste Georges Montorgueil préfère, lui, l'appliquer au mannequin, pourtant plus hiératique : « La grâce, le galbe – le chien – est moins dans la richesse des ajustements que dans l'art de les porter. [Le mannequin] vit de cette démonstration et n'attend pas d'être dans le salon d'essayage pour la faire[95]. » Le « chien » procède, on le voit, de la silhouette et du mouvement, qui captent les regards et répandent une sensualité diffuse. C'est que le « chien » de la Parisienne ne saurait être dissocié de cette « attraction voluptueuse que Paris exerce sur le monde[96] », par le biais de son industrie du spectacle et du sexe. Et c'est aux alentours de 1900 que celle-ci connaît son apogée touristique et commercial.

À cette date, on compte en effet dans la capitale une trentaine de théâtres, près de 200 salles de café-concert, une dizaine de grands music-halls et autant de cabarets[97] : chaque soir, près de 100 000 personnes se pressent dans les lieux de divertissement[98], en y incluant cafés et restaurants. Sans doute la décennie 1870-1880 a-t-elle été celle de « l'ordre moral », soucieuse d'expier les désordres de la

La Belle Époque de la Parisienne (1880-1914) 183

Commune. En 1877, la *Nana* d'Édouard Manet, qui représente une demi-mondaine dénudée dans l'intimité de son boudoir, fut refusée au Salon, tout comme celle de Zola, inspirée du tableau de son ami, essuya, trois ans plus tard, des critiques féroces. L'installation définitive de la république, confortée au tournant des années 1880, n'a pas ouvert une ère plus permissive : le régime a constamment cherché à mieux contrôler la prostitution, tout en luttant contre les publications pornographiques, exclues du régime très libéral de la loi de 1881 sur la presse[99]. La police des mœurs applique les règlements sans ménagement et fait une chasse impitoyable aux « insoumises », jusqu'à soupçonner de prostitution illégale toute femme se promenant seule dans l'espace public à des heures indues[100]. Toutefois, malgré les scandales et les débats relatifs à l'immoralité du commerce du sexe, le Paris des débuts de la IIIe République n'a rien d'un sanctuaire de vertu. Loin de diminuer, la prostitution s'atomise et se diversifie : c'est l'âge d'or des « maisons de rendez-vous », où des femmes « respectables » viennent parfois retrouver un amant ou monnayer leurs charmes pour combler leurs besoins d'argent. Quant aux maisons closes, si leur nombre total est en diminution, elles conservent, pour les plus huppées, leur réputation internationale, attirant les élites et les têtes couronnées : au Chabanais, ouvert dans la rue du même nom en 1878, le prince de Galles, « Bertie » pour les intimes, qui accède au trône d'Angleterre en 1901 sous le nom d'Édouard VII, a sa chambre réservée, où l'attend son « fauteuil de volupté », fabriqué spécialement pour lui. Dans tous les établissements, les filles sont drastiquement sélectionnées, surveillées, contrôlées : ce néo-réglementarisme institutionnalisé témoigne de la zone grise que demeure la prostitution en régime républicain. Il est vrai que cette république laïque, modérée, libérale, et dominée par les hommes, répugne à pratiquer une censure moraliste, associée aux régimes autoritaires et cléricaux. Imperméable au féminisme, le personnel républicain partage, pour l'essentiel, les préjugés qui attribuent au « sexe fort » une vitalité sexuelle débordante, justifiant le recours à une vie érotique parallèle, avec ses rapports vénaux ou ses maîtresses attitrées.

Au vrai, les frontières entre prostitution, spectacles légers et « galanterie » demeurent floues et poreuses. Rien ne le démontre mieux que le succès des cocottes aux surnoms imagés, ces « reines du Paris 1900[101] », qui ont pris le relais des demi-mondaines du Second Empire. Certaines sont passées avec aisance d'un régime à l'autre : lancée dans les années 1860, Valtesse de La Bigne devient l'égérie du Paris artiste et mondain des années 1870-1880, ouvrant sa chambre à Émile Zola pour les travaux préparatoires de *Nana*. Mais voilà que, déjà, une nouvelle génération prend le relais, celle de Caroline Otero, née en Espagne en 1868, arrivée à Paris en 1889 dans le sillage d'un riche amant, et dont le physique très hispanique n'entravera pas sa mue en vraie Parisienne ; celle de Cléo de Mérode, née en 1875 à Paris, danseuse classique de formation, d'une beauté pure et classique ; celle d'Émilienne d'Alençon, née André en 1870, qui fit ses débuts dans le demi-monde à l'âge de 15 ans avant de devenir actrice et danseuse ; celle de Liane de Pougy, née Chassaigne en 1869, qui, issue d'un milieu bourgeois, et divorcée à 19 ans, devint danseuse de cabaret et cocotte de haut vol...

Comme leurs devancières, elles mènent une vie libre, détachée des conventions bourgeoises, dévolue aux plaisirs des hommes de l'élite, qui financent leur luxe. La « belle Otero » a été lancée par un banquier et aurait attiré dans son lit tout ce que le Paris de la Belle Époque comptait d'aristocrates, de financiers, d'hommes politiques en vue ; Émilienne d'Alençon fut entretenue par le duc d'Uzès et séduisit le roi Léopold II de Belgique, qui fit aussi la conquête de Cléo de Mérode ; Liane de Pougy, après son divorce, multiplia les amants de renom, dont un comte Potocki et le banquier Maurice de Rothschild, avant de se marier, en 1910, au prince roumain Ghika, sans rien renier de ses excentricités.

Leurs carrières témoignent certes de rapports de genre encore fortement dissymétriques et inégalitaires, mais les cocottes de la Belle Époque sont bien mieux intégrées que leurs prédécesseures à la société du spectacle et à la sphère médiatique du « Paris 1900 ». Formée au flamenco dans les petits cabarets de sa terre natale, Caroline Otero doit aux scènes parisiennes son surnom de « belle Otero », sous lequel elle se produit aux Folies-Bergère et au théâtre des Mathurins, à partir de 1892, après une tournée triomphale aux États-Unis, en jouant de la guitare et en exhibant des seins réputés exceptionnels. D'abord danseuse au Cirque d'été, Émilienne d'Alençon se produit elle aussi régulièrement aux Folies-Bergère, à la Scala, aux Variétés. D'une éclatante beauté, Liane de Pougy n'a nul besoin d'un talent dramatique hors pair pour incendier le public avec ses pantomimes dénudées, ponctuées de chansons canailles. Quant à la Néerlandaise Margaretha Geertruida Zelle, c'est au spectacle parisien qu'elle doit d'être passée du statut

La Belle Époque de la Parisienne (1880-1914)   185

de bourgeoise divorcée vivotant du commerce de ses charmes dans le Paris des années 1900 à celui de star adulée pour son numéro de danseuse hindoue, sous le pseudonyme de Mata Hari, qui devint aussi son nom de guerre de courtisane – et, en 1917, d'espionne fusillée pour espionnage au profit de l'ennemi. Appréciées des journalistes et des critiques, ces dames se piquent, parfois, de manier la plume : Liane de Pougy publie, en 1898, son premier roman, *L'Insaisissable*, et se lance dans le journalisme en 1904-1905, avec l'éphémère revue *L'Art d'être jolie*. La plupart écriront leurs Mémoires, publiés tardivement ou à titre posthume.

À l'exception de Cléo de Mérode qui fit une vraie carrière de ballerine et refusa d'être associée à la haute galanterie, tout en exposant complaisamment son visage à tous les artistes et photographes du temps, ces vedettes s'illustrèrent, pour l'essentiel, dans des genres mineurs, avec, pour principal atout, leur beauté et leur sensualité – tout le monde n'avait pas le talent exceptionnel d'une Sarah Bernhardt, qui, femme entretenue à ses débuts, parvint très vite à s'élever au rang d'artiste dramatique de génie. Mais c'est que, justement, la Belle Époque a favorisé la promotion de spectacles hybrides, qui mêlent chants, danses, pantomimes, comédies, en rapprochant des publics hétérogènes. C'est dans ce registre intermédiaire que la Parisienne 1900 trouve sa gloire et sa raison d'être, plus légère, plus divertissante, plus sexy, dirait-on aujourd'hui, que les divas un peu intimidantes de l'art lyrique, dramatique ou chorégraphique.

Il n'est qu'à voir, à ce titre, l'évolution qui caractérise l'image de la danseuse : si l'Opéra Garnier, mis en chantier sous le Second Empire, ouvert au public en 1875, demeure, avec son luxueux foyer où se pressent les riches protecteurs, une référence du Paris galant, peint comme tel par Jean Béraud ou Edgar Degas, ce sont des prestations plus endiablées, plus joyeuses, et plus coquines, qui fondent le succès des Parisiennes de la Belle Époque. Les bals publics qui en furent le foyer original ont certes, pour la plupart, été fermés sous l'effet de la croissance urbaine et, parfois, des descentes de police : le bal Mabille est démoli en 1882, le bal du Château-Rouge, en 1889, le bal de la Reine-Blanche met la clé sous la porte en 1885, tandis que le Bullier, toujours actif, perd en attractivité, tout comme le bal de l'Opéra, qui reprend, à Garnier, de 1875 à 1903[102]. Mais de nouvelles salles conquièrent de nouveaux publics, principalement dans le périmètre Pigalle-Montmartre, en réinvestissant la vieille tradition du cancan et du quadrille. Salle de quartier un peu crapuleuse, ouverte en 1807, sur le boulevard de Rochechouart, l'Élysée-Montmartre organise ainsi, à partir de 1881 et jusqu'en 1899, des « quadrilles réalistes », où va notamment s'illustrer Louise Weber dite « la Goulue », l'un des modèles favoris de Toulouse-Lautrec et de Jules Chéret. Un habile entrepreneur du nom de Charles Zidler, associé à Joseph Oller, s'inspire de ce spectacle, pour ouvrir, en octobre 1889, sur l'emplacement du bal de la Reine-Blanche, un nouveau lieu surmonté d'un faux moulin qui fait scintiller ses ailes rouges au-dessus d'une immense salle de danse soutenues par des piliers[103] : le Moulin-Rouge, où vont se produire, dans un joyeux tohu-bohu savamment contrôlé, les vedettes du « chahut canaille » aux surnoms pittoresques, Nini Patte-en-l'air, la Môme Fromage, Grille d'Égout, et bien sûr la Goulue elle-même, dont la principale concurrente fut l'élégante et longiligne Jane Avril. Vers 1900, ce cancan chorégraphié, rebaptisé *french cancan*, en référence aux spectacles montés par Charles Morton, à Londres, dans les années 1860, devient le « clou du spectacle » des salles de Montmartre ou des Champs-Élysées, tels le Divan japonais, le Tabarin, le Jardin de Paris ou les Ambassadeurs. Beaucoup sont devenues de véritables « music-halls », où alternent morceaux dansés, chansons, pièces comiques et numéros de cirque. Ouverte en 1869, la salle des Folies-Bergère, rue Bergère, devient, en 1886, le temple du genre. Sous la houlette d'Édouard Marchand. Polaire, Gaby Deslys, Yvette Guilbert vont être les premières stars du genre, en associant virtuosité vocale et sex-appeal assumé. Moins élitiste que le théâtre, plus professionnel que le café-concert, le music-hall achève de fixer une certaine image de la Parisienne, gaie, pétillante, pleine de feu et de « chien », dont le cancan, avec son envolée de froufrous, devient le parfait symbole. « Sacrés jupons français ! s'enthousiasme à leur propos un étudiant américain. [...] Paris est le sommet de l'Olympe ! C'est qu'on en aura, des choses à raconter en revenant à Cincinnati, où on nous accusera d'exagérer[104] ! » Longtemps sulfureux, le cancan est désormais toléré, contrôlé, intégré, au point que certains déplorent déjà sa récupération mercantile. « Le cancan est dansé par des artistes payées, d'où un abandon factice et forcé[105] », s'en plaint en 1889 le *Cook's Guide*. Ces performeuses payées n'en font pas moins recette, et vont nourrir, au moins jusqu'aux années 1960, la fortune touristique du *Paris by night*. C'est que, durant cette période, le spectacle lui-même s'est policé et professionnalisé, sous l'effet, notamment, de la censure, qui a substitué aux textes les plus obscènes et subversifs un registre gentiment polisson, qui ne fait rougir que les jeunes filles en fleurs[106], tandis que la police fait la chasse aux filles galantes habituées des bals et des salles de café-concert[107]. Au tournant des années 1900, le caf'conc' est devenu un passe-temps socialement médian et mixte, où le bourgeois peut emmener sa femme, où le couple d'employés, voire d'ouvriers, croise les mondains en goguette : la dissymétrie homme-femme, si elle structure toujours les jeux de rôle et l'esthétique scénique, n'est plus exclusivement régie par la complémentarité entre l'offre de chair féminine et la demande sexuelle masculine.

Cette évolution explique que, à l'orée du XXe siècle, les cocottes et autres femmes de spectacle sont devenues des figures en vue du Tout-Paris[108]. Le guide mondain *Paris-Parisien* de 1896 n'hésite pas à mentionner ainsi, aux côtés de Georges Clemenceau, du général Galliffet ou de Gustave Eiffel, la meneuse de revue Balty, la chanteuse Yvette Guilbert, la « belle Otero », ou encore la Goulue et Grille d'Égout, « danseuses réalistes dans les bals publics[109] ». Au même moment, le journaliste et homme de lettres Gaston Bonnefont publie une série de reportages intitulés « Nos Parisiennes chez elles ». À côté des « grandes dames » – la comtesse de Mirabeau-Martel, « Gyp » en littérature ou la duchesse d'Uzès – et des « belles artistes » – Julia Bartet et Jane Hading –, figurent de « belles mondaines » qui, quelques décennies plus tôt, se seraient vues affublées du qualificatif de « demi » : parmi elles, la « plus jolie femme de Paris », Liane de Pougy, dont le journaliste vante la « demeure de princesse » et les « tenues de reine ». Le brouillage des codes sociaux qu'a su orchestrer cette égérie des princes et des artistes transparaît dans cette formule : « tour à tour grande dame et madame Sans-Gêne, Liane de Pougy séduit également ceux du Gotha et ceux du *Gil Blas*[110] ». À propos d'une autre demi-mondaine présentée comme un parangon de bon goût et de bonne éducation, l'actrice Marion Delorme, l'auteur développe un plaidoyer plus général pour la tolérance : « La différence de jugements portés sur l'épouse adultère et sur la demi-mondaine dénote une hypocrisie flagrante [...]. Ne criez pas à l'abomination de la désolation parce que, pour payer leurs fantaisies, quelques jolies filles ruinent quelques garçons sans cervelle. Ces filles, somme toute, n'obligent personne à subir leurs caprices ; elles constituent un luxe qu'on est libre de prendre ou de laisser[111]. »

Cette volonté de dédiabolisation apparaît encore plus manifeste dans le cas des actrices, longtemps associées aux précédentes. Dans le dernier tiers du siècle, le métier se professionnalise, en même temps que le théâtre, noble ou léger, est à son apogée comme passe-temps distingué de la bourgeoisie. Les artistes de la scène conquièrent alors une image de « modèles à suivre », de « citoyennes méritantes », de « professionnelles sérieuses »[112], plutôt que de beautés à vendre[113]. Certaines, telles Réjane, Sarah Bernhardt ou Yvette Guilbert, font même figure de véritables entrepreneuses, capables de gérer leur fortune personnelle et de diriger leur théâtre. Pour autant, les actrices françaises ne sont pas nécessairement tenues, comme les Anglaises, de s'aligner sur le mode de vie des femmes du monde ou des intellectuelles, avec mariage et enfants à la clé. La sensualité, l'élégance, le « chien », voire l'excentricité restent des attributs obligés de la *star* – le terme est apparu au début du XIXe siècle[114], et prospère avec le développement de la machine médiatique et du monde du spectacle. Ce statut autorise aussi des frasques personnelles qui continuent de distinguer la bourgeoise et la femme de spectacle.

Rien n'illustre mieux ce régime particulier, entre professionnalisme et séduction, que les carrières parallèles des deux plus célèbres actrices parisiennes de l'époque, Réjane (de son vrai nom Gabrielle-Charlotte Réju) et Sarah Bernhardt. L'une et l'autre ont pratiqué l'art théâtral le plus exigeant – formation au Conservatoire, passage par la Comédie-Française ou le théâtre de l'Odéon, maîtrise des rôles classiques du répertoire –, mais se sont également imposées dans des registres plus populaires ou boulevardiers – Réjane fut notamment, en 1893, *La Parisienne*, d'Henry Becque, et la *Madame Sans-Gêne*, de Victorien Sardou, tandis que Sarah Bernhardt s'illustra, en 1880, dans *Adrienne Lecouvreur*, d'Ernest Legouvé et d'Eugène Scribe, et fit de *La Dame aux camélias*, d'Alexandre Dumas fils, son rôle fétiche. Elles eurent aussi, l'une et l'autre, une vie personnelle très libre. Réjane finit, elle, par épouser enceinte, en 1893, son amant Paul Porel, directeur de l'Odéon, dont elle divorça en 1905. Fille et nièce de cocottes, Sarah Bernhardt collectionna tout au long de sa vie un nombre impressionnant d'amants, dont le prince de Ligne, père de son fils Maurice, mais aussi l'écrivain Jean Richepin ou l'acteur Jean Mounet-Sully, avant de nouer un romantique mais calamiteux mariage avec un jeune acteur d'origine grecque, Aristides Damala. Si elle symbolisait de ce fait le tapage associé à l'actrice parisienne

– comme le rappelèrent, lors de ses tournées internationales, les sermons accusateurs des évêques de Montréal et de Chicago[115] –, ce parfum résiduel de scandale ne l'empêcha pas de devenir, non seulement, une célébrité, mais surtout un symbole national, largement exploité par le régime républicain. La star fut applaudie, le 14 juillet 1881, en chantant *La Marseillaise* en robe blanche et ceinture tricolore, en présence de Jules Grévy et de Léon Gambetta, avant de recevoir, en janvier 1914, la Légion d'honneur et de bénéficier, à sa mort, en 1923, de funérailles nationales. À la croisée du chic et du « chien », du grand art et de la séduction capiteuse, Sarah Bernhardt fut, pour de nombreux contemporains, la quintessence même de la Parisienne. « Elle est l'incarnation de la plus romantique et remarquable espèce de la *Parisienne* moderne, observa l'Anglais Stuart Henry. Quels épisodes fantastiques, quelles toilettes vaporeuses, quelles silhouettes à taille de guêpe n'ont pas été inspirées [...] par Mme Bernhardt ? [...] Elle a été la première et demeure la plus grande *Parisienne* de toute cette *fin-de-siècle*[116]. » Le portrait que fit d'elle Georges Clairin en 1876, la montrant, en déshabillé blanc, un éventail de plumes à la main, alanguie sur un moelleux canapé, résume parfaitement cette identité duelle, entre diva et cocotte, la seconde pimentant la première, sans, désormais, lui porter préjudice.

Un subtil équilibre

En 1894, l'ouvrage de la marquise de Garches *Les Secrets de beauté d'une Parisienne* peut ainsi démontrer que le goût scabreux d'autrefois est devenu la norme d'aujourd'hui. La couverture montre une élégante pleine de « chien », dont il serait bien difficile de dire si elle est « petite femme » ou femme du monde – ne se farde-t-elle pas les lèvres en pleine rue, jaugeant du résultat dans un petit miroir de poche ? Il est vrai que, selon la marquise, « les fards sont maintenant très répandus[117] ». De même est-il précisé, à propos des corsets de soie : « En 1830, ils étaient réservés aux "créatures", comme disaient, avec une moue de dédain, les belles dames en papillotes de la cour de Louis-Philippe. Maintenant, il n'est si petite-bourgeoise qui n'ait son corset de satin[118]. » L'évolution du pantalon de dessous permet de démontrer la supériorité de la séduction française sur la prude Angleterre, qui en a lancé l'usage : « Au commencement de son règne, il tombait aux chevilles, droit, raide, disgracieux. Maintenant, il arrive à peine au genou et se termine par un flot de rubans. Il est garni de dentelle, de broderies, de pompons ; sa forme est exquise. Bref, d'un objet de dessous, puritain, la coquetterie des Parisiennes a fait un adorable chiffon de luxe[119]. » C'est peut-être un guide de « l'Expo 1900 » qui résume le mieux cet alliage de distinction et d'érotisme :

> La Parisienne, délicieux assemblage de coquetteries et de charmes se décomposant ainsi : d'élégants vêtements qui s'ajustent indiscrètement comme un maillot ou qui flottent, suivant la mode, mais toujours bien portés par une fine couturière tout aussi Parisienne que sa cliente ; un mouvement endiablé, une allure fine et gracieuse dans la marche[120].

Ce fantasme mobilise toujours la forte polarisation des identités de genre, qui, plus que jamais, vise à faire de la Parisienne la Femme par excellence. « À tous les degrés de l'échelle sociale, la femme est cent fois plus femme à Paris qu'en aucune autre cité de l'univers, juge ainsi Octave Uzanne. Elle y est plus femme [...] parce qu'elle y dégage une plus haute puissance de cette séduction ensorcelante [...] de certaines fleurs de serre légèrement pâlies et exquisement parfumées. Tout, dans la Parisienne, est adorablement femme, jusqu'à cette gaminerie qui est son plus frondeur apanage[121]. » Dans cette essentialisation du « beau sexe », Uzanne voit le véritable marqueur de la civilisation française : « Le seul titre de gloire [de notre société] c'est d'avoir créé la femme, là où la nature avait fait une femelle, d'avoir créé la perpétuité du désir là où la nature n'avait placé que la perpétuité de l'espèce[122]. » À travers la Parisienne, la société française semble ainsi défendre un modèle féminin plus esthétisant et hédoniste que maternaliste, qui fait sa spécificité par rapport à ses voisins réputés plus puritains.

Essentialiser la femme ne relève pas seulement, toutefois, d'un seul effet de rapport de sexe. Cette représentation du féminin permet aussi de postuler la convergence des classes et des territoires dans la célébration d'une « parisianité » apaisée et inclusive, au service du pays entier. Par là, la Parisienne 1900 correspond à l'idéal d'une république stabilisée, embourgeoisée, libérale, qui entend intégrer les « nouvelles couches sociales » célébrées par Léon Gambetta dans son discours du 26 septembre 1872, et se pense volontiers comme progressiste, malgré les nombreuses crises qui la secoue.

La médiatrice sociale du Paris républicain

Changement de régime

La Parisienne 1900 est d'abord l'émanation symbolique d'un Paris qui, depuis la fin du Second Empire, n'en finit pas de poursuivre la mue entamée sous Haussmann : percées de nouvelles rues, gares agrandies, nouvelle vague de constructions d'immeubles de rapport, érection de la tour Eiffel pour l'Exposition universelle de 1889, première ligne du métropolitain en 1900, diffusion de l'électricité, du téléphone... La capitale a maintenu une dynamique soutenue de modernisation et d'embellissement et cultive une fierté nombriliste que flattent les trois Expositions universelles de 1878, 1889 et 1900, même si Londres, avec ses 6,5 millions d'habitants, reste une redoutable rivale, et même si la bataille pour la modernité − technique, architecturale, autant que culturelle − s'engage déjà à Berlin, Vienne ou New York.

Cette mue se nourrit d'un nouveau bond de croissance, puisque la ville passe de 1,9 million d'habitants en 1872, à 2,9 millions en 1914, crête numérique sur laquelle elle va se maintenir jusqu'au début des années 1950, avant d'amorcer sa décrue[123]. Ce gain d'un million de Parisiens est dû, pour 24 %, au solde naturel, et pour 76 %, au solde migratoire, ce qui signifie que la capitale continue d'absorber, chaque année, des dizaines de milliers de provinciaux et de provinciales : entre 1870 et 1914 un tiers seulement des « Parisiens » sont nés dans la capitale[124].

Cette croissance démographique s'accompagne de profondes mutations socioprofessionnelles : Paris reste certes une ville industrielle, avec ses imprimeries, ses ateliers de mécanique de précision, sa manufacture de tabac et, bien sûr, son dynamique secteur de la couture, qui emploie 350 000 ouvrières en 1911, sur un total de 978 000 ouvriers, lesquels forment alors 50 % de la population active[125]. Les usines et ateliers de grande taille, ou trop polluants, ont cependant été, pour l'essentiel, rejetés à la périphérie, entraînant le développement de la banlieue, et c'est le secteur des services qui connaît, proportionnellement, la croissance la plus rapide : les métiers du commerce et de la banque ont presque triplé entre 1866 et 1911, les professions libérales ont quasiment quadruplé, les fonctionnaires ont plus que doublé[126]. Un transfert s'opère de la catégorie des travailleurs manuels vers celle des employés, notamment dans le domaine des postes, des commerces, de la dactylographie, où les femmes sont majoritaires.

Cette tertiarisation profite surtout aux classes moyennes et supérieures, et la ville reste socialement très inégalitaire : en 1911, 82 % de la population revendique moins de 5 000 francs de revenus annuels, répartie dans un large croissant allant du 18e au 19e arrondissement, tandis qu'à l'autre extrémité de la pyramide sociale les grandes fortunes (plus de 2 millions), concentrées dans les « beaux quartiers » de l'ouest et du centre, ne représentent que 0,5 % de l'ensemble[127]. Si l'avènement de la république a contribué à apaiser les déchirures de la Commune, les tensions sociopolitiques restent fortes, qui nourrissent le vote socialiste, la tentation anarchiste et, plus ponctuellement, les flambées d'antiparlementarisme et de nationalisme. À la veille de 1914, Paris reste une ville politiquement clivée, votant majoritairement à gauche dans l'est, le sud et le nord, à droite, dans l'ouest et le centre[128].

Elle a su, cependant, devenir la capitale de la république, comme en témoigne l'évolution de la symbolique officielle – par exemple celle de la statuaire ou des noms de rues – ou de la sociabilité populaire – le 14 juillet est devenu fête nationale en 1880. Les conditions de vie des classes populaires se sont légèrement améliorées : l'instruction obligatoire est portée à 13 ans, la législation encadre plus rigoureusement le travail des femmes et des enfants, le repos hebdomadaire est devenu obligatoire par la loi du 13 juillet 1906. La république a aussi amené au gouvernement, au Parlement et dans les administrations un personnel d'origine moins privilégiée et souvent plus provincial que par le passé[129]. Leurs épouses et compagnes sont amenées à jouer un rôle nouveau, en s'agrégeant aux élites socio-économiques traditionnelles. Plus encore que par le passé, la Parisienne des années 1880-1910 a vocation à faire la synthèse de ces différentes mutations, en renforçant l'illusion d'une fusion des élites et en s'offrant comme modèle aux couches petites-bourgeoises et populaires ralliées à la république, pour qui Paris est l'horizon de l'ascension sociale.

Des Tetes ! — du Sang ! — la Mort ! — à la Lanterne ! — à la Guillotine. — point de Reine ! — Je suis la Deesse de la Liberté ! — l'egalité ! — que Londres soit brulé ! — que Paris soit Libre ! — Vive la Guillotine !

À PARIS BELLE.

Pub.d Feb.y 26.th 1794. by H. Humphrey N:o 18. Old Bond Street

Miss Mary Stokes del.t

1. Cette gravure contre-révolutionnaire d'origine anglaise tourne en dérision la prétention des Français à incarner la mode et la civilisation : la « Belle de Paris » n'est plus qu'une harpie grimaçante. Tous les épisodes révolutionnaires du XIXe siècle produiront des images semblables, qui illustrent la complexe identité de la capitale française, à la fois lieu du plaisir et des séditions.
À Paris Belle, gravure satirique anglaise de James Gillray d'après miss Mary Stokes, 1794, Paris, BNF.

2. Représentée ici sous les traits du trottin, qui livre commandes et paquets, la grisette de Gavarni esthétise à l'extrême les petits métiers féminins de la capitale, pourtant bien durs. Ce travail de stylisation vise à faire de cette figure modeste mais « charmante » une vraie Parisienne, soudée aux classes supérieures par le goût de la mode.
Gavarni, illustration pour « La grisette » de Jules Janin, dans *Les Français peints par eux-mêmes*, vol. 1, 1841, Paris, BNF.

3. Maîtresse attitrée de l'étudiant ou du bohème, ici à moitié dévêtue, la grisette se charge, sous le pinceau d'Eugène Morisseau, de connotations explicitement érotiques, tout en demeurant un type positif, qui ne se confond pas avec la prostituée.
Eugène Morisseau, *Variétés de l'espèce*, « La grisette », 1832, estampe, Paris, Musée Carnavalet, © Musée Carnavalet/ Roger Viollet.

4. Peintre, lithographe et dessinateur de mode, Achille Devéria immortalise en 1840 une Parisienne raffinée et très séductrice, inspirée par sa propre épouse, qui semble tout droit sortie d'un roman de Balzac. Les « heures de la Parisienne » vont rester un genre très prisé, avec son pendant pornographique, qui circule sous le manteau.
Achille Devéria, *Les Heures de la Parisiennes*, « 10 heures du matin », vers 1830, Paris, BNF.

5. Premier peintre de la vie moderne selon Baudelaire, Constantin Guys capte dans ses aquarelles l'essence de la Parisienne du Second Empire, canaille, insolente, et sulfureuse. Dépendantes des hommes, ces courtisanes n'en sont pas moins représentées comme des femmes puissantes, armées de leur pouvoir de séduction.
Constantin Guys, *Promenade au champ de course*, XIXe siècle, Paris, Musée Carnavalet, © Musée Carnavalet/Roger-Viollet.

6. et 7. À la même date, Auguste Renoir et Édouard Manet livrent chacun leur version de « la Parisienne ». Les deux peintres ont entendu la leçon de Baudelaire, pour qui la mode et la femme urbaine sont les principaux marqueurs du moderne en art. Anonymes et socialement indécises, ces deux Parisiennes se dégagent du portrait mondain pour faire primer le type sur l'individu.
Auguste Renoir, *La Parisienne*, 1874, National Museum Wales, Cardiff.
Édouard Manet, *La Parisienne*, 1874-1875, Nationalmuseum, Stockholm.

8. À la fin du XIXe siècle, la Parisienne devient un véritable poncif pictural, à la gloire d'une « Belle Époque » bourgeoise et cocardière, alors que les avant-gardes se tournent vers des recherches plus formalistes. Influencé par l'impressionnisme, mais dans une version plus consensuelle et plus léchée, le peintre Jean Béraud s'en est fait le spécialiste.
Jean Béraud, *Parisienne sur la place de la Concorde*, vers 1890, Paris, musée Carnavalet, © Bridgeman Images.

9. Au lendemain de la Commune, la régénération de la femme de Paris souhaitée par les républicains et les Communards a échoué, comme semble le suggérer ce tableau peint par un anonyme, qui évoque avec amertume la victoire de la réaction. Placée au centre du tableau, la Parisienne est redevenue une coquette privilégiée, superficielle et arrogante.
Anonyme, *Plaisanteries sur le cadavre d'un Communard,* Musée d'Art et d'histoire de Saint-Denis, XIXᵉ siècle, © Bridgeman Images/ Leemage.

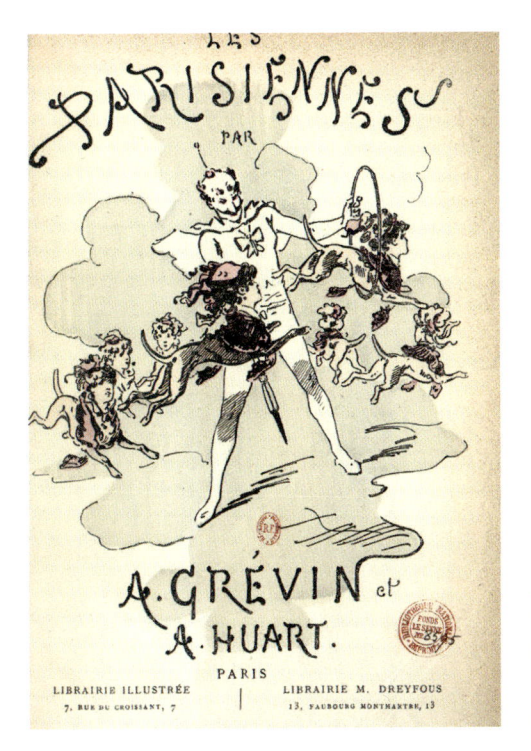

10. Cette illustration pour un ouvrage « coquin » de 1878 pousse à son paroxysme la « féminolatrie » phallocratique qui a largement contribué au modelage du type depuis son origine.
A. Grévin et A. Huart, *Les Parisiennes*, Librairie illustrée, Librairie M. Dreyfous, 1878, BNF.

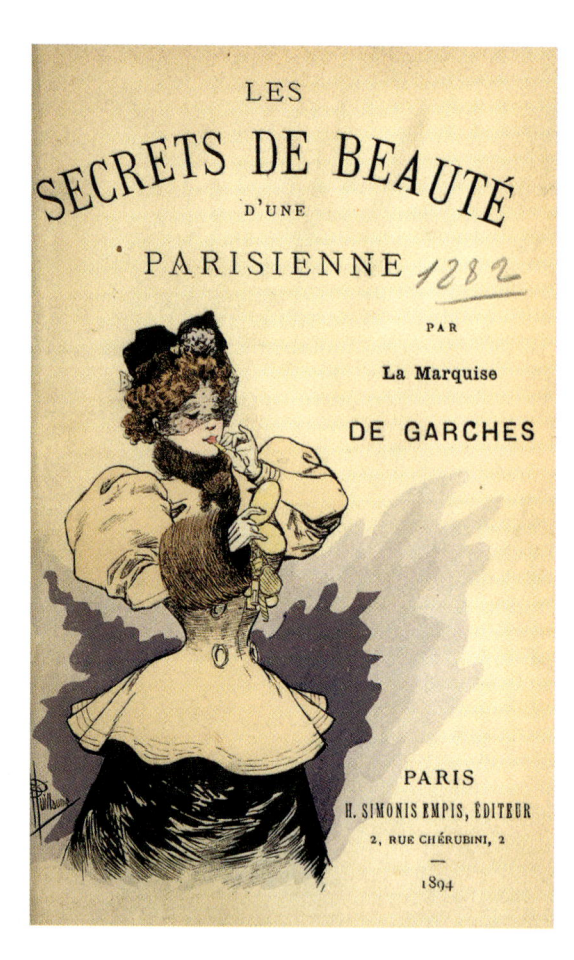

11. À la Belle Époque, les guides de beauté donnent à un public élargi la Parisienne en modèle. Des gestes ou des pratiques autrefois réservés au demi-monde, tel, ici, le maquillage, ne sont plus interdits à la femme coquette, même s'ils restent de mauvais goût pour la bourgeoisie « convenable ».
Marquise de Garches, *Les Secrets de beauté d'une Parisienne*, H. Simonis, Empis, 1894, BNF.

12. Cette série de cartes postales réinvestit, au début du XXe siècle, le genre canonique des « Heures de la Parisienne ». La journée-type reste celle d'une riche oisive, mais en évoquant « la Parigote », le commentaire postule l'élargissement social des voluptés parisiennes.
A. Bergeret et Cie, « La journée de la Parisienne », série de dix cartes postales, 1900-1901, Galliera, Musée de la Mode de la Ville de Paris, © Eric Emo/ Galliera/ Roger-Viollet.

13. Après guerre, mode et dessin s'associent pour réinventer la Parisienne, malmenée par le conflit et l'Occupation. Avec son fameux *New Look* de 1947, Christian Dior redonne à la haute couture française sa prééminence internationale. René Gruau, de son côté, imagine une Parisienne toujours plus sophistiquée et longiligne, qui restera l'idéal des années 1950.
René Gruau, tailleur Bar Dior, 1947, © René Gruau.

14. C'est dans les années 1930 que Paris est devenu le cadre privilégié de la photo de mode, initiée par les frères Seeberger au début du XXe siècle. Après guerre, le procédé se banalise, en cherchant à créer une osmose entre la mode, la femme et la ville, alors que Paris devient une destination phare du tourisme mondial.
Robert Capa, *La Parisienne sur les quais*, New Look de Christian Dior, 1947, © Magnum Photos.

15. Un an après *Et Dieu créa la femme*, qui a révolutionné la représentation du désir et de la plastique féminine, Brigitte Bardot revient aux comédies légères de ses débuts, en incarnant une jeune écervelée très parisienne. Les ficelles restent celles du « vieux » théâtre de boulevard, alors que l'époque est déjà travaillée par la révolution des mœurs.
Affiche du film *Une Parisienne* de Michel Boisrond, 1957, Unifrance, Prod DB, © Arian- Filmsonor-CinetelRizzoli/DR.

16. Jeunes, aisées, sexy, « libérées », les Parisiennes de Kiraz, imaginées pour le magazine *Jour de France* dans les années 1960-1970, incarnent le type revu et corrigé par la révolution sexuelle des Trente Glorieuses. S'il s'agissait explicitement, pour le propriétaire du journal, Marcel Dassault, de titiller la libido de ses lecteurs, Kiraz entendait avant tout célébrer la séduction et le pouvoir érotique de la femme.
Dessin de Kiraz, 1975, in « Les Parisiennes de Kiraz », Larousse.

Déclin aristocratique

La Parisienne peut-elle encore, en république, être une « grande dame » ? On ne saurait nier que, en 1900, le personnage conserve une facette aristocratique, qui connaît même peut-être, plus d'un demi-siècle après Balzac, une forme d'apogée littéraire avec *À la recherche du temps perdu*, entamé par Proust en 1906, achevé en 1922, publié, pour le premier tome, *Un amour de Swann*, en 1913, et pour le dernier, *Le Temps retrouvé*, en 1927, à titre posthume. Certes, l'œuvre ne connaîtra pas le succès avant l'entre-deux-guerres, mais sa gestation reflète sans conteste les évolutions sociales des années 1870-1910. Au sommet de la pyramide mondaine dont l'écrivain dissèque à satiété les subtils critères de distinction trône en effet la flamboyante Oriane de Guermantes, inspirée de personnalités réelles, telles la comtesse Élisabeth Greffulhe, née de Riquet de Caraman-Chimay, ou la comtesse Laure de Chevigné. Riches, belles, tenant salon, donnant de fastueux bals, arborant les dernières créations des grands couturiers, ces mondaines très titrées restent, pour les gazettes et les magazines de mode, des référents, dont on détaille, à longueur de colonnes, les tenues extraordinaires, les élégantes réceptions, les séjours en villégiature. Comme y ont insisté les historiens de la noblesse[130], les évolutions du siècle n'ont en rien entamé l'extraordinaire privilège symbolique des titres et des particules, encore adossés à de solides atouts patrimoniaux, professionnels et financiers.

La grande dame, cependant, doit désormais partager l'Olympe des Parisiennes avec des déités toujours plus nombreuses. On a déjà évoqué la montée en puissance des actrices, demi-mondaines et femmes de spectacle. Dans le roman proustien, c'est Odette de Crécy, qui, autant ou plus que la duchesse de Guermantes, incarne la Parisienne 1900 : d'origine indécise, mais sans lustre, Odette a été, dans sa jeunesse, une femme de petite vertu. Sa liberté de mœurs et sa particule de fantaisie la rattachent au monde des cocottes, mais ne vont pas l'empêcher de séduire puis d'épouser le très raffiné Charles Swann, lui-même atypique dans les hiérarchies du « monde », de par sa judaïté et son culte de l'art. Elle devient alors, aux yeux du grand public et dans le miroir des journaux, la Parisienne idéale, admirée lors de ses sorties au Bois ou sur les Champs-Élysées, pour son extrême élégance, son chic inimitable, sa beauté sensuelle, même si les vrais mondains ne décèlent, dans ce concert de louanges, que la vulgarité de la société du spectacle. Cette trajectoire s'achèvera, après la guerre, par son remariage avec le comte de Forcheville et l'union de sa fille Gilberte avec Robert de Saint-Loup, issu, lui, du meilleur gratin nobiliaire.

Inspiré du parcours de la cocotte Liane de Pougy, le personnage illustre parfaitement les reconfigurations du « Tout-Paris » que brosse un autre romancier déjà évoqué, Marcel Prévost, dans l'un des grands succès à scandale de la période, *Les Demi-Vierges*, publié en 1894. Issue de l'aristocratie désargentée, Maud de Rouvre, son héroïne, y est dépeinte comme « la jeune personne d'un certain Paris, celle qui a des parents à l'aise et sans morgue, qui va au Bois, au bal, au théâtre, à Aix, à Trouville, qui fait de l'hydrothérapie, du tennis, des parties de rallies. Vous y verrez représentés tous les degrés de l'échelle sociale entre la grisette et l'héritière des hautes familles historiques. [...] Toutes [...] sont aussi naturellement le produit du Paris libre et jouisseur que cette fine champagne est le produit des vins blancs de Charente[131] ». Le « monde », on le voit, se complexifie, met en concurrence plusieurs sphères ou plusieurs strates politiques, culturelles, économiques. Et si Octave Uzanne peut déclarer que « la Parisienne forme une aristocratie parmi les femmes du globe », il s'agit désormais d'une aristocratie générique et symbolique, qui à la définition nobiliaire traditionnelle substitue une distinction plus individualisée. Les particules de fantaisie que s'octroient cocottes, actrices, chroniqueuses de mode ou auteures de guides de beauté traduisent ainsi, autant que l'emprise symbolique de la noblesse, la mise à distance ironique de ses codes, qu'autorise la fluidification sociale opérée par la république. C'est dans ce nouvel horizon que la bourgeoise trouve une forme de revanche, en partant elle aussi à la conquête du titre de « Parisienne ».

Revanches bourgeoises

En 1900, Octave Uzanne n'hésite pas à déclarer : « La bourgeoise moyenne fournit la quintessence de la Parisienne. Intuitive, renseignée sur toutes choses, d'une éducation suffisante qui ne la rend jamais pédante, curieuse à l'excès des menus faits du jour, fureteuse, dénicheuse d'occasions, amoureuse des flâneries, des mouvements et des événements de la rue, elle aime passionnément son Paris et sait y vivre avec goût et quelquefois avec art, sans y éprouver un seul instant l'ennui de vivre, car ses occupations, pour futiles qu'elles soient, la font terriblement affairée[132]. » La plupart des héroïnes du théâtre de boulevard, à commencer par Clotilde Dumesnil, « la Parisienne » d'Henry Becque, appartiennent à cette bourgeoisie aisée que célèbre aussi la peinture œcuménique d'un Jean Béraud. À côté de la grande dame, de la cocotte, de l'actrice ou de la « petite femme », la bourgeoise, indiscutablement, a conquis ses galons de Parisienne, en se délestant de cette glaise utilitariste que flétrissait le regard balzacien.

Certes, la culture 1900 reste narquoise à l'égard du « bourgeois », férocement brocardé par l'élite artiste, ou, plus suavement, par les auteurs du Boulevard, de Feydeau à Courteline en passant par Becque – songeons aussi au portrait caustique que dressent Proust de l'imposante Mme Verdurin, ou Émile Zola de Mme Josserand dans *Pot-Bouille*, dragon en jupon uniquement préoccupé de trouver un bon parti pour ses filles. Mais dans la pièce de Becque, et dans de nombreuses pièces de Feydeau, la femme reste comparativement épargnée par les mesquineries de la compétition sociale qui transforment leurs compagnons en risibles mécaniques : son aura d'élégance, son parfum de séduction permettent presque toujours de sublimer son bourgeoisisme en « parisianité ». L'âge reste aussi un critère décisif : Zola prête à Berthe Josserand une séduction très parisienne qu'il dénie à sa matrone de mère, tout comme Proust s'autorise à faire de ses « jeunes filles en fleurs » des modèles de grâce et d'aisance assez peu en rapport avec leur milieu. Et c'est encore souvent le clivage Paris-province qui dessine la ligne de partage des eaux au sein de la bourgeoisie : là où la bourgeoise de province continue de se définir, comme dans le roman d'Octave Mirbeau, par sa raideur et sa pingrerie, son équivalent parisien, vivant au plus près des élites et du « bon ton », capte une partie de leur séduction.

Paris opère en ce sens comme une puissante machine à « aristocratiser », qui profite aussi aux couches intermédiaires. Presque toujours oisives, disposant de domestiques, épouses de fonctionnaires, d'ingénieurs, de médecins, d'avocats, ces Parisiennes se doivent d'être à la mode, d'avoir leur « jour », de se divertir, de rester cultivées. Certaines jouent un rôle informel mais réel dans la carrière de leurs maris, en prenant en charge l'organisation des mondanités, et parfois la tenue régulière d'un salon, qui mobilisent au premier chef leurs talents « féminins », grâce, esprit, sens de la conversation[133]. C'est particulièrement vrai dans le domaine de la politique : avec le développement du parlementarisme, certaines mondaines vont jouer un rôle essentiel de socialisation et d'acculturation aux mœurs de la capitale de la nouvelle classe politique[134], souvent issue de milieux modestes et/ou provinciaux – entre 1871 et 1914, on estime qu'un tiers des ministres sont d'origine plébéienne[135]. L'exemple le plus connu est celui de Juliette Lamber, fille éduquée et ambitieuse d'un médecin picard, devenue l'épouse du banquier Edmond Adam, et la principale confidente et conseillère de Léon Gambetta. Sous son influence et celle de sa maîtresse Léonie Léon, le leader du camp républicain, originaire de Cahors, et réputé pour son débraillé, apprit à policer ses manières et à couler son ambition politique dans les codes comportementaux du monde parisien[136]. Si Juliette Adam évolue par la suite vers des positions plus conservatrices, elle va rester le modèle achevé de la salonnière républicaine, surnommée par la presse « la grande Française[137] ». D'autres Parisiennes surent épauler des hommes politiques : par exemple la pétillante Nina de Villard, femme de lettres ambitieuse qui invite à sa table Émile Zola, Léon Gambetta ou Jules Favre ; l'élégante Léontine Arman de Caillavet, égérie d'Anatole France et l'un des modèles de Proust pour Mme Verdurin, chez qui l'on croise artistes et écrivains, mêlés à des députés et des gouvernants ; ou encore la jolie Lydie Aubernon, réputée pour ses dîners raffinés et surnommée ironiquement « la précieuse radicale ».

Toutes n'ont évidemment pas le regard tourné vers les hautes sphères du pouvoir, ce qui ne signifie pas que le modèle de la Parisienne ne puisse pas aussi amalgamer les franges inférieures de la bourgeoisie, sur des critères de séduction et d'élégance individuelles. C'est bien ce qu'entend démontrer Georges Montorgueil en réinvestissant la physiologie de la « ménagère parisienne[138] », apte à rester élégante, par-dessus ses casseroles, dans son modeste logis : « la ménagère est une maîtresse de maison dont la maison est petite. C'est la grande dame du peuple[139] ». Jean Béraud illustre le type dans *Les Halles*, en 1879, tableau qui montre une Parisienne sans prétention mais à la mise recherchée faisant son marché au milieu des marchandes en cheveux et des domestiques à bonnets blancs. Cette « fleur de la ville » est, pour un auteur anglais, « la Parisienne typique de la classe moyenne », qui « coud elle-même ses propres vêtements et possède ce pouvoir magique, si spécifique à la Parisienne [...] d'avoir l'air parfaite dans des atours qui pourraient être parfaitement hideux pris isolément[140] ». Le *Guide sentimental de l'étranger dans Paris* préfère, lui, voir dans la cocotte une petite-bourgeoise presque raisonnable : « cette élégante, cette évaporée, garde, à travers ses falbalas, une préoccupation de ménagère, et sait, souvent mieux que le mari, thésauriser les économies ou conserver le trésor acquis. [...]. Magnifique et sachant compter ! voilà la Parisienne[141] ! ». Ces propos illustrent le déplacement du centre de gravité de la Parisienne vers le milieu de la pyramide sociale et confortent la fonction syncrétique de ce moule intégrateur, censément accessible à toutes.

Quelle place y trouvent les femmes des milieux populaires ? On a vu combien leur identification en jolies Parisiennes masquait mal un statut de proie sexuellement disponible. À cette identité trouble, la Commune a ajouté celle de la harpie menaçante, qui rend plus difficile de penser sur un mode apaisé et séducteur les rapports de classe et de sexe. Porteuse de réconciliation, la république va développer un regard plus intégrateur, sans se départir de ses ambivalences vis-à-vis du « féminin ».

De la midinette à la Parigote

L'acte de décès de la grisette est désormais consommé : pour Louis Morin, il ne s'agit plus que d'un mythe romantique tombé en désuétude[142], et le Britannique George Augustus Sala l'évoque au passé : « Elle avait une manière insurpassable de marcher avec grâce et agilité[143]. » Le terme subsiste comme marqueur d'un « gai Paris », pittoresque et grivois – dans l'opérette de l'Autrichien Franz Lehár, *La Veuve joyeuse*, créée à Vienne en 1905, à partir d'une pièce d'Henri Meilhac de 1861, il désigne toute femme aux mœurs légères. Pourtant, on l'a dit, les statistiques montrent le poids encore grand des ouvrières de la couture, de la mode ou du linge, qui représentent près de 60 % des effectifs de la population ouvrière féminine parisienne en 1900[144]. La culture grand public, de son côté, n'a pas renoncé à exalter le trottin, la lingère ou la modiste, aussi bien en chansons qu'en dessins. En réalité, la grisette a moins disparu qu'elle n'a muté, comme en témoigne l'évolution du vocabulaire. Louis Morin l'évoque sous les traits de la « cousette », Arsène Alexandre préfère parler des « reines de l'aiguille, modistes et couturières », mais c'est surtout le terme de « midinette » qui s'impose, reflétant la progression des emplois de services et leur féminisation partielle

– en 1911, un tiers des employés de la capitale sont de sexe féminin. Dérivé de « midi », il évoque le moment du déjeuner où ces jeunes filles se répandent dans les rues et les jardins de la capitale pour le casse-croûte ou la « dînette » : « midi, c'est l'heure jolie du centre de Paris[145] », s'enchante Louis Morin, en décrivant le spectacle des jeunes apprenties qui font la queue chez le traiteur ou le marchand de vin[146]. Dans le *Guide des plaisirs à Paris* la « jolie midinette » désigne plutôt les employées de la couture sortant des ateliers et magasins de la rue de la Paix[147], tableau bien parisien qu'affectionne Jean Béraud[148]. Grisettes et midinettes ont donc fusionné pour former un type nouveau, qui atténue partiellement les implications grivoises de la première, sans les supprimer tout à fait.

Il tend aussi à accentuer la ligne de démarcation entre le propre et le sale, le noble et l'ignoble, le centre et la périphérie dont on a vu qu'elle structurait en profondeur les représentations de la Parisienne populaire. « Ici encore, il existe une sorte de hiérarchie déterminée par la plus ou moins grande propreté du métier, affirme par exemple Octave Uzanne. L'aristocratie, tout bien examiné, comprend les ouvrières de l'habillement telles que modistes, couturières, corsetières, lingères, etc.[149] » Aristocratie ouvrière ? La notion est essentielle dans les représentations du peuple de Paris, et seules les catégories féminines qui en relèvent – employées des grandes enseignes, des magasins de luxe, des maisons de mode, des services haut de gamme – semblent aptes à accéder au titre de « Parisienne ». La coupure avec les « autres », ouvrières à la pièce du *sweating system*[150] ou des métiers industriels, s'accentue spatialement à la Belle Époque avec le développement de la banlieue, où s'agrègent les populations les plus pauvres et les couches les plus récentes de migrants : de 1866 à 1911, la population des communes situées au-delà des « fortifs », tels Saint-Denis, Levallois-Perret, Aubervilliers, Ivry, Puteaux, fait ainsi plus que doubler[151], tandis que régresse la part des travailleurs manuels dans la ville intra-muros, de 61,3 % de la population active en 1866 à 59,3 % en 1911, même si le chiffre augmente en valeur absolue, du fait de la croissance continue de la ville. Si ces communes font partie du département de la Seine, elles n'ont rien de « parisien » – on désigne même parfois du terme dédaigneux d'« extra muros[152] » ces nouveaux banlieusards. Les ouvrières de fabrique qui y vivent attirent à Octave Uzanne ce commentaire attristé : « Ici nulle coquetterie, nul souci de bien-être, la préoccupation harcelante du pain quotidien abolit tout.

La Belle Époque de la Parisienne (1880-1914) 199

Il y a chez elles de la bête de somme résignée[153]. » Rien à voir avec les coquettes lingères de la couture parisienne, à propos desquelles un autre auteur remarque : « L'enfant, voluptueuse, touche aux dessous des belles dames, interroge ces linges fins et soyeux, ornés de batistes et de rubans ! Ah, ce n'est plus du linge d'ouvrier, ici ! […] La petite devient coquette, arrange ses cheveux avec recherche, porte un ruban au cou, arrondit le bras pour manier le fer[154]. » Ces sous-entendus graveleux s'adossent à une hiérarchie économique bien réelle, car les ouvrières qualifiées de la couture peuvent espérer, lorsqu'elles accèdent au statut privilégié de maîtresse ou de contremaîtresse, des salaires élevés – de 12 000 à 35 000 francs par an dans les grandes maisons[155] –, tandis que les autres ont vu, globalement, leurs revenus et leurs conditions de travail se dégrader.

Le même fossé s'observe au sein du monde des domestiques, désormais féminisé à plus de 80 %. La production pittoresque continue d'en faire un symbole avenant de la féminité parisienne, que fantasme le physiologiste Pierre Vidal, en imaginant le regard satisfait d'un bourgeois sur son employée de maison : « Quand ce matin, ayant apporté dans la salle à manger le chocolat quotidien, elle retournera à sa cuisine, cambrant sous le coquet corsage sa jolie taille de Parisienne, Monsieur dira […] à Madame d'un petit air dégagé : "Ne trouvez-vous pas, chère amie, que Jeanne a comme un faux air de Sorel ?" Et il pense en lui-même que ce n'est pas déplaisant[156]. » Ce portrait libidineux n'a évidemment pas grand-chose à voir avec une autre figure de domestique bien connue, celle de Bécassine, imaginée, en 1905, par le dessinateur Joseph Pinchon pour le journal de petites filles *La Semaine de Suzette*, avant de devenir, en 1913, personnage d'albums, sur des scénarios de Maurice Languereau dit Caumery. Issue d'une région alors considérée comme l'une des plus retardataires de France et grande pourvoyeuse d'employées de maison, la Bretagne, archétype de la « petite bonne » mal dégrossie qui porte encore sabots et coiffe, Bécassine est l'anti-Parisienne. Elle traduit, dans la fiction, le poids d'un vivier rural qui alimente encore, très largement, la domesticité de la capitale, même si la Bretonne va s'acculturer rapidement à la grande ville – mais sans perdre coiffe et sabots, comme figée dans son archétype provincial.

Si ces représentations s'élaborent donc, très largement, dans le déni des conditions de vie réelles des classes populaires, elles témoignent d'une ambition accrue d'intégration, dans une ville où les idées socialistes et anarchistes font recette au sein d'une partie du monde ouvrier : construire une communauté pacifiée est un enjeu fort de cette époque qui se veut « belle ». Les premières décennies de la IIIe République voient ainsi s'institutionnaliser de nombreux rites et festivités propres à certains corps de métier, et qui permettent d'en donner une image avenante : notamment l'élection annuelle de « la reine du lavoir » pour les blanchisseuses[157], ou la fête de la Sainte-Catherine pour les ouvrières célibataires de plus de 25 ans, dont les origines remontent au Moyen Âge, mais qui, au cours des années 1870, devient un événement laïc, joyeusement fêté par « les couturières et les modistes en vogue, les corsetières et les lingères illustres, dans les boutiques fameuses, comme dans les plus obscurs ateliers de brochage[158] ». Les « catherinettes » confectionnent, à cette occasion, d'extravagants chapeaux où dominent le jaune et le vert[159], qui font la joie des passants.

En parallèle s'affirme également un nouveau souci de moralisation, qui vise à débarrasser les jeunes Parisiennes de leur réputation de vice et de légèreté, alors que les lois Ferry de 1881-1882 ont imposé l'école jusqu'à 13 ans pour les deux sexes. Louis Morin a ainsi à cœur de montrer la jeune apprentie couturière munie de son certificat d'études, calligraphiant avec soin sur un cahier aux armes de la Ville de Paris, lisant régulièrement un roman et un journal[160] : une femme s'extirpant de la « barbarie » pour entrer dans le monde des lumières et de la civilisation. Aussi ne saurait-elle plus se définir par la disponibilité sexuelle qu'évoquait la grisette : « Ne croyez pas, sur la foi de ces méchantes langues, que la blanchisseuse est dissolue, considère Georges Montorgueil. Elle n'a de liberté que dans ses façons. En cela pareille à ses sœurs les ouvrières. Toute femme au travail régulier n'est point fêtarde[161]. » Si Louis Morin admet la fréquence de l'union libre dans les milieux populaires parisiens, il refuse d'y voir une preuve de dépravation, car la vertu, estime-t-il, est un luxe de classe, difficile à maintenir dans les milieux où règne la promiscuité[162]. Au vrai, la « faute » n'est peut-être plus si grave... « Paris sera-t-il meilleur le jour où ses 80 000 ouvrières se promèneront avec le costume et l'air cafard de l'armée du Salut sous la douteuse protection des pères la Pudeur ? plaide l'auteur. Mieux vaut encore la franchise et l'œil mutin de nos petites ouvrières[163]. » Cette indulgence de principe s'inscrit dans un lent processus d'apprivoisement de l'éros parisien : si la séduction de la « petite Parisienne » reste vantée, au nom d'une sensibilité antipuritaine et laïque qui refuse l'excès d'ordre moral, elle ne doit plus suggérer le vice ou la dépravation que le XIXe siècle attachait aux filles du peuple.

L'inclusion de la Parisienne populaire s'effectue aussi par la subordination de l'identité de quartier à l'identité urbaine générique. Remarquons en effet qu'aucune « Montmartroise » ou « Bellevilloise » ne vient la concurrencer. Lorsque les filles de ces quartiers populaires récemment annexés sont évoquées, c'est dans un rapport d'articulation, non d'opposition, à la Parisienne. Il faut dire que l'image même de ces quartiers a, en une ou deux décennies, considérablement évolué : bastion de l'extrême gauche en 1870, Montmartre est passé du statut de quartier périphérique, semi-rural, refuge pour artistes, gens de lettres et employés modestes, à celui de pôle de plaisirs de la capitale, colonisé par les cabarets, les bals et la prostitution[164]. Le « genre montmartrois » qu'évoquent les textes fait figure d'inflexion un peu canaille de la Parisienne, popularisée par les danseuses de french cancan. « Elles sont bruyantes, exubérantes, amusantes, apostrophantes (*sic*), et pour des mangeuses d'hommes, elles ne sont pas aussi féroces et affamées que les femmes d'ailleurs[165] », plaide, à leur propos, le *Guide des plaisirs à Paris* de 1907. Quant à la « Bellevilloise », elle évoque, principalement, une salle de réunion et coopérative, ouverte, en 1877, au 19-21 de la rue Boyer. Étudiant l'évolution de ce quartier au XIXe siècle, Gérard Jacquemet conclut à la puissance de la dynamique intégratrice : « Habitants d'un quartier longtemps mal famé, les Bellevillois [...] ont fini, en s'intégrant davantage à la capitale, par ressembler aux Parisiens moyens. Ce processus est devenu si efficace et ses résultats si évidents qu'aux yeux des provinciaux, le Bellevillois incarne à lui seul le Parisien à qui il a donné son accent qui le fait reconnaître entre mille[166]. » Cette gouaille ne symbolise-t-elle pas « la Parisienne » autant que l'accent aristocratique des dames de la rue de la Paix ? C'est justement le ressort que fait jouer Georges Feydeau dans *La Dame de chez Maxim*, où l'accent faubourien et les expressions argotiques de la « Môme Crevette » font tout le sel du personnage, résumé par la scie comique « Et allez donc, c'est pas mon père ! ». Louis Morin juge pour sa part « délicieux » le contraste entre le chic des toilettes d'une noce de cousettes, et le « langage de caserne » dont elles usent[167].

Apparu vers 1886, le terme argotique de « Parigote » résume bien l'inflexion mi-populaire, mi-affecteuse du type. « Pour ses emplettes elle trotte / Le pas léger, yeux assassins / Parcourant tous les magasins / La Parigote... », rime un refrain reproduit sur une série de cartes postales des ateliers Bergeret consacrée à « La journée de la Parisienne ». Même si les clichés montrent une femme plutôt bourgeoise, ces télescopages sémantiques et iconographiques illustrent au mieux l'identité consensuelle et syncrétique de la Parisienne Belle Époque. « [la Parisienne] est aussi bien une grande dame riche, une petite-bourgeoise, une femme d'industriel, de commerçant, d'employé, une demoiselle de magasin, une ouvrière, qui toujours gaie et l'œil ouvert, trotte, trotte, trotte ! C'est en un mot le Tout-Paris féminin[168] », résume un guide de « l'Expo 1900 ». Octave Uzanne est à peine moins œcuménique en remarquant : « Boutiquières, ouvrières, modistes, petites-bourgeoises, actrices, hétaïres ou mondaines, toutes sont égales devant la séduction qu'elles exercent[169]. »

Toutes Parisiennes ?

Pacifiée, assagie, fédératrice, cette Parisienne peut désormais être donnée en modèle à l'ensemble des Françaises : elle n'est plus la « lionne » pleine de morgue qui intimide la provinciale, ni la sulfureuse créature qui suscite la réprobation morale, mais la figure de proue du navire « *France* », sur le modèle de la Parisienne de « l'Expo ». Ce changement de statut va de pair avec celui de la capitale sous le nouveau régime républicain, non plus monstre hydrocéphale coupé du reste du pays, mais tête organiquement soudée à un territoire aux identités multiples, dont on rappelle volontiers qu'elles n'ont cessé de nourrir la croissance de la ville. « Paris est l'alambic où se déversent, se combinent et se distillent toutes les qualités comme tous les défauts de nos provinces si diverses dans leur homogénéité, et son produit quintessencié est l'être charmant et fin qui fait le sujet de ce livre : la Parisienne[170] », considère par exemple Octave Uzanne. Véritable interface, la capitale rayonne sur le pays en lui redonnant tout ce qu'elle a absorbé de lui, si bien que la Parisienne se fait la métonymie de la Française, les deux harmonieusement soudées l'une à l'autre.

Cette formule consensuelle traduit l'idéal d'une république qui s'est construite par la conquête progressive du monde rural – lequel représente encore 56 % de la population française en 1911[171] – et par l'emboîtement du local dans le national[172]. Comme le rappelle Alain Corbin, la mise en place de la démocratie parlementaire, en renforçant l'influence des provinciaux, tout particulièrement à la Chambre des

La Belle Époque de la Parisienne (1880-1914)

députés et au Sénat, rend moins acceptable la ridiculisation de la province qui avait structuré de longue date l'imaginaire national[173]. Elle impose aussi de fournir à la province une image positive et « comestible » de cette capitale dont dépendent tant de carrières et d'ambitions. « Dans quelques mois, notre bonne ville de Paris, déjà si active et bruyante, regorgera d'étrangers qui viendront admirer l'Exposition de 1900, a ainsi noté la chroniqueuse du *Petit Journal*, Gilberte Morel, en janvier de cette année-là. La Mode, je le sais, y sera représentée dans tout l'éclat de sa beauté[174]... » La formule suggère une appropriation collective de la capitale et de ses bienfaits. Aussi la Parisienne de 1900 se devait-elle de devenir aimable, accueillante, modèle accessible à l'ensemble des Françaises : la démocratisation de son « chic » et la modération de son « chien » ont nourri cet horizon d'attente.

Sans disparaître, la partition Paris-province se fait moins clivée, moins intimidante. S'y substitue aussi une opposition urbain-rural, qui fixe le partage entre une France intégrée, connectée, mise aux normes de la modernité, et une France paysanne, encore considérée comme arriérée[175], que symbolise la figure déjà évoquée de Bécassine. Toutefois avec le développement de « la république au village », et des moyens de communication physiques ou médiatiques, même cette France « profonde » est en voie d'intégration, par le biais de la presse, du service militaire et des échanges internes aux communautés régionales. Dans le dernier tiers du siècle, celles-ci s'intègrent et se parisianisent à une vitesse accrue, renonçant aux « stratégies d'apartheid » qu'Alain Corbin pouvait encore déceler chez les Limousins de Paris au milieu du siècle[176]. À propos de la communauté auvergnate, Françoise Raison-Jourde remarque de même : « Nous serions tentés de voir dans la capitale [...] des invitations pressantes à la consommation, des possibilités plus larges offertes à l'épanouissement de la liberté individuelle, à l'allégement des contraintes morales pesant sur le groupe, des occasions plus couramment offertes à l'arrivant d'inaugurer une liberté sexuelle nouvelle[177]. » Et de préciser : « On devine, dans ces conditions, quelle libération signifie la capitale pour les jeunes filles. Elles y ont le sentiment de choisir leur mari, mais aussi d'échapper à la fatalité de maternités trop nombreuses[178]. » « La Parisienne » n'est pas seulement, en ce sens, une représentation, mais, aussi, une position, un mode de vie, un horizon de liberté, qui, dans la France de 1900, se mue en horizon convoité.

Trajectoires : Chanel et Colette

Deux trajectoires féminines bien connues illustrent le pouvoir de séduction et d'acculturation du modèle parisien, celles de deux jeunes filles issues de cette France profonde et terrienne, et qui vont gravir tous les échelons qui mènent de la glèbe au panthéon des Parisiennes. La première est Gabrielle Chanel, née en 1883 dans un très modeste milieu de paysans et de camelots auvergnats. Après avoir fait ses premières armes de « cousette » puis de chanteuse de cabaret à Moulins, dans l'Allier, elle devient la maîtresse d'un officier de cavalerie cantonné dans la région, Étienne Balsan. Riche noceur, il l'introduit dans le demi-monde parisien, dont elle s'émancipe par amour pour un riche Anglais, Arthur Capel, qui l'aide à ouvrir sa première boutique de modiste, rue Cambon, en 1910[179]. Cette brune longiligne à la beauté atypique sut alors séduire ses riches relations par la simplicité recherchée de ses toilettes et de ses chapeaux. On la retrouvera, après guerre, en reine de la capitale, à l'origine d'une mode qui finira par résumer, presque à elle seule, le style de la Parisienne.

La seconde est Gabrielle Colette, née en 1873 à Saint-Sauveur-en-Puisaye, petit village de l'Yonne, où elle a grandi sous la houlette bienveillante de parents petits-bourgeois, libéraux et cultivés. En 1893, la jeune provinciale aux longues nattes et au fort accent bourguignon – qu'elle ne perdra jamais tout à fait – épouse une figure controversée du Tout-Paris littéraire, le très manipulateur Henri Gauthier-Villars, dit Willy, pour qui elle rédige, de 1900 à 1903, la série à succès des *Claudine*, qui allie une fausse candeur enfantine à une grivoiserie bien parisienne. Divorcée de cet encombrant pygmalion en 1906, la jeune femme aux formes girondes mène une vie indépendante, goûtant aux amours saphiques avec Mathilde de Morny, tout en jouant la pantomime à moitié nue sur des scènes de music-hall[180], avant de reprendre la plume sous le pseudonyme de Colette, pour devenir une écrivaine reconnue. Hybridant le bas-bleu, la cocotte et l'actrice, Colette invente une nouvelle Parisienne qui, malgré un léger parfum de scandale résiduel, suivra, comme Sarah Bernhardt, une trajectoire d'institutionnalisation, jusqu'à l'académie Goncourt en 1945, la Légion d'honneur en 1953 et des obsèques nationales en 1954.

Le parcours des deux Gabrielle illustre à merveille la métaphore de l'alambic mobilisée par Octave Uzanne pour définir la Parisienne. Elle

La Belle Époque de la Parisienne (1880-1914) 205

montre aussi combien Paris a pu devenir, au fil du temps, un tremplin pour les ambitions féminines, tout particulièrement dans le domaine de la mode et du spectacle, voire de la littérature. Espace de liberté et de possibles, plus que d'exploitation et de perdition, Paris y gagne une réputation de « ville-femme », qui inspire au poète américain Henry Van Dyke, en 1909, ces vers : « Oh, Londres est une ville virile, l'air y respire le pouvoir / Et Paris une ville féminine, les cheveux ornés de fleurs[181]. » Comme la statue de « l'Expo », la Parisienne métaphorise « une certaine idée de la France », faite de douceur, d'art de vivre, de bon goût, mais aussi d'hédonisme et de libertinage léger. Elle véhicule certains héritages aristocratiques, mais adaptés au siècle bourgeois, à l'ère industrielle et capitaliste, dont les Expositions universelles célèbrent les réalisations. Symbole de « l'âge de fer » et du talent des ingénieurs français, la tour Eiffel, érigée en 1889, lui offre comme un pendant phallique, mais adouci, « civilisé », par la grâce de la ville et de son symbole féminin – les deux figures finiront d'ailleurs par fusionner, « la » tour mêlant son genre grammatical et sa silhouette juponnée pour devenir, au cours du XXe siècle, une « Parisienne » enrôlée par de nombreuses publicités.

La Parisienne de « l'Expo » subit, elle, un sort moins glorieux, puisqu'elle fut, lors du démontage, en novembre 1900, cassée en plusieurs morceaux, dont on perdit, au fil du temps, la trace. Il est vrai que son succès n'avait pas été sans ombre et n'était peut-être pas aussi triomphal que ne le laissait entendre son érection en majesté.

Chapitre 6

Un trône instable

Entraves

Déstabilisations

Attractif, le modèle de la Parisienne n'en est pas moins porteur d'un certain nombre de servitudes et de limites, dont Octave Uzanne n'hésite pas à faire un quasi-esclavage :

> On a dit de la Parisienne qu'elle avait la beauté du diable. Comment ne découvrit-on jamais en elle les caractères de la damnée, de la torturée héroïque, de la martyre des mœurs égoïstes, de nos désirs passagers, de notre orgueil masculin. [...] Que nous considérions la Parisienne dans le monde ou le demi-monde, à l'état de femme légitime ou de demoiselle libre, dans la condition de rentière ou de salariée, ne nous semble-t-elle pas en définitive le hochet de notre vanité, de notre représentation, de notre égoïsme et de notre libertinage[1] ?

Son succès aurait donc une rançon, et la Belle Époque n'a guère inversé la tendance : son culte s'inscrit toujours dans une vision, non pas à proprement parler misogyne, puisqu'il demeure valorisant, mais « féminolâtre », on l'a dit, c'est-à-dire encensant la femme pour mieux la cantonner dans sa différence et sa sujétion : elle règne mais ne gouverne pas.

Voilà pourtant qu'au tournant du siècle se profilent des évolutions qui interrogent ou déstabilisent ses fondamentaux. Les mœurs changent, le carcan de la morale se desserre, les femmes revendiquent de nouvelles ambitions. Jusque-là cantonnées, pour les plus privilégiées, à l'équitation, à la chasse ou au barbotage dans les eaux des stations balnéaires à la mode, elles accèdent à de nouveaux exercices physiques, la bicyclette, le tennis, le patin à glace, la gymnastique rythmique, voire l'alpinisme. S'il n'y a qu'une poignée de pionnières habillées par Poiret ou Vionnet pour oser se libérer avant l'heure du corset, les modes se simplifient, se font moins ornées, moins contraignantes : au quotidien, les citadines ont adopté la jupe-chemisier, le tailleur et les bottines pour « trotter, trotter, trotter », comme l'affirme le portrait de la Parigote. Même la grande dame n'a plus rien d'une fleur de serre confinée au salon, elle arpente la ville pour faire ses emplettes, visiter les musées, enfourcher sa bicyclette au bois de Boulogne ou de Vincennes, et, déjà, conduire son automobile : c'est en mouvement et dans la rue qu'aime à la représenter le peintre Jean Béraud, dont le pinceau enregistre cette amorce de libéralisation des corps, même si le regard de l'artiste reste phallocentré. Quant à l'éducation des filles, elle n'a cessé de progresser, d'abord, on l'a vu, au niveau de l'école primaire, mais aussi de l'enseignement secondaire, et même, de manière encore embryonnaire, de l'université : la création des lycées de jeunes filles par la loi Camille Sée, en 1880, complétée par l'École normale supérieure de Sèvres l'année suivante, ouvre aux femmes l'accès à l'instruction et au métier d'enseignante, même si le programme des lycées féminins restera longtemps allégé, sans grec ni latin. La Sorbonne accueille des femmes à partir de 1880 avec un statut d'auditrices libres ; en 1902, la création d'une filière « moderne », sans langue morte, permet aux plus ambitieuses de briguer le baccalauréat – on recense 600 bachelières en 1914, 300 professeures agrégées[2], et le nombre de romancières et de femmes de lettres est en forte hausse. Dès avant cette date, des pionnières ont pu accéder aux carrières masculines, grâce à des dérogations et une volonté bien trempée : en 1875, Madeleine Brès fut la première Française à obtenir le titre de docteure en médecine ; en 1900, Jeanne Chauvin, la première à s'inscrire au barreau des avocats, puis la première à plaider, en 1901. Elles vont rester longtemps très minoritaires – on ne compte que 9 avocates en exercice en 1914 –, mais une brèche est taillée, qui modifie la toile de fond sur laquelle évolue la Parisienne.

Du point de vue des statuts politiques et civils, enfin, inégalité ne veut pas dire immobilisme. Si la république n'a pas envisagé le droit de suffrage féminin et moins encore la participation aux affaires politiques – *the politics without petticoats* ou « la politique sans les jupons », résume joliment un auteur anglais[3] –, et n'a pas remis en cause les principes fondamentaux du Code civil de 1804, les droits des femmes ont connu des avancées : le rétablissement du divorce, par la loi Naquet de 1884, permet de desserrer l'étau conjugal, même si la procédure reste compliquée et inégalitaire ; une loi de 1907 autorise les femmes mariées à disposer de leur salaire ; en 1912 est autorisée la recherche en paternité... Frustré par la lenteur des changements, le mouvement féministe se structure et se fait plus offensif, porté par une dynamique internationale, et par l'objectif d'égalité et de liberté dont se réclame la république. Certes clivé entre ouvrières et bourgeoises, et largement divisé sur la priorité des objectifs et le choix des méthodes, il n'en installe pas moins dans le débat public la question des inégalités entre hommes et femmes. Sous l'égide de la militante Hubertine Auclert, le mouvement suffragiste s'organise à compter de 1877 et se renforce progressivement par le biais d'associations, de revues, de personnalités brillantes, qui, en 1910, tiennent le premier grand meeting français sur l'enjeu du vote des femmes.

La « femme nouvelle »

Une figure émerge pour faire la synthèse de ces évolutions[4], celle de la « femme nouvelle », à la fois complémentaire et concurrente de la Parisienne. L'expression a été popularisée par l'ouvrage *Femmes nouvelles* publié, en 1899, par deux essayistes socialisants, Paul et Victor Margueritte[5], mais avant eux, Villiers de L'Isle-Adam avait déjà esquissé, en 1886, le portrait de *L'Ève future*[6], et l'homme de lettres féministe Jules Bois, en 1896, celui de *L'Ève nouvelle*[7], indices d'une mutation du regard masculin sur la condition féminine. Car toutes ces locutions désignent la femme en voie d'émancipation, qui tient à la fois de la féministe, de la sportive, de l'intellectuelle, parfois de la lesbienne, elle aussi très présente dans la culture « fin-de-siècle »[8] ; une femme qui entend conquérir de nouveaux territoires, jusque-là réservés aux hommes, avec, selon eux, le risque de dévier d'une sexualité « normale », adossée à des identités de genre clairement définies. La Parisienne, on s'en doute, ne saurait rester imperméable à ce vaste ébranlement des certitudes « genrées ».

De fait, ses publicistes n'accueillent pas sans méfiance ce qui semble bien s'apparenter à un début de menace. « La femme était la femme et s'estimait ambitieuse à prétendre l'être assez. Elle se gardait de disputer à l'homme ses apanages, ne se souciant que des siens. [...] Il lui est venu d'autres visées. Elle prétend à une émancipation sociale et politique qui l'égalera à l'homme en droits[9] », s'inquiète par exemple Georges Montorgueil, en 1897, dans *Les Parisiennes d'à présent*. Illustré de dessins aguicheurs d'Henri Boutet qui exaltent la Parisienne de toujours, à la fois gravure de mode et séductrice équivoque, le texte multiplie les jeux de mots pour conjurer l'évolution néfaste : « Les femmes demandent, et ce n'est que justice, à prendre leur part de l'élaboration des lois, persifle ainsi l'auteur. Il y a des lois qui président au mouvement de leur toilette, à la forme de leurs chapeaux [...], elles les subissent et ne les font pas[10]. » Même « frivolisation » délibérée du combat féministe un peu plus loin : « À Maisons-Laffitte, les jeunes filles ont élu une rosière. [...] Les électeurs mâles imiteront ces mineures électrices à qui l'exercice des droits civiques est refusé. Ils connaîtront d'elles ce qu'est une campagne électorale sans calomnies ni injures[11]. » La vraie Parisienne, elle, ne saurait se mêler de politique et de législation : en femme éclairée, mais sans trahir la « vérité » de son sexe, elle se contente d'assister aux débats à la Chambre des députés, comme l'illustre un dessin tiré de l'ouvrage de Pierre Vidal, *Les Heures de la femme à Paris*, qui montre un groupe de mondaines commentant, depuis les tribunes, le discours de l'orateur. Égérie, conseillère ou inspiratrice intelligente, soit – mais non pas électrice ou, pire encore, « femme politique », expression ambiguë que l'on réserve alors à celles qui se mêlent de faire la carrière des gouvernants.

Au vrai, ce ne sont pas seulement les exigences déraisonnables des suffragistes qui semblent mettre en péril l'ordre sexuel, mais, tout autant, les nouvelles modes et les nouveaux comportements qui ont conquis jusqu'aux femmes du monde. La cycliste, notamment, fait figure de danger : « Une implacable ennemie est née à tout ce qui fut la grâce auxiliatrice de la femme : la bicyclette[12] », s'alarme Montorgueil en tête du chapitre consacré au diabolique engin. Octave Uzanne reproche à la machine d'exiger des costumes « passablement simiesques[13] », les fameux bloomers bouffants qui lui rappellent les culottes des ligueurs du XVIe siècle. « La mode des sports, enchaîne-t-il, augmente chaque jour en nombre des Parisiennes gynandres, de ces créatures qui se virilisent par entraînement et qui, volontiers, s'écrieraient à la façon de Ninon : "Voyez, je me suis faite homme !"[14]. » Par-delà le désastre esthétique, c'est, selon Montorgueil, un dangereux *habitus* d'indépendance qui s'ouvre à la Parisienne, avec l'ivresse du pédalage et de la vitesse[15] : « Émancipées plus qu'émancipées (*sic*), elles passent parmi les hommes [...], l'air de gamins vicieux et s'étonnent que les hommes soient plus familiers et moins tendres – comme s'ils regrettaient de ne point retrouver, dans l'effronté camarade en culotte, la charmante et discrète maîtresse d'autrefois[16]. » Bref, une idole se craquelle, qu'on aurait aimé croire imperméable à la marche du progrès et du changement.

Quant à la femme intellectuelle ou artiste, elle inquiète encore plus que la sportive, qui, elle, s'inscrit au moins dans une tradition aristocratique de vie de plein air. En 1878, le violent pamphlet anti-bas-bleu de Jules Barbey d'Aurevilly[17] a rouvert sans excès de finesse ce vieux chapitre qui court en filigrane dans l'histoire de la Parisienne depuis la monarchie de Juillet – voire depuis les femmes savantes ou les précieuses ridicules de Molière. Dans ses *Physiologies parisiennes*, Albert Millaud modernise le bas-bleu en peignant « la caroline », jeune femme au teint pâle, se piquant d'art et de littérature, qu'on peut voir hanter les couloirs de la Sorbonne. Définie comme une « névropathe de création récente », elle est jugée encore plus ridicule que ses devancières, sans doute parce que ses prétentions ne se bornent plus à la seule production littéraire[18] mais visent, désormais, le champ de la production scientifique et les carrières intellectuelles. Les enseignantes, qui sont parmi les premières à s'y investir, se verront ainsi souvent refuser le titre de « Parisienne ». Avec sa robe noire et sévère, l'institutrice porte, pour Montorgueil, « le deuil de son sexe », *persona non grata* au royaume du chic parisien[19]. Il faudra encore plusieurs décennies pour que la figure embryonnaire de « l'intellectuelle » s'hybride avec celle de la Parisienne, et le mariage demeurera, jusqu'à nos jours, conflictuel.

La lesbienne, en revanche, fait l'objet d'un traitement plus ambivalent, car le spectacle des « femmes entre elles » a souvent titillé la libido masculine, et des écarts ponctuels, dont ne se cachent guère les actrices et cocottes en vue telle Liane de Pougy, ne sauraient remettre en cause l'intrinsèque féminité de la Parisienne – ils peuvent même prouver son ouverture d'esprit et pimenter le désir qu'elle inspire. De fait, une large partie de la production « saphique » de la Belle Époque émane de plumes ou de regards masculins, et leur caractère grivois, voire pornographique, à usage des hommes, se décèle aisément[20]. En 1912, l'ouvrage *Parisiennes*, composé de dessins érotiques d'André Rouveyre avec une préface de Remy de Gourmont, ne manque pas d'inclure ce genre de vices « charmants », agrémentés d'un commentaire aussi alambiqué que symptomatique : « [Les Parisiennes] sont d'une sensualité plus délicate, plus raffinée, mais plus perverse, étant plus intelligente[21]. »

Les années 1900 ont pourtant vu émerger une conscience et un discours lesbiens plus authentiquement féminins, autour, notamment, des écrits de l'Américaine Natalie Clifford Barney et de l'Anglaise Renée Vivien, pseudonyme de Pauline Mary Tarn. Forgé au même moment, le concept de « troisième sexe[22] » cherche à caractériser un état hybride entre homme et femme, qui témoigne d'une interrogation sur la stabilité des identités de genre. La « vraie » Parisienne, elle, a toujours vocation à s'enchâsser dans une hétérosexualité heureuse et ne saurait être une « invertie ». Montorgueil consacre au saphisme le dernier chapitre de son livre, intitulé « La perverse », en accusant encore la bicyclette d'avoir favorisé la destruction des barrières de genres. Sa conclusion est sans appel : « Nos Parisiennes […] laissent assez voir que l'erreur des réprouvées n'est point compte, et qu'elles entendent les autres, les innombrables autres, droites amantes, épouses exactes, et même vierges plus qu'à demi, rester femmes, tout uniment femmes. Folles au demeurant, qui voudraient changer, quant à demeurer telles, elles sont reines du monde[23] ! »

C'est la dernière phrase du livre. Elle révèle en creux cette « crise de l'identité masculine au tournant du siècle[24] » identifiée par les historiens, qui incite à déchiffrer la Parisienne comme un totem protecteur contre le changement. Ces angoisses rejoueront de manière décuplée, au lendemain de la Première Guerre mondiale, avec la figure de la garçonne. Le péril semble pour l'heure circonscrit, et nos acteurs de la Belle Époque vont apprendre à développer des stratégies d'adaptation rhétorique, qui permettent de « digérer » tant bien que mal l'évolution, en désamorçant sa charge négative. Elles se formulent d'abord au nom de l'esthétique et de la séduction : la Parisienne n'a-t-elle pas, précisément, le « chic » pour enjoliver tout ce qu'elle touche ? Uzanne le suggère en remarquant : « Il n'est point de femme associée à la vie élégante […] qui ne doive tour à tour savoir conduire avec grâce et sûreté voiture ou auto, et bientôt aéroplane, monter un cheval avec science, bicycliser (*sic*) avec agilité, patiner comme une Polonaise, chasser avec des ardeurs de Diane, s'escrimer avec des ardeurs italiennes et cultiver la marche[25] […]. » Une nouvelle Parisienne se profile, qui sait rester élégante jusque sur une selle : « certaines cycleuses trouvent encore moyen d'être étonnamment gracieuses et persuasives sous la jupe et la veste d'entraînement[26] », veut bien concéder l'esthète. Au vrai, le sport ne peut-il également se prêter à cette passion parisienne par excellence qu'est la mode ? La chasse ne serait ainsi « qu'un prétexte à quelque délicieux costume genre tailleur, façonné à l'anglaise, et qui les transforme en gentilles héroïnes d'opéra-comique[27] », tandis que l'alpinisme nous vaut ce petit tableau presque comique :

> Cette jupe courte exposant le mollet [...], ce foulard léger que le vent des sommets déplacera et fera flotter comme une bannière, ce *travelling cap* sur le haut de la tête et grand bâton de pèlerinage donnent à toute femme jeune, svelte, un peu mutine d'expression une silhouette assez crâne pour attirer à sa suite des nuées d'amoureux sur tous les Himalaya du monde[28].

Toujours chic à plus de huit mille mètres d'altitude, la Parisienne gagne, à ces nouvelles ambitions sportives, selon Uzanne, une séduction plus moderne, qui n'aurait peut-être pas déplu à Baudelaire : « [La Parisienne de 1900] apporte dans la vie agissante une expression d'art, une sensation de nervosité, un frottis de cosmopolitisme, une allure de crânerie garçonnière, un chic pseudo-anglais qu'on ne lui avait point vus jusqu'alors[29]. » Plutôt que de résister au changement, mieux vaut donc le parisianiser. Une parade s'est mise en place, qui se redéploiera à chaque étape de l'émancipation féminine. Concession intéressée plus qu'acquiescement sincère à l'égalité, elle n'a évidemment rien de très féministe. Ainsi Uzanne ne tolère-t-il la femme artiste ou romancière que couronnée de succès, et cantonnée aux genres mineurs, sans prétention au génie, sinon « c'est une terrible raseuse pour qui la courtise, car elle oublie son sexe et ses qualités innées, et elle évolue vers l'affreuse androgyne[30] ». Quant au goût du sport, il n'est tolérable qu'à la condition de demeurer dans l'orbite du frivole : « Tout sport devient, pour la Parisienne contemporaine, un prétexte plausible à travestissements plutôt qu'il n'est une vocation physique. Supprimez l'amazone, adieu le cheval. Retirez le costume spécial à l'automobiliste, à l'aéroplaneuse qui est en formation, à la bicycliste, à la chasseresse, à l'escrimeuse, et les sports féminins auront vécu[31]. » Il n'y a peut-être que le peintre Jean Béraud qui porte sur cette Parisienne nouvelle un œil empathique, en parvenant à représenter d'un seul mouvement séduction et *empowerment* : à côté de ses trottins et autres « petites femmes de Paris », l'artiste a peint de nombreuses cyclistes et escrimeuses et même des femmes diplômées, sans les caricaturer en

« gynandres » ou en « bas-bleus ». Ainsi dans le tableau *Salle d'examen du doctorat*, qui représente, vers 1900, une jeune fille en toge noire soutenant sa thèse de médecine ; ou encore, dans ce dessin en forme d'éventail, qui montre une femme médecin, une femme peintre et une femme avocate, avec, en arrière-plan, l'Institut de France et la Chambre des députés. Si le titre, *Les Femmes savantes*, traduit dans les catalogues anglais par *The Blue Stockings*, en référence à la tonalité bleue de l'ensemble, peut impliquer une intention flétrissante, la femme y apparaît plus triomphante qu'enlaidie ou virilisée, *à la fois* femme savante et femme charmante.

Aliénations

Au vrai, il ne fait guère de doute que nombre de contemporains demeurent attachés à l'hyperféminité triomphante que symbolise la Parisienne, à commencer par les femmes elles-mêmes. À propos des pantalons cyclistes, une lectrice de *La Nouvelle Mode* se désole en des termes que n'auraient pas reniés nos physiologistes : « Tout ce qui faisait jusqu'ici le charme des rapports sociaux entre les deux classes de l'humanité disparaîtra. » Elle a signé « une Parisienne[32] », formule qui renvoie autant, sans doute, à son lieu d'habitation qu'à une identité revendiquée et livre un fugitif indice de l'appropriation du personnage par une anonyme. Quant aux célébrités parisiennes de la période, elles ont souvent régné sans s'impliquer dans le nouveau combat pour l'égalité des sexes ; leur liberté de femmes riches, talentueuses, célibataires ou divorcées, reposait sur d'autres bases que celles de l'égalité civile et politique, dont elles n'avaient souvent que faire. Ce point de vue est bien résumé par l'actrice Marie Colombier, amie et rivale malheureuse de Sarah Bernhardt. En 1887, cette figure du Tout-Paris théâtral et littéraire publie un ouvrage intitulé *Le Carnet d'une Parisienne*, qui prend pour point de départ la commande d'un directeur de journal, réclamant à une « femme spirituelle » son point de vue sur la France contemporaine. Dans un chapitre consacré aux mœurs parlementaires de la IIIe République, l'artiste se gausse de la fièvre électorale qui a tué, selon elle, toute la galanterie française. Et de conclure avec dédain : « Quand je pense que certaines femmes rêvent pour nous le droit d'entrer dans pareille cuisine[33] ! » Quelques années plus tard, l'écrivaine Colette pouvait encore déclarer à propos du « suffragisme » anglais : « Ces mœurs-là n'ont pas cours en France[34]. »

Cette croyance orgueilleuse dans la spécificité – et bien souvent, la supériorité – d'un modèle français de féminité imperméable aux principes du féminisme explique que ce soit souvent dans la confrontation avec l'étranger que les limites ou les faiblesses de la Parisienne se dessinent avec plus d'acuité. L'Anglais Charles Dawbarn donne, en 1911, un assez bon résumé de la perplexité que suscite souvent le conservatisme français dans ce domaine en écrivant : « Seule une minorité réclame le droit de vote. [...] La Française a le sentiment que son influence est déjà grande en politique – d'autant plus grande, peut-être, qu'elle est dissimulée et indirecte[35]. » Ce « pouvoir d'alcôve », longtemps attribué aux maîtresses, aux épouses royales ou aux salonnières, aurait pourtant, selon son compatriote Albert Vandam, reculé sous la IIIe République[36], tant fut grande la méfiance du personnel républicain vis-à-vis d'un pouvoir féminin occulte et incontrôlable, associé aux régimes réactionnaires du passé. Si bien qu'à l'aube du XXe siècle, délestée d'une partie de sa puissance ancienne, mais imperméable ou résistante aux combats nouveaux, la Parisienne serait, politiquement, réduite à n'être plus qu'une jolie fleur de salon ou de pavé.

Les étrangères, de leur côté, interrogent de plus en plus ce prétendu modèle de perfection féminine. Si la Parisienne reste la référence en matière de mode et d'élégance, les comparaisons avec le monde anglo-saxon invitent souvent à relativiser l'audace que lui prête la littérature, et à penser sous l'angle de l'aliénation cette dictature de l'apparence et de la séduction à laquelle elle continue d'être soumise. Auteure, en 1909, d'un guide intitulé *A Woman's Guide to Paris*, la Britannique Alice Ivimy s'étonne de voir si peu de Parisiennes capables de voyager seules, d'aller au restaurant entre amies ou de fumer une cigarette – pratiques qui, à Paris, restent selon elle réservées aux demi-mondaines. Elle n'est pas la seule à souligner que les Parisiennes ont, par certains côtés, moins de liberté de mouvement que leurs sœurs d'outre-Manche ou d'outre-Atlantique : « Il ne fait pas de doute que les élégantes de Paris doivent leur vivacité moderne à la femme américaine, considère de son côté Rowland Strong. C'est elle qui a enseigné à sa sœur française la valeur de la *self reliance*[37] ? » En visite à Londres, Julia Daudet use du même concept de *self reliance* ou « autonomie individuelle », pour décrire des femmes de politiciens secondant leur mari dans les longues visites électorales, tandis que les jeunes filles courent les rues sans chaperon. La comparaison n'est pas à l'honneur de son pays : « Les usages, ici, forment une garantie qui ne pourrait exister en France. Je vois les femmes de nos représentants s'aventurant dans les faubourgs : quel risque de plaisanteries plus ou moins lourdes, sinon de railleries plus graves[38] ! » Manière de souligner combien le culte de la Parisienne s'inscrit dans une culture de la grivoiserie qui forme un véritable frein à l'émancipation. Si la femme de lettres veut bien conserver à la Parisienne la palme du chic, elle n'en loue pas moins l'implication des Londoniennes dans des activités plus exigeantes que la passion des modes, les intrigues sentimentales ou les pseudo-carrières artistiques. Ainsi, à l'occasion de la réunion d'un club littéraire de femmes :

> Et je ne vois pas ici ce que nous appelons le bas-bleu, la femme se servant d'un art comme d'une originalité très voulue, en faisant un moyen d'effet ou de séduction ou de satisfaction vaniteuse. Ces femmes ont l'air d'actives et de travailleuses et presque toutes débattent leurs intérêts vis-à-vis des journaux et des revues avec un bon sens, une vue pratique remarquables. Je le répète, je ne vois pas parmi elles ces protégées des directeurs, ces demi-actrices, demi-auteurs, qui déconsidèrent chez nous les lettres féminines[39].

C'est aussi une compétition nautique incluant des femmes qui a suscité son enthousiasme[40] : élevées dans le culte de l'activité physique et du grand air, les jeunes Anglo-Saxonnes libèrent leur corps, quand la Parisienne semble demeurer une sportive décorative, privilégiant le chic de la tenue sur le goût de l'exercice. Au bout du compte, Julia Daudet ne ménage pas ses compliments aux Britanniques : « Je rentre à l'hôtel très édifiée sur la femme anglaise, et l'appréciant davantage[41]. »

De ces comparaisons, la Parisienne ressort tout de même légèrement amoindrie : parangon d'élégance, certes, mais asservie à la mode ; mobile et extravertie, mais dans la circonférence de ses jupons et de ses salons ; « libre », mais sous le regard des hommes ; indépendante et pleine d'esprit, mais sans droits politiques, et toujours plus ou moins engluée dans l'atmosphère de séduction grivoise qui n'en finit pas d'émoustiller la capitale française. De fait, la lecture du manuel de beauté de la marquise de Garches donne l'impression que se faire « Parisienne » relève d'un assez lourd et contraignant contrôle de soi : ne pas froncer les sourcils ni cligner des yeux (pour éviter les rides), ne pas marcher trop vite (car cela donne l'air d'une ouvrière attardée), se méfier des chapeaux de forme « popote » (qui font bourgeoise endimanchée...), faire semblant d'applaudir du bout de ses doigts gantés (pour ne pas se donner en spectacle), ne rire, pleurer, aimer qu'à moitié (pour conserver sa beauté[42])... La liste n'en finit plus de ces conseils restrictifs, qui relativisent quelque peu le « je-ne-sais-quoi » de la Parisienne, en l'asservissant à un seul objectif martelé par l'auteure : « Notre rôle, à la plupart d'entre nous, est de plaire et de charmer[43]. » En 1900, ce type de formule ne pouvait plus faire entendre la même note de légèreté fataliste ou détachée que sous la plume de Delphine de Girardin.

Le cas Marguerite Durand

Une femme bien réelle va cristalliser en elle ces contradictions, en tentant de les résoudre dans une synthèse originale de Parisienne, au-delà du choix binaire résumé par la journaliste Séverine : « ou réservées et traitées de puritaines, écrasées sous le respect ; ou gaies et traitées de farceuses, accablées sous l'équivoque[44] ». Il s'agit de Marguerite Durand, dont la personnalité et la trajectoire offrent un exemple intéressant de mobilisation de la figure de Parisienne au service de la cause féministe. Jeune première de la Comédie-Française, où elle avait été engagée, en 1882, à l'âge de 17 ans, Marguerite Durand se tourna, en 1891, vers le journalisme en intégrant l'équipe du *Figaro*, avant de fonder, en 1897, avec la collaboration de Caroline Rémy – *alias* Séverine – le quotidien féministe *La Fronde*, publié régulièrement jusqu'en 1903. Déclenchée par sa participation au Congrès international des droits de la femme à Paris, en 1896, la vocation militante de cette élégante aux nombreux amants pouvait sembler peu crédible, en regard de la sobriété souvent revendiquée par les militantes féministes, mais aussi d'un discours masculin prompt à ridiculiser toute tentative d'émancipation : définie, par un journaliste de *L'Éclair*, comme « la plus jolie femme de Paris » ou, par Maurice Barrès, comme « une des plus jolies Parisiennes de notre époque[45] », elle s'attire, au moment du lancement de *La Fronde*, ce commentaire sarcastique de son ancien mari, le député de gauche Georges Laguerre : « Et moi qui pensais que ce serait un journal de mode[46] ! » Les femmes ne furent guère plus tendres à son endroit, avec d'autres arguments : l'activiste et journaliste féministe Hubertine Auclert n'hésita pas à la traiter de

« demi-mondaine féministe[47] », en raison de l'origine opaque de sa fortune et des capitaux de son journal[48], tandis que la psychiatre Madeleine Pelletier la jugeait snobe et peu digne de représenter la cause des femmes. Au Congrès de la femme, en 1900, ses robes élégantes et sa beauté évanescente avaient suscité la méfiance de plusieurs délégations. Il est vrai que le Congrès appelait à la rééducation du goût des femmes pour leur apprendre à se défaire des modes corsetées et ridicules qu'on leur imposait[49]...

Pourtant, malgré ces préjugés croisés, malgré, aussi, des difficultés financières récurrentes et une faible diffusion, *La Fronde* devait se révéler un organe tout à la fois très sérieux et très actif, qui s'était donné pour mission de traiter de l'actualité générale sous un angle féministe. Grâce à son activisme médiatique et militant, Marguerite Durand devint, en quelques années, une figure de proue de la cause des femmes, sans jamais renoncer ni à son style ni à son mode de vie, s'en servant même pour son combat : pour parer les critiques des antiféministes, qui traitaient les militantes de laiderons, elle n'avait pas hésité à transformer les locaux de *La Fronde* en un véritable salon mondain à la décoration soignée, où trônaient ses plus jolies collaboratrices[50]. Elle devait déclarer, dans une boutade peut-être apocryphe, mais qui résume bien son panache décomplexé : « Le féminisme doit à mes cheveux blonds quelques succès[51]. »

Pouvait-on être parisienne et féministe ? La question se trouvait également posée à travers les pages du journal *Femina* qui, à côté des recettes traditionnelles de la presse féminine, mode, beauté, mondanités, spectacles, proposait de nombreux articles sur la « femme moderne », incarnée par les pionnières avocates, alpinistes ou tenniswomen, parfois même suffragistes. « Les analystes du siècle prochain qui rendront compte de la journée d'une Parisienne au XXe siècle ne devront pas oublier le Conservatoire *Femina*, se réjouissait son fondateur Pierre Lafitte à propos des leçons de musique organisées par le journal. Ils diront, ces excellents [...] analystes, de la journée de cette Parisienne, qu'elle n'était pas dépensée uniquement en frivolités[52]. » Ces audaces autorisaient le magazine à revendiquer l'étiquette « féministe », même s'il demeurait modéré, élitiste, et nettement distinct du féminisme militant – le terme était au vrai, dans cette rédaction, mal dissocié de « féminin ». Le succès commercial fut, jusqu'en 1913, au rendez-vous, signe qu'un nouvel espace culturel et comportemental s'ouvrait qui, sans renoncer aux charmes de la féminité « à la française », entendait lui faire subir une cure de modernisme et de décloisonnement.

Cet espace est fondamental pour l'avenir de notre Parisienne et va nourrir, sur la durée, de complexes débats, au sein du féminisme comme de l'historiographie. Si l'historienne Colette Cosnier voit dans le modernisme de *Femina* un « féminisme mystifié », surfant, par opportunisme mercantile, sur les combats dans l'air du temps, tout en édulcorant leur potentiel émancipateur[53], l'historienne américaine Rachel Mesch préfère voir dans le modèle défendu par *Femina* le reflet de la *femme moderne*, moins intimidante et androgyne que la femme nouvelle, mais frayant tout de même une voie feutrée et raisonnable à l'émancipation, sans renoncement à l'élégance[54]. Et les Parisiennes en vue jouent, dans cette nouvelle synthèse, un rôle pionnier, elles qui, justement, « veulent tout ! ». De même, plutôt que d'analyser sous l'angle de la contradiction la « blondeur féministe » de Marguerite Durand, l'historienne américaine Mary Louise Roberts suggère que l'actrice a su développer une stratégie appropriée au milieu parisien dont elle était issue : plutôt qu'une limite objective à son engagement, cette identité duelle fut une manière habile et féconde d'investir les possibles de la féminité parisienne, en les mettant au service de sa cause, dans une véritable performance de nature théâtrale, qui mobilisait ses talents d'actrice, de mondaine et de séductrice. Marguerite Durand « joua » sciemment à la Parisienne, autant qu'elle en « fut » une, et son excellence dans ce rôle fut sa manière de se faire ouvrir des portes, de collecter de l'argent, d'attirer l'attention sur son combat et de mettre à profit tous les rouages de la culture médiatique et scénique pour le faire avancer. Il s'agissait moins, en ce sens, d'une contradiction que d'une stratégie. Et même si elle impliquait des concessions ou une forme de modération – malgré sa vie privée assez libre, Marguerite Durand évita les positions radicales sur les enjeux de la liberté sexuelle, de l'union libre ou même du suffrage[55] –, elle n'en forma pas moins un trait d'union essentiel, comme *Femina*, entre les modèles féminins hérités du passé et le féminisme naissant. Au vrai, l'hyperféminité théâtralisée d'une Marguerite Durand comme la rigidité puritaine d'une Hubertine Auclert ne représentaient que les deux extrémités d'un large éventail, qui autorisait des panachages divers et nuancés, bien représentés au sein de l'équipe disparate de *La Fronde*[56]. L'axe conciliant qu'incarnaient sa directrice comme le féminisme *soft* de *Femina* devait rester une tendance forte du modèle parisien, non sans susciter, jusqu'à nos jours, quelques polémiques. À la Belle Époque, elles ont aussi trait au statut ambigu des jeunes Parisiennes.

À quoi rêvent les jeunes Parisiennes...

Sûre de sa féminité et de sa séduction, la Parisienne type qu'exaltent la littérature et l'iconographie est presque toujours une femme faite, entre 25 et 40 ans, mariée ou veuve, plutôt qu'une jeune fille – du moins dans les milieux privilégiés, car celle des classes populaires vouée, on le sait, à une sexualisation précoce. Comment gérer la contradiction qui fait coexister la coquette et piquante Parisienne avec l'éducation encore très corsetée des jeunes filles de la bourgeoisie et du « monde »[57] ? Des *Liaisons dangereuses*, de Choderlos de Laclos, aux *Mémoires de deux jeunes mariées*, de Balzac, la littérature s'est souvent interrogée sur les effets de l'immoralisme parisien sur cet être problématique et paradoxal qu'est la jeune fille, à la fois tôt jetée en pâture aux appétits économiques et érotiques du jeu social, mais exclue de la liberté relative tolérée chez la femme mariée[58]. « Dès sa jeunesse, la Parisienne est formée à l'école de la coquetterie de sa mère, de ses sœurs, de ses tantes, observait le Russe Vladimir Stroïev au début du siècle. Elle est encore au berceau que déjà on lui inculque que c'est la vocation de la femme de plaire [...]. Riche de ces idées, une fillette de 10 ans commence à remarquer comment les autres jeunes filles plus âgées savent plaire. [...] À 15 ans, la Parisienne sait déjà sourire quand il le faut, baisser les yeux à l'occasion, jeter un regard langoureux ou sévère [...]. Pourquoi aurait-elle besoin d'autres sciences, quand elle n'a qu'un seul but, celui d'affoler les hommes[59] ? » À la fin du Second Empire, dans ses *Notes sur Paris*, Hippolyte Taine aboutissait aux mêmes conclusions : « Dès leur plus jeune âge, les jeunes Parisiennes apprennent [...] l'art de coqueter, de minauder et de ne pas se compromettre [...], dans ce salon en plein air que sont les Tuileries[60]. » Leur supposée innocence peut-elle, dans ces conditions, être longtemps préservée ? « La vraie pudeur, la candeur virginale et profonde, la timidité rougissante, la délicatesse effarouchée leur manque tout à fait ou les quitte vite, poursuit Taine. [...] Dès quatorze ans, elles s'exercent sur leur famille, sur leur père[61]. »

Dans les premières décennies de la IIIe République, les impasses ou l'immoralisme de ce « système » commencent à être dénoncés. Deux romans à succès braquent le projecteur sur les discordances et les hypocrisies de ce curieux modèle éducatif, peu compatibles avec la morale républicaine et les progrès de l'hygiène sociale. Dans *Pot-Bouille*, on l'a dit, Émile Zola décrit, avec une féroce ironie, la course au mariage dont font l'objet deux jeunes Parisiennes de la moyenne bourgeoisie, Berthe et Hortense Josserand. Offertes par leur mère comme des marchandises à différents partis plus ou moins avantageux, les deux jeunes filles sont sommées de faire valoir leurs appâts, tout en maintenant la fiction de l'innocence. Ainsi de Berthe manœuvrant pour séduire un galant : « Elle récita joliment son bout de rôle, eut la grâce facile d'une Parisienne déjà lasse et rompue à tous les sujets, parla avec enthousiasme du Midi où elle n'était jamais allée. Octave, habitué aux raideurs des vierges provinciales, fut charmé de ce caquet de petite femme, qui se livrait comme un camarade[62]. » Femme avant l'heure, la Parisienne n'a plus rien, on le voit, d'une « vraie jeune fille ». Mariée la première, Berthe passe ainsi, sans transition, du statut de demi-vierge à celui de femme avertie et bien vite adultère, quand l'aînée continue de subir le régime de pudeur hypocrite que l'on réserve aux « vieilles filles ». Dans ses travaux préparatoires, Zola dit avoir voulu dénoncer le régime « des deux morales » ou de la « morale des convenances », qui feignait de vouloir protéger les jeunes filles tout en faisant des « corps à vendre »[63]. Ce statut semble particulièrement difficile à préserver dans le monde parisien, où la culture multipliait les allusions, les clins d'œil, les sous-entendus grivois, tandis que les pratiques sociales toléraient à demi-mot les incartades conjugales, exemplifiées, dans le roman, par des coucheries à tous les étages.

Le thème de la perversion involontaire des jeunes Parisiennes est réactivé, une dizaine d'années plus tard, par le romancier Marcel Prévost, ingénieur polytechnicien devenu romancier à succès, avec des livres très « parisiens », qui mettent en scène les mœurs dissolues du monde. Déjà évoqué, son plus grand succès, *Les Demi-Vierges*, publié en 1894, avant d'être adapté, l'année suivante, au théâtre du Gymnase, narre l'histoire d'une jeune fille de bonne famille, Maud de Rouvre, qui doit impérativement faire un beau mariage pour sauver de la banqueroute son noceur de père. Elle évolue dans un « Paris libertin et jouisseur », où les jeunes filles sont exposées, dès leur plus jeune âge, aux regards concupiscents des mâles de tout acabit, à la recherche de bonnes fortunes et, si possible, d'un mariage avantageux. D'où un véritable « krach de la pudeur[64] » – l'expression fait alors fortune –, qui mène les jeunes filles à la lisière de la défloration à la veille de leur mariage.

Malgré sa tonalité souvent graveleuse, et sa vision caricaturale, le roman de Prévost témoigne bien, à sa manière, de l'altération du modèle « victorien » d'éducation des filles dans le contexte parisien. Cette tension s'accentue à la Belle Époque, sous l'effet de l'évolution des mentalités et des attentes des intéressées elles-mêmes, dont les journaux intimes, genre en vogue[65], nous donnent un aperçu – celui de Marie Bashkirtseff, jeune aristocrate russe installée en France pour se former à la peinture, fut publié après sa mort, dans une version édulcorée, à partir de 1888. Si la virginité reste, et restera jusqu'à une date avancée du XXe siècle, une barrière symbolique et psychologique fondamentale, farouchement défendue par les familles et limitant, de fait, l'égalité sexuelle entre filles et garçons, les années 1890-1910 desserrent un peu l'étau dans les jeux de séduction[66], tout particulièrement à Paris, où les jeunes filles de la bourgeoisie éclairée bénéficient d'une plus grande liberté de mouvement et de comportement, y compris dans leurs rapports intimes avec l'un ou l'autre sexe.

En 1907, Léon Blum, alors âgé de 35 ans, proposa, avec le traité *Du mariage*, des solutions pour le moins audacieuses au problème soulevé par Zola et Prévost, à savoir l'inégalité entre jeunes gens et jeunes filles du point de vue de la morale et du comportement sexuel, et les dysfonctionnements qui en résultaient dans l'état conjugal[67]. Parisien cultivé et progressiste, Blum prônait, pour sa part, une période de liberté et de multipartenariat avant le mariage, non seulement pour les garçons – elle existait de fait, quoique sur le mode souvent honteux et inabouti de liaisons inégalitaires ou de rapports vénaux – mais aussi pour les jeunes filles, avant la stabilisation dans une union conjugale harmonieuse. L'auteur ne défendait pas, pour autant, la permissivité sexuelle ou l'union libre, mais prenait acte des évolutions de la société et offrait aux jeunes filles, au nom de l'égalité, de l'hygiène sociale et du simple bon sens, une liberté sans détours qui n'avait plus rien à voir avec les coquineries contournées que la littérature aimait prêter aux jeunes Parisiennes.

Très audacieuses pour l'époque, les propositions de Blum demeurèrent largement incomprises, jusque dans son propre camp, et chez la plupart des féministes qui, pour beaucoup, réclamaient, plutôt qu'une « libération sexuelle » perçue comme une louche concession au libertinage masculin, une stricte morale de la vertu, pouvant aller jusqu'au rejet revendiqué de toute vie sexuelle. Il faudra encore de longues décennies de maturation du corps social, et le règlement de la question cruciale de la contraception, pour que le modèle avant-gardiste de Blum s'inscrive dans un horizon de possibilités. Au moins jusqu'aux années 1960, les jeunes Françaises, et tout particulièrement les jeunes Parisiennes, devaient conserver cette place ambiguë et contradictoire, qui faisait d'elles à la fois des objets de désir et des corps à préserver. Mais la réflexion ouverte sur leur vie intime rompait assurément tout un équilibre d'âges et de positions qui avait réservé « les choses de l'amour » à la femme avertie ou à la professionnelle.

Au tournant du siècle, la Parisienne est donc une figure discutée et de plus en plus instable, dont les conservateurs déplorent l'altération, les progressistes et les féministes, l'aliénation et les faux-semblants. Cette critique de nature politique et sociale a son pendant dans le domaine culturel, depuis longtemps attentif à son rayonnement.

Critiques

Déclassement pictural

Au tournant des années 1900, la Parisienne s'est faite, on l'a vu, reine de la peinture mondaine et académique, en même temps qu'icône de la culture de masse. Sa cote artistique subit, de ce fait, un imperceptible déclassement, qui témoigne d'un tournant par rapport aux attentes de la génération baudelairienne. Les incisifs comptes rendus critiques de l'écrivain Joris-Karl Huysmans[68] dans les années 1880 résument bien cette évolution. Cet ardent défenseur de l'impressionnisme s'est montré en effet très sévère vis-à-vis de ce qu'il dénomme péjorativement les « peintres tapissiers » ou « couturiers », accusés d'appliquer scolairement les leçons de Gautier et de Baudelaire, en représentant d'élégantes Parisiennes à la mode, sans parvenir à exprimer à travers elles l'essence subversive et novatrice du « moderne »[69]. « Non, le peintre moderne n'est pas seulement un excellent "couturier", comme le sont malheureusement la plupart de ceux qui, sous prétexte de modernité, enveloppent un mannequin de soie variée [...], déplore-t-il à propos d'Henri Gervex, Alfred Stevens ou Jean Béraud. Non, on ne fait pas du contemporain en louant un modèle qui sert indifféremment à personnifier les hautes dames et les basses filles[70]. » Sa critique porte aussi sur l'absence de vérité dans les représentations des types contemporains, travers qui traduit selon lui le conformisme et la frilosité de la classe bourgeoise : là où les vrais artistes, tels Manet ou Degas, ont osé prendre à bras-le-corps l'impudicité joyeuse des courtisanes, des petites ouvrières ou des modèles d'artistes, les peintres « tapissiers » se contentent d'un maniérisme pittoresque et racoleur. La « Parisienne » d'Émile Chatrousse est ainsi jugée scolaire : « Cette froide matière propre au nu symbolique, aux rigides tubulures des vieux péplums, congela les pimpantes coquetteries de la Parisienne. Il lui a manqué le "sens du moderne". Et impossible de rendre, avec cette matière, l'élégance du vêtement, la mollesse du corps raffermi par les buscs, le ton mutin des physionomies de Parisiennes[71]. » Chez Degas, en revanche, « la fille sent la fille et la femme du monde sent la femme du monde et le peintre ne s'est pas fait "modiste" parce qu'il représente des marchandes de mode[72] ». L'exemple accompli de cette vérité en art est, pour Huysmans, *La Petite Danseuse de 14 ans*, sculpture de Degas très novatrice, en cire, ornée d'un tutu de tissu et d'un ruban de satin, exposée au Salon des indépendants, en 1881[73]. À la fois « raffinée et barbare », « moderne » par son audace esthétique et formelle, cette œuvre inclassable avait suscité l'enthousiasme de la critique d'avant-garde mais effrayé le grand public, heurté par la pose sans grâce et le « faciès » peu avenant du petit rat – un critique alla jusqu'à évoquer sa « bestiale effronterie[74] ». Il est vrai que « le museu vicieux » de cette « fleurette de ruisseau » – formules de Jules Claretie[75] – révélait, de la part de l'artiste, une volonté d'approche quasi anthropologique du peuple parisien dont était issue cette jeune prolétaire de la danse, loin de toute idéalisation romantique de la danseuse ou de l'exaltation de sa semi-nudité. Peindre la Parisienne ne consistait donc surtout pas à « faire joli », mais plutôt, pour un artiste novateur, à descendre dans les tréfonds du *low life* cher à Baudelaire, sans préjugés ni faux-semblants.

Les Parisiennes raffinées ou canailles de Toulouse-Lautrec, Félix Vallotton ou Émile Vuillard prolongent certes brillamment cet axe, mais passé 1900, le « moment moderniste » de la Parisienne semble en voie d'achèvement, alors même que les avant-gardes se détachent peu à peu de la représentation mimétique pour privilégier des exercices chromatiques et géométriques, détachés de l'enjeu du « sujet ». Avec le pointillisme, le fauvisme, puis le cubisme, la figure féminine s'embrume, se délite, se déstructure, délestée de toute nécessité d'inscription dans le réel. On peut prendre comme jalon de cette poussée déconstructiviste, qui signe, à certains égards, l'acte de décès de la Parisienne « moderne », le tableau de Robert Delaunay intitulé *La Ville de Paris*. Destiné au Salon de 1912, le tableau faisait écho, par son titre, à la *Ville de Paris* sculptée douze ans plus tôt par Moreau-Vauthier pour « l'Expo ». Cependant, si la figure féminine domine encore, associée à plusieurs symboles de la capitale, tels la tour Eiffel ou le navire du blason, elle n'a pas pour enjeu la mode comme marqueur du moderne : inspirées des trois Grâces des fresques de Pompéi retravaillées par Raphaël, les trois jeunes filles nues qui dansent au milieu de la toile jettent encore une note de lasciveté sur cette ville diffractée en de multiples parcelles géométriques, mais leur présence énigmatique, en suspens, non située, relève d'une réflexion savante sur l'histoire de l'art, non d'une ambition de représenter la modernité de la ville et, moins encore, d'émoustiller ou de charmer le spectateur[76].

À l'aube du XXe siècle, la Parisienne semble donc avoir basculé, pour l'essentiel, dans une esthétique décorative, publicitaire ou académique, qu'illustrent parfaitement les vignettes du peintre et illustrateur Albert Guillaume pour le catalogue de la maison High Life Taylor, montrant les « heures de la Parisienne ». Si l'illustrateur est présenté comme « l'artiste moderne par excellence », c'est sous une forme dégradée, déclassée, dégageant ce léger fumet de vulgarité que décèle Dominique Kalifa dans une large partie de la « culture 1900[77] ».

Scènes en révolution

De même que les arts visuels, la littérature et le théâtre sont aussi touchés par ce changement de paradigme, qui fait passer la Parisienne du statut d'emblème de la modernité à celui d'incarnation d'un certain mauvais goût bourgeois, qui révélerait, pour certains, la décadence artistique de la France. Comme souvent, cette mutation des sensibilités passe par le filtre du regard étranger : comme y a insisté Christophe Prochasson, le Paris des années 1900 doit désormais se confronter aux nouvelles ambitions culturelles des capitales ou des nations concurrentes[78], tant dans le domaine des arts graphiques que dans celui du théâtre et des arts vivants, fortement renouvelés par les scènes russe – avec Anton Tchekhov, dont les pièces commencent à être jouées dans les années 1880 – ou scandinave – avec le Norvégien Henrik Ibsen et le Suédois August Strindberg. Ce théâtre développe une représentation des sentiments amoureux et des relations entre hommes et femmes très différente de ce qu'on était habitué à voir sur les scènes françaises, dans un registre souvent plus sombre, plus critique, voire plus torturé, mais aussi plus délicat et nuancé. En 1879, la pièce d'Ibsen, *Une maison de poupée* exposait frontalement la question de la sujétion féminine à l'ordre masculin, quand, en France, le théâtre bourgeois n'en finissait pas de rejouer la trilogie vaudevillesque de la femme, du mari et de l'amant.

Les commentaires critiques que suscitent le personnage et les rôles de Sarah Bernhardt sont à ce titre éclairants : lors de sa tournée en Russie, en 1881, Anton Tchekhov, alors jeune étudiant en médecine de 21 ans, laisse filtrer le dégoût que lui a inspiré la prestation de l'actrice dans son rôle fétiche de *La Dame aux camélias*, en évoquant, dans une lettre à son ami Ivan Tourgueniev, « l'insupportable Sarah Bernhardt, qui n'a rien, sinon une voix merveilleuse – le reste est faux, froid, affecté, et le chic parisien le plus repoussant[79]... ». La presse moscovite avait pourtant été, à l'égard de la star française, dithyrambique, voyant en elle une « Parisienne de la tête aux pieds[80] ». Mais c'est en Russie comme ailleurs, un fossé se creuse entre le public bourgeois et les avant-gardes littéraires et artistiques, qui rejettent la francophilie culturelle imposée par les élites des XVIIIe et XIXe siècles.

Une décennie plus tard, en 1895, un débat comparable oppose, en Angleterre, les partisans d'une nouvelle vedette, l'actrice d'origine italienne Eleonora Duse, et les tenants inconditionnels de la grande Sarah : reprenant le rôle de Marguerite Gautier, la première sembla à l'écrivain et critique George Bernard Shaw infiniment meilleure que la seconde, à qui il reprochait « ses airs d'enfants gâtés », son « idolâtrie de la sensualité » et « son teint peint de pourpre et de rose »[81] – autrement dit, ses ruses de coquette et ses artifices. Appréciée pour son refus du maquillage et sa beauté sans apprêt, Eleonora Duse, qualifiée par Shaw de « prêtresse du grand art », faisait de la dame aux camélias une noble et digne victime, là où le jeu de Sarah Bernhardt renforçait plutôt l'identité duelle du personnage, mi-cocotte débauchée, mi-amoureuse romantique. Eleonora Duse allait devenir l'actrice fétiche de l'avant-garde théâtrale, laquelle se développait en France sous l'égide d'André Antoine, au théâtre Antoine, ouvert en 1887, puis de son élève Lugné-Poe, au théâtre de l'Œuvre, inauguré en 1893. La rupture avec les conventions du théâtre classique et du théâtre bourgeois, la mise en scène d'auteurs étrangers au style novateur, ou de Français subversifs tel Alfred Jarry, contribuaient à démoder les Parisiennes du vaudeville, du Boulevard ou de l'opérette, renvoyées à leur statut de femmes faciles. Commentant une tournée de Sarah Bernhardt dans le Midwest américain au cours des années 1900, la jeune Janet Flanner, qui deviendra correspondante de presse à Paris, eut ce commentaire significatif : « elle paraissait excessive, trop française, et pas assez vraie[82] ».

Ces ruptures contribuent à figer l'identité du style théâtral français, ramenée à un ton léger, gai et sensuel, que symbolise par excellence la Parisienne. L'écrivain Léon Daudet, fils d'Alphonse et de Julia, de sensibilité nationaliste et réactionnaire, put ainsi fulminer contre les « norderies » d'Ibsen, reprochant au Norvégien de créer des héros qui « habitent les caves de l'amertume et de la vaine concupiscence[83] », là où la scène française offrait une vision plus saine des rapports entre les sexes et une image plus positive de la femme[84]. Les années 1900 voient aussi s'affirmer une coupure plus nette entre l'art d'avant-garde et l'art grand public, auquel Sarah Bernhardt, avec l'âge et la renommée, finit par être associée, malgré la palette extrêmement large de son talent. Désormais, la Parisienne appartient au second registre, plutôt qu'au premier. C'est aussi ce que suggère, indirectement, l'immense succès des ballets russes de Serge Diaghilev, arrivé à Paris avec sa troupe en 1909. La prestation de la troupe fit exploser les canons figés du ballet romantique et néoromantique, tel que l'avait réinvesti le chorégraphe français Marius Petipa, à Saint-Pétersbourg, dans les années 1860-1890. La danse endiablée des paysannes, des nymphes ou des odalisques de la troupe de Diaghilev, emportée par les partitions stridentes de Stravinski ou de Rimski-Korsakov, rompait avec les grâces éthérées des sylphides de l'Opéra, mais aussi avec les conventions rebattues du cancan, ouvrant de nouveaux possibles chorégraphiques, qui renouvelaient en profondeur l'expression du corps féminin et de sa sensualité.

Ces effets de glissement et de rupture ne relevaient-ils que d'enjeux formels internes au monde de l'art ? Ou ne transposaient-ils pas dans le langage culturel les critiques des féministes et des réformistes, décelant dans la féminité parisienne une construction mal adaptée aux nouveaux enjeux du siècle ? En tout état de cause, la Parisienne voit se resserrer sur elle l'éventail des soupçons, qui l'associent volontiers à la décadence et à la perversion.

Soupçons

Vicieuse et névrosée

La culture 1900 est porteuse d'une tension spécifique, née de la confrontation entre les partisans du progrès et les « prophètes de la décadence », de sensibilité plus pessimiste, qui eurent souvent la tentation de faire de la ville en général, et de Paris en particulier, le foyer des tares de l'époque[85]. Lieu phare d'une modernité parfois ressentie comme agressive, accusé d'être coupé d'un monde rural encore majoritaire en France, capitale, aussi, d'un régime encore mal accepté par des pans entiers du corps social et secoué par plusieurs crises majeures, Paris est régulièrement attaqué dans ses valeurs et sa suprématie.

Malgré sa « dignification », la Parisienne n'échappe pas à ce faisceau critique, de sensibilité souvent décadentiste, antiparlementaire et réactionnaire : en témoignent les caricatures grivoises qui fleurissent au moment de l'Exposition de 1900, pour tourner en dérision les prétentions à l'élégance et à la dignité de la statue de Moreau-Vauthier[86]. Sous le vernis du « chic » continue de planer le soupçon d'indécence, comme si la moralisation des femmes demeurait difficile à concevoir dans la ville du cancan et des maisons closes.

Certains avatars de la Parisienne reflètent par ailleurs ce qu'on a pu appeler la « névrose fin-de-siècle[87] », obsédée par le spectre de la dégénérescence et de la décadence nationale, théories « attrape-tout » issues de la psychiatrie et de l'hygiène sociale, qui irriguent une large partie de la production culturelle des années 1880-1890. C'est ainsi, on l'a vu, que, chez Zola, la Parisienne type, Nana ou Renée Saccard, est presque toujours abordée sous l'angle du « détraquement », individuel ou familial. Le roman *Au Bonheur des Dames* décline une autre facette clé de cette névrose, celle de la kleptomane, hystérisée par la fièvre d'achat que provoque le développement du grand commerce. Déjà évoquée, la lesbienne n'apparaît guère moins « déréglée », mais l'époque invente une autre figure féminine répulsive, qui s'assimile aux femmes de l'élite, la morphinomane. Dans ses *Physiologies parisiennes*, Albert Millaud en fait un type contemporain, « névropathe de création récente » : généralement de sexe féminin, la morphinomane conjugue une forme de poésie morbide avec le sens de l'autodestruction[88]. Elle se confond alors avec la « morphinée », femme fatale adepte de la drogue qui hante les représentations littéraires et picturales de la fin du siècle[89]. Avec son teint blême, ses yeux écarquillés, sa « kentomanie » (goût de la piqûre), elle donne de la mondaine parisienne une image beaucoup plus inquiétante que la jolie gravure de mode des magazines.

L'hybridation de ces figures de la déviance féminine, inventées par les médecins, les psychiatres et les observateurs sociaux, avec la Parisienne relève certes, pour partie, d'un placage opportuniste, destiné à couler dans l'air du temps une figure rebattue. Il est un terrain, en revanche, sur lequel le portrait en négatif de la Parisienne entre fortement en résonance avec l'une des grandes angoisses de la période, celle du déclin de la fécondité et de la démographie nationales.

Mauvaise mère

On sait l'époque hantée par le spectre de la dénatalité et de l'infériorité numérique française dans la perspective d'une guerre de revanche avec l'Allemagne. La France a entamé précocement sa transition démographique et, tout au long du siècle, ses taux de natalité et de fécondité ont été inférieurs à ceux de ses voisins : 22 naissances pour 1 000 habitants en 1900 contre 35 en Allemagne, Paris se situant légèrement en dessous de la moyenne française, avec 21,2 pour 1 000 en 1901[90].

L'exaltation d'un modèle féminin centré sur la séduction plutôt que sur la sacralisation de l'univers domestique et conjugal pouvait sembler, dans ce contexte, légèrement choquante. La Parisienne peut-elle être une bonne mère ? La question a été posée de manière récurrente tout au long de son histoire, et la réponse fut souvent négative. « Je t'aurai peint cet infernal paradis de Paris en te disant qu'il est impossible à une femme du monde d'être mère », écrivait déjà, dans les années 1840, le personnage de Balzac Louise de Chaulieu à son amie provinciale dans *Les Mémoires de deux jeunes mariées*[91]. Trois décennies plus tard, l'auteur anonyme du *Guide sentimental de l'étranger dans Paris* observe : « Ni dans le couvent, ni dans l'institution, ni dans les leçons qu'elle a reçues chez elle, on ne lui a parlé de mariage, des devoirs du ménage, de la perspective de la maternité[92]. » Hérité de l'idéal aristocratique du XVIIIe siècle, qui faisait de la femme une hôtesse, une épouse ou une amante, bien plus qu'une mère, ce faible investissement dans la maternité est constitutif du type et a parfois même été présenté comme une qualité. Dans ses *Notes sur Londres*, Jules Vallès y voyait le principal trait de séduction de la Parisienne, en lui opposant l'Anglaise, « galérienne de la fécondité », asservie à la reproduction et à l'éducation des enfants[93]. Si les conservateurs et la plupart des hommes politiques sont évidemment loin de partager ce point de vue antimaternaliste, il est tout de même intéressant de souligner qu'à côté des figures conventionnelles de la féminité du XIXe siècle, la douce mère de famille et la pure jeune fille, la culture française a produit, avec la Parisienne, une figure concurrente, faiblement embarrassée d'enfants et de devoirs domestiques : adaptée au terreau socioculturel de la France mais aussi à sa démographie en transition, qui la distingue précocement du reste de l'Europe.

À la fin du siècle, cependant, le renforcement des angoisses démographiques rend moins acceptable cette facette maternelle. La littérature pittoresque et physiologique donne alors souvent le sentiment de vouloir « sauver » la réputation de la Parisienne en lui prêtant une fibre maternelle plus affirmée. « Pourtant, je t'assure, on fait d'excellentes mères de famille, des épouses très solides, des amies très vaillantes avec des Parisiennes. [...] Mais il faut savoir leur donner, en les épousant, l'initiation à laquelle rien ne les a préparées[94] », poursuit l'auteur du *Guide sentimental de l'étranger dans Paris*. Octave Uzanne n'hésite pas à affirmer qu'« en dépit d'une éducation encyclopédique [...] la Parisienne garde ce qui fait la force et la noblesse de la femme : le sentiment de la maternité[95] ». Son hagiographie maternaliste frôle parfois la contradiction, puisque ce chef-d'œuvre de goût et de coquetterie fait aussi, selon lui, « d'excellentes mères qui savent en même temps ne pas perdre leurs charmes[96] ». Il va jusqu'à leur prêter un désir d'allaiter plus fréquent qu'en province, et finit par dépeindre un modèle de vertu qui n'est pas loin d'inverser entièrement le portrait antérieur : « La vierge modeste, l'épouse raisonnable, la mère prudente se rencontre à Paris autant et plus que partout ailleurs[97]. »

Ces contorsions rhétoriques finissent par dessiner une chimère, épouse et mère parfaite qui n'oublie pas de rester une séductrice hors pair... Elles participent du processus d'intégration et de moralisation analysé au chapitre précédent : la Parisienne n'est plus l'indigne créature regardée avec suspicion par les conservateurs et les bien-pensants, mais un modèle pour la nation et la république. Étudiant l'évolution des bustes de Marianne, Maurice Agulhon remarque ainsi qu'ils ont tendance à se « parisianiser », en osant la coquetterie et l'élégance, au point que certaines se muent en véritables pin-up[98] : il s'agit de valoriser une république apaisée, embourgeoisée, civilisée, qui n'est plus dans l'âpreté du combat. C'est peu dire, cependant, que cette relecture échoue à faire consensus. Car pour des auteurs de sensibilité réactionnaire ou antiparlementaire, la Parisienne reste bien la femme frivole, la mondaine intrigante, voire la louche créature qu'elle a incarnée tout au long du Second Empire.

Marianne pervertie par Paris

À la fin des années 1880, la dénonciation des mœurs corrompues de la capitale se développe au cœur même de la république, secouée par le scandale des décorations en 1887, puis le scandale de Panama en 1892-1893, et par deux crises majeures, la crise boulangiste à la fin des années 1880 et l'affaire Dreyfus à partir de 1894. C'est dans ce contexte qu'en 1900 le journaliste et écrivain Georges Darien, de sensibilité anarchiste, livre un violent pamphlet antiparlementaire et antiparisien intitulé *La Belle France*, qui prend pour cibles les élites de la république[99]. Dénonçant une ville de filous où « l'horizon intellectuel est limité par l'Ambigu, le Vaudeville, le Sacré-Cœur et la Bourse[100] », l'auteur attaquait durement la Parisienne, en qui il ne voyait qu'un mythe duplice et corrupteur : « La petite femme de Paris, qui prétend elle-même être un type, n'est qu'une créature de néant à tous les points de vue[101]. » La mythologie parisienne lui faisait l'effet d'un gigantesque cache-misère avant tout destiné à masquer la dure condition du prolétariat parisien. L'exploitation sexuelle dont étaient victimes les filles du peuple, et que poétisait malhonnêtement la figure de la grisette ou de la midinette, se trouvait au cœur de son argumentaire : « En France, pays de la misère et du trompe-l'œil, la misère aime à se maquiller ; elle a rarement l'aspect sombre, irréconciliable, tragique, qu'on lui voit ailleurs. [...] On la célèbre, on la chante, toute une littérature lui est consacrée. [...] Il y a l'apothéose de la mansarde, le lyrisme du grabat, la poésie de la soupente, la romance du plomb. Mais dans la poche des pauvres, on trouve la carte de prostituée pour la femme, et la carte d'électeur pour l'homme, esclavage et lâcheté[102]. » Véritable « industrie nationale[103] », la prostitution reflétait symboliquement le fonctionnement d'un régime pourri. Relue au prisme de la lutte des classes, la Parisienne finissait par se résumer à deux profils antinomiques, bourgeoise artificieuse ou femme du peuple asservie. Et rien ne résumait mieux, selon Darien, le mirage de cette ville où tout était à vendre, que la fameuse statue de l'Exposition : « La Parisienne, sur la porte monumentale, est une enseigne éloquente et naïve. Les étrangers, amateurs de façons nouvelles, pourront se faire arranger à la française. Modes de Paris. Fleur et plumes. Combien les fleurs ? Combien les plumes ? Ils sauront ça[104]. »

Charge violente et excessive, comme tout pamphlet, l'ouvrage de Darien n'en faisait pas moins la synthèse de thèmes devenus courants dans la pensée politique des années 1900, à l'extrême droite comme à l'extrême gauche. Leur banalisation facilita l'amalgame entre, d'un côté, la « femme facile » et, de l'autre, une république perçue comme corrompue, coupée du peuple, confisquée par des élites affairistes. C'est bien ce que suggère une série de caricatures publiée par le journal satirique *L'Assiette au beurre* en juillet 1905[105].

Elle met en images la naissance, la croissance, les succès puis les errements de la république incarnée en Marianne, de la Révolution française jusqu'à l'aube du XXe siècle : d'abord humble fille du peuple, sous les traits d'une modeste paysanne ou d'une jolie fille sans prétention[106], la république se fait, après la Commune, « Parisienne », déclinée en plusieurs incarnations : élégante jeune femme accueillant le peuple avec une amabilité un peu hautaine[107], fille légère entièrement dévêtue devant qui se prosternent les élites[108], matrone bourgeoise indifférente à la misère d'un gueux[109], avant de finir en vieille ivrognesse cuvant son vin sur le trottoir. Modèle censément intégrateur, la Parisienne de la Belle Époque se voyait ainsi rattrapée par sa réputation de « petite femme », symbole des dessous peu reluisants de l'idéal républicain.

Des contre-modèles régionaux

Cette imagerie négative, à la charnière de la morale et du politique, sous-tend le développement de contretypes régionaux, dont la valorisation exprime l'idéal d'une nation qui refuse à Paris une domination sans partage et aime à se penser comme une riche mosaïque de facettes complémentaires. « Si le mot "province" est conservé pour évoquer l'inélégance des vêtements et des manières, l'engourdissement de la pensée, il est remplacé, dans un sens positif, par le mot "région", emprunté au vocabulaire des nouveaux géographes[110] », souligne à ce propos la géographe Jocelyne George. Par là, les élites provinciales, partiellement dessaisies par l'organisation centralisée et jacobine du pouvoir, opéraient un « retournement du stigmate », qui conduisait à revaloriser leur terroir, leur culture, leur identité. Ce mouvement de balancier entraîne, au tournant du siècle, le développement de plusieurs mouvements régionalistes, dont le plus connu est le Félibrige, formé en 1854, en Provence, autour du poète Frédéric Mistral. Publiée en 1860, la nouvelle *L'Arlésienne*, d'Alphonse Daudet, avait déjà popularisé la figure de la belle Provençale, avant d'être mise en musique, par Georges Bizet, en 1872 : elle suscite, dans les années 1900, une riche iconographie, qui mêle traits locaux – la coiffe noire à rubans, le fichu croisé sur la poitrine, la croix provençale au cou... – et élégance Belle Époque. Centrés sur la défense des langues et des cultures locales, ces mouvements ont souvent permis la réinvention de coutumes et de costumes régionaux, dans un réflexe de résistance aux processus d'acculturation à la modernité urbaine. Ainsi, si la coiffe de la Bretonne avait longtemps symbolisé, pour les Parisiens, l'arriération du monde rural, brocardée à travers le personnage de Bécassine, elle pouvait aussi mettre en valeur le savoir-faire des artisans villageois et l'élégance simple et « vraie » des paysannes. Celle de l'Alsacienne faisant jouer la double corde régionaliste et patriotique.

Le recensement des types féminins régionaux célébrés par la France des débuts de la IIIe République et leur confrontation critique au type de la Parisienne mériteraient d'être approfondis pour mieux cerner les résistances à l'*imperium* culturel de la capitale. On peut citer, comme traces de cette contre-attaque, ces lignes de l'écrivain et journaliste Henri Hertz à l'occasion d'une rencontre dans un train :

> Il y avait en face de moi dans le wagon du train de la Varenne-Saint-Hilaire, une Provençale qui dressait sa beauté sereine entre les grâces factices des Parisiennes endimanchées. Elle semblait presque une étrangère, cette Française d'une autre France que Paris : une autre sève, un autre parfum, une autre âme l'animaient. Elle restait très fière dans l'indépendance de son costume national[111].

Edmond de Goncourt remarque de son côté, à l'occasion d'un voyage dans le Midi, en 1885 : « Soudain, sous ces grands arbres, spectacle charmant, a débouché pour la danse en plein air de la nuit une queue interminable de danseurs et de danseuses, [...], les filles coquettement provocantes dans cet idéal costume arlésien, qui donnerait, à défaut de beauté, de la joliesse aux plus laides[112]. » La France du début du siècle restait ainsi partagée entre la dynamique urbaine et moderniste incarnée par la Parisienne et de multiples résistances à une évolution perçue par certains comme mutilante. La création du concours de « la plus belle femme de France », en 1920, par le journaliste Maurice de Waleffe, qui deviendra le concours Miss France en 1954, contribuera à la valorisation de l'identité plurielle de la nation, et, partant, à la relativisation de la Parisienne[113], mais dans un contexte d'homogénéisation de la culture et des mœurs, qui allait rendre imperceptibles les nuances entre beautés régionales, désormais vêtues des mêmes maillots de bain et robes du soir.

Si la résistance au parisianisme s'organise, il est douteux que les jeunes Françaises de 1900 aient majoritairement convoité la coiffe et les sabots de leurs aïeules – ce « retour aux sources » ne demeurait-il pas, avant tout, un fantasme conservateur et masculin ? En feuilletant journaux et catalogues, en allant au caf'conc', au music-hall et, déjà, au cinéma, c'étaient bien les « modes de Paris » et le modèle de la Parisienne que faisaient miroiter à leurs yeux la culture Belle Époque. Et si la Parisienne symbolisait, pour quelques-uns, l'artifice, la prétention ou la décadence, elle n'en formait pas moins l'horizon dominant d'une société qui aspirait aux joies consuméristes de « la vie moderne », comme à l'allégement des carcans de la morale traditionnelle. La guerre et l'après-guerre allaient démultiplier cette attente, non sans déstabiliser le modèle de la Parisienne, confrontée à une menace nouvelle : la garçonne.

Chapitre 7

La Parisienne mise au défi (1918-1940)

Au miroir de la garçonne

Périls sur la féminité

« Elle s'en va dans la vie le feutre enfoncé jusqu'aux oreilles, le tailleur sanglé, la cigarette à la bouche, dédaignant les égards dont les hommes perdent vite l'habitude. Elle veut être l'égale de ces derniers, quand elle n'est pas leur rivale. [...] C'est une "garçonne" [...] et Victor Margueritte est son historiographe[1]. » C'est par cette vision percutante que l'homme de lettres Jean-José Frappa revient, en 1930, sur la Parisienne des années folles, emblème de la révolution des apparences et des comportements dont a accouché le premier conflit mondial. Huit ans plus tôt, en 1922, paraissait le roman *La Garçonne*, de Victor Margueritte, écrivain progressiste prolixe, dont on a déjà évoqué les *Femmes nouvelles*, coécrit en 1899 avec son frère Paul. Véritable phénomène de librairie et, très vite, objet de scandale, *La Garçonne* a popularisé le terme qui, en France, désigne le type féminin de l'après-guerre : silhouette plate, libérée du corset, gainée dans une robe tubulaire frôlant le genou, le visage fardé encadré d'un carré court, sous un simple chapeau cloche. Les chansonniers avaient déjà fait leur miel de la coupe *à la garçonne*[2], mais le roman de Margueritte dépasse la satire gentillette pour interroger la nouvelle morale des sexes que suggère ce masculin féminisé.

Monique Lerbier, son héroïne, est en effet une jeune Parisienne de bonne famille que son père, un homme d'affaires enrichi dans le commerce de guerre, marie par intérêt à un dandy infidèle et sans scrupules. Vite dessillée, la jeune femme rompt ses fiançailles dans l'amertume et devient, par dépit, une femme émancipée : décoratrice à la mode, vêtue au dernier goût du jour, le carré teint en auburn, elle fréquente assidûment les dancings, tâte de l'opium et de la « coco », enchaîne sans passion les partenaires sexuels, tente même une relation avec une femme, puis, dégoûtée par cette vaine existence, finit par épouser un gentil professeur humaniste, pour se retirer dans un paisible pavillon de banlieue. La morale est conventionnelle et, *in fine*, assez peu féministe, mais le roman prend bien acte d'un tournant.

Il a été le plus grand best-seller de la période : en 1929, il s'en était écoulé plus d'un million d'exemplaires, en plusieurs éditions successives[3]. Il fit aussi l'objet de nombreuses traductions à l'étranger, d'une adaptation théâtrale en 1926, et de trois versions cinématographiques, en 1923, 1936 et 1952[4]. Il suscita, en parallèle, un énorme remous médiatique et politique, une bonne partie de la presse se déchaînant contre cette représentation de la femme jugée obscène – par les conservateurs – ou seulement offensante et réductrice – par une partie de la gauche et des féministes. L'auteur fut, l'année suivante, dégradé de la Légion d'honneur, et la censure entama une guérilla contre les différentes versions de l'œuvre. C'est que la *garçonne*, le livre et la femme confondus, cristallisait des angoisses à vif, dans une société qui, avec 1,4 million de morts au combat et 3,5 millions de blessés survivants, auxquels s'ajoutaient les veuves et orphelins de guerre, se sentait déboussolée. Comme souvent, la thématique sexuelle servait de révélateur et d'abcès de fixation à une cohorte d'inquiétudes de nature sociale, morale, démographique ou politique, qui la débordait largement. Avec la *garçonne*, c'est tout un équilibre des identités de genre, des relations entre les sexes, des jeux de rôle masculin-féminin qui vacille, décuplant les inquiétudes déjà formulées à propos de la femme nouvelle des années 1900.

Est-elle encore une « Parisienne » ? Au sens littéral et mondain du terme, indiscutablement : « Je vous présente une artiste, Monique Lerbier. Et si parisienne[5] ! » fait dire le romancier à l'un de ses personnages, pour introduire cette fleur du Tout-Paris avant-gardiste et assez leste de l'après-guerre. Mais cette Parisienne se distingue désormais par ses transgressions plutôt que par ses « aimables » coquineries. Et le vice qu'elle incarne n'est plus cantonné à un petit monde : il se répand en province, traverse les classes, circule de New York à Berlin. Sa semblable anglo-saxonne, la *flapper*, apparaît tout aussi exubérante et « dévergondée ». Nées sur le terreau des grandes capitales, ces garçonnes d'après-guerre emblématisent une nouvelle modernité transnationale, qui interroge la pertinence même des types nationaux ou urbains, déjà largement démodés par le syncrétisme de la culture de masse.

Sont-elles antinomiques, complémentaires, vouées à fusionner, à s'équilibrer mutuellement ? « La garçonne touche un point sensible de l'imaginaire national, observe l'historienne Christine Bard, mettant à nu une dialectique tendue entre nostalgies archaïques et désir de modernité[6]. » « Ville de la Femme », Paris ne pouvait accueillir sans réticence ni résistance un modèle apparemment si subversif.

« Nostalgies archaïques »

De fait, la garçonne se présente bien, dans un premier temps, comme une menace pour la féminité sophistiquée et opulente que la Parisienne a portée à ses sommets, et dont nombre d'auteurs s'avouent alors nostalgiques. « Je vous ai connues du temps de mon enfance avec des petits chignons sur le sommet du crâne, des manches à gigot et des tournures ! se remémore par exemple Jean-José Frappa. [...] Il vous fallait beaucoup plus de temps pour vous rhabiller qu'aujourd'hui et nous étions prêts bien avant vous. Il est vrai que vous aviez à mettre votre chemise, votre long corset que nous devions lacer en appuyant notre genou contre vos reins pour avoir plus de force[7]. » Ce genre d'évocation nourrit une reconstruction idéalisée de ce qu'on n'appelle pas encore « Belle Époque[8] », mais qui, à beaucoup, apparaît déjà comme telle. « C'était une époque bénie, où les soucis et les contrariétés de la vie, les tracasseries des percepteurs et les menaces socialistes n'écrasaient pas encore la pensée et la joie de vivre, regrette, pour sa part, le couturier Paul Poiret. Les femmes pouvaient encore être élégantes dans la rue sans être en butte aux injures des terrassiers[9]. » Cette idéale féminité 1900 était d'abord celle de la silhouette, dont les courbes et la sensualité semblent niées par l'androgynie de la garçonne. « Les seins ont disparu comme par enchantement. La femme se porte plate, sportive, affranchie[10] », peut déplorer Jean-José Frappa. Auteur, en 1929, d'une physiologie tardive de la Parisienne, Gérard Bauër fait sourdre la même nostalgie : « C'est ainsi que la Parisienne de 1929 est brune, qu'elle est mince, qu'elle est plate, et garçonnière. Ce qu'on a appelé le "grand modèle", le modèle "Opéra", a disparu[11]. » Ce rétrécissement-aplatissement va de pair avec une nouvelle manière d'être, de marcher, de bouger, plus rapide, plus saccadée, qui fait regretter le gracieux ondoiement du trottin ou de la flâneuse : « De nos jours, les Parisiennes apparaissent le plus souvent au passant comme des femmes occupées – occupées d'elles-mêmes ou occupées socialement, poursuit Bauër[12]. Ces filles gracieuses marchent à enjambées étroites, rapides [...] mais sans majesté. La majesté comporte un principe de lenteur que la Parisienne moderne ne peut plus observer. Elle est pressée. Elle obéit à la cadence et aux nécessités de son temps[13]. » Son registre de séduction se fait ainsi plus ténu, moins triomphal : « Elle est devenue charmante, en toutes circonstances et dans toutes les classes. Mais il n'est pas certain qu'elle n'ait pas abdiqué, ni qu'elle n'ait pas perdu le sens du magnifique[14]. » Il y a, dans cette Parisienne descendue de son piédestal, quelque chose d'amoindri, de désacralisé, qui met à bas tout un érotisme fondé sur le voilement, la suggestion, l'entre-deux. « Dans le même moment que le dessus se réduisait à sa plus simple expression, les dessous, eux, disparaissaient complètement, remarque en ce sens Jean-José Frappa. [...] En 1929, plus rien, une chemise et c'est tout[15] ! » Dans cette brutale assomption du corps révélé, dénudé, sans mystère, le désir perd soudain ses repères et « la » Femme semble avoir disparu.

Dépassant cette critique standardisée, Gérard Bauër décèle, lui, une véritable lame de fond socio-économique : dans cette société où la rente et l'oisiveté ne forment plus l'idéal dominant, où se perd l'art de l'*otium* distingué dont procédaient la flânerie et la galanterie, où « l'homme pressé » dépeint par Paul Morand[16] est happé par le travail et le goût de la vitesse, les jeux de l'amour se réduisent désormais à la portion congrue : « l'emploi du temps d'une Parisienne, le rythme de ses démarches, lui laissaient des loisirs pour le cœur, [...] mais puisqu'on ne flâne plus à Paris [...], il est naturel que la Parisienne se soit peu à peu lassée de l'imbroglio sentimental, l'homme [...] ne pouvant plus accorder trop de temps aux affaires du cœur[17] ». Même analyse chez l'écrivain Léon-Paul Fargue, pour qui la société d'avant guerre savait apparier, à des hommes riches, oisifs et dépensiers, des maîtresses fantasques, sensuelles et spectaculaires : « Elles étaient parisiennes parce qu'elles considéraient que la vie devait être exclusivement consacrée au plaisir, à la frivolité, au snobisme, à l'ivresse et au tapage[18]. » Désormais, cette Parisienne agit, fait du sport, et parfois même s'engage dans une carrière, explique encore Bauër : « Elle travaille pour son compte, si l'on peut dire. [...] Ces femmes-là, comme les joueuses, sont perdues pour les hommes, c'est-à-dire pour un dévouement absolu à la cause des hommes[19]. » La sentence résonne comme un glas : en aspirant à devenir sujet, la Parisienne renonce à son statut d'idole. Plus libre, plus indépendante, elle n'est plus adorée. La garçonne lui aurait donc été fatale, remplaçant la déesse par une femme plus réelle, mais aussi plus prosaïque et, bien sûr, moins « féminine ».

Adaptations

Mais les choses, on s'en doute, sont un peu plus complexes que ne le donne à penser cette déploration rituelle, qui témoigne d'un désarroi masculin fort répandu après la guerre. Car si la garçonne a bien pour effet de déstabiliser les « fondamentaux » de la Parisienne, deux données se conjuguent pour œuvrer à leur possible conciliation. D'abord le fait que la garçonne invente une nouvelle féminité bien plus qu'elle ne suggère une réelle androgynie[20] : malgré les cheveux courts et la silhouette plate, la plupart des femmes ont conservé une identité de genre clairement marquée, qui, même pour les observateurs les plus critiques, n'est pas dénuée de séduction. « Ah que vous étiez jolies... Mais vous ne l'êtes pas moins aujourd'hui ! » est prêt à concéder Jean-José Frappa, qui loue « le charme incontestable des actuels déshabillés féminins[21] ». C'est que la garçonne invente de nouveaux gestes, de nouveaux codes, de nouveaux accessoires : les jambes gainées de bas de soie dégagent un sex-appeal inattendu tandis que les robes-chemises fluides flattent sensuellement les silhouettes filiformes. Le chapeau cloche, le fume-cigarette, les perles en sautoir renouvellent l'art, si parisien, du maniement de l'accessoire. Ainsi le regard masculin, une fois ajusté, a-t-il vite fait de reconquérir la pulsion scopique et le droit au commentaire, dans un réflexe d'apprivoisement déjà observé pour conjurer la « femme nouvelle ». Parodiant Margueritte sur un mode léger, le romancier à succès Clément Vautel s'amuse ainsi à dépeindre, en 1924, dans *Madame ne veut pas d'enfant*, une jeune Parisienne à la mode qui, malgré sa névrose et son snobisme, distille une séduction toute de fraîcheur moderne : « il la trouvait ravissante avec ses cheveux courts, sa silhouette et sa gouaille de gavroche, ses pyjamas désinvoltes, ses robes audacieuses, et tous ces piments flattaient ses goûts un peu blasés[22] ». Dans un autre de ses romans, *L'Amour à la parisienne*, publié en 1927, ce sont les petites employées à la sortie des bureaux qui attirent l'œil du flâneur par leur chic *modern style* : « nombre de ces dames, de ces demoiselles étaient élégantes avec leurs robes à la dernière mode, leurs bas de soie couleur chair, leur désinvolture étudiée de petites Parigotes faites pour plaire, pour séduire[23] ». La révolution du *look* n'a donc pas anéanti le droit de cuissage virtuel. Rien ne traduit mieux cette pérennité des habitudes masculines que les pages de l'insubmersible *Vie parisienne* : plus grivoise que jamais, la vieille revue fondée en 1863, et qui se survivra jusqu'en 1970, n'en finit pas de décliner d'accortes jeunes femmes à la moue aguicheuse qui coulent la Parisienne de toujours dans la silhouette des années folles. Leurs cheveux courts, leurs seins plats, leur ardeur sportive n'ont rien entamé de leur potentiel érotique, du moins si l'on en juge par le charme suggestif des postures et des déshabillés. Et quand le saphisme est convoqué, c'est, comme à la Belle Époque, à titre de piment, pour réchauffer les libidos blasées de ces messieurs, non pour suggérer la désagrégation des mœurs. Bref, la « parisianisation » de la garçonne s'est rapidement enclenchée, dans un contexte où les prérogatives du « sexe fort » semblent plus ouvertement défiées.

Simple réflexe de sauve-qui-peut phallocratique ? En réalité, si le nouveau type féminin s'est révélé soluble dans la Parisienne, c'est aussi parce que le monde de la couture a œuvré en ce sens, soucieux de conserver à Paris son statut de capitale de la mode, et à son symbole féminin celui de référent de l'élégance internationale.

La Parisienne réinventée

Le cœur de la mode bat toujours à Paris

Feuilletons à cet effet un numéro du magazine *Vogue* du début des années folles. C'est en 1920 qu'a été lancée, après la Grande-Bretagne en 1916, l'édition française de ce très chic magazine américain, fondé en 1892, à New York, par un homme du monde entreprenant, Arthur Baldwin Turnure, avant d'être repris en main, en 1909, par un avocat et éditeur du nom de Condé Montrose Nast. Vendu au prix élevé de 4 francs le numéro, édité sur un luxueux papier glacé, ce très élitiste magazine est vite devenu leader de la presse de mode française, en visant une clientèle plutôt huppée.

La Parisienne mise au défi (1918-1940) 241

L'entrée en scène des Américains dans un domaine jusqu'alors dominé par les Français alimente certes bien des inquiétudes. « Une gazette finit par exercer sur [les Parisiennes] un prestige que n'avaient plus ni la prose, ni les dessins français[24] », déplore par exemple Gérard Bauër, en désignant, sans le nommer, le magazine, dirigé de 1922 à 1929, par l'Américain Main Rousseau Bocher. Pourtant, si le physiologiste s'était penché sur le contenu de la menaçante gazette, il aurait pu constater que la fleur de la capitale française y était toujours, très largement, à l'honneur, du moins dans l'édition française. « Élégance secrète de la Parisienne[25] », annonce, par exemple, le numéro du 15 janvier 1921, tandis que celui du 1er février détaille les « Modes et voitures de la Parisienne[26] ». N'est-il pas vrai, d'ailleurs, que, « habillée par Paquin, une femme est toujours parisienne par l'élégance » ? Le magazine dispose également d'une rubrique intitulée « Les couturiers proposent, la Parisienne dispose[27] », qui illustre le bon vieux principe reformulé par Paul Poiret en 1930 : « Une Parisienne n'adopte jamais un modèle sans y faire des changements capitaux, et sans le particulariser[28]. » Bref, au sortir de la guerre, la Parisienne demeure sans conteste le mètre étalon de l'élégance féminine, à peine modifiée, dans son essence, par la menace androgyne de la garçonne.

C'est que, au moins jusqu'à la fin des années 1920, la couture parisienne reste de fait en position hégémonique : malgré une montée des concurrences dont on reparlera plus loin, malgré aussi une « guerre des copies » qui menace son exclusivité, c'est toujours à Paris que les élégantes du monde entier viennent faire leur shopping, dans le « triangle d'or » des 1er et 8e arrondissements de Paris, découpé par la rue de la Paix, la place Vendôme et l'avenue Matignon. Le secteur reste un point fort de l'économie française, soigneusement réglementé par la Chambre syndicale de la haute couture, qui a succédé, en 1911, au premier syndicat de 1868. Ce succès non démenti se nourrit, à côté des valeurs sûres que sont toujours Worth, Doucet, Poiret, Paquin, Callot ou Redfern, d'une salve de talents neufs : dix maisons de haute couture ont été lancées entre 1919 et 1929, notamment celles d'Edward Molyneux, de Lucien Lelong, de Jean Patou, de Jacques Heim, de Marcel Rochas ou de Maggy Rouff. Mais qui mieux que Gabrielle Chanel peut incarner l'éclatant renouveau de la couture française des années folles ? Dès 1900, cette pionnière avait flairé un besoin diffus de simplification et de confort : ses petits chapeaux tout simples, débarrassés du fatras d'ornements si prisés à la Belle Époque, ont suscité l'engouement des femmes du monde, et c'est avec l'aide financière de son amant anglais, l'homme d'affaires et joueur de polo « Boy » Capel, qu'elle a développé ses activités à Deauville puis à Biarritz, avant d'agrandir, en 1919, sa boutique-atelier de la rue Cambon, qui comptera bientôt trois cents ouvrières. Le « style Chanel » privilégie les formes simples, géométriques, les couleurs sobres, les matières souples et confortables, empruntées au vestiaire des marins ou des jockeys, tel le jersey. Elle ose le pantalon, le blazer, le pull marin. Avec sa beauté brune atypique, sa longue silhouette flattée par ses propres créations et la kyrielle de faux bijoux dont elle a lancé la mode, « Coco » – le surnom fait allusion au refrain d'une chanson du temps de ses années de cabaret – symbolise par excellence la Parisienne réinventée des années 1920, au juste équilibre entre raffinement et décontraction, élégance féminine et concessions mesurées à la garçonne. Gérard Bauër est prêt à lui reconnaître « un pouvoir plus assuré qu'un ministre[29] », qui n'est pas sans rappeler celui de Rose Bertin, la couturière de Marie-Antoinette. La princesse Bibesco, elle, en fait la magicienne de style parisien : « Avec une Italienne, une Argentine, une Grecque, elle fait, quand elle le veut, une Parisienne. Elle naturalise plus de personnes, en une saison, que l'office de naturalisation[30]. »

Figure décisive et dominante, Chanel n'est pas seule à œuvrer à la modernisation en douceur de la Parisienne. Issu d'une famille de fourreurs, Jean Patou, après quelques essais infructueux, lance sa griffe en 1919 dans un bel hôtel particulier de la rue Saint-Florentin, où se pressent femmes du monde, actrices en vue et riches Américaines. Il est suivi de peu par Lucien Lelong qui, après s'être fait la main dans l'atelier de ses parents, ouvre sa boutique, en 1924, rue Matignon. L'un et l'autre sont d'élégants dandys qui aiment s'afficher avec de jolies femmes, mannequins, actrices ou mondaines. L'un et l'autre se veulent à l'avant-garde du progrès, en phase avec l'Exposition internationale des arts décoratifs et industriels modernes qui ouvre, à Paris, en avril 1925. Ils vont aussi s'inspirer du sport, que les femmes du monde sont toujours plus nombreuses à pratiquer, en incluant, désormais, le tennis ou la natation, voire le golf ou le ski[31]. Dès 1921, Jean Patou habille la championne de tennis Suzanne Lenglen, victorieuse à Wimbledon en 1919, et aménage, l'année suivante, dans sa boutique un « Coin des sports » qui va faire des émules. Lucien Lelong prône la « mode kinétique[32] », en mouvement, tandis que l'iconoclaste couturière d'origine italienne Elsa Schiaparelli entame sa carrière en 1927 avec une ligne baptisée « Pour le sport[33] ». De l'imaginaire de ces couturiers innovants naît une Parisienne plus dynamique, plus audacieuse, presque virilisée, à l'image de l'énergique golfeuse qu'a choisie Lelong pour représenter son « Coin des sports ». Cette « garçonnerie » ne va toutefois jamais jusqu'à l'androgynie complète et cohabite avec des silhouettes plus classiquement « féminines », souvent conçues par des femmes. Jeanne Lanvin, notamment, habille les élégantes de la capitale depuis 1909, et symbolise, dans les années 1920, l'alliage du raffinement de la haute couture avec une féminité assez traditionnelle, à l'image du fameux logo de la maison, qui la représente dans une tendre embrassade avec sa fille. Inventrice du drapé et du biais, Madeleine Vionnet crée de son côté, depuis 1912, des robes sculpturales qui évoquent la statuaire antique.

La plupart de ces couturiers souhaitent désormais rehausser leurs créations d'un sillage parfumé, alors que le succès des parfumeurs historiques, Guerlain, Bourjois ou Roger Gallet, ne se dément pas. Chanel a été la première à flairer le potentiel de cette alliance, en lançant, en 1921, le *N° 5*, suivi, l'année d'après, du *N° 22*, puis de *Gardénia* en 1925, *Bois des îles* en 1926, *Cuir de Russie* en 1927. Hommes d'affaires avisés, Jean Patou et Lucien Lelong lui emboîtent le pas, le premier, en 1925, avec *Amour-Amour* et *Adieu Sagesse*, puis, en 1930, le best-seller *Joy*, le second, en 1926, avec un trio de parfums aux noms modernistes d'« ABC ». Si le marketing publicitaire, en pleine expansion, n'a pas encore enrôlé la Parisienne comme promotrice de ces fragrances, il est clair que la réputation touristique et culturelle de la ville comme l'aura de ses habitantes soutiennent implicitement l'expansion du secteur. En 1929, la maison Bourjois lance un « jus » baptisé en anglais *Evening in Paris*, en français *Soir de Paris*. « L'atmosphère de Paris, son air subtil et enivrant, son sens artistique si délicat expliquent pourquoi l'on est sûr de trouver dans cette ville la plus grande variété de parfums et cette parfaite authenticité que tant de fabricants sans scrupules ne respectent pas[34] », n'hésite pas à affirmer, de son côté, un guide anglo-saxon, à propos d'un parfum de François Coty baptisé *Paris*. La photo de mode, elle, explore déjà cette osmose entre la ville et la femme : à partir des années 1930, Jean et Albert Séeberger prennent la relève de leurs prédécesseurs Jules, Louis et Henri, pour photographier les élégantes dans l'espace de la capitale française, mais aussi dans le décor des villégiatures chic, Deauville ou Biarritz. En 1935, Jean Moral fait descendre la haute couture dans la rue, pour le magazine américain *Harper's Bazaar*, tandis qu'Erwin Blumenfeld fait poser en mai 1939 des modèles suspendus à la charpente métallique de la tour Eiffel pour le *Vogue* français[35]. Cet ancrage dans la géographie de la ville renouvelle puissamment l'identité visuelle de la Parisienne.

Le « style simple »

Si la Parisienne a absorbé la garçonne plutôt que l'inverse, c'est aussi parce que les couturiers français ont su forger, à partir des nouvelles lignes modernistes des années folles, un style propre, censé distinguer l'élégante de la rue de la Paix de l'ordinaire des *flappers*. Il mobilise toujours les mêmes atouts économiques et techniques, qualité des matériaux, savoir-faire des artisans, science du détail et des accessoires ; mais il se revendique aussi d'un nouveau code de valeurs, sachant allier modernité et féminité. Les maîtres mots en sont retenue, sobriété, simplicité : la Parisienne ne saurait, comme toujours, en faire « trop », et si elle se distingue, c'est par la modération plus que par l'excès. « Pendant tout cet été nous avons pu constater le triomphe persistant de la simplicité[36] », relève ainsi le magazine *Vogue* en 1922, avant d'observer, trois ans plus tard : « la mode simple s'étend à la chaussure[37] ». Commentant les défilés du printemps 1926, le journal tresse une couronne à la maison Chanel : « En parfaite harmonie avec son temps, le talent de Chanel s'exprime en des créations à la fois simples et complexes [...]. Il n'est pas un modèle de sa collection qui ne puisse être cité comme un résumé de l'élégance du moment, une élégance sobre où se discerne la modération[38]. » Mêmes éloges à propos des robes de Madeleine Vionnet : « élégance et simplicité en sont les qualités typiques[39] ». La « patte » de cette grande artiste du drapé et du biais est définie comme « un style simple né d'une technique savante[40] ». Quant aux créations de la maison Molyneux, elles brillent par le même éclat discret : « Simplicité et modération sont les deux qualités primordiales de cette collection, qui en réunit beaucoup d'autres[41]. » Journal plus petit-bourgeois, *La Mode illustrée* s'empare avec enthousiasme d'un credo stylistique parfaitement adapté à un lectorat qui n'a pas les moyens de la haute couture. « On sait aujourd'hui qu'il est possible de se conformer [aux] lois [des modes] en restant simple[42] », affirme-t-il en mars 1920. Une décennie plus tard, le constat a viré à la leçon de style : « En matière de parure, la discrétion et la sobriété sont l'apanage des femmes de goût. L'élégance est simple. Elle est dans la perfection de la ligne, la trouvaille heureuse d'un détail bien mis en valeur[43]. »

Cette « simplicité » promue en valeur cardinale est évidemment tout un art paradoxal, dont la maîtrise exige un savant travail : accusant les tendances définies au XIXe siècle, elle réside dans l'allure générale, le sens de l'accessoire juste, la gamme des couleurs, aussi, que l'on souhaite sobres et subtilement harmonisées. Le noir, notamment, fait une percée décisive, parfois associé au blanc. « La couleur noire est distinguée en tout et pour tout, elle est de mise partout, à tous les âges et n'est jamais ridicule, affirme, en 1921, le guide *Les Secrets de beauté de la Parisienne*. Elle s'adapte à toutes les modes, à toutes les formes. Elle amincit[44]. » Au début des années 1930, son triomphe permet à *La Mode illustrée* d'affirmer comme une évidence : « Une femme vêtue de noir et blanc est toujours parmi les plus "chic"[45]. » Certes, les années folles ont aussi adulé le lamé, les imprimés, les joyeuses cacophonies de couleurs chéries par des artistes d'avant-garde telles Sonia Delaunay ou Elsa Schiaparelli, qui impose, en 1937, le glamour du « rose *shocking* ». Mais c'est bien le noir qui se fait suprême marqueur d'élégance, surtout lorsqu'à partir de 1929 la crise tempère les humeurs festives. « La plupart des Parisiennes s'en tiennent à la couleur noire, estime un guide anglais de 1938. C'était, au début, pour des raisons d'économie, mais progressivement, le noir est devenu un style. La dame du vestiaire peut ainsi rivaliser avec la grande dame[46]. » La princesse Bibesco, elle, n'hésite pas à voir dans ce dégradé de nuances sombres la gamme chromatique de la ville elle-même : « Il est aisé, pour une Parisienne intelligente, et qui connaît sa ville, de ne point se tromper en choisissant les couleurs sobres et délicates qui conviennent à son climat, à son printemps tout en nuances, aux grisailles de son hiver, aux accents noirs de la pluie sur les monuments, aux laques de l'asphalte mouillé[47]. »

Associée à la simplicité, l'évidence esthétique et économique du noir trouve son apogée dans une nouvelle pièce promise à un bel avenir dans la garde-robe de la Parisienne : « la petite robe noire[48] ». Son invention a pu être attribuée à Gabrielle Chanel[49] qui, réagissant, en 1926, aux bigarrures des robes du soir, eut l'idée de proposer une petite robe en crêpe passe-partout mais supérieurement élégante, qu'un observateur américain comparera bientôt au modèle « Ford », pour son caractère démocratique et novateur[50]. Cette « interprétation par Chanel », pour reprendre la formule ironique de Pascal Ory à propos de l'invention du bronzage[51], est bien sûr réductrice, car d'élégantes petites robes noires avaient déjà fait leur apparition, pendant la guerre[52], pour accompagner l'inflation des deuils. Et le XIXe siècle a précocement valorisé, on s'en souvient, le noir des costumes d'amazones, comme celui des uniformes de serveuses ou de domestiques, voire celui des robes de religieuses – Chanel aurait été influencée par celles du monastère cistercien d'Aubazine, en Corrèze, où elle dit avoir été éduquée entre 12 et 18 ans. En réalité, la promotion de la « petite robe noire » traduit surtout un souci diffus de confort et de praticité, dans toutes les circonstances de la vie sociale. Elle accompagne la progression du travail féminin dans la moyenne et petite bourgeoisie : si en 1926 les femmes ne représentent qu'un tiers de la population active, elles sont déjà 40 % des employés du commerce, des banques et des services publics, et jusqu'à 66 % dans l'enseignement primaire[53]. Et si aucune de ces modestes salariées n'a les moyens de s'offrir le modèle Chanel, il se prête à mille et une adaptations sous les doigts de fée de la petite couturière de quartier, qui reste l'incontournable courroie de transmission entre la haute couture et la mode de Mme Tout-le-monde. À la fin des années 1930, *Marie-Claire*, le nouvel hebdomadaire féminin grand public lancé en mars 1937 par le directeur de *Paris-Soir* Jean Prouvost, n'hésite pas à consacrer une double page à cette petite robe devenue ce que l'on appellerait aujourd'hui un « basique ». Il est précisé que « la petite robe est, bien entendu, une petite robe noire[54] ».

La fixation d'une identité

C'est donc dans l'entre-deux-guerres qu'achève de se construire le portrait de la Parisienne moderne, dont les grandes lignes n'ont guère varié jusqu'à nos jours. Caractérisée par la minceur, la « ligne », l'atrophie des courbes féminines tant prisées par le siècle antérieur, elle devient, toujours plus, une beauté dynamique, en mouvement, adaptée à son époque et à son cadre de vie urbain. Cette culture somatique s'adosse à une esthétique du *less is more* qui consacre les principes énoncés à la fin du siècle précédent, même s'ils s'appliquaient alors à des modes beaucoup plus opulentes : éviter le clinquant, le bariolé, le voyant, le « nouveau riche ». « Le chic de la Parisienne contraste de manière flagrante avec le goût immodéré des couleurs voyantes de l'Américaine[55] », peut encore affirmer un guide britannique de 1938. Dans le roman *Aurélien*, Louis Aragon décrit en ces termes l'effet calculé de la très Parisienne Blanchette Barbentane dans le choix d'une tenue de soirée : « Elle avait mis sa robe noire, presque pas de bijoux. Ainsi elle était sûre que des gens qui la regarderaient prendraient Bérénice pour quelque dame de compagnie[56]. » L'accent mis sur l'épure, la simplicité, le retranchement, rompt définitivement avec l'esthétique du faste et de l'ostentation qui avait caractérisé les modes féminines jusqu'à la Belle Époque, et il n'y aura pas de retour en arrière, même quand les modes ultérieures se feront moins géométriques. Cette sobriété a parfois été péjorativement qualifiée de « style pauvre », à la fois par les nostalgiques de la « vraie » féminité, mais aussi par certains observateurs étrangers, déroutés par cette absence presque complète d'ornements. « Avoir dépensé tant d'argent sans que cela se voie[57] ! » se serait exclamée avec dépit une cliente américaine de Chanel. Pour la princesse Bibesco, la véritable élégance se niche pourtant là : « C'est dans le détail que [la Parisienne] excelle, aime la pureté de son contour. Son ensemble du matin paraîtra pauvre à qui ne sait distinguer entre le riche et le précieux[58]. » La subtilité de ce code d'essence aristocratique repose aussi sur l'appropriation individuelle du vêtement, car plus celui-ci est « simple », plus il requiert de qualités immatérielles pour lui insuffler du style et de l'allure. « La grâce des gestes, la séduction de la voix, des attitudes, de la physionomie, une aisance, une distinction absolues, innées : tout cela est de l'élégance, et c'est pourquoi celle-ci est surtout personnelle et d'essence intérieure. Le luxe s'achète, l'argent suffit à l'obtenir[59] », commente une éditorialiste de *La Mode illustrée* en 1920. Dès lors, il ne suffit pas de s'approvisionner chez les bons faiseurs pour se muer en Parisienne : l'inusable « je-ne-sais-quoi » trouve là matière à se réinventer, qui continue d'entretenir le complexe d'infériorité des provinciales.

Même épuré, ce style n'en demeure pas moins pensé comme « féminin », car le milieu de la haute couture et de la presse de mode françaises a volontairement tenu la garçonne à distance, pour sauvegarder tant les intérêts économiques que l'image de marque du secteur[60]. Dès 1925, *La Gazette du bon ton*, journal lancé en 1912 par les couturiers Worth et Paquin, put se féliciter de la fin du « style jeunes garçons[61] », tout comme *Vogue*, qui remarque : « Durant plusieurs années, nous avons conservé le costume d'allure un peu garçonnière [...] si bien adapté à cette période de guerre où la camaraderie remplaçait la coquetterie à laquelle les femmes n'avaient ni le temps ni le cœur de se livrer. Dans les modes qu'il crée, Paris offre toujours un reflet de la psychologie du temps : nous pouvons donc nous attendre aussi à voir la Parisienne cesser peu à peu, d'être, seulement, la compagne de l'homme, pour devenir son idéal : être raffiné, mystérieux, d'approche difficile[62]. »

Cette focalisation sur la féminité doit retenir notre attention, car le Paris des années folles symbolise alors l'émancipation des femmes, jusqu'à faire planer, pour les plus réactionnaires, le spectre d'une « civilisation sans sexes[63] ». Moderniste, certes, la Parisienne a peut-être été aussi la modératrice, voire la fossoyeuse de la garçonne.

Émancipation en trompe-l'œil ?

Femmes libres des « années folles »

Type littéraire, la garçonne de Margueritte trouve son inspiration dans un vivier de personnalités parisiennes qui a beaucoup contribué à entretenir l'image de Paris comme un espace de liberté et d'émancipation pour les femmes, accueillant toutes celles qui, venues de la province ou de l'étranger, rêvaient d'une existence non conventionnelle, notamment dans l'ordre des mœurs intimes – lesbiennes ou bisexuelles, autant qu'hétérosexuelles. Ce microcosme « libéré » existait déjà à la Belle Époque mais les années folles l'élargissent et le délestent de ses collusions troubles avec le demi-monde, tout en encourageant les plus ambitieuses à s'investir dans une carrière professionnelle. Personne mieux que Gabrielle Chanel n'illustre cette mutation : échappant à sa condition de femme entretenue, elle connaît une brillante réussite par la mode, tout en assumant une grande liberté de mœurs puisque « l'irrégulière » va enchaîner les liaisons prestigieuses avec artistes et aristocrates, sans se fixer dans un mariage. Elle n'est pas seule à personnifier la nouvelle affranchie parisienne : écrivaines audacieuses, telles Colette ou Mireille Havet, modèles d'artistes sans tabou, telle Kiki de Montparnasse, peintres modernistes telles Sonia Delaunay ou Tamara de Lempicka, femmes du monde délurées, telles Marie-Laure de Noailles ou Misia Sert, pétulantes vedettes du music-hall, telles Joséphine Baker ou Mistinguett... La liste est longue de ces femmes ambitieuses et indépendantes, qui personnifièrent une Parisienne à la fois sensuelle et iconoclaste, parfois jusqu'à l'excentricité. Leurs pétulantes silhouettes animent la scène festive et mondaine des années 1920, réputée pour sa gaieté et sa liberté de mœurs : au son des jazz-bands débridés du Bœuf sur le toit, dans les bals avant-gardistes du comte et de la comtesse Étienne de Beaumont, au rythme chaloupé de l'orchestre antillais du Bal Nègre, « la Parisienne, atteinte de danso-manie, saute du lit en fredonnant un air de fox-trot et en esquissant une figure apprise la veille et dont elle a rêvé toute la nuit », selon un article de *La Vie parisienne*[64]. Beaucoup d'entre elles, de Natalie Clifford Barney à Anaïs Nin, de Nancy Cunard à Gertrude Stein, étaient d'origine étrangère : les rives de la Seine[65] formaient l'horizon d'une émancipation et d'une stimulation intellectuelle jugées inaccessibles dans leur pays d'origine – plus largement, le nombre d'étrangers dans la capitale passe de 5,8 % en 1921 à 15,5 % en 1929[66]. Plus encore que par le passé, la Parisienne des années folles se définit par son cosmopolitisme, mais c'est aussi qu'elle voyage, fréquente les stations à la mode, de Deauville à Cannes en passant par Biarritz et Chamonix, pousse même jusqu'à New York ou Buenos Aires, au rythme nonchalant des grands transatlantiques et des *sleepings* capitonnés. Les couples de femmes furent également nombreux, dans cette galaxie, personnifiant avec éclat la déstabilisation des normes de genre qui reste emblématique de la période. Si les conservateurs tonnent contre la décadence des mœurs, les couples de lesbiennes ne choquent guère, dans ces milieux larges d'esprit, et les lieux dédiés, tels le Monocle ou le thé Colombin, participent de la réputation festive et tolérante du *gai Paris*, qu'apprécient également nombre d'écrivains et d'artistes noirs américains.

Ces Parisiennes emblématiques sont restées toutefois très minoritaires et n'inspirent qu'à la marge l'imagerie des magazines, qui proposent une vision beaucoup moins tapageuse de la femme nouvelle. Et leur liberté est restée le plus souvent individuelle, sans se muer en tremplin d'émancipation civile et politique collective. Modèle de femme libre, Colette fut, globalement, on l'a dit, indifférente au féminisme et c'est en 1928 que l'écrivaine Rachilde publie son vigoureux *Pourquoi je ne suis pas féministe*[67], qui défend la distinction masculin-féminin. Quant aux flamboyantes étrangères de la rive gauche, elles avaient choisi cet exil doré pour « vivre leur vie », non pour faire progresser le droit des femmes[68]. Issues de milieux très privilégiés, Natalie Barney, Gertrude Stein ou Romaine Brooks affichèrent, en politique, des positions franchement réactionnaires, qui relativisaient quelque peu leur audace personnelle, même s'il y eut aussi, dans le Paris des années folles, des figures plus émancipatrices, telle Claude Cahun, à la fois artiste d'avant-garde et activiste progressiste.

Le hiatus reste fort, ainsi, entre l'image permissive et « gynophile » de la capitale française et la réalité des statuts féminins de l'époque : rappelons qu'en 1938 une femme mariée ne peut toujours pas ouvrir un compte en banque ni travailler sans l'autorisation de son mari, le « chef de famille[69] ». Mariée ou non, elle n'a toujours pas le droit de vote, alors que la plupart des Occidentales l'ont désormais obtenu, avec même la bénédiction officielle du pape[70] : les Finlandaises en 1906, les Norvégiennes en 1913, les Danoises en 1915, les Hongroises, les Canadiennes, les Soviétiques et les Anglaises de plus de 30 ans en 1918, les Américaines et les Néerlandaises en 1919, l'ensemble des Anglaises en 1928... La désunion et la modération du mouvement féministe français, la méfiance de la gauche radicale vis-à-vis d'un vote féminin potentiellement clérical et, surtout, la prégnance des préjugés antiféministes ou misogynes au sein de la classe politique expliquent le rejet, par le Sénat, d'une loi votée sans excès d'enthousiasme par la Chambre des députés, en 1919 puis en 1925[71].

Pétrie de contradictions, la période semble ainsi accentuer le fossé entre le modèle parisien d'émancipation, fondé sur la liberté de comportement ou l'absence de tabous personnels, et les combats du féminisme, coupés de cette élite privilégiée et plutôt focalisés sur la question des droits juridiques et politiques. De manière significative, Christine Bard relève qu'aucune comédienne, artiste ou chanteuse n'a été agrégée au panthéon des féministes de l'époque[72], alors même que ces brillantes Parisiennes, au premier rang desquelles Sarah Bernhardt, avaient été des pionnières de la réussite féminine. L'historienne discerne, dans cet évitement, une « suspicion moralisatrice envers les métiers du spectacle et les femmes qui se servent professionnellement de leur corps[73] », préjugé qui affecte aussi les professionnelles de la mode, considérées comme tout aussi frivoles. Ces affranchies volontiers snobes peinaient à séduire des militantes plus enclines à revendiquer, pour les femmes, soit le cadre classique du mariage et de la maternité, soit la mise à distance de toute sexualité[74], fût-elle entre femmes. Si les plus radicales,

La Parisienne mise au défi (1918-1940) 251

telle la psychiatre Madeleine Pelletier, poussèrent loin le désir d'androgynie et d'égalité, elles restaient ultraminoritaires et porteuses d'un modèle transgressif très différent de celui des mondaines excentriques qui emblématisaient la nouvelle Parisienne.

Un compromis et un garde-fou

La Parisienne revisitée par les années folles apparaît dès lors comme un compromis raisonnable entre les différents axiomes de la féminité « à la française ». Dynamique, sportive, accédant aux études et à certaines carrières professionnelles, elle n'est plus l'idole capiteuse et sacralisée qui affolait la Belle Époque. Gaie, séduisante, toujours bien mise, elle se révèle peu soluble dans l'idéal de la femme domestique et maternelle, invoquée par les conservateurs comme antidote au modèle de la garçonne, dans un contexte de raréfaction des hommes et de crise de l'identité masculine. Mais elle n'est pas non plus l'émancipée transgressive et névrosée du roman de Margueritte, qui demeure un modèle négatif, et correspond, dans le réel, à un microcosme très étroit, observé avec indifférence ou suspicion par le plus grand nombre. La Parisienne « acceptable » est celle qui a su modérer les audaces de la garçonne, maintenir son inaltérable « féminité » par-delà la modernisation des modes et conserver, à ce titre, sa place de modèle pour les Françaises. C'est elle qu'invoque implicitement le principal organe du féminisme réformateur fondé en 1906 par Jane Misme, *La Française*, en associant à son combat politique un idéal de « chic » et de « distinction[75] ». Publié entre 1925 et 1939 le magazine *Minerva* campe de même sur une ligne proche de celle du *Femina* d'avant guerre, en se définissant comme « le grand illustré féminin que toute femme intelligente doit lire [...] féministe à la manière de chez nous, qui ne veut jamais séparer le féminisme de la féminité[76] ». À côté d'articles de fond, on trouve les rubriques traditionnelles de la presse féminine, potins mondains, recettes de cuisine, pages de mode, avec quelques notes d'humour – en 1925, est organisé un concours du plus beau et du plus laid député de France, pour ridiculiser la propension masculine à se focaliser sur le physique des femmes[77]... Le magazine grand public *Marie-Claire* adapte cette ligne à un public élargi. « *Marie-Claire*, dans notre esprit, est le type de la jeune fille ou de la femme française, à la fois simple et élégante, enthousiaste et mesurée, courageuse, obstinée sans orgueil à la tâche quotidienne, mais en même temps gaie, prenant sa part des joies comme des peines que la vie apporte[78] », annonçait le premier numéro. La Parisienne reste une référence, vantée au fil des pages « Mode », et bien sûr dans la rubrique hebdomadaire la « Chronique de la grande ville ». Troisième terme entre l'émancipée et la mère de famille, elle correspond à l'idéal-type d'un pays qui a certes été l'un des théâtres d'élection de la modernité culturelle, mais sans se convertir en profondeur à ses aspects les plus radicaux. Elle demeure ainsi garante de la différence des sexes et de la norme hétérosexuelle, à une date où la supposée progression de l'homosexualité, tant féminine que masculine, angoisse une opinion meurtrie par la saignée de la guerre.

Les années 1930 vont accentuer la tendance en proclamant le retour à « l'éternel féminin », suggéré par l'allongement des jupes, la mode des volants, des imprimés ou du flou. Redevenue un être gracile et délicat, la Parisienne se coule dans d'aériennes robes à fleurs ou redessine ses formes dans des tailleurs ajustés. « Paris dit adieu à la garçonne... » se réjouit le *New York Times* du 22 février 1931, pour célébrer l'avènement d'une femme « plus mystérieuse, plus féminine, plus élégante ». « On dessine la forme des bustes, les seins, que l'on martyrisait en les comprimant, se portent de nouveau [...], se félicite de son côté Jean-José Frappa. On met des gants, des gants très longs[79]. » Et d'ajouter :

> Comme nous devons vous remercier de conserver dans les heures les plus tragiques cette inconscience adorable, cette frivolité reposante qui vous font nous tirer de nos plus sombres méditations pour nous montrer une nouvelle robe, un amour de petit chapeau, un adorable sac à main [...]. Les hommes luttent, s'enrichissent, se ruinent, font des guerres et des révolutions ; le progrès modifie les conditions de l'existence ; tout se transforme, tout change. Vous seules êtes éternelles et immuables. Merci[80].

Conservatrice, l'analyse célèbre sans ambiguïté l'idéal d'une femme qui se doit de rester à l'écart du mouvement de la vie sociale, économique, politique, moteur à rêves et « supplément d'âme » pour l'activité masculine – mais non, pleinement, sujet. Si tous ne vont pas aussi loin que Frappa dans cet antiféminisme philogyne décidément insubmersible, il est clair que la Parisienne forme le plus parfait symbole

La Parisienne mise au défi (1918-1940) 253

de cette féminité retrouvée, qui trouve aussi matière à s'exalter dans son inaltérable « chien ».

Un « chien » apprivoisé et consensuel

Une mutation d'image et de statut

La principale avancée de l'entre-deux-guerres, c'est que ce « chien » ne se définit plus guère au prisme de la prostitution et du demi-monde : même s'il existe toujours, bien sûr, des prostituées de luxe et des femmes entretenues, elles ne s'affichent plus dans le registre de la « cocotte ». La période voit certes s'ouvrir encore quelques luxueuses maisons closes, tels le One Two-Two, en 1924, rue de Provence, ou le Sphinx, en 1931, boulevard Edgar-Quinet, mais la prostitution fermée poursuit le déclin amorcé depuis la fin du Second Empire[81], remplacée qu'elle est par une galanterie plus atomisée et moins visible. Dans le domaine de l'offre sexuelle, d'autres capitales rivalisent désormais avec Paris, à commencer par Berlin, qui, avec ses cabarets et sa scène homosexuelle, se taille une réputation pour le moins sulfureuse. « Paris n'est plus la Sodome, la Gomorrhe, la Byzance, contre laquelle fulminaient les étrangers, après y avoir satisfait leurs vices et transporté leurs dépravations, en conclut Jean-José Frappa. La noce crapuleuse a émigré sur les bords de la Spree, dans ce Berlin [...] qui s'abandonne à son tour, et plus complètement encore, à l'ivresse de l'orgie endormeuse d'effroi[82]. »

Dans cette nouvelle concurrence des vices, Paris renforce sa réputation de ville-femme, vouée prioritairement à la satisfaction des mâles hétérosexuels, mais plus que la trouble « fille de noces », c'est désormais la « petite femme de Paris » qu'évoquent les sources, indice d'une évolution du regard. Et lorsqu'elle est captée, arpentant les trottoirs de Pigalle et de Montmartre, par l'objectif du photographe Brassaï, c'est dans une vision plus réaliste qu'égrillarde[83]. Érotique, la Parisienne le demeure, pour l'essentiel, dans une version scénarisée qui aguiche sans grand scandale, comme en témoigne la réputation de deux artistes parmi les plus populaires de l'époque, Mistinguett et Joséphine Baker.

Music-hall et chansonnettes du « gai Paris »

L'une a chanté, en 1926, « Paris, c'est une blonde / qui plaît à tout le monde / Le nez retroussé, l'air moqueur / Les yeux toujours rieurs » ; la seconde, en 1931, *J'ai deux amours, mon pays et Paris*. La première est née à Enghien-les-Bains en 1875 dans un milieu modeste, a des cheveux blonds, une gueule de petite « môme » à la gouaille sympathique. La seconde a vu le jour en 1906, à Saint-Louis, Missouri, États-Unis, dans une famille pauvre et pieuse, exhibe une peau caramel, des cheveux crantés noirs comme l'ébène et parle français avec un irrésistible accent d'outre-Atlantique. Elles n'ont, en apparence, pas grand-chose en commun, ce qui ne les empêche pas d'incarner toutes les deux, dans l'entre-deux-guerres, une certaine idée de la Parisienne, dans la tradition renouvelée du spectacle léger.

La première, Mistinguett, a enjambé deux époques et connu une impressionnante trajectoire ascendante, puisque sa carrière a débuté en 1888, comme gigolette de caf'conc' pour la conduire rapidement au rôle de meneuse de revue. Elle est, après la guerre, à 43 ans, une vedette consacrée, célèbre, également, pour le couple qu'elle a formé pendant dix ans, à la ville comme à la scène, avec Maurice Chevalier. Ce statut de femme mûre et d'artiste expérimentée ne l'empêche pas, bien au contraire, de prolonger avec succès sa carrière au music-hall, tout en s'affichant au cinéma. Avec son abattage sans égal, son sourire qui emporte la sympathie, son regard pétillant, ses jambes interminables qui font, dit-on, l'objet d'un contrat d'assurances, elle est « la Miss », que popularisent affiches et publicités, par exemple pour les savons Cadum, en 1925[84].

Ce surnom bienveillant aux consonances anglo-saxonnes ne l'empêche pas d'être « l'incarnation même de la Parisienne », selon la formule du roi d'Angleterre Édouard VII[85]. D'abord en raison d'un répertoire qui multiplie les références à Paris, trait qui distingue, plus largement, le music-hall de l'entre-deux-guerres : ainsi dans la revue *Paris qui jazz*, en 1920, au Casino de Paris, produit par Léon Volterra et Albert Willemetz, avec Harry Pilcer en vedette masculine et Jenny Golder en second rôle ; ou encore, dans *Paris qui brille*, en 1931, ou *Féerie de Paris*, en 1937, toujours au Casino de Paris. Repris jusqu'à nos jours, le célèbre *Ça, c'est Paris*, dont on a déjà rappelé le refrain, a été composé pour la Miss, en 1926, par le musicien espagnol José

La Parisienne mise au défi (1918-1940) 255

Padilla et les paroliers Lucien Boyer et Jacques Charles. Dans le film de Christian-Jaque *Rigolboche*, en 1936, elle chante aussi : *Oui, je suis de Paris* : « Quand on m'voit / On trouve que j'ai ce petit je n'sais quoi / Qui fait qu'souvent l'on me fait les yeux doux / Ce qui me flatte beaucoup[86]. »

Le succès de Mistinguett coïncide avec l'âge d'or du music-hall et de l'opérette française, désormais relayés par le cinéma, la radio et le disque, qui popularisent les airs de la scène. Paris, son folklore, son histoire sont devenus une véritable marque patrimoniale, nourrie de petites femmes charmantes, de danseuses de cancan aux dessous affriolants, de passantes au regard mutin, qui prennent en charge la formule incantatoire « Ça, c'est Paris ». Ces Parisiennes affichent un rapport franc avec le plaisir et la séduction – « J'l'avoue, j'aime flirter / Quand on me plaît je l'dis sans hésiter », crâne Mistinguett dans *Rigolboche* –, mais l'effet est bon enfant plus que sulfureux. Comme Chanel, Mistinguett a volontairement cherché à se démarquer des cocottes pseudo-artistes qu'elle avait côtoyées dans sa jeunesse[87], en se montrant acharnée au travail, impliquée dans sa carrière, véritable professionnelle plutôt que « créature » aux vagues prétentions artistiques. Aussi est-elle devenue une figure empathique et consensuelle du spectacle populaire, personnifiant une sympathique Parisienne des faubourgs, à laquelle pouvait s'identifier son public.

À ce jeu de rôle soigneusement codifié, Joséphine Baker apporte une indéniable touche d'exotisme et de modernité[88]. Après une expérience sans étincelles de *chorus girl* à Broadway, la jeune Noire américaine, arrivée à Paris à l'automne 1925 avec une dizaine d'artistes de son pays, a connu un succès presque immédiat en vedette de la *Revue nègre*, spectacle musical créé en octobre 1925 par le directeur artistique André Daven, au théâtre des Champs-Élysées. Après ce premier coup d'éclat, elle enchaîne les spectacles, aussi bien en France que dans toute l'Europe : *La Folie du jour*, en 1926, aux Folies-Bergère, le film *La Revue des revues*, en 1927, ou encore *Paris qui remue*, en 1930-1931, au Casino de Paris, dans lequel elle chante le fameux *J'ai deux amours*, ainsi qu'une reprise féminisée de *La Petite Tonkinoise*, inusable ritournelle lancée par Polin en 1906. En 1937, elle est devenue une personnalité si centrale de la vie parisienne qu'elle demande et obtient la nationalité française.

Sa « parisianisation » fut cependant un processus complexe, qui témoigne des préjugés encore nombreux de la France des années folles.

En 1925, dans *La Revue nègre*, l'artiste et la troupe furent sciemment présentées par les organisateurs comme des produits exotiques, incarnant à la fois le modernisme du jazz américain, qui faisait fureur à Paris depuis 1917, et une imagerie « africaine », lestée de clichés d'époque : la vedette dansait alors le charleston vêtue d'un pagne à franges. L'année d'après, elle déboulait sur scène accrochée à une liane, et se trémoussait, presque nue, avec la fameuse ceinture de bananes qui devait rester attachée à son image. Quant aux affiches conçues par Paul Colin pour le spectacle, elles mobilisaient sans excès de subtilité l'imagerie du « bon nègre joyeux », popularisée, depuis 1915, par le chocolat Banania. « Joséphine c'est tout autre chose [que Mistinguett] : exotisme exaspéré, sauvagerie, contorsions, avec un corps frénétique qui crée d'ahurissants profils cassés[89] », considérait, en 1930, le critique du journal *Paris-Sport*, à une date où, pourtant, l'image de la vedette avait déjà fortement évolué. Car son répertoire, on l'a vu, se parisianise, sa silhouette se glisse dans des robes de haute couture, elle devient, elle aussi, une figure du « Tout-Paris », photographiée dans les règles de l'art par le studio d'Harcourt. Un industriel avisé eut même l'idée de lancer le « bakerfixe », une Gomina permettant d'imiter sa chevelure crantée[90]. Gustave Fréjaville, le critique de *Comoedia*, put ainsi s'émerveiller de ce que Baker soit passée, en quelques années, d'état « d'enfant de la nature » à celui de « véritable artiste » : « La jolie sauvageonne a su discipliner son instinct, acquérir la mesure et l'harmonie. [...] La voici maintenant aussi parisienne que put l'être la pauvre Jenny Golder[91]. » Commençant un peu plus haut sur l'échelle de l'évolution, mais avec les mêmes œillères, le critique Paul Granet remarquait : « La gamine des cabarets de New York est devenue une Parisienne accomplie tout en restant étoile internationale[92]. » Ces remarques témoignent d'un regard qui demeure ambivalent et cherche, avant tout, à célébrer sa propre largesse d'esprit : « Mettez une jolie sauvage dans une robe de Paul Poiret et vous en ferez une princesse[93] », put s'extasier un autre critique plus ouvertement raciste. Il est vrai que, pour la critique conservatrice ou xénophobe, Baker restait un parfait exemple de « cosmopolitisme dégénéré[94] », inassimilable à une culture française qu'on présentait comme menacée, surtout avec la crise des années 1930.

La construction de Baker en Parisienne illustrait cependant de manière exemplaire l'un des *topoï* récurrents du type : sa fonction de moule, apte à transformer en femme sophistiquée n'importe quelle

La Parisienne mise au défi (1918-1940) 257

étrangère, y compris noire. Pour cette récente catégorie, Baker devait longtemps rester l'exception qui confirme la règle, car jusqu'au dernier tiers du XXe siècle, aucune femme africaine ou antillaise, ou même, plus largement, issue de l'empire français, ne fut associée au mythe de la Parisienne, que ce soit par le canal de la mode ou du spectacle. Elles étaient, certes, ces femmes colonisées, peu nombreuses dans la capitale, mais l'orientalisme et la culture coloniale du siècle antérieur avaient développé un puissant imaginaire érotique autour des sensualités exotiques, souvent bien représentées dans les maisons closes[95]. Tout juste peut-on évoquer Adrienne Fidelin, dite Ady, mannequin et modèle d'origine guadeloupéenne, qui fut la compagne du photographe Man Ray de 1937 à 1940. Cette métisse est aujourd'hui considérée comme le premier mannequin de couleur en France, mais sa carrière fut courte et discrète[96]. Quant aux douze lauréates venues de Tunisie, de Madagascar ou de Cochinchine pour participer, en 1937, au concours des Miss France[97], elles n'ont pas passé la rampe du succès. La séduction des femmes issues de l'empire colonial est demeurée, pour l'essentiel, invisible et hors champ, confinée dans la double altérité d'un « ailleurs » peu ou mal civilisé, et d'une sexualité vénale ou de concubinage plus ou moins honteuse – le mariage avec une indigène restait mal vu sous toutes les latitudes coloniales[98]. Pour toute libérale et intégratrice qu'elle se soit voulue, la mythologie de la Parisienne n'a fait que reconduire les barrières qui maintenaient les colonisés dans un statut d'infériorité, au vrai très au-delà, on le verra, de la décolonisation.

Large d'esprit mais toujours très français, malgré ses pointes d'exotisme, le music-hall achève de fixer, dans la période, les canons du « chien », hérités du XIXe siècle. Plus polysémiques, le théâtre et surtout le cinéma vont eux aussi contribuer à brouiller les codes du vice et de la vertu.

Des planches à l'écran

Divertissement toujours fort apprécié de la bourgeoisie, le théâtre de boulevard reste un terreau fertile pour la Parisienne, incessamment retravaillée par plusieurs générations d'auteurs, à la manière d'un personnage de la commedia dell'arte. Dans l'entre-deux-guerres, elle demeure la femme piquante, séductrice, entre mari et amants. « On y cultivait le genre "piment parisien" destiné aux manteaux de vison de fraîche date et aux étrangers du luxe du Quartier de l'Opéra, analyse un critique de l'époque. Petites aventures greluchonnantes (*sic*) avec une vedette à six robes en trois actes, des situations risquées, et comme décor le dernier studio de la maison X^{99}... » L'ironie souligne la coupure entre le registre facile, destiné à un public « moyen », et le théâtre intellectuel ou lettré. Si le boulevard n'a pas trouvé, dans la période, son Labiche, son Becque ou son Feydeau, et se nourrit souvent de scénarios stéréotypés, quelques auteurs ont su renouveler avec brio les canevas de leurs prédécesseurs. C'est le cas de Sacha Guitry qui, entre 1902 et 1957, a écrit 124 pièces de théâtre et tourné 36 films au style inclassable. Le talent iconoclaste de ce grand maître du sarcasme, à qui on a souvent reproché une aimable misogynie, lui a permis de dépasser le poncif éculé de la Parisienne, mais c'est à cet idéal-type que s'assimilent nombre de ses personnages féminins. Ceux-ci ont souvent été incarnés, à la scène ou à l'écran, par les maîtresses ou épouses de l'auteur, notamment Yvonne Printemps entre 1919 et 1931, puis Jacqueline Delubac, jusqu'en 1938. Née en 1894, la première avait fait ses débuts dans les revues des Folies-Bergère, et affola Paris dans des pièces aux titres évocateurs telles *La Petite Dactylo*, de Maurice Hennequin, Georges Mitchell et Maurice Jacquet, en 1916, ou *Le Mari, la Femme, l'Amant*, de Guitry lui-même, en 1919. Née à Lyon en 1907, la seconde fut l'une des plus brillantes incarnations de la Parisienne, à travers ses rôles autant que par sa vie mondaine, aidée en cela par un regard charmeur, un accent légèrement snob, et un « chien » inimitable, qui fusionnaient ses origines de grande bourgeoise et sa carrière d'actrice de vaudevilles et de comédies légères. Dans *Faisons un rêve* (1936), adapté d'une pièce de 1916, Guitry réorchestre avec humour tous les poncifs de la Parisienne en lui lançant : « Vous arrivez de Carpentras ou de Quimper – et vous en avez l'air... Au bout d'un an on se demande si vous êtes née à la Villette ou à Montmartre, et dix-huit mois plus tard, vous êtes devenue tellement parisienne que la question se pose de savoir si vous n'êtes pas une étrangère... » C'était rappeler les vieux ressorts du mythe, dans cette ville de brassages nationaux et internationaux que demeurait largement Paris.

Cet esprit boulevardier est également investi par le médium phare qu'est devenu le « cinématographe » – Guitry a d'ailleurs constamment navigué entre la scène et l'écran. Si, inauguré en 1895 par les frères Lumière, il est déjà, dans les années 1910, un divertissement fort populaire, c'est bien dans les années 1920 et 1930 qu'il conquiert ses lettres de noblesse, touchant des millions de spectateurs, quand les arts de la scène ne pouvaient s'adresser, par définition, qu'à des auditoires limités : on estime qu'en 1939 chaque Parisien va au cinéma au moins une fois par semaine[100], en fréquentant aussi bien les salles de prestige des Grands Boulevards que les petites salles de quartier qui se comptent par dizaines. Le rôle du cinéma dans le remodelage des héritages physiologiques du XIXe siècle va s'avérer décisif, en prenant le relais d'un genre romanesque qui, sans être épuisé, ne remplit plus prioritairement sa fonction antérieure de sociologie informelle. En 1912, à 68 ans, Sarah Bernhardt n'avait pas hésité à investir le nouveau médium pour une énième version de *La Dame aux camélias*, son rôle fétiche, et les adaptations cinématographiques de classiques littéraires seront bientôt légion, tant en France qu'aux États-Unis : évoquons, entre mille exemples, *Nana*, de Jean Renoir, en 1926, ou *La Dame de chez Maxim's*, d'Alexander Korda, en 1932. À peu près toutes les déclinaisons de la Parisienne vont trouver une incarnation au cinéma, de la cocotte (sous les traits de Greta Garbo, dans *Camille*, de George Cukor, en 1936) à la mondaine dissolue (jouée par Edna Purviance, dans *A Woman of Paris* [*L'Opinion publique*] de Charlie Chaplin, en 1923), en passant par « la garçonne » (avec les trois adaptations déjà évoquées), la tenancière de maison de rendez-vous (Françoise Rosay, dans *Jenny*, de Marcel Carné, en 1936), la petite couturière (Leatrice Joy, dans *The Dressmaker from Paris*, de Paul Bern, en 1925) ou la petite blanchisseuse (Jacqueline Delubac, dans *Bonne Chance*, de Sacha Guitry, en 1935). Encore sous influence littéraire ou théâtrale, le cinéma produit aussi des scénarios originaux, plus volontiers inscrits dans la réalité contemporaine, ce qui permet à de nombreuses actrices d'incarner « la Parisienne », à la scène comme à la ville. On vient d'évoquer Yvonne Printemps ou Jacqueline Delubac, mais on peut mentionner également Marie Bell, l'héroïne de *La Garçonne* en 1936, ou Mireille Balin, poupée de luxe aux blanches fourrures dont est amoureux Jean Gabin, dans *Pépé le Moko*, en 1937.

Mais la plus « parisienne » de toutes fut probablement l'actrice Arletty. Née Léonie Bathiat, à Courbevoie, en 1898, d'une mère lingère et d'un père ajusteur d'origine auvergnate, cette longue tige brune fut brièvement mannequin chez Paul Poiret, avant d'être engagée comme chanteuse dans les revues de Rip et diverses opérettes des années 1920.

C'est au début des années 1930 qu'elle obtient ses premiers rôles au cinéma, notamment dans un film de Jean Choux de 1932, *Un chien qui rapporte*. Petite midinette mêlée à une affaire d'escroquerie, elle y chante l'air romantique *Cœur de Parisienne* :

> J'ai l'air de voir la vie en rose, mais mon cœur rêve d'autre chose
> Aimer, sincèrement de mon cœur tendre
> Celui qui pourrait me comprendre, et s'il le fallait me défendre
> Aimer, ah ! je veux vivement qu'il vienne
> Celui qui bercera la peine de mon âme de Parisienne[101].

En 1936, elle interprète, dans *La Garçonne* de Jean de Limur, la compagne lesbienne de Monique Lerbier, jouée par Marie Bell, puis, dans *Hôtel du Nord* de Marcel Carné, en 1938, une prostituée amoureuse d'un gangster en cavale, irrésistible « affranchie », qui fricote avec le milieu en maniant un argot haut en couleur. Ce personnage truculent, plus sympathique qu'immoral ou choquant, se retrouve presque à l'identique l'année suivante dans *Fric-Frac*, de Maurice Lehmann et Claude Autant-Lara. Tourné en 1943-1944, sorti en 1945, *Les Enfants du paradis*, de Carné, encore, sur un scénario de Jacques Prévert, lui offre son dernier grand rôle, en réinventant avec originalité et poésie la Parisienne du temps de Balzac. Séduisante flâneuse sur le « boulevard du crime », en 1828, Garance tâte un peu du théâtre, avant de devenir, par dépit amoureux, la maîtresse d'un riche aristocrate, qui fait d'elle une brillante femme entretenue, mais sans parvenir à lui faire oublier son premier amour, le mime Deburau, joué par Jean-Louis Barrault. Nourri d'une dense mémoire historique et littéraire, le film invente un type féminin inclassable, à la fois populaire et distingué, frondeur et majestueux, qui condense subtilement la grisette et la « grande dame ».

Si Arletty est devenue l'une des plus convaincantes incarnations de la Parisienne, elle le doit bien sûr à l'osmose entre ses rôles et sa personnalité, mais aussi à ses propres déclarations d'amour envers la capitale, même si elle avait jugé bon d'orner d'un « y » son pseudonyme « pour faire plus américain ». « J'aime Paris, je n'aime que Paris, c'est mon vrai climat. Pensez, je n'ai jamais joué en province, jamais fait de tournées[102]... » devait-elle déclarer à la fin de sa carrière, comme pour souligner cet ancrage territorial et identitaire. Commentant sa prestation dans *Madame Sans-Gêne*, un film de Roger Richebé adapté,

La Parisienne mise au défi (1918-1940) 261

en 1941, de la pièce éponyme de Victorien Sardou, Jean Cocteau en fit la plus parisienne des actrices :

> S'il fallait incarner les mystères de Paris à tous les étages, depuis les grandes dames de Balzac, jusqu'aux larves d'Eugène Sue, s'il fallait essayer de rendre visibles à un étranger les contrastes, les détresses, le luxe, la misère, la malice et le crime de notre ville, je désignerais du doigt mademoiselle Arletty.
> Mademoiselle Arletty serait la figure de proue idéale pour fendre la Seine bordée de livres, à l'avant du navire qui décore nos armes[103].

Cet éloge souligne surtout la remarquable aptitude d'Arletty à la synthèse sociale : en résonance avec la palette large de ses rôles, certes, mais en lien, aussi, avec son image et sa personnalité, parfait équilibre de « chic et de "chien" », alliant la gouaille de la fille du peuple à l'élégance du mannequin de haute couture. Et Cocteau de préciser : « Ajouterai-je que les femmes du monde emploient, en 1941, le style de mademoiselle Arletty ? Il en résulte qu'elles ont parfois l'air de fausses blanchisseuses et que mademoiselle Arletty a l'air d'une vraie duchesse[104]. »

Ce talent syncrétique reste une fonction essentielle de la Parisienne, à une date où le cinéma conquiert les masses, tandis que les luttes socialistes et communistes rendent plus nécessaire l'intégration socio-culturelle des classes populaires. En février 1929, le journal *Paris-Midi*, en collaboration avec le magazine *Cinémonde* et les *Cinéromans*, eut justement l'idée de lancer auprès de ses lecteurs un concours de scénarios dans l'objectif de réaliser « le film de la Parisienne ». Cinq cent soixante-huit textes furent envoyés, qui tentaient chacun de répondre aux critères imposés de l'exercice : « exalter les qualités et les vertus et les charmants défauts de la Parisienne ». Dans l'intervalle, des photographes avaient arpenté les rues de la capitale « pour se documenter sur le type idéal de la Parisienne[105] ». Il ne semble pas que l'un des cinq scénarios retenus ait été finalement tourné, mais l'initiative posait bien comme horizon la démocratisation d'un type devenu accessible à toutes. Voilà qui permet de comprendre le succès de la midinette qui connaît, dans l'entre-deux-guerres, une forme d'apogée.

L'apogée de la midinette

On l'a croisée au cinéma – sous les traits d'Arletty ou de Jacqueline Delubac –, on la retrouve dans le roman grand public, par exemple ceux de Clément Vautel. Dans *Madame ne veut pas d'enfant* (1924), elle apparaît sous les traits de Paulette Duverger, dactylo chez un marchand de la rue Lafayette, qui se résigne à devenir, sans amour, la maîtresse de son patron. Sentimentale, passant sa vie à lire des romans à l'eau de rose, elle n'a rien cependant d'une oie blanche, comme le suggère ce commentaire de l'auteur lorsqu'un flâneur la poursuit de ses assiduités : « Petite Parisienne chez qui le goût du romanesque se mêlait à une documentation très précise, quoique encore théorique, sur les réalités de l'existence, Paulette avait tout de suite vu clair dans le jeu du "vieux marcheur". Les midinettes sont renseignées et bien avant leurs dix-huit ans : l'école de la rue et du métro les instruit de bonne heure sur l'espèce d'intérêt que leur portent plus particulièrement les messieurs d'aspect très sérieux[106]. » En 1927, *L'Amour à la parisienne* retrace l'ascension de Ginette Pingois, midinette délurée qui débute comme employée de banque avant de se lancer dans la « comédie à petites femmes, à petites idées, et à gros mots[107] ». Elle connaît un franc succès dans *Une petite femme qui s'en fout*, sous le pseudonyme de Ginette des Lys, écho de Gaby Deslys, star du music-hall 1900, morte prématurément en 1920. « Elle ne sait rien mais elle est rigolote », juge son patron, enthousiaste, considérant visiblement suffisant pour réussir ce genre de « qualité ».

Oscillant entre sentimentalisme un peu guimauve et esprit « parisien », la midinette fait ici figure de type pittoresque et bon enfant, résistant à l'abrasion de la modernité. Au même titre que la vedette de music-hall ou que la femme chic, elle déclenche le fameux « ça, c'est Paris ! », auquel touristes, provinciaux et étrangers ne demandent pas mieux que d'adhérer, comme en témoignent ces lignes d'un guide américain de 1926 : « La vieille guerre des sexes s'évanouit à Paris à la première caresse du printemps. J'ai vu un vieux juge américain faire délibérément, en plein jour, un clin d'œil à une petite midinette parisienne, avec une audace qui l'a probablement étonné lui-même[108]. » Les édiles parisiens contribuent de leur côté à la valorisation de ce qui est en passe de devenir un véritable patrimoine, en faisant ériger, square Montholon, dans le 9e arrondissement, une sculpture due à Julien Lorieux[109], qui met en vedette un groupe de jeunes cousettes fêtant la Sainte-Catherine. En robes Belle Époque, saisies dans une pose déhanchée, presque osée, ces jeunes filles témoignent, comme avant elles « la grisette de 1830 », de l'institutionnalisation du type, avec un historicisme assumé, qui achève de désamorcer la mauvaise réputation des filles du peuple.

L'inscription du socle – « La Sainte-Catherine : à l'ouvrière parisienne » – est d'ailleurs là pour rappeler la fonction intégratrice de cette mythologie. Pour les contemporains, la midinette s'assimile aux différentes corporations de couturières, de blanchisseuses et, de plus en plus, d'employées de commerce ou de bureau, qui forment le gros des effectifs de la population féminine laborieuse dans la capitale. Dans les années 1920, le secteur de la haute couture emploie à lui seul plus de 10 000 personnes, et l'on compte, en 1931, 13 établissements de plus de 1 000 salariés spécialisés dans la confection[110]. Apparue, on l'a vu, dans le dernier tiers du siècle précédent, la célébration de la Sainte-Catherine est devenue, avec ses joyeux défilés, une véritable institution – en 1936, on octroie même un congé aux « catherinettes » l'après-midi du 25 novembre, jour de la Sainte-Catherine[111]. À partir de 1925, une autre célébration valorise la midinette parisienne, celle de la « Marianne de Paris », qui associe la symbolique républicaine à l'imagerie du carnaval[112] : élue chaque année, pour le 14 Juillet, « reine des ouvrières et employées parisiennes », la Marianne de Paris participe, avec ses demoiselles d'honneur, à de nombreuses cérémonies publiques et privées, ce qui la place, pour Maurice Agulhon, « à la limite du folklore populaire et de la banalisation du régime républicain[113] ». En 1928, c'est Mistinguett en personne qui préside à son élection, et crée, pour l'occasion, ce gai couplet : « Les Mariannes de Paris / sont de charmantes petites ouvrières / on les voit aux fêtes populaires / où tous les cœurs républicains sont réunis / c'est la France en elles qu'on honore[114]. » En 1934, un roman populaire narre également sous ce titre les aventures d'Isa Bourière, jeune couturière présentée comme « une vraie midinette de Paris[115] », qui a, bien sûr, un cœur d'or et du courage à revendre. La valorisation des métiers populaires féminins est un enjeu suffisamment important pour qu'en 1936 les dirigeants communistes Marcel Cachin et Paul Vaillant-Couturier jugent bon de recevoir au siège de *L'Humanité*, les lauréates de l'année, Mlle Ginette Boltzinger, linotypiste de 19 ans, et ses deux demoiselles d'honneur, Lucette Mallet, coiffeuse, et Georgette Gasnier, vendeuse[116]. Il est vrai que la visibilité des midinettes parisiennes dans les mouvements sociaux n'a cessé de croître depuis qu'en mai 1917 les employées de la maison de haute couture Jenny ont entraîné à leur suite les secteurs de la lingerie, de la broderie, de la confection, puis les employées de banque et des grands magasins. Elles avaient obtenu, après quatorze jours de grève, le samedi après-midi chômé-payé, sur le modèle anglais[117], ainsi qu'une « indemnité de vie chère ». Le mouvement resta dans les mémoires comme « la grève des midinettes », première percée significative du sexe « faible » dans les luttes sociales. Elle avait contribué à lever le voile sur la dureté des conditions de travail dans les ateliers de couture et sur la faiblesse des rémunérations, mais aussi à donner un autre visage à la grève, plus souriant et élégant, comme en témoigne le traitement qu'en fit alors le journal de la SFIO *L'Humanité* :

> Sur les Grands Boulevards, un long cortège s'avance. Ce sont les midinettes parisiennes aux corsages fleuris de lilas et de muguet ; elles courent, elles sautent, elles chantent, elles rient et pourtant ce n'est ni la Sainte-Catherine, ni la mi-Carême. C'est la grève[118].

Le quotidien socialiste ne manquait pas d'évoquer de « gracieuses grévistes », ou encore, « un auditoire charmant et enthousiaste, bien fait pour inspirer d'heureux arguments aux orateurs syndicaux[119] ». Si l'on décèle, dans ces formules, un brin de galanterie stéréotypée, qui s'explique autant par les formatages sexués de la culture galante que par les réticences du mouvement ouvrier à accepter la concurrence du travail féminin, elles laissent aussi affleurer une nuance d'admiration, qui ouvre la possibilité de concilier séduction et crédibilité ouvrière. La midinette y gagne une respectabilité nouvelle, qui est de nouveau mise en avant au moment des grèves de mai-juin 1936, même si celles-ci ne sont plus exclusivement féminines et parisiennes : les employées des grands magasins, notamment, profession féminisée à 80 %, vont réinvestir l'image positive de la « grève en fanfreluches ».

L'apogée de la midinette parisienne correspond ainsi à une période où le développement du mouvement ouvrier, son influence croissante dans la vie politique française, la création du Parti communiste en 1920 contribuent à modifier le visage du « peuple » : il ne s'agit plus seulement, pour la culture dominante, d'en donner une image édulcorée et pittoresque, mais, aussi, pour la culture dominée, de s'approprier les privilèges symboliques des élites – la beauté, la jeunesse, l'élégance, la grâce, le goût... – pour contrebalancer les représentations négatives qui, dans l'entre-deux-guerres, ont trouvé un nouvel avatar avec la figure du « bolchevik au couteau entre les dents ». Il est vrai que, à l'époque, la population de Paris intra-muros s'est stabilisée, continuant de rejeter vers la périphérie une partie croissante du monde du travail et les immigrés de fraîche date : si l'agglomération a encore connu un gain d'un million d'habitants, celui-ci a surtout profité à la banlieue, tandis que la capitale se maintenait sous la barre des 3 millions – 2,9 millions en 1921, 2,8 millions en 1936[120]. Certes, la destruction des fortifications, à partir de 1919, supprime la coupure matérielle entre Paris et sa périphérie, et facilite les mouvements pendulaires entre les deux espaces, mais les césures sociales et symboliques ont plutôt tendance à se renforcer, en opposant des milieux populaires intégrés, valorisés par la culture et le patrimoine, et des populations plus récentes et plus déshéritées de « banlieusards »[121], dont le vote entraîne la formation de la « ceinture rouge » communiste, autour d'un large croissant nord, est et sud de la capitale. Symbole d'une aristocratie ouvrière qualifiée, employée dans les métiers « du propre », la midinette parisienne apparaît désormais réformiste et modérée, même si elle peut, à l'occasion, lever le poing et chanter L'Internationale pour réclamer de meilleures conditions de travail et de salaire. Lors des grèves de juin 1936, l'intransigeance de Gabrielle Chanel vis-à-vis des revendications de ses ouvrières en grève[122] illustre une nouvelle fois les limites du poncif associant « petites mains » et « grandes dames » dans la célébration commune de l'élégance.

Aristocrate ou midinette, « petite femme » de Montmartre ou danseuse de music-hall, la Parisienne est bien devenue une figure positive et syncrétique. Ce qu'elle a perdu en feu et en superbe se compense en charme et sympathie, voire en sentimentalisme, trait souvent prêté à la midinette amatrice de romans à l'eau de rose autant qu'à la prostituée « au grand cœur ». Cette adaptation en douceur ne signifie pas que le type conserve la même centralité triomphante que dans la France de la Belle Époque. L'entre-deux-guerres est aussi la période des doutes et des remises en question, dans un monde qui a largement rebattu les cartes des hiérarchies internationales.

Ombres sur la Parisienne

Concurrences nouvelles

S'il est un refrain que sont prêts à entonner nombre d'admirateurs de la Parisienne, c'est bien celui de la montée inéluctable des concurrences étrangères. « La Parisienne, pour la première fois et contrairement à ce qui s'était toujours observé, a subi l'influence de l'étrangère, regrette par exemple Gérard Bauër. [...] La rue de la Paix ne garda son prestige qu'en dictant ses lois en anglais, qu'en donnant à ses créations un reflet de Cinquième Avenue. À présent, la Parisienne observe volontiers comment l'Américaine ou toute autre étrangère est vêtue. Son choix ne lui est pas indifférent. Ses nouveautés ont de l'attrait[123]. » L'ouvrage du physiologiste s'insère au vrai dans une collection baptisée « Elles », qui consacre ses autres volumes aux charmes de l'Anglaise, de la Russe, de l'Américaine, et même de la Suissesse, de la Levantine ou de la Femme des îles. Certes, l'imaginaire érotique a toujours fait son miel de l'infinie variété des ethnotypes féminins, mais cette fois, la Parisienne, jusque-là Femme parmi les femmes, semble bien près de perdre son trône. Léon-Paul Fargue, lui, n'hésite pas à prononcer son acte de décès, en remarquant, à propos des deux romans de Paul Morand *Ouvert la nuit* et *Fermé la nuit*, publiés respectivement en 1922 et 1923 : « Quand Paul Morand eut le talent de nous présenter le haut personnel féminin d'après guerre, il n'aperçut point de Parisiennes sur la carte du tendre du XXe siècle, et ne nous fit connaître que des excitées, des bohémiennes, des excentriques ou des révolutionnaires[124]. » La Parisienne serait-elle devenue trop fade ou trop banale pour pimenter les lectures des libertins des années folles ? Chez Jean-José Frappa, le ton se fait plus hargneux pour dénoncer sa perméabilité aux influences d'outre-frontières : « Il n'y a de bon pour elle que les draps anglais, l'aspirine allemande, les rasoirs américains, la cuisine russe, le chocolat suisse, la charcuterie italienne, le café turc[125]... » Banale, cette expression de xénophobie laisse affleurer le doute identitaire qui a saisi la France à l'issue du premier conflit mondial : victorieux mais amoindri, le pays ne peut plus afficher le même complexe de supériorité tranquille qu'à la Belle Époque.

Cette fragilisation psychologique a aussi des causes financières : l'inflation chronique de l'après-guerre et la dévaluation du franc en

1928 limitent désormais les capacités de la Parisienne à incarner cette sphère du luxe dont elle a été longtemps le plus fier porte-drapeau. « Elle qui a toujours été la femme la mieux habillée du monde se voit actuellement obligée de restreindre ses goûts d'élégance, car elle se heurte à des prix inabordables », déplore, en mai 1926, la maison de couture Dhorme dans un encart publicitaire à l'accroche presque agressive : « Mais la Parisienne n'a pas de dollars… »[126]. Ce lamento s'inscrit dans un contexte de fortes tensions franco-américaines à propos de la renégociation de la dette de guerre : le 13 juillet 1926, un bus de touristes américains est même violemment pris à partie sur les Grands Boulevards, incident symptomatique d'une montée rampante de l'américanophobie dans la société française[127]. De fait, le pouvoir d'achat de la Parisienne s'est nettement dégradé par rapport à celui de ses consœurs d'outre-Atlantique : si, en 1919, 1 dollar valait 7,26 francs, il en vaut, en 1923, 16,58 francs et, en 1926, 31,44 francs. Le 25 juin 1928, avec la dévaluation Poincaré, la valeur du franc a été divisée par cinq, par rapport au franc germinal. L'enjeu est donc bien, avant tout, d'ordre économique, comme le soulignent nombre d'observateurs étrangers, pas mécontents de tenir enfin l'occasion de déboulonner l'idole. « La grande majorité des femmes de Paris passent leur temps à chercher des bonnes affaires[128] », persifle un guide américain de 1924, tandis qu'un autre assène plus brutalement : « La France est un pays dont les habitants trouvent plus amusant d'économiser 50 centimes que de gagner 50 dollars[129]. » Le « style pauvre », dont on a souligné la percée esthétique, trouve aussi sa source dans ce sentiment de déclassement, même s'il est stratégiquement requalifié en « chic suprême ». Rester élégante sans trop dépenser devient, à coup sûr, un des thèmes favoris de la presse de mode. « Vous devez faire des additions pour ne pas vous priver de tous ces petits détails coûteux qui font le charme de la Parisienne, conseille une journaliste de *Cinémonde*. Il faut, si vos goûts sont tels, mettre à profit votre système "débrouille" de Parisienne, et tâcher d'avoir le maximum pour le minimum[130]. » Même le luxueux *Vogue* n'hésite pas à proposer des articles sur l'art et la manière d'avoir « du chic avec peu de choses[131] ».

Défis d'outre-Atlantique

Dans cet effritement relatif de la confiance, ce sont surtout, on s'en doute, les États-Unis et leur nouvelle force de frappe économique, culturelle, commerciale, diplomatique, qui représentent la menace la plus sérieuse. Reconnaissante aux sauveurs de 1917-1918, la société française des années 1920 s'est certes entichée du jazz, des cocktails, du cinéma hollywoodien, en même temps qu'elle applaudit Joséphine Baker ou les Dolly Sisters... « L'Américaine » se fait alors plus visible et change de statut, passant de cliente riche et inculte, à ménager pour la profondeur de son porte-monnaie, à celui de modèle de référence, capable de disputer à la Parisienne son statut d'icône de la mode et du style. Ce n'est pas seulement que la force du dollar lui donne les moyens de ses ambitions, c'est aussi que l'Amérique elle-même, avec son cinéma, ses gratte-ciel, son jazz, ses *Broadway shows*, tend à devenir, durant les *roaring twenties*, productrice de nouvelles normes esthétiques et culturelles, en rivalité ouverte avec celles du Vieux Continent. Si le *Vogue* français continue, on l'a vu, de célébrer la Parisienne, il consacre aussi de nombreux articles aux mondanités d'outre-Manche ou d'outre-Atlantique[132], comme aux stars de Hollywood[133]. Les Parisiennes n'ont plus le monopole exclusif du chic ou du bon ton, comme le suggèrent des articles titrés « La mode telle que New York la conçoit[134] » ou « Les élégantes de New York[135] ». Dans un guide touristique de la fin des années 1920 joliment intitulé *Paris is a Woman's Town*, peut-être en référence au poème d'Henry Van Dyke, deux Américaines du Midwest, Helen Josephy et Margaret McBride, n'hésitent pas à se draper dans leur fierté *yankee* pour souligner que, si Paris demeure bien la capitale de la mode, ce sont désormais les États-Unis qui influencent les couturiers parisiens, tant en raison du nouveau pouvoir économico-financier de l'Oncle Sam, que des vertus de l'*American way of life* : « Les clientes américaines et les magazines de mode contribuent pour beaucoup à inspirer la mode française, avec l'aide de nos boudeuses petites *flappers* et de nos sous-débutantes qui portent ce qui leur chante sans se soucier du qu'en-dira-t-on[136]... » se félicitent-elles. Et de citer les nouvelles modes que l'Amérique aurait offertes au Vieux Continent : le turban, les robes à perles, le pyjama de jour[137]...

On pourrait y ajouter les cosmétiques, secteur jusque-là largement dominé par la France. Leur important développement aux États-Unis se nourrit d'une conception volontariste et hygiénique de la beauté, relayée par la pratique de l'exercice physique et le recours à la chirurgie esthétique, qui fait alors ses débuts. Des marques telle Elizabeth Arden, fondée en 1908, ou Max Factor, lancée en 1909, s'implantent alors en France, en promouvant le modèle de l'institut de beauté, conçu, en 1902, par l'Américaine d'origine polonaise Helena Rubinstein. L'écrivain Paul Morand y voit un atout décisif dans la montée en puissance de « la New-Yorkaise » : « L'on sait [qu'elle] consacre beaucoup de temps et d'argent à la culture du moi : le résultat est magnifique. Il y a, dans Manhattan, plus de deux mille instituts de dermatologie, de salons antirides, de praticiens du cuir chevelu, masseurs, ondulateurs, et chirurgiens plastiques[138]. »

Mais c'est évidemment dans le cinéma que le *soft power* américain trouve son plus sûr allié pour imposer une nouvelle vision de la femme. Dominante dans la production mondiale jusqu'en 1914, la France a perdu, avec la guerre, sa position de leader, et entame contre Hollywood « la guerre du pot de terre contre le pot de fer[139] ». Durant la période 1924-1929, plus de 70 % des films distribués en France sont américains, contre 11,7 % pour la production nationale et 11,9 % pour la production allemande[140]. À compter des années 1930, le passage au parlant et l'adoption de lois de contingentement à visée protectionniste font chuter le taux de pénétration du cinéma américain à 49,1 % contre 26,9 % pour le cinéma français et 14 % pour le cinéma allemand, mais l'influence de Hollywood reste considérable, appuyée qu'elle est par une organisation commerciale rationalisée à l'extrême et par une presse spécialisée en pleine expansion. En France, des journaux tels *Cinémagazine* publié entre 1921 et 1935, ou *Cinémonde*, de 1928 à 1971, deviennent d'efficaces relais de la machine hollywoodienne, même s'ils tentent de maintenir des contrepoids hexagonaux.

Dominant économiquement, Hollywood contribue à imposer de nouveaux canons esthétiques, aussi bien en matière de modes que de plastiques féminines. Certains découlent de nécessités proprement cinématographiques : coiffures, maquillages, morphologies doivent désormais répondre aux exigences des éclairages, des gros plans, des mouvements de caméra. D'autres, du mode de vie californien, résumé par « les 3 P », *pool, patio* et *motion pictures*[141], et de l'organisation du star-système, qui impose aux actrices d'incarner la séduction, le mystère et le faste, à l'écran comme à la ville. Deux termes traduisent les qualités propres à la *star*, celui de *sex appeal*, qui caractérise son aura érotique, et celui de *glamour*, qui renvoie à la sophistication, au pétillement, à l'éclat d'un mode de vie fondé sur le plaisir, le luxe, le brio. Le paradoxe est que ce sont les Parisiennes de la scène et du demi-monde qui, au siècle antérieur, ont contribué à faire éclore ces notions[142], mais c'est en anglais et par le biais de Hollywood qu'elles vont s'imposer comme un langage universel : *Le Petit Robert* intronise *sex appeal* en 1929, alors semi-francisé en « sexe-appeal ». La même remarque vaut pour le terme de *star*, qui fut employé en France dès le début du XIXe siècle, et dont la plus éclatante incarnation fut Sarah Bernhardt. Dans l'entre-deux-guerres, il devient presque indissociable de l'univers de Hollywood, mystérieux Olympe dont les déesses inaccessibles ne s'échappent que le temps d'un voyage soigneusement ritualisé et médiatisé[143]. S'il existe encore des actrices françaises de renommée internationale, aucune, avant Brigitte Bardot, ne peut réellement être qualifiée de *star*, sur le modèle spectaculaire d'une Greta Garbo ou d'une Marlene Dietrich, purs produits hollywoodiens, malgré leurs origines européennes.

Cette montée en puissance de Hollywood va de pair avec l'élaboration d'un style qui, assurément, n'a rien à envier à celui de la Parisienne en matière de chic et de « chien ». Si les vedettes viennent toujours faire leurs emplettes rue de la Paix ou avenue Matignon, pour le plus grand bonheur des gazettes, les studios américains ont embauché des costumiers de grand talent, Howard Greer, Travis Banton, Edith Head, Gilbert Adrian ou Walter Plunkett, qui habillent aussi les stars hors des plateaux, et vont même, pour certains, monter leurs propres maisons de couture. À Paris, c'est le *fashion editor*, puis *editor in chief* du magazine *Vogue*, l'Américain Main Bocher, qui, en 1929, lance sa griffe à l'intention des clientes américaines, avant de la transférer à New York en 1940. Bref, la couture parisienne, pour toute prestigieuse qu'elle demeure, ne règne plus de manière exclusive. À partir des années 1930, avec la crise, elle commence même à perdre des parts de marché : en 1935, ses exportations ne représentent plus que 1/10e de leur valeur de 1925[144], et certaines maisons sont en grande difficulté. La couture parisienne sert de référence dans le grand déploiement de la mode qui s'étend sur l'Occident, mais elle en perd la maîtrise, estime l'historienne de la mode Marylène Delbourg-Delphis. Régulièrement, à partir de 1929, elle s'enferme dans son

La Parisienne mise au défi (1918-1940) 271

prestige, refuse ce qui se fait ailleurs, se voile la face au nom du bon goût, s'empresse de considérer que les couturiers de cinéma [...] sont des copieurs [...]. Sa cote se maintient, mais elle n'a pas adapté sa stratégie commerciale[145].

En France, ce déclin relatif suscite des réactions défensives, qui, au-delà de la bataille économique, trahissent la blessure identitaire. « Hollywood habille un film, Paris habille la Femme[146] », affirme avec emphase le couturier Lucien Lelong pour conjurer la menace. Dans les colonnes de *Cinémonde*, la journaliste Cady, responsable de la rubrique « La mode et l'écran », n'hésite pas à s'autoproclamer « Parisienne » pour distribuer bons et mauvais points. En décembre 1928, les actrices Anita Page, Joan Crawford et Josephine Dunn subissent ses remarques acerbes pour le mauvais goût supposé de leurs tenues *made in Hollywood* – « c'est affreux ! » –, tandis qu'en septembre 1929 Norma Shearer est félicitée pour sa robe « très Jeanne Lanvin[147] ». « Il y a dans les grandes capitales des ateliers qui prétendent eux aussi créer et imposer la mode, note Cady avec dédain. Le résultat, souvent, n'est pas fameux. Jugez-en par les "créations" des couturiers américains. [...] Il y en a qui ont évolué et compris fort heureusement qu'aucun couturier ne pouvait rivaliser avec nos maîtres de Paris. Nous pouvons sans modestie apprécier les qualités de goût, de tact, que l'on ne rencontre qu'en France, et que les Parisiennes possèdent à un si haut degré[148]. »

D'autres Français accueillent avec plus de bienveillance et de flair commercial cette montée en puissance de l'Américaine. Ce fut le cas du couturier Jean Patou, qui, à partir de 1922, se rendit régulièrement aux États-Unis pour y étudier les méthodes publicitaires, avant d'ouvrir, en 1930, un bureau d'études à New York, qu'il appelait son « œil américain ». En 1924, le couturier avait fait venir en France, à grand renfort de tapage publicitaire, six mannequins de la côte Est, dont le style et la morphologie étaient censés mieux coller aux attentes de sa clientèle[149]. « Les Américaines exercent maintenant une indéniable influence sur les modes internationales, se justifie-t-il. Nous autres couturiers n'aimons rien tant que les habiller. Elles ont un flair en matière de vêtements que même la Parisienne ne peut revendiquer[150]. » Cette habile révérence trouve une traduction littéraire dans le portrait fasciné que dresse de l'Américaine l'écrivain Paul Morand, parcourant les rues de New York en 1930 :

Il est midi. L'Américaine, la femme au monde qui a le plus d'argent dans sa poche, l'Américaine, cet être détesté et admiré des Européennes, sort de chez elle et part en campagne, *ready to kill*, prête à tout tomber sur son passage. Très blonde, peroxydée ou le front frangé de noir, les sourcils épilés et peints, la lèvre fraîchement dessinée et carminée, chapeautée serrée, très bien chaussée, la jambe admirable [...], des yeux volontaires et enfantins et de joues si roses, si roses, émergeant d'un renard argenté, l'Américaine conquiert le trottoir de cette Cinquième Avenue avec un air d'assurance, de bonheur et de supériorité qui accable[151].

Perfection plastique, jeunesse insolente, assurance à toute épreuve, artifice assumé, mise impeccable... Qui peut, désormais, lutter avec cette prédatrice aux joues de bébé, armée de son perfectionnisme et de sa morgue ?

La fin d'une suprématie

De fait, le ton des observateurs étrangers se fait plus mordant. « Les Parisiennes ne sont pas mieux vêtues que les autres citadines, assure un auteur américain. En vérité, si l'on prend en compte l'ensemble des classes, la New-Yorkaise s'habille mieux et avec plus de goût que la Parisienne. Elle accorde indéniablement plus d'attention aux détails de sa toilette que son *alter ego* parisien[152]. » Plus flatteur en apparence, cet autre portrait n'en laisse pas moins filtrer une certaine ironie :

> On a coutume d'imaginer l'habitante de Paris plus séduisante et mieux habillée que toute autre femme, comme s'il s'agissait d'un droit de citoyenneté. On la crédite de la jeunesse éternelle, du chic, du *je ne sais quoi*, et d'autres mystérieuses qualités qui entretiennent la moitié des mâles de la terre dans une coupable adoration. Elle est censée ne jamais quitter d'affriolantes tenues que ses sœurs moins favorisées de New York et de Londres ne pourront jamais égaler ; être piquante jusque dans sa lingerie ; être naturellement spirituelle et accomplie, et tout aussi habile à cuire en un clin d'œil une omelette pour son amant[153].

On ne pouvait mieux résumer l'accumulation de clichés produits par deux siècles de littérature « parisianophile » – avec, notons-le, une percée de la thématique gastronomique –, ni suggérer avec plus d'amabilité combien ils sont peut-être, désormais, aussi datés qu'exagérés.

La Parisienne mise au défi (1918-1940) 273

Aussi la Parisienne a-t-elle tendance à se figer sur pied : charmante, piquante, élégante, certes, mais... moderne, à la pointe ? On l'a vue mettre à distance la trop avant-gardiste garçonne, et son « pittoresque » semble désormais se payer d'un immobilisme qui autorise, chez beaucoup d'observateurs, une forme de condescendance tournant parfois à l'esprit de revanche. Cette mutation des perceptions va de pair avec la transformation de l'image même de Paris, qui n'est plus tout à fait la « capitale de la modernité » revendiquée par la Belle Époque. L'effervescence de la vie artistique, nocturne, culturelle, symbolisée par l'Exposition internationale des Arts déco de 1925, ne doit pas faire illusion. Dans la « course au moderne » qui s'est accélérée depuis la Première Guerre mondiale[154], Paris se confronte à l'élan vertical de New York ou au chaos moderniste de Berlin. « L'Allemand qui arrive à Paris avec, dans ses bagages, ses problèmes berlinois, se croit plongé dans une immense ville de province[155] », juge pour sa part l'intellectuel en exil Siegfried Kracauer, lorsqu'il s'installe dans la capitale en 1933, pour y demeurer jusqu'en 1940. Arrivé au même moment, son compatriote Walter Benjamin développe alors sa propre réflexion sur la « capitale du XIXe siècle[156] », impliquant, par cette locution, que la Ville lumière n'est plus tout à fait celle du présent.

Ainsi, malgré une adaptation en douceur, qui lui assure encore un avantage certain dans le domaine de la mode, « la Parisienne » semble désormais relever d'un monde presque englouti, celui du Boulevard, du cancan et de la grisette. La Seconde Guerre mondiale va accélérer la décomposition du modèle, tout en lui offrant les bases d'un renouveau.

Chapitre 8

Les mues d'un modèle (de 1944 à la fin des années 1970)

Restauration

Le théâtre de la mode

Le 28 mars 1945, ouvre au pavillon de Marsan, siège du musée des Arts décoratifs, l'exposition « Le théâtre de la mode » : elle présente, en 14 tableaux conçus par le décorateur Christian Bérard, 180 poupées en fil de fer de 70 centimètres de hauteur, habillées au dernier goût du jour. Une quarantaine de couturiers – dont Jacques Fath, Balenciaga, Lucien Lelong –, une cinquantaine de modistes, des dizaines de bottiers, fourreurs, bijoutiers et autant de coiffeurs ont œuvré pour faire de ces petits mannequins d'élégantes Parisiennes en réduction, dont les robes, les gants, les chapeaux, en « vrai » tissu, font rêver les visiteurs toujours soumis aux restrictions. Au printemps, l'exposition quitte Paris pour un long périple européen – Barcelone, Londres, Zurich, Stockholm... – puis, en mai 1946, gagne les États-Unis, avant de poursuivre au Canada et au Brésil. Partout le succès est au rendez-vous : Parisiens, provinciaux, étrangers par dizaines de milliers sont venus admirer les jolies petites silhouettes qui prennent la pose, sur fond de décors en carton-pâte.

La démarche peut sembler bien frivole, à une date où règnent encore les restrictions, où rentrent prisonniers et déportés, où d'âpres débats politiques font rage. Mais outre que le plaisir des yeux n'exclut pas la générosité des intentions – l'initiative émane de l'Entraide française, qui a sollicité la Chambre syndicale de la couture française pour lever des fonds –, il y va bien sûr d'un intérêt économique bien compris, voire d'un véritable symbole identitaire. « C'est Paris tout entier, ce

théâtre de la mode ! Son sourire, son cran, son esprit, son charme[1] ! »
s'enflamme l'homme de lettres Lucien François, qui, durant tout
le conflit, a été le plus ardent héraut de la haute couture française.
Quelques mois plus tôt, le 25 mai 1944, lors de la libération de Paris,
le général de Gaulle avait déclaré, dans son célèbre discours de l'Hôtel
de Ville : « Puisque l'ennemi qui tenait Paris a capitulé dans nos
mains, la France rentre à Paris, chez elle. » Reconquérir Paris, c'était
aussi accepter de quitter le registre martial pour restaurer la séduction
de la capitale française, après cet « hivernage humiliant, cette longue
et pénible éclipse[2] » qu'avait été, selon le même Lucien François,
la période 1940-1944. Toujours à la pointe de la mode, symbole de
charme, d'élégance et de joie de vivre, la Parisienne n'était-elle pas
la meilleure ambassadrice de cette renaissance ?

Des compromissions à effacer

L'effort à accomplir, cependant, n'est pas mince, car la Parisienne
est devenue, en 1945, un symbole ambigu, sur qui l'Occupation a
fait lever bien des soupçons. Quoi qu'en donnent à penser les propos
de Lucien François, la période n'a nullement impliqué la mise entre
parenthèses du plus joli symbole de la capitale française, et moins
encore son entrée en résistance. Entre 1940 et 1944, les Parisiennes
privilégiées ont pu maintenir presque intacts leurs privilèges et leur
mode de vie, que ce soit en tant que femmes du monde – Marie-
Blanche de Polignac, Marie-Louise Bousquet, Florence Gould furent
les hôtesses les plus en vue de la période –, couturières – Geneviève
Fath, l'épouse du couturier, Jeanne Lanvin ou Maggy Rouff ont tenu
salon – ou artistes – les actrices Danielle Darrieux, Arletty, Mireille
Balin, Viviane Romance ou Corinne Luchaire, la danseuse Simone
Schwartz, la chanteuse Suzy Solidor continuèrent à travailler, tandis
que Mistinguett (tout de même âgée de 65 ans en 1940) ou Édith Piaf
étaient requises, aux côtés de Charles Trenet ou de Maurice Chevalier,
pour distraire le public. Le secteur de la haute couture, lui, a réussi à
se maintenir à flot, grâce aux efforts du couturier Lucien Lelong, qui a
obtenu de l'occupant des conditions de production privilégiées et évité
la délocalisation des ateliers en Allemagne. Si quelques maisons ont
cessé leur activité – notamment Chanel, Molyneux et Schiaparelli –, la
majorité a survécu, déployant des trésors d'inventivité pour continuer

à habiller les 20 000 détentrices privilégiées de la « carte couture », qui ouvre les portes des boutiques de luxe. Cet effet vitrine explique que « la Parisienne » soit restée un totem de référence pour la presse de mode, certes amputée de titres majeurs – *Vogue*, notamment, a cessé de paraître entre mai 1940 et janvier 1945 – mais toujours florissante, du fait de la volonté des Allemands d'assurer, dans tous les domaines, une apparence de retour à la normale. Les principaux, tels *Marie-Claire*, *Le Petit Écho de la mode* ou *Votre beauté*, ont reparu dès l'automne 1940 tandis que d'autres sont créés avec la bénédiction de l'occupant, tel le journal *Pour elle*, lancé en août 1940. Et ce ne sont pas les diktats réactionnaires des propagandistes de Vichy, prompts à blâmer la coquette « américanisée » pour mieux exalter la femme « naturelle » et « maternelle », qui ont suffi à la détrôner. « Être parisienne... Cela veut dire, vous le savez, bien s'habiller, se parer, se maquiller, avec chic, avec le chic parisien... » ne craint pas d'asséner une publicité pour l'institut de beauté Robel, dans un numéro de *Votre beauté* de février 1941, tandis que Lucien François affirme dans les mêmes colonnes, en septembre 1942 : « Il est [...] réconfortant que la femme de Paris, plus charmante et plus fine qu'aucune, demeure exigeante, coquette et raffinée[3]. » Tout au plus repère-t-on la volonté de valoriser l'élégance simple, le maquillage naturel, le parfum discret, mais sans vraie rupture avec le modèle antérieur. « Chères lectrices, on ne s'évade pas si facilement de l'Histoire. Réputation de Françaises oblige. Vos fiancés, vos maris ont le droit de compter sur vous[4] », insiste la chroniqueuse de *Pour elle*, dans un article intitulé « Un brin de rouge, pourquoi pas ? ». Lorsque Vichy tente de rappeler la Parisienne à ses devoirs de mère, Lucien François, dans une plaquette de propagande de 1944 intitulée *La Plus Belle Femme du monde*, n'hésite pas à développer une habile rhétorique pour démontrer que maternité et séduction ne sont en rien incompatibles : « On a parfois reproché à la Française que son seul vœu fût l'amour, sa seule recherche : plaire. Pourtant, n'est-ce pas là son charme et sa grandeur[5] ? » Malgré son intense propagande et des atteintes répétées aux droits des femmes, le régime du maréchal Pétain ne parviendra pas à imposer durablement le contre-modèle de la femme prude, domestique et catholique, idéal minoritaire des élites provinciales réactionnaires. Bien plus, le chic, l'élégance, la haute couture demeurent des traits de l'identité nationale, opposés à la rudesse teutonne : « Le chef de la race, l'unique, le vrai, le seul, l'indiscuté, c'est bien le chic... le "chic de Paris" », crâne alors la couturière Maggy Rouff dans sa *Philosophie de l'élégance*[6], qui se présente comme un manifeste. En 1945, le film de Jacques Becker, *Falbalas*, célèbre le talent créatif de la haute couture parisienne, comme si rien n'avait pu l'entamer.

Si la Parisienne a résisté au rouleau compresseur de la guerre et de ses batailles idéologiques, c'est aussi parce qu'elle a été, pour l'occupant, le centre d'attraction de ce « gai Paris » qui fait de la France l'une des destinations les plus convoitées de l'Europe en guerre : « La Parisienne est la "quintessence absolue", à coup sûr le produit suprême de l'Occident[7] », écrit par exemple un soldat allemand à ses proches en novembre 1940. Il est vrai que, entre 1940 et 1944, « la fête a continué[8] », les bars, les restaurants, les dancings ont accueilli chaque soir les vainqueurs du jour, les music-halls ont exhibé leurs « petites femmes » à moitié nues, plus de 20 000 prostituées ont été réquisitionnées dans des bordels aménagés spécialement pour la Wehrmacht. Entretenir la réputation de charme et de légèreté de la capitale française permettait à l'occupant de détourner l'attention des Français de leurs problèmes quotidiens, mais aussi de nourrir en sous-main l'image d'une France décadente et féminisée, conforme aux théories raciales des nazis – « Laissons-les dégénérer ! C'est tant mieux pour nous[9] ! » aurait ainsi déclaré Adolf Hitler à propos des Français.

À la Libération, la Parisienne apparaît donc comme une figure d'autant plus ambivalente que les résistantes connues sont, pour la plupart, issues d'une tout autre matrice, celle des gauches socialistes ou communistes ou du gaullisme teinté de catholicisme social, et que certaines célébrités de la capitale n'ont pas hésité à s'afficher au bras de l'occupant : ce fut le cas, notamment, d'Arletty, qui, particulièrement active pendant la période avec sept films à son actif, ne cacha rien de sa liaison avec l'officier Hans Jürgen Soehring ou encore de Florence Gould, Mireille Balin ou Corinne Luchaire. Ces compromissions multiples jetaient un éclairage pour le moins accusateur sur la Parisienne. Pourtant, comme dans beaucoup d'autres domaines, une épuration partielle et ponctuelle se révéla suffisante pour produire une efficace opération de catharsis. L'héroïne des *Enfants du paradis* fut ainsi condamnée à six semaines de prison et une interdiction d'exercer pendant trois ans, tandis que Corinne Luchaire était frappée, en 1946, de dix ans d'indignité nationale pour son mariage avec un officier de la Luftwaffe et sa fuite à Siegmaringen avec son père. Mais la capitale ne se détache pas sur la carte des tontes[10] pour faits, avérés ou fantasmés, de « collaboration horizontale », pas plus que les Parisiennes ne furent spécifiquement désignées à la vindicte résistante. Les prostituées échappèrent pour leur part, dans l'ensemble, aux poursuites, car l'on considérait qu'elles avaient exercé leur travail sous la contrainte[11]. Entachée par les compromissions des Parisiennes réelles, la Parisienne symbolique eut vite fait de renaître de ses cendres, évident atout qu'elle était dans la reconquête de la fierté nationale, après les humiliations des années sombres. Elle le put d'autant plus facilement que l'époque était à la dignification du « sexe faible », lui aussi engagé dans la Résistance et désormais doté du droit de vote et d'éligibilité par l'ordonnance du 21 avril 1944. Une autre mesure décisive contribua à laver sa réputation : la loi du 13 avril 1946 étendait à l'ensemble du territoire national une réglementation déjà appliquée dans le cadre parisien depuis décembre 1945, qui faisait de la prostitution une activité « libre », seulement bornée par les lois sur le proxénétisme et le racolage sur la voie publique. Préparé par la conseillère municipale du 4ᵉ arrondissement Marthe Richard, une ex-prostituée au parcours pour le moins sinueux, ce nouveau cadre juridique entraînait la fin de la prostitution encartée et la fermeture des 190 maisons closes de la capitale. Le sexe vénal n'allait pas déserter ses rues, mais en se diluant, il cessait de désigner Paris comme le principal « bordel de l'Europe ». « Les coquineries du passé ont largement disparu, les audaces de la nuit se sont atténuées[12] », estima ainsi un guide anglais en 1948. Le terrain était prêt pour le travail d'épure qui allait donner à la Parisienne des années 1950 le double visage d'un impeccable mannequin de haute couture et d'une accoste « petite pépée ». Restauration à l'identique ou simple chant du cygne ?

New-look et haute couture

C'est donc, d'abord, sur le terrain de la mode que la Parisienne entame son travail de reconquête, et il y va, bien sûr, d'un complexe feuilletage d'intérêts économiques, de réflexes culturels, de batailles diplomatico-identitaires. Car si son chic et son « chien » ont, pour le meilleur et pour le pire, traversé l'Occupation, son rayonnement international est, indiscutablement, amoindri, tout particulièrement outre-Atlantique. Le déclin était certes perceptible avant la guerre, mais après cinq ans de conflit, et une interruption presque totale des échanges entre la France et les États-Unis, le rapport de force est devenu carrément déséquilibré : les Américaines ont appris à se passer de la haute couture française[13], de nouvelles maisons se sont fondées sur la côte Est comme sur la côte Ouest – la maison Mainbocher, par exemple, a quitté Paris pour New York en 1940 –, et ce sont désormais les magazines américains qui arbitrent les modes, *Vogue* et *Harper's Bazaar* en tête. Mal fagotée, mal chaussée, mal nourrie, la Parisienne peut-elle réellement prétendre revenir au sommet de cet Olympe ?

C'était justement l'ambition du théâtre de la mode que de l'y ramener, et c'est peu dire que les résultats vont dépasser les espérances. Car la « demande de francité » des Américains n'a pas disparu, et le secteur de la couture reste, économiquement, trop stratégique pour que les pouvoirs publics français puissent lui opposer des besoins plus légitimes en charbon, acier ou sacs de farine. Un arrêté du 6 avril 1945 prend ainsi soin de redéfinir l'appellation et les règles de la « haute couture », label officiel qui impose de répondre à des normes exigeantes : employer au moins 20 ouvrières spécialisées, présenter des collections sur mesure d'au moins 75 tenues, au moins 45 fois par an pour les clientes qui le demandent, sur trois mannequins vivants ; les collections doivent être entièrement conçues et réalisées à Paris. Le secteur peut s'appuyer sur de puissants capitaux industriels – la maison Dior est lancée, en 1946, grâce aux 60 millions de francs du magnat du textile Marcel Boussac –, mais aussi sur l'État, qui fournit des subventions et finance la propagande. C'est ainsi que le Commissariat général au tourisme passe commande, en 1946, à l'inusable et vite blanchi Lucien François, d'une brochure intitulée *Les Élégances de Paris*, dont la rhétorique n'est pas très différente de celle de l'Occupation :

> Paris tient boutique de tout ce qui peut accroître la séduction féminine, comme Londres y tient bureau de fret et comme Amsterdam y propose des pierres précieuses. Rio de Janeiro sent le café. Cordoue sent le cuir. Hambourg sent le fauve. Paris sent la femme chic. C'est l'odeur de sa spécialité. Elle imprègne ses architectures tempérées et flotte dans son ciel couleur d'aile. [...] Cette propriété de Paris d'embellir la femme et le décor de la vie est fonction de l'orientation même de la civilisation française[14].

Ce lyrisme serait cependant resté un peu inconsistant, s'il ne s'était étayé du talent et du savoir-faire préservés des couturiers parisiens. Et de ce point de vue, les rives de la Seine demeurent bien, pour l'heure, le centre du monde. Le 12 février 1947, un nouveau venu de 42 ans formé chez Lucien Lelong, Christian Dior, présente sa première collection devant un parterre attentif de prescripteurs influents du monde de la mode, Diana Vreeland et Carmel Snow, notamment, pour *Harper's Bazaar*, et Bettina Ballard pour le *Vogue* américain. C'est un choc collectif : les jupes s'épanouissent en corolles aériennes, les ourlets caressent sensuellement le mollet, la taille et les seins sont impeccablement galbés, les accessoires, gants, chapeaux, voilettes, escarpins, sophistiquent l'ensemble. Deux traits sautent aux yeux : l'opulence – la nouvelle ligne nécessite d'énormes métrages de tissu, dans une période où la matière première reste parcimonieuse – et la féminité – Dior a voulu revenir aux formes « naturelles » du corps féminin, après deux décennies de lignes plus anguleuses. Cette reconquête du glamour et du luxe n'invalide pas les fondamentaux du chic parisien, tels qu'ils se définissent depuis Chanel : « Mes robes seront faciles à porter, a affirmé le couturier au journal *Elle*. Une robe n'est pas faite pour être admirée sur un cintre ou sur un journal mais pour être portée avec plaisir et facilité[15]. » Les couleurs Dior resteront celles du quotidien – gris, noir, marine. Soit le contraire de la gamme chromatique voyante, des détails tarabiscotés, des assemblages hasardeux, qui, pour les observateurs malveillants, continuent de faire le style de la femme américaine. L'élégance impeccable, le *less is more* sont de retour, sans renoncer à la part de rêve dont se veut aussi porteuse la haute couture, qui inspire d'éblouissantes robes de soirée en satin ou en faille.

Les Américaines baptisent immédiatement *New Look* cette collection qui inspirera les lignes dominantes de la mode des années 1950 ; et c'est elle qui, après le « petit théâtre de la mode », offre à la Parisienne son deuxième acte de renaissance, en donnant l'occasion de multiplier les clichés d'élégantes photographiées en plein Paris – tendance apparue, on l'a dit, à la fin des années 1930. L'image la plus emblématique du new-look montre un mannequin arborant le tailleur « Bar » sur les quais de la Seine, entre grâce sculpturale et chic atemporel[16] ; une autre, publiée par *Harper's Bazaar* en 1954, place la tour Eiffel en arrière-plan[17] ; l'année d'après, pour la collection Dior printemps-été, le photographe Robert Capa livre une série presque naturaliste, qui montre la Parisienne déambulant place Vendôme, posant devant la statue de la Liberté de l'île aux Cygnes, pêchant sur les quais avec un « Parigot » en béret basque... « Une robe de Paris n'est pas réellement faite avec de l'étoffe, elle est faite avec les rues, avec les colonnades [...] elle est glanée dans la vie et dans le livre, dans le musée et dans l'imprévu du jour[18] », avait affirmé la romancière et journaliste Germaine Beaumont en 1942. La volonté d'utiliser la ville, son prestigieux patrimoine, mais aussi son charme populaire, est devenue une tendance de fond qui ne se démentira pas jusqu'à nos jours. « En dépit des difficultés de l'heure, il y a toujours dans l'air de Paris : de l'héroïsme, de l'ironie, un peu d'angoisse, de l'amour, le culte du passé, de l'élégance, des froufrous de robe, de la beauté. Un tout harmonieux. Ça, c'est Paris[19] ! » se félicite de son côté l'écrivain mondain André de Fouquières, à l'occasion du bimillénaire de Paris, qui, en 1951, rassemble les maires de grandes capitales mondiales au parc de Bagatelle.

Si la Parisienne selon Dior est l'incarnation la plus éclatante de cette résurrection, d'autres couturiers de talent y ont œuvré, dont plusieurs d'origine étrangère. C'est le cas de l'Espagnol Cristobal Balenciaga, installé à Paris depuis 1937, qui devient l'autre « grand maître » de la période, en parant les femmes du monde d'un noir très sophistiqué. Et beaucoup de nouvelles maisons témoignent du dynamisme du secteur : c'est en 1945 que la Française Carmen de Tommaso a lancé Carven, la même année que Pierre Balmain, formé, comme Dior, chez Lelong, ou que Nina Ricci, d'origine franco-italienne, qui travaillait déjà pour la maison Raffin. En 1952 Hubert de Givenchy formé, lui, chez Balenciaga entre à son tour dans la danse et trouve, dès l'année suivante, en l'actrice américaine Audrey Hepburn, sa plus célèbre ambassadrice. À l'aube des années 1950, le secteur de la haute couture est le troisième en France pour les exportations et l'on recense près de 60 maisons agréées par la Chambre syndicale, dont une quinzaine de grand prestige et de réputation ancienne – ainsi la maison Patou, qui a survécu avec succès à la mort de son fondateur en 1936. Gabrielle Chanel, elle, est un cas particulier puisque, après avoir fermé sa maison de couture au début de la guerre, elle a maintenu sa lucrative activité « parfumerie », tout en usant de la législation antisémite pour tenter de déposséder ses principaux actionnaires, les frères Wertheimer, réfugiés aux États-Unis. Épargnée à la Libération, faute de preuves relatives à ses supposées activités d'espionne, elle se réfugie en Suisse, et se voit contrainte de relancer sa griffe en 1954, à l'âge de 71 ans, sur la pression de ses actionnaires. Mal accueillie par la presse française, car jugée dépassée, la nouvelle collection de la reine des années folles va connaître le succès outre-Atlantique, en offrant à la femme active américaine un moderne « uniforme », tailleur en tweed souple, escarpins bicolores à petits talons, abondance de bijoux fantaisie. Il trouve grâce auprès des Françaises au cours des années 1960, et « Coco » Chanel, malgré son passé trouble, reste perçue, des deux côtés de l'Atlantique, comme l'incarnation absolue du chic de la Parisienne[20], à la fois sobre et élégante, faisant primer le mouvement et l'aisance sur le décorum.

Par le canal de la haute couture, c'est donc un monument presque intact qui émerge des ruines de la guerre, avec l'appui d'une presse féminine largement renouvelée. *Elle* et *Marie-France* sont nés en 1945, *Vogue Paris* est reparu en 1947, *Marie-Claire* en 1954, et la référence à la Parisienne reste, dans leurs colonnes, incontournable : « La robe "boum" de la Parisienne découvre ses épaules et son dos[21] », annonce par exemple le journal *Elle*, dans un numéro de juillet 1956. Ces titres grand public donnent évidemment du personnage une version adaptée au quotidien des Françaises aisées, celle d'une femme qui va à la plage, aux sports d'hiver, prend l'avion, mais les modèles présentés s'inspirent toujours de la haute couture et des codes vestimentaires des élites, soumises à la parade mondaine et à la représentation sociale. Les formes sont ajustées, sanglées, même, faisant de la femme une sculpture vivante, un peu hiératique, dont le confort n'est pas la priorité. Chapeaux originaux, gants interminables, bijoux précieux, maquillages appuyés restent les compléments indispensables de cette panoplie sophistiquée, traduisant un souci maintenu de raffinement, mais aussi une exigence de correction et de respectabilité. Des mannequins aux corps longilignes, aux traits purs et réguliers, telle Bettina, une jeune provinciale devenue l'égérie de Jacques Fath et d'Hubert de Givenchy, lui confèrent une élégance presque éthérée. Elle est encore sublimée par les crayons virtuoses des nouveaux dessinateurs de mode, tel René Gruau, illustrateur privilégié du new-look, comme par les savants éclairages des photographes de mode, domaine devenu un véritable terrain d'investigation formelle, qui séduit – et rémunère confortablement – les meilleurs d'entre eux, Robert Doisneau ou Richard Avedon. Sertie dans sa gangue de satin ou de soie, saisie dans des poses un peu maniérées, cette Parisienne a quelque chose d'inaccessible, voire d'un peu figé, quelles que soient par ailleurs ses prétentions au « naturel ». Elle demeure ainsi une créature de luxe, donnée en modèle aux élites internationales comme aux têtes couronnées – celles de l'époque se nomment Elizabeth II, reine d'Angleterre depuis 1952, ou Soraya, reine d'Iran en 1951, sans parler des stars de Hollywood, qui reviennent, dès 1945, faire leur shopping à Paris, désormais en *jet*.

Froufrous et « petites pépées »

Redevenue reine du chic, la Parisienne n'a pas tout à fait renoncé à son « chien », même si, on l'a vu, il s'est très largement délesté de ses origines galantes, pour n'en conserver qu'un jeu de références et d'échos culturels. Au cœur des années noires, la résistante Germaine Tillion n'a pas hésité à invoquer la séduction canaille des Parisiennes, dans une opérette composée, avec ses camarades de détention, à Ravensbrück, qui rappelait, comme un clin d'œil au milieu du désastre : « Notre sex-appeal était réputé / aujourd'hui sa pile est bien déchargée[22]. » À la Libération, les cabarets et music-halls de Pigalle et de Montmartre ne font guère que changer de clientèle, et restent inscrits dans les circuits touristiques du « gai Paris ». Au milieu des années 1950, c'est la ballerine Renée Jeanmaire, dite Zizi, qui, après ses débuts dans la troupe de Roland Petit, va réinventer la tradition des froufrous parisiens. Lâchant les pointes et les tutus, elle bifurque vers la comédie musicale américaine (*The Girl in Pink Tights*, 1954), le music-hall, et le cinéma (*Charmants garçons*, d'Henri Decoin, en 1957), reprenant le flambeau abandonné par Mistinguett après guerre. En 1961 son « truc en plumes[23] », chanté dans *La Revue* de l'Alhambra, devient un nouveau tube du genre, inscrit dans une longue tradition de ritournelles entraînantes à la gloire de Paris et des Parisiennes.

Mais c'est sans doute le cinéma qui parvient le mieux à exploiter l'archétype de la « petite femme de Paris » sexy et délurée, qu'elle soit midinette, étudiante, danseuse de music-hall ou prostituée. Dans *Les Femmes de Paris*, comédie tournée par Jean Boyer en 1953, un professeur d'astronomie un peu coincé crée un irrésistible effet de comique en étant mis par hasard en contact avec une danseuse de cabaret suicidaire mais fort pétulante, jouée par Brigitte Auber. Dans *Nathalie*, de Christian-Jaque, en 1957, Martine Carol campe un mannequin plein de peps, accusé à tort d'un vol de bijou : les courbes sensuelles et l'accent gouailleur de l'actrice, qui fut aussi, en 1954, la *Madame du Barry* du même cinéaste et, en 1955, sa *Nana*, après avoir incarné la « Caroline chérie » adaptée des romans de Cecil Saint-Laurent[24], suggèrent une pin-up très parisienne. Les déclinaisons historiques et littéraires du type demeurent, on le voit, une source d'inspiration inépuisable, que ce soit pour évoquer la femme du monde aux multiples amants (*Madame de...*, de Max Ophuls, avec Danielle Darrieux, en 1953), la danseuse de cancan aux jupons tourbillonnants (*Lady Paname*, d'Henri Jeanson, en 1950, *French Cancan*, de Jean Renoir, en 1955, *Folies-Bergère*, d'Henri Decoin, en 1957), la « mauvaise fille » des quartiers populaires (*Casque d'or*, de Jacques Becker, en 1952) ou la midinette en goguette, modernisée par Claude Chabrol dans *Les Bonnes Femmes* (1960). N'oublions pas, enfin, les « petites pépées » et truculentes « mesdames » du film policier, de *Touchez pas au grisbi*, de Jacques Becker (1954), avec Jeanne Moreau, au *Cave se rebiffe*, de Gilles Grangier (1961), avec Martine Carol. L'une et l'autre réinvestissent des personnages nées avec le cinéma et le roman noirs des années 1930.

Vue par Hollywood

Ce n'est pas la France, cependant, mais bel et bien Hollywood, qui, dans les années 1950, contribue le plus activement à la réinvention de la Parisienne sur grand écran. Ce filon francophile a certes été exploité par les Américains dès la naissance du septième art[25], mais il devient, après la guerre, un genre en soi qui témoigne de la part de rêve dont la France et sa principale héroïne restent porteuses. Il faut dire que la puissance accrue du *soft power* américain, renforcée par le système avantageux des accords Blum-Byrnes[26], comme par le développement du Technicolor et du CinemaScope, et la vogue de nouveaux genres, telle la comédie musicale, rend ce cinéma toujours plus attrayant à l'exportation. La France redevient par ailleurs, pour le public américain, un monde synonyme de luxe et de cachet historique, alors que le développement des lignes d'aviation commerciales transatlantiques met le voyage européen à la portée de la *middle class*, notamment comme destination de voyage de noces. Apprécié des jazzmen, des artistes et des écrivains, Paris évoque plus que jamais les charmes de la vie de bohème et l'effervescence de la vie intellectuelle, représentée, à cette date, par le mouvement existentialiste, même si les avant-gardes artistiques ont déjà largement amorcé leur migration vers New York. Comment s'étonner, dès lors, que la Parisienne illumine régulièrement cette production, aussi bien dans ses déclinaisons historiques et

« typiques » que dans des versions plus contemporaines ? Elle a les traits d'une chanteuse de cabaret, jouée par Leslie Caron, dans *Un Américain à Paris*, de Vincente Minelli, en 1951, d'une jeune fille au charme piquant, incarnée par Audrey Hepburn, dans *Ariane*, de Billy Wilder, en 1957, ou par Leslie Caron, encore, dans *Gigi*, de Vincente Minnelli, en 1958, adapté d'une nouvelle de Colette de 1944. Certaines de ces incarnations restent attachées à sa sulfureuse réputation – la mère et la tante dans *Gigi*, anciennes cocottes, ou la prostituée d'*Irma la douce*, jouée par Shirley MacLaine, dans le film éponyme de Billy Wilder, en 1963 –, mais dans une version « folklorisée » qui n'est pas réellement de nature à choquer le public des années 1950, même si le code Hays reste en vigueur jusqu'à la fin de la décennie. Quant aux *cancan films*, qui forment un genre en soi, ils ne retiennent des danses effrontées de la Belle Époque que l'aspect pittoresque et « joli », par exemple dans *Moulin Rouge*, de John Huston, en 1952, ou dans *Can-Can*, de Walter Lang, en 1960. Outre ces clins d'œil bon enfant au passé, la Parisienne sert aussi de modèle de référence aux jeunes Américaines qui viennent chercher dans la capitale française les clés du chic et de la séduction féminine : c'est le cas pour l'héroïne de *Sabrina*, de Billy Wilder, en 1954, ou pour celle de *Drôle de frimousse*, de Stanley Donen, en 1957, toutes les deux jouées par Audrey Hepburn. Une « certaine idée de la Parisienne » s'esquisse ainsi, de film en film, personnifiée par des actrices qui se confondent avec le rôle – certaines sont, au vrai, d'origine française, telles Leslie Caron et, avant elle, Claudette Colbert, ou européenne, telle Audrey Hepburn, d'ascendance mi-anglaise, mi-néerlandaise, et par ailleurs égérie, dès 1953, du couturier français Hubert de Givenchy. Cette Parisienne « vue par Hollywood » n'est ni plus ni moins stéréotypée que celle de la production culturelle française, mais destinée à un public américain avide de distinction et d'évasion, elle resserre l'archétype autour des valeurs du chic, de l'élégance et de la mode, avec un zeste de canaillerie ou d'insolence qui n'évoque plus qu'un « chien » très assagi.

La Parisienne, un « dogme »

Jusqu'à la fin de la décennie 1950, la Parisienne reste donc, de part et d'autre de l'Atlantique, une icône célébrée, dont la réinvention s'inscrit dans le climat de confiance retrouvée de la France des années 1950 :

malgré les tensions politiques de la IVᵉ République et le fardeau des guerres coloniales, le pays connaît en effet, pendant la décennie, une croissance économique soutenue, nourrie par une modernisation accélérée. Sans doute la capitale n'a-t-elle plus le même poids démographique et symbolique que par le passé : la population de Paris intra-muros est désormais en léger reflux, qui passe de 2,7 millions d'habitants en 1946 à 2,6 millions en 1968. Si l'agglomération continue à croître par étalement de la banlieue, passant de 6 millions de Franciliens en 1946, à plus de 8 millions en 1970, la ville tend aussi à se banaliser en se modernisant, perdant peu à peu ce statut d'exception, qui avait tant fasciné le XIXᵉ siècle et le premier XXᵉ siècle : la construction de logements neufs s'accélère à partir de 1955[27], imposant dans le paysage les premières barres et tours standardisées. Les plans d'aménagement du réseau routier périurbain sont votés au même moment – le premier tronçon du périphérique est inauguré en 1960, l'aérogare sud d'Orly en 1961. Même si la ville connaît son apogée industriel au cours de la décennie, les classes moyennes et populaires commencent à délaisser les petits logements vétustes du centre pour investir les appartements standardisés de la banlieue, où elles se mêlent aux provinciaux toujours nombreux à « monter » en quête d'emploi vers la capitale. Cette lente bascule du centre de gravité de la Ville lumière peut faire observer à l'historien Louis Chevalier, dans l'ouvrage qu'il consacre, en 1967, aux Parisiens : « Le Parisien [...] n'est plus un être à part, original et irremplaçable : simplement un individu qui habite Paris et qui, de ce fait, et de ce fait seul, a une manière de vivre différente de celle que l'on observe ailleurs[28]. » Le même est pourtant prêt à affirmer : « Un seul [personnage] a tenu bon : la Parisienne ! De tous les mythes de la capitale, il est probablement le plus ancien, le plus immuable, le plus sacré[29]. » C'est que la Parisienne incarne une forme de poésie préservée, de *dolce vita* à la française, nourrie de charme féminin, de commerce galant entre les sexes, de flâne aux terrasses des cafés ou au volant d'une décapotable... Dans ce monde en plein changement, où la France a régressé au statut de puissance moyenne, elle fait figure de talisman de protection, un peu comme le James Bond imaginé par le romancier Ian Fleming entre 1953 et 1964, fantasme de gentleman britannique surpuissant et insubmersible.

La Parisienne fascine ainsi les nostalgiques de la grandeur française, tel l'écrivain de sensibilité droitière Jacques Laurent, jeune hussard des lettres qui la célèbre à travers le nom qu'il donne à une revue littéraire lancée en 1953 avec ce programme : « une revue d'humeurs, de caprices et de curiosités non dirigées [...] une imprudente qui touche à tout par amour de l'art[30] ». Un esprit ou un style, donc, qui s'appliquent autant à la littérature qu'à la femme. Mais ce sont bien ses déclinaisons contemporaines que le romancier cherche à évoquer, en 1956, sous le pseudonyme de Cecil Saint-Laurent, dans un autre ouvrage encore intitulé *La Parisienne*, fidèle au genre désuet des physiologies. On y rencontre Gigi la secrétaire, « bien habillée de peu[31] » ; « Tékla du Maxim's », une comtesse hongroise qui a pour amant un ministre[32] ; « la Belle Hélène », une mondaine surnommée par la presse « l'Élue de la grande couture[33] » ; Sylvie la manucure, « aussi fracassante que le premier mannequin chez Dior [...] de ces Parisiennes qui sont séduisantes à titre gratuit, sans envie d'en profiter, pour l'honneur[34] » ; Mauricette de la rue Caumartin, qui gagne durement sa vie, même si « personne n'aurait le mauvais esprit d'aller la chicaner sur la nature de son travail » – elle est en effet fille de joie[35]... Quelques-unes ne font pas que vendre leurs charmes ou courir les magasins : Cathie est une journaliste « qui a envie de faire un bon papier et une bonne carrière[36] », tandis que Jeanine incarne un genre nouveau, la « femme d'État », directrice de cabinet dans un ministère[37]. Cette pointe de modernisme – de féminisme ? – n'empêche pas cette Parisienne de se définir toujours par son ineffable « féminité ». L'ouvrage est illustré par Jean-Gabriel Domergue, peintre mondain qui fut aussi conservateur au musée Jacquemart-André et membre du jury du concours des Miss France. Depuis les années 1930, il s'est spécialisé dans le portrait « coquin » des jolies femmes de la capitale, au point qu'on a pu voir en lui « l'inventeur » de la Parisienne[38], même s'il ne fit, en réalité, que réinvestir une vieille tradition iconographique, désormais largement passée de mode : une peinture tape-à-l'œil, un peu vulgaire, pour play-boys aisés, sensibles aux décolletés avantageux et aux œillades assassines de ces « Parisiennes » combinant la femme du monde, le mannequin de haute couture et la cocotte réinventée.

Exaltée, adulée, magnifiée, la Parisienne n'est-elle pas devenue cliché vivant, maintenu sous perfusion à des fins d'orgueil national et d'autopromotion touristique ? On n'aurait guère été étonné de la voir figurer dans les *Mythologies* que publie, en 1957, le sémiologue Roland Barthes, avec l'ambition d'épingler les poncifs petits-bourgeois véhiculés par la culture de masse, publicité, presse ou cinéma. « La Parisienne sera toujours la Parisienne », s'amusait de son côté à répéter le présentateur de télévision Pierre Tchernia dans l'émission *La Boîte à sel*, chaque fois qu'il introduisait un reportage sur la mode[39], le caractère tautologique de la formule visant à dénoncer ironiquement une pensée paresseuse, aggravée de chauvinisme borné. Les critiques qui émergent dans la période, cependant, ne portent pas seulement sur les effets aliénants de la culture de masse et de la société de consommation : elles questionnent aussi, de plus en plus et sur des bases théoriques renouvelées, l'image de la femme qui s'est construite à travers le type, et que les années 1950 ont contribué à réifier.

Contestations

La femme mystifiée du féminisme

On ne peut considérer comme anodin, de ce point de vue, l'ordonnance du 21 avril 1944 qui donne enfin aux Françaises le droit de vote et l'éligibilité, bien après la plupart de leurs sœurs occidentales. Certes, cet accès à la citoyenneté active ne bouleverse pas du jour au lendemain le rapport des femmes à la politique : si elles vont massivement, et le plus souvent avec sérieux et fierté, remplir leurs devoirs d'électrices lors des nombreuses consultations qui scandent les années 1945-1946, puis les débuts de la IVe République, elles demeurent très minoritaires à s'engager dans un domaine jugé, par essence, masculin. Il n'en reste pas moins que cette dignité nouvelle, fruit de l'égalité républicaine, de l'action des femmes résistantes et du désir de mieux représenter au pouvoir les enjeux domestiques et maternels, est de plus en plus en décalage avec les représentations subtilement érotisées de « la femme française ». Il faut, pour en prendre la mesure, relire ces lignes de l'écrivain Henri Calet, relatant les premières élections mixtes, pour les municipales d'avril 1945, dans le journal *Combat* :

> J'ai remarqué une bien jolie citoyenne, très blonde. Elle a tiré d'abord soigneusement les rideaux de l'isoloir comme si elle allait s'y dévêtir et peut-être y prendre une douche. Elle est demeurée longtemps là-dedans ; on n'a plus vu que ses jambes. Puis elle est sortie pour aller demander des renseignements complémentaires aux messieurs du bureau. Après cela, elle est retournée se cacher derrière les rideaux[40].

Dans le contexte de 1945, cette galanterie badine témoigne de l'automatisme des réflexes masculins pour conjurer les évolutions en cours. Apothéose de la femme faire-valoir, ou de la « femme-femme », la Parisienne peut-elle s'adapter à celles-ci ?

C'est une femme qui, en 1949, livre de nouvelles clés théoriques pour penser la construction millénaire des identités et des statuts féminins, et leur nécessaire évolution dans la société moderne : encore peu connue du grand public, sinon pour sa relation avec Jean-Paul Sartre, Simone de Beauvoir pose, avec *Le Deuxième Sexe*, le socle de la pensée féministe contemporaine. On connaît la thèse centrale de ce monumental ouvrage de plus de 1 500 pages, qui mobilise toutes les ressources de la philosophie, de la mythologie, de la sexologie, de la psychanalyse, de l'art et de la littérature pour démontrer son propos central : « On ne naît pas femme : on le devient. » Autrement dit, ce « qu'est » la femme dans la société n'est pas le fruit d'une essence découlant de la biologie, du corps, de la nature, mais le produit d'un inexpugnable rapport de force incessamment reconduit depuis la préhistoire, qui, sous des formes extrêmement variées selon les latitudes et les périodes, mais toujours convergentes, a abouti à spécialiser la femme dans les deux principales fonctions auxquelles la voue la domination masculine, celle de reproductrice – d'où découle la gestion de l'univers familial et domestique – et celle d'objet de plaisir – qui s'articule à des fonctions de sociabilité et de représentation. Déconstruire, éclairer, historiciser les fausses évidences de cette *situation*, c'est permettre aux femmes de s'émanciper des identités et des jeux de rôle qui leur ont été assignés par l'invisible mais implacable mécanisme, pour accéder à un véritable statut de sujet autonome, par l'action et la création.

Simone de Beauvoir n'évoque pas directement « la Parisienne », mais ses analyses se révèlent très utiles pour éclairer les faux-semblants de ce modèle féminin qui, longtemps, a pu représenter une forme de puissance féminine, non assujettie aux impératifs du domestique. Si les premières générations de féministes avaient déjà esquissé sa lecture critique, la Parisienne passée au crible de la pensée beauvoirienne semble vouée à un déclassement définitif. Son culte de la mode, de l'apparence ? Une pure aliénation au jeu social et au désir masculin, doublée d'une véritable prison physique : « Le but des modes auxquelles elle est asservie n'est pas de la révéler comme un individu autonome, mais au contraire, de la couper de sa transcendance pour l'offrir comme une proie aux désirs mâles. [...] La jupe est moins commode que le pantalon, les souliers à hauts talons gênent la marche ; ce sont les robes et les escarpins les moins pratiques, les chapeaux et les bas les plus fragiles qui sont les plus élégants ; que le costume déguise le corps, le déforme ou le moule, en tout cas il le livre aux regards[41]. » Sa « science » de la séduction, de la galanterie, de l'adultère ? Un pseudo-pouvoir, qui fait d'elle une simple monnaie d'échange entre les hommes : « Sa coquetterie demande aux mâles de la confirmer dans la conscience de sa valeur et de son pouvoir [...]. Souvent, c'est par rancune qu'elle se décide à tromper son mari[42]. » Sa culture, son esprit, son sens de la repartie ? Un talent superficiel qui relève des savoir-faire mineurs, sens de la conversation, maîtrise des arts décoratifs, pratique de la littérature « de dame » : « Elle sera tentée par tous les chemins qui mènent vers la gloire, mais jamais elle ne s'y engagera sans réserve[43]. » Bref, la Parisienne semble incarner le comble d'un destin féminin artificiel et « inauthentique », selon le vocabulaire existentialiste de l'auteure, qui repose sur la valorisation compensatoire de qualités secondaires, maquillées en « supériorité féminine », alors que, pour Beauvoir, l'égalité des sexes ne peut s'accomplir qu'à travers l'investissement durable et maîtrisé d'un sujet dans une œuvre de nature sociale, politique, professionnelle ou artistique. Dans ses romans, la philosophe donnera souvent une interprétation critique de ces femmes-vitrines, aliénées par les jeux politico-mondains ou les tortueuses intrigues du désir amoureux : ainsi de Paula Mareuil dans *Les Mandarins*, la compagne du grand écrivain qui ne vit que pour les affres de la passion amoureuse[44], ou de Laurence dans *Les Belles Images*, élégante Parisienne qui a « tout pour être heureuse », mais souffre d'un profond sentiment de vacuité[45].

Pour autant, Beauvoir ne prônait pas de contre-modèle maternel ou puritain. Son refus du mariage et de la maternité – vivement critiqué à l'époque –, sa rupture volontaire avec la carrière de l'enseignement et de l'université, son immersion dans la vie intellectuelle et politique, mais aussi littéraire et noctambule, du Saint-Germain-des-Prés de l'après-guerre, avaient indiscutablement fait d'elle, peut-être à son corps défendant, une figure phare de la vie parisienne, fixée par une imagerie vite devenue « iconique », la montrant, belle et studieuse, attablée au café de Flore. Elle n'eut de cesse de défendre, contre le conservatisme catholique et bourgeois de son milieu d'origine, mais aussi contre la *doxa* féministe de l'époque, la liberté sexuelle pour les femmes, eut de nombreux amants et presque autant d'amantes, tout en soignant son apparence, refusant aussi bien l'androgynie et l'absence de coquetterie, que le culte obsessionnel de la mode et de la beauté[46]. Le journal *Elle* pouvait ainsi remarquer, après la publication des *Mandarins* : « À côté de la légende de Saint-Germain-des-Prés, [...] s'est créée une autre légende, celle de la nonne de l'existentialisme, de la diaconesse aux talons plats [...], universitaire et pédante, le type même de la féministe aux temps héroïques et révolus des suffragettes. Il serait difficile de dire laquelle de ces deux évocations exaspère le plus Simone de Beauvoir [...]. Et elle est vexée – oh un peu seulement ! – qu'on la prétende habillée au "décrochez-moi ça !". Bien sûr, on ne la rencontre pas dans les salons d'essayage de Balenciaga ou de Dior. Mais elle a le goût de la netteté et le souci de la parure[47]. » Atypique, Beauvoir n'était-elle pas, tout simplement, en train d'inventer une nouvelle Parisienne – l'intellectuelle brillante que ses travaux sérieux n'éloignaient pas du feu de la séduction, de l'amour et de la vie ? Si ce modèle s'inscrivait dans la filiation avec les salonnières du XVIIIe et les femmes auteures du XIXe siècle, l'époque et le statut des femmes avaient changé : le « deuxième sexe » pouvait désormais revendiquer le droit d'écrire et de penser sans (trop) dévaluer la « féminité ». On peut associer à Beauvoir, dans cette nouvelle combinaison, l'écrivaine Françoise Sagan, qui, auteure fêtée du best-seller *Bonjour tristesse* en 1954, incarna, elle aussi, quoique d'une autre manière, l'alliance du talent de plume et de la « parisianité ». Au vrai, ce difficile équilibre identitaire devait longtemps faire débat au sein du féminisme français et international, comme l'avait déjà montré le « cas » Marguerite Durand. Beauvoir se vit souvent reprocher son féminisme trop phallocentré, sa soumission intellectuelle à Sartre, son refus de tout séparatisme féminin, féministe ou lesbien[48]. Mais le choix qu'elle incarnait allait demeurer, à côté du féminisme radical des années 1970, souvent misandre, un axe constant du féminisme français, rétif à la rupture avec les hommes, et resté attaché à l'idéal d'élégance, de liberté de mœurs et d'immersion dans la vie culturelle et mondaine de la capitale qu'avait à sa manière symbolisé la Parisienne.

Pour l'heure, ces intellectuelles demeuraient l'exception, et les attaques misogynes dont fit régulièrement l'objet « la Grande Sartreuse » montraient l'extrême difficulté de déjouer le stigmate du basbleu, vite réactivé par ceux qu'effrayait cet embryon d'*empowerment* féminin. Accueilli par un concert de commentaires souvent hargneux, *Le Deuxième Sexe* n'eut pas d'influence immédiate, dans cette période de « glaciation des luttes féministes[49] » qui fut aussi une période de « baby-boom » et d'hypervalorisation du modèle maternel. On retombait ainsi, peu ou prou, dans l'alternative « muse ou madone », que la Parisienne ne semblait guère apte à déjouer. Et si l'idéal qu'elle incarnait connut bien une remise en cause, ce fut moins par le canal de la critique féministe que par celui d'une nouvelle offensive générationnelle.

Nouvelles générations

Des années 1950 aux années 1960, les modes de vie et les valeurs évoluent en effet de manière notable. La jeunesse, notamment, devient un point de mire social, « objet d'étude, d'inquiétude et de sollicitude[50] » : nées entre 1945 et 1955, les cohortes du baby-boom vont accompagner et nourrir la croissance des Trente Glorieuses, marquées par l'offre croissante de biens de consommation, l'augmentation du temps de loisir et l'allongement des études. Si les « jeunes » des années 1950, nés deux décennies plus tôt, appartiennent, eux, aux classes creuses de l'entre-deux-guerres, ils incarnent déjà avec éclat la soif de renouveau qui insuffle toute la décennie de l'après-guerre. La jeune Brigitte Bardot (née en 1934), le « charmant petit monstre » Françoise Sagan (née en 1935), les héros du film de Marcel Carné *Les Tricheurs* (20 ans en 1958, date de sortie du film) incarnent tous, à leur manière, cette jeunesse aux dents longues, qui, à partir de 1956, écoute le rock'n'roll venu des États-Unis, bientôt imité par les yéyés.

Elle demeure certes sous la coupe des adultes : la majorité civile et politique reste fixée à 21 ans jusqu'en 1974, le respect est dû aux aînés, aux parents, aux autorités, la sexualité et les fréquentations demeurent sous étroit contrôle, tout particulièrement celles des jeunes filles. Mais bien avant Mai 1968, cette génération de l'après-guerre proteste, s'émancipe, rue dans les brancards, à l'exemple de la troupe délurée du film de Marc Allégret *Futures Vedettes*, tourné en 1954. Elle devient aussi une cible marketing, notamment dans le domaine de la mode, avec le développement d'un style « junior » qui gagne en audace, en s'émancipant des modèles des adultes. La simplicité, le confort, la praticité sont des valeurs en hausse, qui expliquent le succès du pantalon pour femme – fuseau en hiver, corsaire en été – ou des ballerines plates, comme la diffusion de nouvelles fibres synthétiques solides et bon marché, tels le nylon ou le polyester. Cette évolution accompagne l'essor du prêt-à-porter, venu des États-Unis dans le sillage du plan Marshall, et qui se substitue à la vieille confection, restée soumise aux diktats de la haute couture. En 1951, la boutique Marie-Martine, rue de Sèvres, a été l'une des premières à proposer à la jeunesse des beaux quartiers du prêt-à-porter de qualité, et c'est en 1954, que la jeune Sonia Rykiel, 24 ans à l'époque, lance, avec l'aide de son mari, sa ligne de pulls, qui lui valent, en 1960, la couverture de *Elle*. Un an plus tard, en 1955, c'est l'Anglaise Mary Quant qui ouvre son magasin sur l'artère londonienne de King's Road, à l'âge de 21 ans. Elle est la première à lancer, en 1962, la minijupe, pièce retravaillée par le couturier français André Courrèges, en 1965. La dialectique de cette création illustre le nouveau sens de la tendance : si la haute couture parisienne n'a pas dit son dernier mot, elle n'est plus la source dominante des modes féminines. Les modes juvéniles, les *looks* joyeux et bricolés de « la rue », relais des cultures musicales adolescentes, deviennent une nouvelle source d'influences, en provenance, tout particulièrement, de Grande-Bretagne et des États-Unis.

Cette exigence de simplicité et de décontraction passe aussi par l'affaiblissement partiel des repères masculin-féminin, avec la diffusion de pièces unisexes tel le blue-jeans. Sans disparaître, la haute couture se trouve de plus en plus reléguée dans le ghetto doré d'une mode pour *happy few*, coupée des modes de vie ordinaires, et plus encore, des jeunes générations. Économiquement, le secteur a d'ailleurs été précocement en crise, malgré de brillants succès individuels : dès les années 1950, nombre de maisons historiques, celles de Lucien Lelong, Robert Piguet, Molyneux, Paquin, Worth, ont fait faillite, tandis que Dior, décédé en 1957, ne laissera que son nom à sa maison de couture. Les nouveaux venus, tel Yves Saint Laurent, qui lance sa propre griffe en 1962 après une formation chez Dior, vont devoir s'adapter à un environnement plus complexe : le couturier a été l'un des premiers à miser sur le prêt-à-porter de luxe, les parfums et les accessoires, devenus d'indispensables sources de revenus pour rentabiliser les superbes mais très coûteuses créations de la haute couture, devenue largement déficitaire.

Si le regard social attend toujours de la femme mariée et de la femme mûre une certaine correction de l'apparence, la « minette[51] »,

Les mues d'un modèle (de 1944 à la fin des années 1970)   295

qui succède à la grisette et à la midinette, tend, elle, à s'émanciper franchement des codes du passé. Est-elle encore une « Parisienne », ou simplement la « jeune fille dans le vent », sans ancrage géographique et symbolique particulier ? Une trajectoire illustre permet de penser ce changement de paradigme, qui correspond à une mutation de fond des canons de la féminité occidentale : celle de Brigitte Bardot, passée, en une décennie, des conventions de la féminité parisienne à celle de sex-symbol d'un genre nouveau.

Brigitte Bardot, de la Parisienne à la femme moderne

Née en 1934 dans la bourgeoisie aisée de la capitale – son père, ingénieur de formation, dirige une entreprise, sa mère a de nombreuses relations dans les milieux du cinéma et de la mode –, l'actrice, formée à la danse classique et jeune mannequin pour le magazine *Elle* dès 1949, a d'abord incarné la jeune fille de bonne famille, toujours mise avec soin, gants blancs, taille ceinturée, impeccable chignon, avant de se lancer dans le cinéma. Si ses moues, sa sensualité, sa diction particulière font d'emblée d'elle une actrice atypique, ses premiers rôles comme son image médiatique la maintiennent longtemps dans les codes stéréotypés de la féminité de l'époque : par exemple, en 1956, dans le film *Cette sacrée gamine*, de Michel Boisrond, où elle joue une jeune oie blanche au charme explosif, évoluant dans les milieux noctambules de Pigalle. L'année d'après, le même réalisateur fait d'elle *Une Parisienne* – alias Brigitte Laurier, la fille du président du Conseil, amoureuse du chef de cabinet de son père, qu'elle contraint au mariage pour forcer ses sentiments. Intrigue à rebonds, humour salace, caprices et rouerie féminine : on ne s'éloigne guère du théâtre de boulevard transposé au cinéma – le titre n'adresse-t-il d'ailleurs pas comme un clin d'œil à la pièce d'Henry Becque ?

Entre-temps, pourtant, Bardot a tourné un film plus atypique, qui va électriser la France encore guindée de la IVe République finissante, et modifier en profondeur l'image de l'actrice : *Et Dieu créa la femme*, sorti en 1956. L'œuvre a été réalisée par celui qui est, depuis 1952, son mari, Roger Vadim, un trublion issu de la noblesse russe immigrée, qui, après avoir tâté du journalisme et de l'écriture scénaristique, rêve de dynamiter les codes du cinéma français et de réinventer la femme contemporaine, en faisant de son épouse « le rêve impossible des hommes mariés[52] », l'équivalent français de Marylin Monroe. Le film retrace l'entrée dans la vie amoureuse d'une jeune provinciale simple et fraîche nommée Juliette, orpheline à la sensualité magnétique, qui séduit successivement trois hommes, avant de provoquer, entre eux, un drame. De bout en bout, la caméra exalte la beauté solaire, simple et « nature » de cette très belle jeune femme de 22 ans, filmée comme une puissance désirante sans tabou mais aussi sans perversité, et dont la séduction hypnotique saccage les conventions petites-bourgeoises. Tourné en décors naturels, multipliant les scènes de semi-nudité, le film est une ode à la nature, à la mer, au sud de la France, dans une période où l'accroissement du temps de loisirs – la troisième semaine de congés payés vient d'être adoptée – et la démocratisation de l'automobile sacralisent les vacances des Français au soleil, et les plaisirs du corps qui y sont associés.

L'approche frontale du désir charnel est, pour l'époque, d'une grande audace, avec, comme points d'orgue, la scène où la jeune fille quitte son propre repas de mariage pour aller faire l'amour à l'étage avec son nouveau mari, ou encore, celle où elle danse un mambo déchaîné dans une boîte de nuit. C'est surtout en Grande-Bretagne et aux États-Unis qu'il allait fasciner les foules, en jouant sur la réputation de sex-appeal « à la française » que symbolisait déjà Bardot, mais qui, dans ce film, subissait un notable *aggiornamento*, en dynamitant le régime du permis et de l'interdit, de l'excitant et du choquant, qui régissait jusque-là les « audaces » très relatives du cinéma français. Même si le style de Vadim n'est pas, formellement, avant-gardiste et va rester en marge de ce qu'on appellera, deux ans plus tard, la « Nouvelle Vague », le cinéaste a clairement cherché à rompre avec ce que les réalisateurs de cette mouvance vont désigner du terme péjoratif de « cinéma à la papa », dont les personnages féminins, « objets amusants de ces messieurs[53] », étaient incarnés par des « pépées » girondes à l'attirail convenu – guêpières, collants résille, maquillage appuyé… –, telles Martine Carol, Françoise Arnoul, et Bardot elle-même, dans ses premiers rôles. « C'est un personnage de très jeune fille dont le goût du plaisir n'est plus limité ni par la morale ni par les tabous sociaux, affirme Vadim à propos de Juliette/Brigitte. Dans la littérature ou le cinéma "d'avant", on l'aurait peinte comme une simple putain[54]. » Par-delà l'effet de scandale et de soufre, le succès public du film atteste que la vision de Vadim avait touché une corde sensible dans la société française de la fin des années 1950, en voie de lent « décoincement ».

Si l'on peut juger un rien excessive l'affirmation de François Truffaut selon laquelle le film avait « valeur de documentaire sur la femme moderne[55] », il se faisait assurément le promoteur de valeurs neuves dont le succès irait crescendo dans les deux décennies à venir. Elles contribuaient à démoder la séduction urbaine, fabriquée, artificieuse, de la Parisienne ancienne manière, sans passer par la contre-valorisation nostalgique d'un modèle provincial ou régional : la côte méditerranéenne qui sert de décor au film avait été élue de longue date par les élites et les artistes, et faisait figure d'éden régénérateur, où le corps et le désir reprenaient leurs droits dans une liberté quasi païenne.

Les choix vestimentaires de Bardot allaient illustrer ce changement de paradigme : jusqu'à la fin des années 1950, elle alterne le style élégant et soigné qui restait la norme du chic parisien, à base de tailleurs, de talons hauts et d'accessoires, avec une mode plus simple et juvénile : jupes corolle et robes à carreaux vichy, ballerines souples et cascade de cheveux décoiffés. En 1952, pour son mariage avec Vadim, elle portait une somptueuse robe de haute couture boutonnée jusqu'au menton, mais préféra, sept ans plus tard, en 1959, pour son remariage, après divorce, avec Jacques Charrier, une tenue beaucoup plus décontractée, avec la fameuse robe à carreaux, copiée par toutes les jeunes filles de l'époque. Au cours des années 1960 et 1970, son *look* va, tout à la fois, suivre et souvent inspirer la révolution des corps et des apparences qui remodèle la femme occidentale : le bronzage, les jambes nues, le *look* rock ou hippie vont séduire l'actrice autant qu'ils conquièrent la rue. Si elle peut encore, en 1970, dans *L'Ours et la Poupée*, de Michel Deville, incarner une mondaine chic et snobe abonnée aux couturiers de l'avenue Montaigne, elle symbolise surtout la femme qui a su se libérer de tous les carcans.

De la Parisienne, Bardot perpétue certes la réputation d'audace et de sex-appeal, mais affranchis de toute référence à la capitale. Souvent réfugiée dans sa maison de Saint-Tropez, « La Madrague », achetée en 1957, l'actrice emporta hors les murs un corps qui semblait désormais plus adapté au culte de la nudité qu'aux poses de la haute couture, et qu'il fallait soustraire à la curiosité voyeuriste des paparazzis. Ce furent aussi le star-système et la pression médiatique qui la disqualifièrent en tant que Parisienne, en rendant presque impossible le régime d'immersion dans la ville qui avait nourri le mythe. Dans la France des Trente Glorieuses qui se couvre d'autoroutes, démocratise le voyage à l'étranger, s'ouvre sur le monde à travers la télévision, « Paris » n'est plus ce référent dominant et prestigieux qui concentre sans partage les gloires nationales et internationales.

Cette dilution de la Parisienne dans la femme libérée explique que, très vite, la « sulfureuse » Brigitte Bardot soit devenue un symbole intégré de l'identité nationale : le journaliste Raymond Cartier, de *Paris-Match*, n'hésite pas à parler, à son propos, de véritable « phénomène de société[56] » – un sondage de 1957 signale qu'elle est alors le premier sujet de conversation pour 47 % des Français[57] – au point que l'expression « notre BB nationale », forgée par le critique Hervé Bazin, semble la représenter en rejeton collectif de la société française. Il n'y a pas jusqu'au général de Gaulle qui n'en fasse une de ses actrices préférées, puisqu'elle incarne, selon lui, cette France moderne, dynamique, rajeunie qu'il entend édifier, et qui a de surcroît le bon goût de rapporter beaucoup d'argent, tout en plaisant aux Américains[58]. L'actrice put ainsi intégrer la symbolique républicaine : sculpté en 1969, à titre privé, par le sculpteur Aslan, son buste en Marianne fut acquis par de nombreux maires de France, dont Valéry Giscard d'Estaing pour la mairie de Chamalières[59]. C'était la première Marianne qui s'inspirait d'une artiste connue, mais les suivantes, par exemple la chanteuse Mireille Mathieu en 1978 ou l'actrice Catherine Deneuve en 1985, ne rencontrèrent pas le même succès. Pour Maurice Agulhon, cette évolution révèle la normalisation définitive du régime républicain, suffisamment solide pour pouvoir s'émanciper de la symbolique traditionnelle, en forgeant une Marianne jeune, moderne, vivante, que l'on a, selon l'historien, envie d'embrasser[60] !

Si Bardot, après avoir choqué la partie la plus conservatrice du corps social, devient l'archétype de la Française moderne, c'est bien parce qu'elle a préfiguré une évolution des mœurs qui, au cours des années 1960 et 1970, bouleverse en profondeur la vie sexuelle et intime des femmes, avec la légalisation de la pilule en 1967, l'autorisation de l'IVG en 1975, la banalisation de la sexualité prénuptiale, l'augmentation régulière des divorces et des cohabitations à l'essai, et même, pour certaines, dans le sillage de Mai 1968, la revendication assumée de l'homosexualité. Dans ce contexte nettement plus permissif, l'audace érotique longtemps attribuée à la Parisienne tend à s'émousser, d'autant que cette « révolution sexuelle » n'est pas propre à la France, qui, paradoxalement, reste, sous le gaullisme, plutôt conservatrice sur les questions de mœurs. S'affirme au même moment la concurrence nouvelle des petites Anglaises en minijupes[61], des jeunes Suédoises

Les mues d'un modèle (de 1944 à la fin des années 1970) 299

adeptes du naturisme et de l'amour égalitaire, des belles plantes du cinéma italien, des pin-up américaines... À une vision pyramidale des hiérarchies féminines, qui était celle de l'Europe des nations en concurrence, succède une atomisation des séductions, qui est celle de l'affaiblissement des frontières dans le cadre de la construction européenne, de la société de consommation et de l'évolution générale des mœurs. Est-ce à dire que la « mission historique » de la Parisienne serait achevée ?

Réinventions

S'estomper ne signifie pas disparaître et les années 1960-1970 contribuent aussi à dépoussiérer et rajeunir le chic urbain que le type de la Parisienne continue à incarner, à travers le cinéma, la mode ou des médias artistiques plus récents, telle la bande dessinée.

La Parisienne fait sa nouvelle vague

En cherchant à représenter une femme dégagée des conventions du cinéma de studio et de l'emprise du modèle hollywoodien, le cinéma de la Nouvelle Vague et ses prolongements ont incontestablement contribué à forger une nouvelle Parisienne. Cette mouvance est, en effet, intimement liée à l'image et à l'identité de la ville[62], à la fois parce que la grande majorité des cinéastes qui s'y sont associés ont vécu et travaillé à Paris, mais aussi parce qu'ils ont eu l'ambition de filmer une culture urbaine, à la fois moderne et néoromantique, dont Paris est resté le noyau symbolique – à l'exception, peut-être, de Jacques Demy, l'inventeur atypique d'une sorte de « glamour provincial »[63]. À côté de Bardot, star hors norme qui ne fut intégrée à ce courant qu'à la marge, et souvent à contre-emploi, les héroïnes de la Nouvelle Vague ont en commun d'être plutôt jeunes – donc de s'inscrire dans la dimension générationnelle qui caractérise la France du baby-boom –, et plutôt privilégiées socialement et culturellement, même si on croise parfois des midinettes et des petites employées – par exemple dans *Les Bonnes Femmes* de Claude Chabrol (1960), ou la mère d'Antoine Doinel, jouée par Claire Maurier, dans *Les Quatre*

Cents Coups (1959) –, parfois aussi des prostituées, comme dans *Vivre sa vie* tourné par Jean-Luc Godard en 1962, avec Anna Karina. Une ambition commune de réalisme et de fraîcheur incite les réalisateurs à privilégier un style « naturel » (peu de maquillage, les vêtements du quotidien, des types de beauté non conformiste[64]…), en rupture explicite avec les canons du cinéma traditionnel, ce qui n'exclut pas leur détournement ou leur réemploi distancié, à l'exemple du personnage de star jouée par Brigitte Bardot dans *Le Mépris*, en 1963.

Le primat de l'ancrage contemporain n'interdit pas au vrai le recyclage des types parisiens, à travers de nombreuses références littéraires, théâtrales ou picturales : on a déjà évoqué les midinettes délurées du film de Chabrol, tandis que Godard s'autorise un clin d'œil à Zola et à Manet en donnant à la prostituée « moderne » de *Vivre sa vie* le prénom de Nana. Dans *Jules et Jim* (1962), François Truffaut adapte un roman de 1953 d'Henri-Pierre Roché, qui évoque les modèles d'artistes du Paris des années 1910 : même si la deuxième partie du film se déroule dans la campagne autrichienne, il y a bien, dans le personnage joué par Jeanne Moreau, quelque chose de la Parisienne, audacieuse et anticonformiste. C'est peut-être avec le film *Cléo de 5 à 7*, tourné en 1962 par l'une des rares femmes de cette mouvance, Agnès Varda, que la tradition trouve un réemploi novateur : Cléo, jouée par Corinne Marchand, est une « midinette supérieure[65] », pour reprendre l'expression du critique Henry Chapier, chanteuse à la mode qui gravite dans le monde du spectacle parisien. Le titre laisse imaginer une histoire d'adultère dans la tradition du théâtre de boulevard, mais largement détournée puisque le « 5 à 7 » de Cléo n'est pas une sieste crapuleuse avec un amant, mais une longue méditation sur la mort, menée par une jeune Parisienne à la mode qui craint d'être atteinte par un cancer incurable. Le film oscille ainsi entre le ludique et le grave, alternant la peinture du Paris insouciant des années 1960 – virées entre copines en voitures décapotables, répétitions de musique dans le studio de Cléo… –, avec des moments plus tragiques, durant lesquels l'héroïne envisage le pire. Finalement épargnée, elle trouve l'amour en la personne d'un jeune soldat croisé dans la rue. Sur ce canevas original, Agnès Varda réalise un film inclassable, qui reste peut-être l'un des plus « parisiens » de la Nouvelle Vague, en tout cas celui qui brode le plus librement sur un nouveau type, la vedette de variétés, genre musical alors en plein essor.

Sans nostalgie pittoresque, ces clins d'œil à la tradition développent en filigrane une véritable interrogation sur l'identité féminine moderne. Dans sa confrontation avec la mort, Cléo passe ainsi peu à peu, selon une critique, « de la poupée à la femme[66] », tandis qu'un autre avait décelé dans *Jules et Jim* le passage du « vieux vaudeville » au « nouveau cinéma »[67] : Catherine, l'héroïne jouée par Jeanne Moreau, n'était plus la banale femme adultère du théâtre de boulevard, rusant entre le mari et l'amant, mais la femme moderne, libre d'assumer, hors des conventions sociales, la complexité de ses désirs, et dominant de manière éclatante le triangle amoureux. Si les audaces du personnage restaient sans doute largement inaccessibles à la majorité des Françaises de 1962, elles signalaient une volonté affirmée de moderniser les représentations du désir féminin, en accord avec les évolutions profondes du corps social. Revue et corrigée par la Nouvelle Vague, la Parisienne offrait un excellent véhicule à cette ambition, héritière qu'elle était d'une vieille réputation de liberté et d'absence de tabous qui ne demandait qu'à se renouveler.

Du cinéma des années 1960 émerge ainsi une nouvelle Parisienne, plus jeune, plus naturelle, moins ouvertement provocante, mais toujours apte à représenter, aux yeux, notamment, de l'étranger[68], le « je-ne-sais-quoi » qui colle à la mythologie du personnage. On peut certes souligner que, à l'heure où croissait fortement la demande d'égalité entre les sexes, cette modernité demeurait relative, cantonnée aux comportements intimes et au code des apparences. L'historienne Geneviève Sellier a même pu considérer que la Nouvelle Vague restait, pour l'essentiel, un cinéma « au masculin singulier[69] », comptant très peu de réalisatrices dans ses rangs, et n'accordant à la femme qu'un statut de fantasme ou de muse, moteur du désir qui ne devient jamais une véritable « conscience narrative[70] ». « Le cinéma est fait presque exclusivement par des hommes. La femme, au cinéma, c'est donc très exactement la femme telle que la voient les hommes[71] », avait souligné, en 1953, le cinéaste Pierre Kast, dans un virulent article des *Cahiers du cinéma*[72], sans que la Nouvelle Vague ait beaucoup modifié cet équilibre. Le titre provocateur et ambivalent du film de Jean-Luc Godard, *Une femme est une femme*, sorti en 1961, semblait suggérer, de même, la permanence d'un « éternel féminin » psychologique et esthétique, incarné en l'espèce par une charmante étudiante parisienne – Anna Karina – réclamant à son compagnon un enfant dont il ne veut pas. N'était-ce pas, au fond, une manière de rester fidèle à la tradition

« féminolâtre » de la Parisienne, que de maintenir ce statut dissymétrique entre les sexes ? Un autre auteur allait reconduire, dans un tout autre style, ce clivage essentialiste, le dessinateur Kiraz, qui, dans la France des années 1960-1970, réinvente la Parisienne au prisme presque immuable du fantasme érotique masculin[73].

Kiraz, la modernisation d'une tradition

Né le 25 août 1923 au Caire, de parents arméniens francophones, le dessinateur Edmond Kirazian a commencé par donner des dessins politiques à la presse égyptienne, avant de s'installer à Paris en 1948. Portant sur la ville le regard émerveillé d'un étranger francophile, pour qui Paris demeure la capitale éternelle des arts, des lettres et de l'élégance, il aime, en marge de ses dessins de presse, croquer les silhouettes des « libellules », ces jeunes filles ou jeunes femmes admirées de loin au jardin du Luxembourg ou avenue Montaigne. De 1953 à 1955, ses croquis, transformés en petites saynètes comiques, sont publiés dans le journal *Samedi soir*, sous le titre « Carnet de belles », puis, à partir de 1955, dans *Ici Paris*, « le plus parisien des hebdomadaires de Paris », où officient de célèbres caricaturistes tel Jacques Faizant. À partir de 1959, l'industriel Marcel Dassault lui offre deux pages dans l'hebdomadaire qu'il a lancé en 1954, *Jours de France*, consacré pour partie à la mode, pour partie à l'actualité des célébrités : « Il voulait que je fasse des petites Parisiennes pour exciter les vieux lecteurs[74] », confiera rétrospectivement Kiraz avec franchise. C'est Dassault lui-même qui suggère le titre *Les Parisiennes*, qui collait bien, selon lui, avec le style et le propos du dessinateur[75]. Régulière, leur collaboration durera jusqu'en 1987, avec un succès croissant, favorisé par la distribution gratuite du journal aux médecins et dentistes de France. À partir des années 1990 et jusqu'aux années 2000, d'autres magazines, tels *Gala* ou *Glamour*, prolongeront la carrière de cette inusable quinquagénaire. Dès 1962, les désormais célèbres « Parisiennes » de Kiraz sont également sollicitées par la publicité pour des marques de l'agroalimentaire ou de la mode telles Perrier, Scandale, Candia ou Canderel, qui apprécient la silhouette filiforme de ces personnages débordant de sex-appeal.

Les Parisiennes de Kiraz sont en effet de séduisantes et pétulantes jeunes femmes, parfois presque jeunes filles, habitant dans les quartiers aisés de la capitale, et échangeant, entre amies ou avec leurs compagnons, des réflexions dont l'ingénuité apparente ne fait que souligner la tranquille immoralité : jeunes, belles et sexy, vêtues à la dernière mode – minijupes et maxi-manteaux dévoilent des jambes interminables qui s'achèvent par de petites fesses impeccablement bombées –, elles passent l'essentiel de leur temps à évoquer leurs succès masculins, leurs infidélités sans conséquence ou leurs innocentes stratégies matrimoniales – « je voudrais trouver un homme riche que je n'épouserais pas pour son argent[76] », confie l'une d'elles à une amie –, entre une virée de shopping et une partie de tennis. Futile et frivole, la Parisienne de Kiraz n'en est pas moins, à sa manière, une fine mouche, mi-écervelée, mi-ingénue libertine, qui domine un homme volontiers représenté en benêt soumis ou en faire-valoir flegmatique et résigné.

Son inscription dans la tradition est manifeste : aux Parisiennes revient le sceptre des jeux de séduction, qui autorise le flirt, la conquête ou l'adultère. Physiquement, cependant, c'est peu dire que la Parisienne de Kiraz a changé, avec, en filigrane, le modèle Bardot, ou celui de la poupée Barbie, lancée, en 1959, par la firme américaine Mattel – l'une et l'autre devenues des références incontournables du sex-appeal des années 1960. Sa jeunesse est celle du baby-boom, son style vestimentaire celui du corps libéré et exhibé sans fausse pudeur, son discours et ses actes, ceux de la révolution sexuelle, même si le caractère familial et conservateur du journal exclut tout érotisme trop appuyé ou libertin[77].

Sociologiquement, elle appartient sans ambiguïté aux beaux quartiers de l'Ouest parisien, compagne d'un jeune play-boy ou d'un vieux monsieur très riche, derrière lequel, il n'est pas difficile de deviner l'empreinte de Marcel Dassault, qui intervenait régulièrement dans le processus de création, en faisant des suggestions au dessinateur[78]. Ainsi, malgré la modernisation du *look* et un ton souvent drôle, voire osé, cette Parisienne renvoie une image assez traditionnelle de la femme comme « beau sexe » et faire-valoir de la réussite masculine. Sa facette culturelle ou intellectuelle est de ce fait presque inexistante, et si « esprit » il y a dans les piquantes réparties des donzelles, c'est, pour l'essentiel, dans le registre d'une insolence presque innocente, plutôt que dans celui de la prise de parole émancipée.

La « femme Rive Gauche »

Il en va autrement de la Parisienne imaginée par Yves Saint Laurent sous les traits de « la femme Rive Gauche », en 1966. La formule accompagne l'ouverture de la première boutique de prêt-à-porter du couturier, rue de Tournon, dans le 6ᵉ arrondissement, un quartier sans tradition de haute couture – la maison mère se trouvait alors rue Spontini, au cœur du 16ᵉ arrondissement, et déménagera, en 1974, avenue Marceau. Mais l'emplacement fonctionne aussi comme un nouvel opérateur identitaire, car la proximité de Saint-Germain-des-Prés, haut lieu de la vie intellectuelle, fait inévitablement de la « femme Rive Gauche » une Parisienne plus moderne, plus active, plus normale, aussi, que les richissimes et désormais très peu nombreuses clientes de la haute couture, à peine trois cents de par le monde. De fait, le couturier a voulu prendre acte des bouleversements qui ont affecté le vécu des femmes depuis le début des années 1960 : d'abord la forte progression du travail féminin, d'un point de vue non seulement quantitatif – en 1974, 48 % des femmes appartenant à la population en âge de travailler sont actives, contre 39,7 % en 1946[79] – mais aussi qualitatif, puisque de nombreuses carrières continuent à se féminiser, à commencer par l'ENA, mixte dès sa création, en 1945, ou la magistrature, ouverte aux femmes en 1946[80], tandis que les professions de médecins, d'avocats, d'enseignants ou de journalistes s'ouvrent aux filles des classes moyennes et supérieures, dont le niveau d'instruction a rattrapé, voire dépassé celui des garçons[81]. Le couturier souhaitait aussi accompagner la révolution des apparences en cours, notable dans la banalisation de la minijupe ou le succès des *looks* androgynes, dont il va être l'un des plus ardents promoteurs, en imposant le pantalon, la saharienne et le smoking élégamment féminisés. Pour justifier ce tournant encore inhabituel, dans le monde de la couture, vers le prêt-à-porter de luxe, Saint Laurent n'hésite pas à invoquer l'influence des femmes de la rue : « C'est Charlotte Rampling qui m'a fait avancer. Et puis les autres, toutes les autres, ces longues jeunes femmes, actives et décidées, que l'on croise, imprévisibles, allant d'un pas vif dans les rues de Paris, vers une vie totalement assumée [...] J'essaie de traduire une attitude corporelle et, en fin de compte, une attitude morale. La disponibilité et la liberté de la femme[82]. » Représentée par l'actrice Catherine Deneuve, amie proche du couturier, la ligne « Rive Gauche » démocratise l'esprit couture à l'intention d'une clientèle de femmes actives qui fréquentent aussi la boutique de Sonia Rykiel, ouverte en 1968, ou celle de Dorothée Bis, marque fondée en 1964, et voyagent entre Paris, Londres et New York, avec quelques crochets par l'Inde, le Maroc ou le Brésil. Une jet-set sans frontière – dès 1969, on compte 18 boutiques « Saint Laurent Rive Gauche » en Europe et 10 aux États-Unis –, mais pour laquelle Paris continue de symboliser une forme de glamour et de liberté, ranimée par la flamme révolutionnaire de Mai 1968. La « femme Rive Gauche » réinvestit explicitement, en le modernisant, le chic et le « chien » de la Parisienne. Un amusant spot publicitaire de 1973 pour le parfum de la ligne, créé en 1971, fait ainsi alterner l'image d'une bourgeoise à voilette prenant le thé, avec ce commentaire : « Il fut un temps où les femmes étaient dociles, étaient soumises, étaient effacées, et comme elles savaient bien rester à leur place... » Lui succède une rousse éclatante refusant, au restaurant, le feu que lui tend un admirateur pour allumer elle-même sa cigarette. « Aujourd'hui beaucoup de femmes ne sont plus ni dociles, ni soumises, ni effacées... poursuit le commentaire. C'est pour elles qu'Yves Saint Laurent a créé "Rive Gauche"[83]. »

Cette Parisienne sûre d'elle-même, chiquissime et « battante » demeure évidemment une ultraprivilégiée, évoluant dans les sphères supérieures de la culture, des médias, de l'édition ou de l'entreprise. Certes affranchie des codes somptuaires des élites de l'argent et du pouvoir, elle est loin de représenter la Française moyenne, comme l'évoque avec humour Marie-Paule Belle lorsqu'elle chante, en 1975 : « Je ne suis pas parisienne, ça me gêne, ça me gêne, je ne suis pas dans le vent, c'est navrant, c'est navrant[84]... » La Parisienne qu'esquisse en creux la chanson apparaît surtout comme une femme excentrique, névrosée, voire droguée, hystérique et nymphomane, qui finit par s'évader de la capitale... pour aller tondre les moutons à la campagne, culture écolo oblige ! Elle demeure ici un symbole ambigu, toujours capable d'infliger à la provinciale un complexe d'infériorité, mais sans plus faire figure de modèle parfait. « Femme libérée », selon la terminologie de l'époque, peut-elle dès lors s'assimiler à la femme émancipée que cherche à promouvoir un féminisme conquérant ?

Au risque du MLF ?

À travers la figure de la Parisienne passe de manière récurrente toute l'ambiguïté entre émancipation personnelle et émancipation politique, qui s'intensifie avec l'émergence, à partir de 1970 et de la fondation du MLF, d'un nouveau féminisme, plus radical et souvent moins conciliant vis-à-vis des hommes que celui des générations antérieures. Si la mode et les mœurs des années 1960-1970 ont certes partiellement délivré la Parisienne des carcans patriarcaux, elle demeure assimilée à l'univers frelaté du spectacle, factice de la mode ou snob des élites de la capitale, à rebours de l'air du temps progressiste, qui prône, pêle-mêle, le rejet des masques sociaux, le corps naturel ou le retour à la campagne. Les nouvelles théoriciennes de l'identité féminine, Monique Wittig avec *Les Guérillères* (1969), Luce Irigaray avec *Speculum de l'autre femme* (1974) ou Hélène Cixous avec *Le Rire de la méduse* (1975), cherchent, elles, à repenser entièrement « l'être femme » : la première en considérant que la division des sexes est une invention et un instrument de domination du patriarcat, ce qui invalide, selon elle, les notions mêmes d'homme et de femme ; les deux autres en prônant la valorisation de toutes les facettes du « féminin » – sexe, corps, psychisme… – pour subvertir les relations de genre ordinaires et développer un nouveau rapport au monde, dégagé des formatages phallocentriques. Les définitions traditionnelles de la beauté, de l'élégance, de la séduction se voient par là radicalement remises en cause. Les organisations féministes tel le MLF donnent une traduction concrète et militante à cet horizon théorique en dénonçant les modes aliénantes qui font de la « femme-objet » une femme diminuée et entravée : « Nous ne sommes pas des poupées », proclame un slogan de manifestation apposé sous une série de photos de mode, tandis que le soutien-gorge est brandi comme symbole honni de la spécialisation du corps féminin dans la double dimension de la maternité et de l'érotisme. Volontiers marxisant, le féminisme de l'époque dénonce la mode comme le fruit artificiel d'un capitalisme débridé, qui nourrit les excès de la société de consommation par l'instrumentalisation de la séduction féminine, exploitée à outrance par la publicité et le marketing. Souvent pris comme cible, le journal *Elle* symbolise ainsi, pour les militantes du MLF, une libération de la femme en trompe-l'œil, qui masque mal la persistance feutrée, faussement tolérante, de la domination masculine.

Les plus déterminées vont jusqu'à revendiquer un lesbianisme de principe. La Parisienne, dans ce contexte, peut difficilement faire figure d'autre chose que de gadget publicitaire largement rétrograde.

Quelques figures issues du monde du spectacle et du cinéma, parisiennes par leur lieu de résidence, leur visibilité médiatique, leur lien privilégié avec la mode et avec l'élégance, vont pourtant réussir à lancer des passerelles entre cette identité malmenée et les nouveaux combats pour l'évolution des statuts féminins. On les trouve, notamment, parmi les signataires du fameux Manifeste des 343 femmes qui, le 5 avril 1971, dans les colonnes du *Nouvel Observateur*, reconnaissent avoir avorté dans l'illégalité – les actrices Stéphane Audran, Catherine Deneuve, Françoise Fabian, Bernadette Lafont, Jeanne Moreau ou encore Marie-France Pisier font partie des actrices en vue qui s'engagent pour avoir « un enfant si je veux quand je veux », à côté de figures plus intellectuelles telle Marguerite Duras. Par-delà la revendication d'un droit élémentaire, qui rassemble très au-delà du féminisme militant, au moins l'une d'entre elles, Delphine Seyrig, va s'engager de manière plus résolue au sein du MLF, sans cesser d'incarner une forme d'élégance et de chic à la française. En 1976, la blonde égérie réalise le documentaire *Sois belle et tais-toi*, qui, sur la base d'interviews d'une vingtaine d'actrices françaises et étrangères, dénonce le statut aliénant des esclaves de l'image, qui, toutes, doivent se plier à de redoutables diktats pour coller aux canons de leur métier. L'heure est bien au règlement de comptes avec le système culturel qui, au fil du temps, a engendré la Parisienne.

Toutefois, la réflexion qui s'engage alors sur les effets de domination à l'œuvre dans la définition sociale de la beauté, de la séduction ou du sex-appeal va rarement toutefois jusqu'au désir de détruire ou de nier tout marqueur de genre, sauf pour une poignée de radicales. Le nouveau féminisme invite plutôt à valoriser une « autre beauté », celle des femmes non formatées par les poncifs du désir masculin et les jeux de rôle convenus entre les sexes. C'est dans cet horizon que la mode, le vêtement, l'élégance, le soin de soi par le maquillage ou la coiffure peuvent être réinvestis comme des atouts pour les femmes, plutôt que comme des masques ou des carcans imposés pour plaire aux hommes. Les créatrices de mode ont, de ce point de vue, une carte à jouer, en proposant des vêtements à la fois séduisants et conçus pour elles-mêmes : « Je vais chez Sonia Rykiel comme chez une femme, comme "chez moi", comme dans mon amie-armoire[85] », écrit joliment, à propos de son amie couturière, Hélène Cixous, qui, à l'exemple de Simone de Beauvoir, a toujours cultivé une élégance aussi originale que soignée. Un espace s'ouvre alors pour faire de la Parisienne le vecteur d'une « fierté féminine », qui passe par la culture du style autant que par un nouveau désir d'indépendance et d'*empowerment*. Si, à la fin des années 1970, ce vieux modèle semble un peu noyé parmi tous ceux qui ont surgi pour lui faire concurrence et, souvent, le contester, il n'a pas pour autant rejoint le cimetière de l'histoire.

Chapitre 9

Un « trésor national » à préserver (des années 1980 à nos jours)

Insubmersible Parisienne

Un succès éditorial et médiatique non démenti

Transportons-nous maintenant en cette orée du XXIe siècle. Il n'aura échappé à personne que la Parisienne n'a pas déserté notre imaginaire contemporain, et même qu'elle l'habite avec un éclat renouvelé. Deux ouvrages grand public assez récents lui ont offert une formidable vitrine d'exposition, celui d'Inès de La Fressange, *La Parisienne*, en 2010[1], et celui du quatuor formé par Caroline de Maigret, Audrey Diwan, Anne Berest et Sophie Mas, *How to Be Parisian Wherever You Are*, en 2014[2] – ce dernier publié à New York directement en anglais, ce qui en dit long sur son indestructible rayonnement international. Guide et carnet d'adresses pour le premier, autoportrait ironique et distancié pour le second, ces best-sellers ont surfé sur une vague plus ample, celle des ouvrages consacrés aux petits secrets de séduction des Françaises, tel le très vendeur *French Women Don't Get Fat* de Mireille Guiliano[3], en 2004, décliné par la suite en sous-thèmes, *French Women for all Seasons*, en 2006[4], ou *French Women Don't Get Facelifts*, en 2013[5]. Ils ont été précédés ou accompagnés par nombre de guides pratiques et touristiques, tels *Comment devenir une vraie Parisienne* d'Hélène et Irène Lurçat, en 1998[6], *Les Cantines des Parisiennes* d'Élodie Rouge[7], et *Une vie de pintade à Paris* de Layla Demay et Laure Watrin, en 2008[8], *Le Paris secret des Parisiennes*, dans la collection « My Little Paris », en 2010[9], *La Déco des Parisiennes*, en 2011[10], *Le Savoir-Vivre de la Parisienne*, par Laurence Caracalla, en 2017[11], sans parler de plusieurs romans revisitant le genre du portrait ou des physiologies, tel *La Vraie Parisienne*, d'Anne Plantagenet, en 2015[12]. Mais c'est sans doute la presse féminine française – et parfois étrangère – qui a fait de la Parisienne son plus indétrônable totem, en même temps qu'un véritable « marronnier », ces sujets serpents de mer dont le lectorat semble ne jamais devoir se lasser : pas une semaine ou un mois, selon la périodicité du magazine concerné, sans qu'on évoque « la Parisienne[13] », « La nouvelle Parisienne[14] » ou « Ces dames de Paname[15] », sans qu'on proclame « La mode, c'est Paris[16] », sans qu'on revienne sur « L'invention de la Parisienne[17] ». Le magazine *Grazia* a fait de « La Parisienne » une rubrique de conseils en style, tandis que le quotidien *Le Parisien* a quasiment préempté le terme pour son supplément hebdomadaire féminin, lancé en 2008. Depuis les années 2000, les blogs se sont également emparés de son potentiel évocateur, en associant à l'aura mythique du personnage l'expérience revendiquée par des blogueuses qui livrent adresses, expériences et conseils personnels : *The Parisienne, Secrets de Parisiennes, Parisienne rose, La Beauté parisienne, Parisienne MP, Ah la Parisienne*... On peine à suivre l'effervescence de ces sites dont certains sont devenus de véritables références. La concurrence pour cette étiquette, qui s'apparente presque à un « label de qualité », est telle qu'en 2014 le journal *Le Parisien* n'a pas hésité à poursuivre la blogueuse The Parisienne pour contrefaçon de marque – le journal avait déposé, en 2003, ce nom pourtant si banal qu'il semblait difficile à revendiquer comme propriété exclusive[18] ! L'affaire n'eut pas de suites juridiques, mais elle démontre, s'il en était encore besoin, l'attractivité du signifiant et de la figure qu'il désigne.

Car la Parisienne est, indiscutablement, « une affaire qui marche[19] », selon un titre des *Échos*, ou « un filon marketing[20] », d'après le journal *L'Obs*. En 2010, le livre d'Inès de La Fressange fut en rupture de stock au bout de quinze jours, et quatre ans plus tard, il s'en était vendu 200 000 exemplaires en France, plus d'un million d'exemplaires dans le monde, avec 15 traductions à la clé[21]. Même succès pour l'ouvrage de Caroline de Maigret et ses amies, cette fois sur le continent américain : en quelques semaines, leur livre s'est classé dixième des best-sellers du *New York Times*, troisième des livres dédiés au bonheur sur l'Amazon américain[22], non sans faire le *buzz* dans tous les magazines féminins de l'Hexagone[23]. Au fil du temps, la Parisienne est devenue un filon très vendeur. « L'associer à une marque permet de lui infuser immédiatement un certain nombre de valeurs implicites[24] », analyse, pour expliquer ce succès, le sociologue des marques Georges Lewi. Vincent Grégoire, du cabinet de tendances NellyRodi, souligne de son côté : « On vend énormément de choses derrière cette marque. Du parfum, de la mode, des livres de recettes, de l'horlogerie, des souliers[25]... » Surtout du parfum et de la mode, à dire vrai, tant ces secteurs demeurent sa plus belle vitrine d'exposition, celle qui, pour le monde entier, continue de symboliser le luxe et la volupté du *made in Paris*.

L'inaltérable emblème de la mode et du luxe

Et là encore, la prolifération d'images et de références donne presque le tournis. Si les prises de vue *in situ*, dans les rues et autour des monuments de la capitale, remontent, on l'a vu, aux frères Séeberger, l'écrin de la Ville lumière est devenu, aujourd'hui, un véritable poncif de la photographie de mode, de cosmétiques ou de parfums, qui s'applique à « fabriquer » de la Parisienne par osmose entre le cadre, la femme et la marque : aussi bien la tour Eiffel, la place Vendôme, l'avenue des Champs-Élysées, la rue de Rivoli, les quais de la Seine, que des lieux plus « populaires » (Montmartre...) ou plus génériques (un marché, une rue, les toits de Paris, des terrasses de café...) ont pu être mobilisés pour représenter la Parisienne, parangon d'élégance vivant dans la plus belle ville du monde, selon la *doxa* du marketing contemporain. Versailles et quelques lieux de villégiature haut de gamme, planches à Deauville, Croisette à Cannes, plages de Biarritz, en forment souvent les prolongements naturels. L'industrie de la parfumerie joue souvent, elle, sur la poétique du signifiant, avec une mention spéciale pour la marque Yves Saint Laurent, qui peut revendiquer au moins trois « jus » en forme d'hommage à la capitale française et à son emblème féminin, *Rive Gauche* en 1971, *Paris* en 1983, et *Parisienne* en 2009. Le styliste préféré de Catherine Deneuve n'a cependant pas le monopole de cette Parisienne archétypale qui, dans ce milieu, fait presque figure de mascotte collective, régulièrement embauchée pour une multitude d'affiches et de spots publicitaires. En 2011, l'héroïne de *Coco Mademoiselle*, de Chanel, incarnée par l'actrice britannique Keira Knightley, enfourche une moto place Vendôme, descend la rue de Rivoli avant d'être rattrapée, place de la Concorde, par un groupe de motards qu'elle double avec insolence pour rejoindre un somptueux hôtel particulier où a lieu son *shooting* – car elle est top-modèle, et va s'offrir à l'objectif du photographe avant de se dérober avec malice à ses avances. C'est, de manière plus originale, le dessin animé qu'a choisi la maison Guerlain pour représenter son parfum *La Petite Robe noire*, métonymie graphique de la Parisienne qui s'évade du mannequin Stockman sur lequel elle a été modelée pour courir les lieux les plus emblématiques de la capitale, podiums de défilés, tour Eiffel, petit train de Montmartre, Sacré-Cœur, toits de Paris, balançoire sous l'Arc de Triomphe, avant de s'envoler au bras d'un fiancé.

Cette fonction d'ambassadrice de la mode et de la parfumerie n'a évidemment rien de très neuf, mais elle semble avoir trouvé, au tournant des XXe et XXIe siècles, une nouvelle dynamique. On avait en effet laissé la Parisienne, à la fin des années 1970, sur la défensive face à l'essor du féminisme, de l'écologie, des cultures jeunes, et voilà qu'elle a retrouvé, au cours des années 1980, un nouveau lustre, grâce au changement de paradigme qui affecte alors l'image de la femme occidentale, avec le retour de la sophistication et du glamour, parfois en forme de clins d'œil au passé – les années 1950 connaissent à ce moment-là un véritable *revival*. En France, ce retour en grâce de la femme élégante a été orchestré par des couturiers amateurs de féminité affirmée et fins connaisseurs tant de l'histoire de la mode que du patrimoine culturel de la capitale, tels Azzedine Alaïa ou Jean-Paul Gaultier, qui lancent, l'un et l'autre, en 1980, leur marque de prêt-à-porter haut de gamme. Le premier invoque comme muse inspiratrice l'actrice Arletty, le second aime rendre hommage à l'accordéoniste Yvette Horner ou à la chanteuse Édith Piaf, tout en jonglant avec ces symboles de francité rétro que sont le béret, le pull marin ou le corset. Karl Lagerfeld joue également un rôle essentiel dans ce renouveau, lui qui, à partir de 1983, fait souffler sur la maison Chanel, un vent de joyeuse transgression : le charme et le « chien » du mannequin vedette Inès de La Fressange, embauchée en contrat exclusif de 1983 à 1989, incarnent aux yeux du monde cette Parisienne revue et corrigée par Chanel. À côté de ces stylistes de renom et de quelques autres – Claude Montana, Thierry Mugler, Christian Lacroix, ce dernier plus volontiers inspiré par sa Camargue natale… –, Paris voit aussi se développer, dans cette période, une riche stratification de créateurs plus confidentiels et de « petites » marques de prêt-à-porter moins sophistiquées mais néanmoins très « parisiennes » par le souci du détail et de l'élégance, telles Agnès B., Claudie Pierlot, Corinne Cobson ou Isabel Marant.

La capitale française conserve la main sur la haute couture, concentre toujours un artisanat très qualifié de couturières, de plumassiers, de brodeurs, de joailliers, donnant le *la* en matière de défilés, même si Milan, New York ou Londres la concurrencent désormais dans ce domaine. Elle bénéficie de surcroît d'une presse de mode toujours réputée et volontiers expansionniste, avec l'internationalisation de plusieurs titres phares, tels *Marie-Claire* à partir de 1982 – on compte 34 éditions du magazine en 2018 – ou *Elle* à partir de 1983 – 45 éditions à la même date. À l'intérieur de l'Hexagone, *Vogue* demeure le principal magazine féminin haut de gamme, seulement concurrencé par *L'Officiel de la couture et de la mode* fondé en 1921, qui s'est lui aussi modernisé et internationalisé, tandis qu'est lancé en 1999 le plus avant-gardiste *Numéro*. Solidement arrimé à son titre de « capitale de la mode », Paris est ainsi devenu au fil du temps, selon l'historienne de la mode et des médias Agnès Rocamora, « le personnage central des histoires de mode que narrent les journalistes, un être pensant, en dernier ressort le véritable créateur de la mode[26] ». À partir des années 1990, l'émergence de nouvelles puissances tels le Brésil ou la Chine accroît d'ailleurs la demande mondiale de produits haut de gamme, réputés pour leur qualité et leur finition et auréolés de cachet historique.

Outre le parfum, la haute couture et le prêt-à-porter de luxe, Paris séduit encore par sa lingerie – c'est dès 1975 que la créatrice Chantal Thomass a remis au goût du jour les « dessous chic » qui affolent les années 1980 –, et pour sa maroquinerie, qui connaît un regain de succès dans les années 1990, grâce au lifting moderniste qu'applique un marketing conquérant à des entreprises légèrement assoupies, tels Louis Vuitton, fondé en 1854, Hermès, fondé en 1837, ou Céline, fondé en 1945. À l'échelle mondiale, deux pays sont, selon les spécialistes, reconnus comme « détenteurs d'un savoir-faire en matière de luxe[27] », la France et l'Italie – soit, historiquement, les deux terreaux d'origine de la mode. Mais la France, plus développée, plus centralisée, de tradition plus monarchique, a plus encore que l'Italie tissé son identité autour de cette valeur, qu'irriguent également d'autres domaines d'excellence tels le vin ou la gastronomie. « Sous une apparence anecdotique et cocardière, les enjeux du luxe touchent au rayonnement de la France, à l'identité de la nation, à sa capacité à contenir les autres nations, à les tenir à distance, et à savoir aussi les intégrer, les absorber[28] », analyse le philosophe Olivier Assouly.

La Parisienne se trouve par là placée au cœur d'enjeux économiques et symboliques qui intéressent jusqu'aux gouvernements socialistes des années 1980, qui ont su identifier, dans la mode, un patrimoine culturel national à valoriser. C'est ainsi qu'en 1984 François Mitterrand n'hésite pas à inviter les principaux acteurs du secteur à l'Élysée, tandis que Jack Lang pèse de toute son influence pour que le nouveau Carrousel du Louvre, ouvert en 1993, réserve 15 000 mètres carrés aux défilés saisonniers[29]. De leur côté, les professionnels ont su adapter et moderniser l'ensemble d'une filière, menacée par le déclin régulier de l'industrie textile française et du savoir-faire artisanal et ouvrier. En 1973 a été fondée la Fédération française de la couture, du prêt-à-porter des couturiers et des créateurs de mode, qui, en absorbant la Chambre syndicale de la haute couture, réunit trois branches vouées à s'épauler mutuellement. Quoique non rentable et régulièrement décrétée moribonde, la haute couture parvient à se survivre, grâce au lucratif relais des parfums et accessoires autant qu'à ses stratégies de diversification – prêt-à-porter de luxe, lignes *bis*... En assouplissant ses règles, elle associe des créateurs étrangers aux défilés parisiens, centralisés au Carrousel du Louvre de 1994 à 2010 – les Japonais Issey Miyaké ou Rei Kawakubo vont ainsi faire une partie de leur carrière à Paris –, tout en offrant des passerelles aux stylistes français : Jean-Paul Gaultier lance sa ligne de haute couture en 1997 et s'y consacre aujourd'hui exclusivement.

Inattaquable sommet de la planète mode, forte, en 2018, de 14 membres auxquels il convient d'ajouter 15 membres « correspondants » ou « invités », la vieille dame forgée par Charles-Frederick Worth parvient ainsi à renouveler la part de rêve et d'exception, d'origine monarchique et aristocratique, qui nimbe Paris, la Parisienne et l'ensemble des filières du secteur. Elles sont aujourd'hui concentrées dans de puissants conglomérats d'envergure internationale, dont les deux principaux sont LVMH (qui contrôle Dior, Céline, Givenchy, Hermès...) et Kering (Saint Laurent, Balenciaga, Boucheron...), l'un et l'autre également investis dans plusieurs marques italiennes (Gucci, Prada, Fendi...). Les plus récentes statistiques fournies par l'Institut français de la mode donnent une idée de la puissance économique du secteur de la mode et du luxe, toutes catégories confondues[30] : il représentait, en 2016, 150 milliards de chiffres d'affaires et 1,7 % du PIB (contre, respectivement, 102 milliards et 0,7 % pour l'aéronautique, ou encore 39 milliards et 0,5 % pour l'automobile), 580 000 emplois directs, plus d'un million d'emplois induits. Et c'est le domaine « textile et vêtements » qui en est la locomotive, avec 44,6 % du chiffre d'affaires, contre 29,4 % pour les parfums et cosmétiques et 14,6 % pour la maroquinerie, le reste se départageant entre l'optique (6 %) et l'horlogerie-bijouterie (5,4 %). On comprend mieux, à détailler ces chiffres, les enjeux de représentation et symbolisation qui sont investis dans l'image de la Parisienne. D'autant que son aura de « bête de mode » et de « reine de l'élégance » touche à un autre secteur clé de l'économie : le tourisme.

L'égérie du tourisme mondialisé

Première destination touristique mondiale avec 87 millions de touristes étrangers en 2017 – chiffres repartis à la hausse après le creux des attentats de 2015 et 2016 –, redevable, pour 7 % de son PIB, à ce secteur, la France draine régulièrement vers son territoire et sa capitale un public international avide de monuments historiques, de musées d'exception, de divertissements familiaux type Disneyland Paris mais aussi de gastronomie et de shopping, voire de cancans et de froufrous, comme l'atteste la bonne résistance du circuit du « gai Paris[31] », jalonné par les Folies-Bergère, le Moulin-Rouge ou le Paradis Latin. S'il est désormais possible d'acheter un sac Dior ou un carré Hermès dans n'importe quel aéroport ou *mall* de la planète, sans parler du vaste bazar hors-sol d'Internet, le shopping *in situ* conserve, pour ceux qui peuvent se l'offrir, un évident attrait, entretenu par l'atmosphère de la ville, le luxe des boutiques et le savoir-faire des vendeurs et vendeuses. Adossés à leur réputation plus que séculaire, les grands magasins parisiens l'ont bien compris, qui n'en finissent pas d'investir dans des réaménagements spectaculaires, telle celui du Bon Marché, passé, au cours des années 2000, du statut de maison un peu provinciale à celui de temple du luxe. On peut encore évoquer l'ouverture de *concept stores* aux choix très pointus, destinés à une clientèle branchée, tels Colette, installé de 1997 à 2017 rue du Faubourg-Saint-Honoré, ou Merci qui, en 2009, a fait du haut Marais un nouveau quartier à la mode. Ces magasins ont appris à dorloter leur clientèle étrangère, notamment asiatique et chinoise, en progression constante depuis 2010 – les Chinois étaient, cette année-là, 600 000 à visiter la France, ils ont été 2,2 millions à le faire en 2017, et seront plus nombreux encore, à l'avenir, puisque ce chiffre ne représente actuellement que 2 % des visiteurs étrangers en France[32]. Si le contact direct avec une « Parisienne » idéale relève, assurément, d'un horizon hypothétique pour des populations non francophones et voyageant souvent en groupe, la mythologie qui entoure le personnage à coups de marketing publicitaire forme bien le substrat imaginaire qui permet de doper la pulsion d'achat, en magnifier la robe, le parfum ou le sac acquis sur les Champs-Élysées ou le boulevard Haussmann. En 2012, pour fêter ses cent soixante ans, le Bon Marché attire le chaland en donnant à la Parisienne les traits de l'actrice Catherine Deneuve, croquée par la bédéaste Marjane Satrapi, avec le slogan « 160 ans d'esprit Rive gauche ». Les guides touristiques, de leur côté, consacrent presque toujours un passage obligé aux « bonnes adresses shopping » de la Parisienne – ainsi dans l'ouvrage *Une vie de pintade à Paris*, qui prend place dans une collection consacrée aux jeunes urbaines du monde entier[33]. Quant aux étrangers qui, historiquement, ont contribué à la fabrication du mythe – Britanniques, Russes, Américains... –, ils sont encore nombreux à maintenir la flamme, même si c'est parfois sur un mode légèrement critique ou déçu. « L'image qu'ont les Anglais sur la femme parisienne est celle d'un être mélodramatique, érotique, sophistiqué, avec une combinaison d'élégance et d'animal[34]... » peut ainsi remarquer, en 2009, le jeune écrivain britannique Adam Thirlwell, installé pour quelques mois dans la capitale française, dans une percutante synthèse des clichés sédimentés au fil des siècles. « Quand on entend les Américaines parler des Parisiennes, on a l'impression d'entendre Perceval ayant enfin trouvé le Saint-Graal, renchérissent Layla Demay et Laure Watrin, deux Françaises installées à New York. À leurs yeux, les Parisiennes sont synonymes d'élégance, de charme, de raffinement, de féminité et de bon goût[35]. »

Voilà qui souligne que, même réduite à une série de poncifs, la Parisienne n'est pas qu'un rêve inaccessible sur papier glacé ou une simple icône marketing et touristique au service du commerce mondialisé. De fait, l'ambition des guides et des magazines féminins est bien de camper une femme vivante, ancrée dans sa ville et dans son temps, incarnant une certaine identité féminine et française. S'érige ainsi, par petites touches, un portrait collectif qui, nourri des héritages du passé, propose aussi une vision moderne de la femme, dans une capitale toujours attractive pour provinciaux et étrangers, et pas tout à fait réduite au statut de ville-musée.

Un héritage toujours vivant

Casual chic, less is more *et « je-ne-sais-quoi »*

C'est d'abord, comme par le passé, le style et l'apparence qui « font » la Parisienne, repérable pour ainsi dire, au premier regard : « À chaque retour de New York, nous sommes frappées de voir à quel point, ici, l'élégance règne[36] », considèrent Layla Demay et Laure Watrin, pourtant habituées à une ville où la combinaison d'un haut pouvoir d'achat et d'un volontarisme à toute épreuve donne de sérieux atouts en matière vestimentaire. Mais c'est bien sûr que la Parisienne, si l'on suit les leçons d'Inès de La Fressange ou de Caroline de Maigret, reste adepte d'un style « simple », « naturel », « sans effort » (en anglais *effortless* ou *casual chic*), bref, refuse d'être une *fashion victim*. Le conseil peut paraître paradoxal au pays de la mode et de la haute couture, alors même que les guides prescripteurs sont le plus souvent rédigés par d'anciens mannequins. Mais c'est que, précisément, la *vraie* Parisienne n'est *pas* la créature des podiums, femme surnaturelle arborant des panoplies oniriques, excessives ou trop parfaites, aujourd'hui destinées, pour la haute couture, à deux cents clientes, à peine, et pour le prêt-à-porter de luxe, à des élites globalisées. Au plus près du réacteur nucléaire de la mode, la Parisienne a tout le loisir de s'en inspirer pour mieux s'en distancier : selon le journaliste Loïc Prigent, si elle aime la mode c'est avec *désinvolture*[37], terme déjà utilisé par Rousseau, tandis que, pour le dessinateur Kiraz, « elle a tout ce qu'il faut pour être bien habillée, et en même temps, rester dans la simplicité[38] ». Elle est donc plutôt classique, « anti-bling », fidèle à ses *basiques*, tels la petite robe noire, le trench ou le jean, qui même d'origine anglo-saxonne, comme, autrefois, le costume-tailleur ou le jersey, se « parisianisent » par son seul talent d'appropriation et d'interprétation. Elle pratique aussi avec dextérité l'art du mixage ou *mix and match*, mêlant haut de gamme et petits prix, style sage et note exubérante, base sobre et accessoire éclatant – surtout pas de *total look*, qui dénote un esprit scolaire et appliqué, « réservé aux ploucs de Houston, Texas[39] ». Dans la même logique, elle ne cherche pas à copier les stars, ignore les idoles, ne se fie qu'à son propre goût[40], ce qui peut impliquer, précisément, de risquer la « faute de goût », qui se muera, sur elle, en trouvaille ingénieuse ou innovante, car elle a le chic pour rendre séduisant tout ce qu'elle manipule – sa créativité vestimentaire en ferait même, selon Agnès Rocamora, une « artiste du quotidien[41] », qui lui évite presque toujours le *fashion faux pas.*

Ces principes englobent bien sûr l'ensemble de l'apparence, coiffure, cosmétiques, soins corporels. Car là aussi, elle sait « ne pas en faire trop », adepte du maquillage *nude* et du coiffé-décoiffé savamment négligé – surtout pas de *brushing* qui évoque par trop les héroïnes de séries américaines[42] –, même si elle peut revendiquer un trait d'éclat et de sophistication, par exemple un « vrai rouge », un parfum haute couture ou un beau bijou soigneusement mis en valeur. Inès de La Fressange insiste, elle, sur la nécessité de travailler ce faux naturel, qui exige une peau, des ongles, des cheveux toujours impeccables[43]. Le Botox et la chirurgie esthétique sont unanimement décriés, du moins dans leurs usages excessifs, qui donnent de piètres résultats, et le ridicule de ne pas s'assumer. « Mieux vaut paraître son âge que de ne plus avoir d'âge du tout[44] », considère Caroline de Maigret, tandis qu'Inès de La Fressange propose sa propre solution de quinquagénaire épanouie pour masquer ses rides : sourire[45]. Le même fatalisme décomplexé accompagne ce sujet ô combien brûlant pour la femme contemporaine, celui de la silhouette. Si la Parisienne peut être brune ou blonde, grande ou petite, épanouie ou filiforme, il est entendu qu'elle est, généralement, plutôt mince, même si sa philosophie profonde est surtout de s'assumer telle qu'elle est. « Ce n'est pas parce que la Parisienne fait du 36 (enfin, j'en connais qui font du 40, je vous rassure !) qu'elle saute le déjeuner pour *shopper* comme une forcenée[46] », affirme Inès de La Fressange avant de délivrer ses bonnes adresses de cafés et de restaurants, pas tous voués à une diététique de régime – « les filles qui font un régime à Paris, il faudrait leur décerner une médaille[47] », reconnaissent Layla Demay et Laure Watrin. Caroline de Maigret et ses amies poussent la provocation jusqu'à vanter les vertus du croissant, du camembert ou de l'andouillette AAAAA, proposant même la recette du pot-au-feu et du fondant au chocolat – manière de s'emparer avec délectation du fameux *French paradox*, formule apparue au début des années 1980 à la suite d'études épidémiologiques montrant que les Français avaient moins de maladies cardio-vasculaires et de cancers que les peuples du nord de l'Europe, malgré une alimentation plus riche en graisses et en vin. La science semble corroborer, à tout le moins, ce fantasme de sveltesse, puisque les Françaises demeurent bien les femmes les plus minces d'Europe[48], vérité statistique qui révèle une profonde incorporation des normes à la charnière d'un effet de genre, d'un effet de classe et d'un « effet pays » : partout ce sont les femmes privilégiées et diplômées, qui affichent la plus grande minceur, trait renforcé en France par un « souci de la ligne » qui relève du trait culturel[49].

S'affirme ainsi un idéal d'équilibre et de juste milieu, qui semble reproduire, dans l'ordre des qualités somatiques et stylistiques, les traits souvent prêtés à la géographie du territoire français, réputé tempéré, diversifié, harmonieux. La Parisienne n'aurait, ainsi, ni le penchant excentrique des Anglaises[50], ni l'exubérance des Latines[51], ni le perfectionnisme des Américaines[52]. Elle serait sobre sans être fade, de bon goût sans être BCBG, inventive sans excès, adepte du « faux négligé » et du *less is more*, avec, toujours, ce fameux « je-ne-sais-quoi[53] », qui transcende la banalité. La notion de chic, en revanche, semble un peu en retrait, peut-être parce que trop associée, désormais, à l'univers apprêté de la haute couture, même si c'est bien l'indétrônable formule *Parisian Chic* qui a été retenue pour la traduction en anglais du livre d'Inès de La Fressange. Des registres nouveaux, importés de la sphère anglo-saxonne et des cultures jeunes, lui sont parfois appliqués – Inès de La Fressange comme Caroline de Maigret la fantasment « un peu rock », avec les pièces associées, tels le blouson de cuir ou la minijupe, remis à la mode par Karl Lagerfeld pour Chanel. Les styles trop agressifs ou transgressifs, tels le *punk* ou le *streetwear*, ne sont cependant pas son genre. Globalement, le moule stylistique s'est stabilisé, depuis les années 1920, autour d'un idéal de sobriété élégante, exprimée par un nuancier de couleurs neutres – noir, beige, gris, marine... – et des assemblages sans risque mais savamment étudiés. Ce prisme stylistique revendiqué est celui d'un vieux pays de sensibilité à la fois aristocratique et républicaine, qui aime prendre ses distances avec les codes trop explicites – le riche, le voyant, l'hypersexy, les uniformes sociaux... –, en leur substituant des critères plus ténus et moins visibles, plus difficiles à maîtriser, selon une stratégie de distinction déjà ancienne et bien rodée.

Fait de détachement et de refus des excès, ce style parisien n'engage pas cependant que l'apparence. Plus encore que par le passé, peut-être, il se prolonge dans une manière d'être et de se comporter, qui vise à exprimer un art de vivre et un système de valeurs.

Séductrice et cultivée

Si la Parisienne des magazines et des guides est rarement une intellectuelle, elle se doit, plus que jamais, d'afficher de l'esprit, du goût artistique et de la culture, traits de civilisation qui restent attachés à la capitale française, malgré la disparition des salons. Parmi les « bonnes adresses » de nos Parisiennes figurent toujours quelques musées, de préférence un peu confidentiels – par exemple le musée Jacquemart-André ou le musée Marmottan-Monet pour Inès de La Fressange –, et une ou deux bonnes librairies – La Hune, située au cœur de Saint-Germain-des Prés, a longtemps figuré, jusqu'à sa fermeture, en bonne place, le grignotage de ce quartier intellectuel par les enseignes du luxe étant plutôt un atout pour cette folle de mode. Pour souligner sa fibre littéraire, Caroline de Maigret et ses amies vont jusqu'à suggérer leur liste de lectures favorites, dont le classicisme – *Belle du Seigneur* d'Albert Cohen, *Bonjour tristesse* de Françoise Sagan, *Un amour de Swann* de Marcel Proust[54]... – n'exclut pas quelques titres plus audacieux – *Voyage au bout de la nuit* de Louis-Ferdinand Céline ou *Les Particules élémentaires* de Michel Houellebecq. En illustration, une photo de rayonnages saturés de livres, qui n'est pas sans rappeler la décoration de la boutique de Sonia Rykiel, boulevard Saint-Germain : à Paris, mode et littérature continuent de former, depuis Balzac, une solide alliance.

La Parisienne se doit cependant d'aborder la culture avec légèreté, comme d'ailleurs tout le reste : « allez au théâtre, au musée, au concert aussi souvent que possible : ça donne bonne mine[55] », plaisante Caroline de Maigret, pour rappeler qu'il ne s'agit tout de même pas de se muer en tête pensante, même si Laure Watrin et Layla Demay la représentent aussi en « cultureuse » d'avant-garde[56]. Il est vrai que la pratique du second degré, de l'ironie, du paradoxe reste sa marque de fabrique, comme le suggèrent la longue liste d'aphorismes gentiment provocateurs qui ouvrent l'ouvrage *How to Be Parisian*[57]... ou les « petites phrases » qui ponctuent chacun des chapitres d'Inès de La Fressange. La Parisienne demeure ainsi, à sa manière, une mondaine, réputée pour son piquant, son insolence, ses bons mots, même si le « monde » s'est aujourd'hui atomisé en multiples strates socioprofessionnelles, qui ne forment plus depuis longtemps un ensemble homogène.

Elle reste surtout, conforme à sa vieille réputation, une séductrice, qui n'a pas froid aux yeux et qui, sans excès dans l'invite sexuelle, sait ce qu'elle veut et comment l'obtenir : « une jeune femme qui va vers le plaisir et n'a besoin de personne[58] », selon Kiraz, qui a forgé ses propres Parisiennes dans le contexte des insouciantes années 1960, dominées par la figure de Brigitte Bardot. Caroline de Maigret et ses amies sont celles qui insistent le plus volontiers sur ce thème, à la croisée du romantisme et de l'érotisme : leur Parisienne tient en effet, à la fois, de la midinette un peu fleur bleue, toujours en attente du prince charmant, et de la coquette évaporée qui, sans jamais verser dans le franc libertinage – sexualité transgressive qui reste relativement taboue[59] –, ne rechigne pas aux rencontres un peu scabreuses ou aux amours sans attaches. Elle doit, selon Caroline de Maigret, savoir rester *fuckable* en toutes circonstances, terme, en anglais, assez cru, que ne rend pas complètement le français « baisable ». La quadrature du cercle se reforme quand on remarque que cette amoureuse sexy se doit aussi d'être une bonne mère : Inès de La Fressange que Caroline de Maigret ont choisi de poser avec leur progéniture, la première faisant même jouer à sa fille aînée le rôle d'apprenti mannequin pour illustrer son livre. Cette tempérance de l'Éros par la fibre maternelle a été, on l'a vu, la condition de l'intégration de la Parisienne à la communauté nationale à la fin du XIXe siècle, et c'est depuis cette période qu'elle tend à se définir à la charnière équilibrée de trois dimensions dont la combinaison ne va pas pourtant de soi, l'amour, le sexe et la maternité. Par la négative, elle n'est donc ni une fille facile, ni une bobonne, ni une muse évanescente. Si le livre d'Inès de La Fressange insiste sur la transmission, de mère à fille, de tout ce qui fait le savoir-faire et le savoir-être de la Parisienne, matérialisé par des objets légués d'une génération à l'autre – bijoux, sac ou vêtements de marque, devenus, par la magie du temps, *vintage*… –, celui de Caroline de Maigret mobilise une thématique plus récente, celle des bienfaits de « l'éducation à la française », réputée structurée mais bienveillante, dans laquelle l'édition d'outre-Atlantique, toujours en mal de modèles et de recettes, a trouvé récemment une nouvelle mine à exploiter[60]. Dans tous les cas, s'affirme un modèle de détachement et de second degré vis-à-vis des normes sociales dominantes. « La Parisienne » serait ainsi une invite à ne rien prendre trop au sérieux, une leçon de sagesse et de juste milieu, qui ne renonce pas à un idéal – d'élégance, de séduction, de droit au plaisir… – mais sans rage perfectionniste ni outrance dans ces rôles.

Voilà qui explique très certainement son succès éditorial à l'étranger, tout particulièrement aux États-Unis. « La femme américaine, qui pense ne pas avoir un sens inné du style, a un petit complexe, analyse, pour justifier cet engouement, Julie Rouart, l'éditrice du livre d'Inès de La Fressange. Elle a peur d'être trop habillée, d'en faire trop. Puisque le chic parisien est justement le fameux *less is more*, elle cherche conseils auprès des maîtres français de la mode[61]. » Il y a évidemment un paradoxe à chercher la recette du refus des recettes, mais il trouve peut-être une explication dans cette formule d'une lectrice américaine à propos de l'ouvrage de Caroline de Maigret : « Je pensais que la femme parisienne était parfaite et, en réalité, je découvre qu'elle est parfaitement imparfaite et complètement atteignable. Elle est en chaque femme[62] ! » Longtemps modèle de distinction un rien intimidant, la Parisienne serait donc devenue, aujourd'hui, une sorte d'antidote à la rationalité du monde contemporain, en faisant son miel de qualités « négatives » retournées en atouts, imperfections revendiquées, désinvolture étudiée, gourmandise assumée dans tous les domaines : d'où son adaptabilité paradoxale à Mme Tout-le-Monde, y compris au-delà des frontières de l'Hexagone, comme le suggère le titre *How to Be Parisian Wherever You Are*. Sophie Mas, l'une des coauteures de l'ouvrage, ajoute cette précision : « Le mode de vie américain est dominant en Europe. La culture anglo-saxonne imprègne tout notre univers, depuis le cinéma jusqu'à l'art et la culture. Nous voulions [...] dire aux femmes : "nous, nous faisons les choses à notre manière, souvent avec des défauts, mais il y a quelque chose de charmant dans cette démarche"[63]. » La promotion de la Parisienne ressortirait ainsi au syndrome de « l'irréductible village gaulois », refusant d'être happé par l'*imperium* du moment – un exemple de ce sentiment d'exception, que les Français se complairaient à cultiver depuis longtemps et dans de nombreux domaines[64]. S'il relève souvent du fantasme, il fonctionne à merveille dans un monde de plus en plus homogénéisé et par là en demande d'aspérités légères, de transgressions douces, de « narcissisme de la petite différence », selon la terminologie freudienne.

Parisiennes emblématiques

Cette Parisienne théorique, parfois représentée par des héroïnes fictives telles « la Parisienne de Kiraz » ou « la femme Saint Laurent », continue bien sûr, comme à chaque époque, de s'incarner dans des femmes réelles, qui interagissent avec les représentations et les lestent de crédibilité. Nos auteures de guides sont bien sûr, dans ce jeu de rôle, les mieux placées, qui peuvent se recommander d'un métier lié à la mode, une résidence parisienne, et d'un adoubement par les médias – d'origine provinciale et vivant à New York, Mireille Guiliano a choisi, elle, de rester dans le portrait plus générique de « la Française ». Depuis les années 1980, Inès de La Fressange est probablement celle qui a su le mieux coller au label qu'elle a beaucoup contribué à moderniser et à pérenniser. Née en 1957 d'un père issu de la vieille noblesse française et d'une mère d'origine argentine, cette longue tige brune s'est d'abord fait connaître comme mannequin vedette chez Chanel de 1983 à 1989, en se distinguant des top-modèles internationaux alors en vogue par son style et son esprit rappelant, pour beaucoup, la personnalité de Gabrielle Chanel. Devenue un véritable emblème, elle fut choisie, en 1989, pour une nouvelle version du buste de Marianne, renouant avec une longue tradition de Parisiennes de la mode ou du spectacle promues au rang de symbole national. Si cet épisode contribua à la rupture de son contrat avec Chanel, il permit aussi à la jeune femme de transcender le statut très périssable et souvent subalterne de mannequin. Épouse d'hommes influents mais discrets qui ne lui firent jamais d'ombre, personnalité à la mode appréciée des magazines féminins, fondatrice d'une petite marque de vêtements et d'accessoires à son nom, Inès de La Fressange a réussi à s'installer durablement dans l'horizon des Français, sans accomplissement notable, mais avec un fort capital symbolique, nourri par son charme, sa personnalité et son aristocratisme décontracté, tout à fait dans la tradition syncrétique et conciliatrice de la Parisienne : jouant sur les inusables clichés de la francité, une publicité de Jean-Paul Goude de 2011 pour les Galeries Lafayette la montre en titi parisien, coiffée d'un béret et jouant de l'accordéon. Plus jeune – née en 1975 –, et pour l'heure moins connue, Caroline de Maigret peut, elle aussi, se réclamer de la particule qui entretient l'aura aristocratique de la Parisienne, mais dans une version elle aussi adaptée à l'époque : si son père est un notable de la politique, sa mère a été championne de natation. Elle aussi mannequin, elle a donné une impulsion plus rock à sa carrière en s'associant à son compagnon, le musicien Yarol Poupaud, pour fonder le label de musique Bonus Tracks Records. Ses coauteures, Anne Berest, Audrey Diwan et Sophie Mas, sont, respectivement, écrivaine, éditrice-journaliste et productrice de cinéma. Inconnues du grand public, elles représentent toutes, à leur manière, la « jeune femme dans le vent », appartenant aux classes moyennes aisées, souvent liées à la culture, et bien sûr à la mode, quoique sans excès de fortune ou de gloire.

Car si elle peut être une star, telles autrefois Sarah Bernhardt ou, aujourd'hui, Catherine Deneuve, si elle peut revendiquer une réussite exceptionnelle, telle Gabrielle Chanel, la Parisienne se doit, aussi, pour rester attractive et crédible dans la société démocratique et interconnectée d'aujourd'hui, de pencher du côté de la normalité, du quotidien, du lot commun, plutôt que de l'exceptionnel, du *bigger than life* ou du *too much*. Elle circule à vélo plutôt qu'elle ne roule en Cadillac, se mêle aux gens de la rue plutôt qu'elle ne s'isole dans un ghetto pour *happy few*, et peut s'habiller chez Zara ou H&M – marques non françaises mais modulables selon le style de chacune – même quand elle a défilé pour Dior ou Saint Laurent. Voilà sans doute pourquoi certaines actrices étrangères ayant fait le choix de vivre à Paris pour mener une vie plus « normale » qu'à Hollywood ou même qu'à New York, telles l'Anglaise Kristin Scott Thomas ou, avant elle, l'Allemande Romy Schneider, ont pu faire figure de Parisiennes d'adoption[65], reconduisant la vieille mythologie intégratrice du type, alors que d'autres personnalités peinent à l'incarner du fait d'un trop grand écart à la norme, même quand elles sont parisiennes de fait – ainsi pour l'ancien mannequin et musicienne d'origine italienne Carla Bruni, handicapée par son statut d'héritière richissime vivant dans un hôtel particulier de la porte d'Auteuil, et par son mariage avec un ancien président de la République assez peu parisien dans l'esprit et le style. La question du plus ou moins grand potentiel de « parisianisation » des vedettes internationales est un enjeu récurrent, comme l'a prouvé l'ironie polie ayant accompagné l'éventuelle installation à Paris de l'Anglaise Victoria Beckham, épouse du footballeur David Beckham, jugée par la presse trop *mainstream* pour les canons de la capitale[66].

La Parisienne des magazines et des guides est donc, le plus souvent, une femme à la charnière de l'ordinaire et du glamour, capable de livrer ses « trucs », ses bonnes adresses et ses secrets de beauté, en faisant miroiter leur accessibilité à toutes : une prescriptrice, une passeuse, un modèle, à la fois enviable et apprivoisable. En dehors des personnalités que l'on vient d'évoquer, on constate que certaines professions demeurent surreprésentées dans la capacité à nourrir l'imaginaire du personnage. Les actrices – aujourd'hui de cinéma bien plus que de théâtre – restent l'un de ses principaux viviers, à condition, bien sûr, qu'elles entretiennent un lien spécifique avec la capitale, lieu de naissance ou de résidence, mais surtout de prédilection. On a déjà évoqué Catherine Deneuve, à laquelle est parfois préférée sa plus « piquante » sœur, Françoise Dorléac[67], disparue dans un accident de la route en 1967, mais récemment, Marion Cotillard[68] ou Audrey Tautou[69] ont pu être requises pour le titre, notamment parce qu'elles ont, l'une et l'autre, incarné à l'écran des figures de Parisiennes populaires – celle, réelle, d'Édith Piaf, pour la première, dans *La Môme*, en 2007, celle, imaginaire, d'Amélie Poulain, en 2001, pour la seconde, rôle qui lui valut d'être campée en « titi parisien » par le *Vogue* américain, avec ces trois qualificatifs en français dans le texte, voués à exprimer son exquise essence : « petite », « gamine » et « mignonne »[70]. Marion Cotillard a été, de surcroît, l'image de la marque Dior, la mode demeurant l'autre grande pourvoyeuse de « Parisiennes », avec un nombre important d'anciens mannequins – qui se doivent cependant de transcender la fonction par leur forte personnalité de muse, d'égérie, voire de styliste –, mais aussi de créatrices de mode, à condition qu'elles représentent des « petites » marques semi-confidentielles, plutôt que les étoiles de la haute couture ou du prêt-à-porter de luxe, aujourd'hui recrutées au sein d'une élite internationale des deux sexes, sans ancrage personnel stable dans la capitale. C'est ainsi qu'Agnès B.[71], Corinne Cobson[72], Isabel Marant[73], Vanessa Bruno[74], Laetitia Ivanez[75], Anne Willi[76] ou aujourd'hui Jeanne Damas[77], créatrice de la ligne « Rouje », ont pu, tour à tour, être couronnées « Parisiennes » par les magazines féminins, à la fois parce que leurs ateliers de conception et leurs boutiques d'origine se trouvent à Paris, mais aussi parce qu'elles ont toutes revendiqué une mode, à la fois, « de proximité » et « d'auteure », conçue par et pour les femmes, dans un souci de confort et de liberté, avec, toujours, la petite touche créative personnalisée que ne peuvent offrir les enseignes internationales de la mode de masse. « Peu de marques allient qualité et inventivité à des prix abordables », insiste, à ce titre, la créatrice parisienne Anne Willi[78], qui a réussi récemment son implantation à New York, tout comme Isabelle Marant, et bien sûr Agnès B., aujourd'hui à la tête d'une véritable internationale du *casual chic* parisien[79]. Idéal démocratique précocement défini, le « style à prix raisonnable » court en filigrane dans l'histoire de la Parisienne, même si cette mode reste essentiellement destinée, par ses coûts et sa diffusion restreinte, aux classes moyennes supérieures.

De leur côté, les chanteuses de rock ou de variété ont effectué, depuis la fin du XXe siècle, une percée notable dans la galerie des Parisiennes, en ayant souvent, elles aussi, un pied dans la mode et le cinéma. La nébuleuse Gainsbourg y figure en bonne place, avec trois artistes régulièrement citées : Jane Birkin[80], à la parisianité délicieusement teintée d'accent britannique, et deux de ses filles issues de pères différents, l'actrice et chanteuse Charlotte Gainsbourg[81], l'ex-mannequin et musicienne Lou Doillon[82] – avec, en challengeuse ponctuelle, Françoise Hardy, autre égérie des années 1960-1970 souvent louée pour son style sobre et élégant[83]. Héritière d'une dynastie culturelle « pop », bilingue et internationale mais profondément liée au patrimoine cinématographique et lyrique français, image de marques tels Gérard Darel ou Balenciaga, Charlotte Gainsbourg reçoit très régulièrement le trophée médiatique de la Parisienne quintessentielle, au chic *effortless* et décontracté. Qu'elle chante, pour partie, en anglais et vive aujourd'hui à New York n'entame guère ses atouts dans ce rôle : cosmopolite par essence, la Parisienne ne souffre pas vraiment d'une globalisation qui pousse à la déterritorialisation et a créé une internationale d'urbaines sophistiquées, dont l'identité n'est plus que partiellement liée à l'enracinement local.

Renouvelé au gré des modes et des générations, ce vivier de Parisiennes façonnées par la culture médiatique et publicitaire bénéficie encore du rayonnement des « grandes ancêtres », installées dans un panthéon symbolique désormais stabilisé. Si les idoles de l'avant-Première Guerre mondiale, Hortense Schneider, Sarah Bernhardt ou Mistinguett, n'évoquent plus guère « la Parisienne » que pour les personnes âgées ou les spécialistes d'histoire culturelle, les années 1920 restent une période fondatrice, qui nous a légué les indémodables figures de Gabrielle Chanel[84] et de Joséphine Baker[85]. Mais c'est probablement Arletty qui demeure la plus indétrônable « papesse » des Parisiennes[86]. Azzedine Alaïa, qui réinventa pour elle, en 1970, une « petite robe noire » bardée d'un long zip, put ainsi déclarer : « Arletty représentait vraiment pour moi la Parisienne, qui n'existe nulle part ailleurs. J'étais fasciné par sa voix, son allure, sa façon d'ajuster sa robe, et je voulais à tout prix la rencontrer[87]. » Il précisait, dans une autre interview : « Arletty, c'était LA Parisienne, avec sa voix, son style, son intelligence, sa rapidité de pensée. Elle faisait des phrases courtes, mais denses. Inoubliable. Elle ne portait jamais de bijoux, ni d'accessoire, ni de chichis. Elle était vierge de toute décoration. Et cela m'est resté[88]. » Si la gouaille, l'insolence, la vivacité d'esprit, associées à un style « sans chichis », demeurent donc des marqueurs essentiels, le plus grand talent d'Arletty fut sans doute son aptitude à brouiller les identités sociales, autant du fait de ses origines populaires que de la nature de ses rôles, tout particulièrement celui de Garance dans *Les Enfants du paradis*[89]. « Cette fille du peuple peut en remontrer aux plus grandes dames[90] », considère Alaïa, après Cocteau et beaucoup d'autres, réaffirmant par là la fonction de médiatrice sociale de la Parisienne.

Remarquons, en revanche, la difficulté récurrente d'y intégrer pleinement les écrivaines, les intellectuelles ou, aujourd'hui, les femmes politiques, pourtant structurellement liées à la vie de la capitale par leurs fonctions de parlementaires, de membres du gouvernement, ou d'édiles. Si Colette, romancière piquante et, à ses moments perdus, sensuelle vedette de music-hall, peut encore incarner la Parisienne de la Belle Époque, des figures plus austères, telles Simone de Beauvoir ou Marguerite Duras, lui restent difficilement assimilables, écartelées qu'elles sont entre leur image de femmes libres et coquettes et leur réputation d'intellectualisme, jamais loin du bas-bleu – seules Layla Demay et Laure Watrin les intègrent à leur panthéon. D'apparition beaucoup plus récente, très exposées aux feux médiatiques, les femmes politiques ont connu, en un quart de siècle, un changement de statut et d'image qui les place en position intermédiaire[91] : originellement soumises à un devoir de discrétion et de neutralité qui rendait difficile toute ambition de féminité assumée, comme en fit l'amère expérience, en 1974, la secrétaire d'État à la Condition féminine et ex-directrice du journal *Elle*, Françoise Giroud, pourtant réputée pour son élégance, elles ont progressivement conquis, et même, pour certaines, ardemment revendiqué le droit d'être séduisantes et à la mode, atouts ambivalents mais potentiellement rentables dans la société médiatico-politique d'aujourd'hui – un modèle que la presse a baptisé la « femme sexy-sérieuse[92] », pour les distinguer des vedettes de la mode, du cinéma et du spectacle, dont elles reconduisent néanmoins certains codes de séduction. C'est le cas, notamment, de la gaulliste Nathalie Kosciusko-Morizet, véritable gravure de mode, ou de sa collègue Rachida Dati, si vantée pour son élégance que le dessinateur Kiraz n'a pas hésité à la croquer en « Parisienne »[93]. Leur « parisianité » paraît d'autant plus consciente et stratégique que ces deux femmes ont joué une partie importante de leur carrière dans la capitale, la première en briguant la mairie de Paris en 2014, la seconde en devenant maire du 7ᵉ arrondissement en 2008. L'accession de ces femmes sophistiquées à des postes politiques de haut niveau témoigne d'un *empowerment* féminin plus largement constaté dans le monde occidental et qui peut, désormais, s'émanciper des modèles masculins, en assumant sans déchoir le souci du *look* et de la mode. Dans le contexte français, il fait presque figure de patrimoine national à défendre... Cependant, dans un monde politique toujours caractérisé par la violence des règlements de comptes et une surreprésentation du masculin, de tels choix restent à double tranchant : ses robes Dior valurent à Rachida Dati l'accusation de ne pas être crédible[94], tandis que « NKM » fut parfois critiquée pour le caractère élitiste et intimidant de son chic avant-gardiste[95]. De nombreuses femmes politiques préfèrent se cantonner à un style plus neutre, par choix personnel ou intériorisation de la contrainte, mais aussi pour mieux coller à la diversité sociologique et géographique d'un électorat qui ne voit pas toujours Paris d'un très bon œil. Même apprivoisée, la Parisienne reste, symboliquement, dans un pays qui n'a jamais complètement achevé sa décentralisation, une privilégiée : l'accusation de snobisme, d'élitisme et de coupure avec le « pays réel » n'est jamais très loin.

Il est vrai que ce modèle de distinction a toujours opéré par la mise à distance légèrement dédaigneuse de « l'autre » : la province, l'étranger, les colonies, la banlieue... Si la Parisienne a su tempérer sa morgue, jouer la carte de la proximité, elle ne se justifie, en son essence, que d'un principe de supériorité plus ou moins assumé, qui découle, plus globalement, du narcissisme historique de la capitale française. Dans un monde de plus en plus connecté et polynucléaire, où se renforce la concurrence des modèles, où s'affirme aussi le principe d'égalité entre les individus et les groupes, peut-elle encore être mobilisée sans susciter le feu des critiques ?

Un modèle devenu inadapté ?

Un cliché éculé, étriqué, critiqué

S'il est besoin d'entretenir régulièrement l'autopromotion de la Parisienne à coups de guides et d'articles, c'est bien parce que, précisément, sa domination est loin d'aller de soi, y compris sur le terrain qui demeure sa principale carte de visite, celui de la mode. On a assisté à la montée de « l'Américaine » dans les années 1930-1940, puis à la diversification des modes et des modèles de séduction dans les années 1960-1970. À compter des années 1980-1990, cette polynucléarité s'accentue encore : Londres, Milan, New York ont désormais leurs stylistes de renommée internationale et leurs *fashion weeks* réputées, avec, pour chacune de ces villes, une identité stylistique forte : la Londonienne, emblématisée par l'icône de la mode punk Vivienne Westwood, revendique une excentricité sans concession, la New-Yorkaise, vêtue par Ralph Lauren ou Diane von Furstenberg, affiche un chic sexy et sophistiqué bien à elle, l'Italienne, représentée aussi bien par l'extravagance du style Gianni Versace que par le classicisme revisité de Giorgio Armani ou de Miuccia Prada, oscille entre élégance atemporelle, avant-gardisme postmoderne et « éternel féminin » assumé. Nouvelles stars des années 1980, voyageant aux quatre coins de la planète, les top-modèles affichent une extrême diversité de plastiques et de types, jusqu'à inclure des beautés non blanches, dont la plus célèbre est Naomi Campbell, Londonienne d'origine jamaïcaine qui fut la première femme noire à faire la couverture du *Vogue* français, en 1988. En 1966 Edmonde Charles-Roux, alors directrice du *Vogue* français, avait échoué à imposer un mannequin de couleur en couverture du magazine[96], et c'est Yves Saint Laurent qui fut le premier à faire monter sur les podiums des modèles originaires d'Afrique, notamment la Somalienne Iman Mohamed Abdulmajid, la Ghanéenne Rebecca Ayoko ou la Guinéenne Katoucha Niane, surnommée « la princesse peule ». De leur côté, Jean-Paul Gaultier et Azzedine Alaïa lançaient, au début des années 1980, la carrière de Farida Khelfa, née à Lyon, en 1960, de parents algériens, tandis que le publicitaire Jean-Paul Goude faisait une égérie très parisienne de la Jamaïcaine Grace Jones. Si la Parisienne « typique » – blanche, mince, relativement petite – demeure incarnée avec éclat par une Inès de La Fressange, elle n'est plus qu'un modèle parmi d'autres, sans monopole exclusif sur les représentations de l'élégance[97].

Mais c'est aussi qu'elle a été si largement exploitée par le marketing publicitaire qu'elle tourne souvent au cliché passe-partout, sans odeur ni saveur. Lancée en 2009 sous la marque Yves Saint Laurent, alors que la maison ne contrôlait plus la branche « parfums » depuis le milieu des années 1960, et que le couturier était décédé l'année précédente, la fragrance *Parisienne* illustre parfaitement ce processus de standardisation globalisée, qui tend à abraser tout trait d'originalité et de distinction. Présenté dans un flacon quelconque, ce « jus » aux reflets mauves s'accompagne, pour son lancement, d'un chapelet de clichés déclinés sur le portail du site : « Le portrait d'une femme incroyablement libre. Libre de penser et d'agir. Elle n'est pas née à Paris mais Paris l'a adoptée. Parce qu'elle sait aimer et vivre, vivre et aimer. Le parfum de l'ultraféminité réchauffée par l'empreinte de l'homme qui l'a effleurée[98]. » Le premier spot publicitaire, en 2009, montrait le mannequin anglais Kate Moss, respirant une rose, dans une voiture, sur fond de flash-back amoureux. Le deuxième, en 2011, avec l'actrice et mannequin français Marine Vacth, met en scène une femme déambulant sur le pont Alexandre-III au petit matin, après une nuit d'amour. Dans les deux cas, la tonalité érotique est fortement suggérée, Paris demeurant l'inexpugnable capitale de l'amour et du désir. Pour le reste, coiffures, maquillages, tenues, on serait bien en peine d'établir une identité stylistique marquée, s'il n'y avait, à l'arrière-plan, des images de la capitale et le nom du parfum : il s'agit, avant tout, de séduire un large public mondialisé, pour qui le signifiant « Parisienne » reste, certes, attractif, mais sans rien évoquer de bien précis ni de très subversif. On est loin de « la femme Rive Gauche » de 1973, qui, en s'identifiant aux muses du couturier – Catherine Deneuve, Betty Catroux, Loulou de la Falaise… –, suggérait aussi la « femme libérée », collant à une époque féministe et frondeuse.

Cette édulcoration du mythe de la Parisienne explique aussi les mouvements d'humeur ou de moqueries que suscite régulièrement une résistance identitaire jugée, par beaucoup, nombriliste et sclérosée, symptôme d'une arrogance française souvent vilipendée dans d'autres domaines. À la sortie du livre de Caroline de Maigret et de ses amies, en 2014, les commentaires de la presse étrangère se partagèrent entre enthousiasme et agacement, avec quelques couplets ironiques sur cet alignement de clichés trop beaux pour être vrais[99]. En vérité, l'inusable *casual chic* de la Parisienne semble, à beaucoup, frôler l'ennui et la fadeur, modèle exténué, de moins en moins en phase avec l'effervescence cosmopolite du monde contemporain. C'est bien l'opinion de Carine Bizet, journaliste de mode aux goûts affûtés qui, dans un article du *Monde* consacré aux défilés printemps-été 2017, n'hésitait pas à déclarer : « Le mythe de la Parisienne s'estompe. » Utilisé pour « vendre partout où la capitale fait rêver », « l'alibi Parisienne, juge-t-elle, révèle de plus en plus ses qualités de "béquilles créatives" »[100]. Aussi les couturiers les plus innovants sont-ils, selon elle, ceux qui contournent le mieux ce mythe jugé « chancelant ». Olivier Rousteing, chez Balmain, est loué pour « son style ultraglamour et flamboyant » qui lui a assuré le succès auprès d'un public jeune, international et connecté. La Belge flamande Ann Demeulemeester a eu, elle, le bon goût de rester « imperméable à ce culte très normatif de la Parisienne », tandis qu'Isabel Marant, pourtant grande spécialiste de « la jeune Parisienne sexy et fraîche », a préféré cette fois naviguer avec bonheur « entre Ibiza et Los Angeles ». C'est à la collection Fenty Puma by Rihanna que Carine Bizet décerne la palme de la saison : « un style Marie-Antoinette vu par une artiste pop de la Barbade mixé avec du streetwear ». Voilà qui, malgré le clin d'œil à la reine de France, bouscule quelque peu la Parisienne portée aux nues par Inès de La Fressange et Caroline de Maigret, malgré leurs efforts conjugués pour donner au personnage une dégaine un peu plus rock.

L'enjeu, cependant, dépasse la simple bataille de snobisme entre les tenants du chic et ceux du *look*, cette nouvelle norme apparue avec les mouvements jeunes des années 1960, qui fait primer l'originalité individuelle sur l'élégance codifiée[101]. Car, ajoute la journaliste, « ce prototype plus ou moins imaginaire de jeune fille blanche, mince, aisée et branchée n'est pas si sympathique et, surtout, il est loin de refléter la diversité des profils de Parisiennes et plus largement des Françaises ». On pourrait même ajouter « du monde entier », si l'on prend acte du satisfecit qu'elle adresse à la « cabine » du créateur iconoclaste Olivier Rousteing : « Ses mannequins de toutes origines et aux courbes appétissantes soulignent cette opulence que bien des apôtres du "bon goût parisien" réprouvent. Tant pis pour eux[102]. » Si la Parisienne frise la paresse stylistique, elle apparaît surtout comme un modèle trop élitiste et trop « blanc », reflétant mal la diversité de son pays et du monde contemporain. Un article du journal de gauche *Marianne*, intitulé « Hey la Parisienne, tu te la pètes ! » lui reproche, précisément, de n'exister « que dans une sorte de réserve : deux arrondissements de la capitale, rive gauche[103] ». Si la critique n'est pas neuve, elle renforce assurément sa pertinence dans la ville embourgeoisée et « boboïsée » qu'est devenu le Paris du début du XXIe siècle.

Un modèle trop blanc et trop élitiste

Car la Parisienne demeure presque toujours, implicitement, une jeune femme plutôt privilégiée, à la fois socialement et ethniquement, malgré les sporadiques efforts de renouvellement déjà évoqués. Hélène et Irène Lurçat ont beau affirmer, dans leur introduction à *Comment devenir une vraie Parisienne*, que, « aujourd'hui, la Méditerranée et l'Afrique influencent fortement le style de la Parisienne », on peine à déceler ce vent du Sud, tant sur les défilés de mode que sur l'inspiration des créateurs : de l'aveu de tous les spécialistes, il reste difficile de placer un mannequin de type non occidental sur une couverture de magazine[104], et la note « ethnique » – terme souvent subtilement péjoratif – demeure employée, chez les créateurs français, à doses homéopathiques, dans le clin d'œil d'un tissu coloré ou d'un bijou exotique, associée qu'elle est à un style plutôt hippie ou baba cool, aux antipodes du chic urbain de la Parisienne.

Ces réticences ne peuvent manquer d'interroger, dans une capitale qui s'est amplement nourrie, depuis les années 1950, d'une immigration venue non seulement d'Europe et du Moyen-Orient mais aussi du Maghreb, d'Afrique noire et d'Asie, tout en chassant une partie de ses classes populaires et moyennes vers la périphérie et la banlieue. Car le trait saillant du Paris des années 1980-2010, c'est bien une gentrification croissante, qui s'est traduite par l'arrivée, dans les anciens quartiers populaires du nord et de l'est, d'une population de cadres et de « bourgeois bohèmes », ou *bobos*, au détriment des employés, ouvriers et artisans qui les occupaient précédemment[105]. La décroissance générale de Paris intra-muros, passé de 2 850 000 habitants en 1954 à 2 244 000 en 2017, s'est effectuée prioritairement au détriment de cette seconde catégorie, chassée vers la banlieue, à proportion de la croissance des prix de l'immobilier, de la décrue de la population active et de la désindustrialisation presque totale de la capitale : au début des années 2000, les ouvriers, employés et personnels de services ne représentaient plus que 28,6 % de la population active, contre 65 % en 1954[106]. Les catégories populaires n'ont pourtant pas disparu, en raison du maintien des besoins en services et en commerces, couplé à une offre non négligeable de logements sociaux et d'habitations temporaires (hôtels, meublés, foyers…) ; par ailleurs, la part des populations d'origine extraeuropéenne en leur sein a fortement augmenté[107]. D'anciens quartiers ouvriers, tels Belleville ou la Goutte-d'Or, sont ainsi devenus, au cours des années 1950-1960, des quartiers « d'immigrés », puis, au cours des années 1980, des quartiers mêlés, où cohabitent aujourd'hui « gentrifieurs bobos » et classes populaires d'origine étrangère.

Ces évolutions auraient pu donner lieu à des mutations d'images intéressantes : « la Parisienne » n'a-t-elle pas, dès l'origine, opéré comme un dispositif d'acculturation positive, apte à faire, en une ou deux générations, d'une Auvergnate ou d'une Bretonne mal dégrossies une « petite femme » du dernier chic ? Or, si les immigrées d'origine européenne ont pu bénéficier du même processus d'intégration – songeons, par exemple, au statut d'icône branchée des années 1980 acquis par la chanteuse Lio, d'origine portugaise, ou, dans un tout autre registre, à la réussite symbolique d'Anne Hidalgo, d'origine espagnole, première femme à accéder à la mairie de Paris –, la grisette africaine ou maghrébine peine, de fait, à émerger, tandis que décline, plus largement, la figure de la Parisienne populaire. Il est vrai que les activités productives ont massivement quitté la ville intra-muros, les secteurs de la couture et du linge se réduisant, pour l'essentiel, à quelques ateliers de conception, qui ont eux-mêmes tendance, aujourd'hui, à émigrer vers la première couronne, à l'exemple de la maison Chanel, pour partie installée à Pantin depuis 2011 et, bientôt, à Aubervilliers. Si le secteur de la vente s'est renforcé, c'est en accentuant le fossé entre les magasins haut de gamme, toujours associés à l'image mythifiée de la Parisienne, et le tout-venant des enseignes nationales et internationales, sans identité propre, avec le secteur intermédiaire du *casual chic*, destiné à la clientèle bobo. Dans tous les cas, les prix de l'immobilier font majoritairement des vendeuses des « banlieusardes » qui, le soir venu, regagnent, non le pauvre galetas sous les toits qu'évoquaient les auteurs du XIXe siècle, mais un habitat plus ou moins lointain, dépendant d'une ligne de RER. La « charmante » domestique a fait place à la femme de ménage, qui, même jeune, ne semble pas offrir le même potentiel de « parisianisation », surtout quand elle est d'origine étrangère. Quant aux métiers de la scène et du spectacle, ils se sont professionnalisés et partiellement coupés du vivier prolétarien qui, pendant, des siècles, a offert à Paris ses danseuses et ses « acteuses », autant que ses prostituées. L'activité de ces dernières n'a bien sûr pas disparu et reste alimentée par la misère sociale que concentrent les grandes capitales, mais le sexe vénal ne bénéficie plus de la sublimation culturelle dont ont fait l'objet les filles de noce et autres demi-mondaines, au moins jusqu'aux années 1950. Plus globalement, c'est la perception du fait prostitutionnel lui-même qui a fortement évolué au cours du XXe siècle, passant du statut de pratique centrale et tolérée pour les hommes de tous milieux à celui de pratique marginale, avant tout destinée à soulager les situations de misères ou de déviances sexuelles : d'où le fort déclassement symbolique, tant des hommes qui y ont recours que des femmes qui s'y livrent, et leur éviction aux périphéries moins riantes de la ville.

Reflétant les évolutions de la capitale, la Parisienne est donc bien devenue, pour l'essentiel, une femme blanche des classes moyennes et supérieures, liées au monde de la mode, de la culture et des médias, à l'image de nos auteures de guides. Si Caroline de Maigret et ses amies tentent de diversifier ses traits, c'est en lui donnant ceux d'une jolie fille de couleur aux cheveux lissés et au *look* branché[108], plutôt que ceux d'une Africaine typée. Cette invisibilité des « autres » Parisiennes peut prendre une tournure particulièrement caricaturale. C'est le cas dans cette typologie dressée par le magazine *L'Officiel de la couture et de la mode*, en 2009, sous le titre « Dames de Paname », qui, à côté de la Parisienne du Marais, de la Bastille ou du Panthéon, évoque la Parisienne de Belleville nouvelle manière :

> Notre canaille de Belleville [...] trouve géniale la boucherie Tizi-Ouzou de la rue de Belleville à côté des étalages de canards laqués chinois. Ne louperait pour rien au monde le marché aux épices à Ménilmontant le mardi matin. Pour l'exotisme. Elle connaît d'ailleurs les meilleurs mafés et yassa de tous les restaurants africains du coin[109].

Cette ouverture au monde ne va cependant pas jusqu'à intégrer les habitantes populaires du quartier : « Mme la Bellevilloise est forcément un peu artiste, vaguement actrice, un poil chanteuse. » Sans plus guère de rapports avec les danseuses de cancan et ouvrières de la Belle Époque, elle n'est plus ici qu'une « bobo » bienveillante, mais privilégiée – et bien sûr française « de souche ».

Quelques points de vue ont tenté d'inverser cette tendance, en intégrant au modèle de la Parisienne les femmes venues d'outre-Europe. Ainsi Layla Demay et Laure Watrin dans leur portrait de la Parisienne du 19e arrondissement, resté l'un des plus populaires de la capitale : « Dans les cheveux, elle a noué un foulard rapporté d'Abidjan par sa cousine. [...] Elle raffole d'H&M et du marché de Sarcelles. C'est là qu'elle achète des tissus africains et des imitations de sacs de grandes marques. Elle rêve d'une paire de lunettes Chanel, des vraies. Son autre obsession, c'est la lingerie[110]. » Mixage des cultures, et réemploi des traditions, telle est peut-être la recette pour forger la Parisienne du XXIe siècle, collant aux réalités sociologiques de la ville. De son côté, dans un bel article pour le journal *Libération* intitulé « Belles de la ville », le critique et écrivain Philippe Lançon s'employait, en 2006, à réinventer avec poésie la mythologie révolutionnaire du type :

> La Parisienne tient la rue et cette rue change. Elle se régénère par les silhouettes. [...] La Parisienne a tenu Saint-Germain-des Prés, les Champs-Élysées, la Bastille. Elle s'y promène encore mais en souvenir. [...] La nouvelle colonne vertébrale de la Parisienne abat Vendôme par le nord. Un soleil tropical et communard l'illumine. C'est la rue de Belleville : un cou long et souple, presque droit mais pas tout à fait, hautain et sensuel, d'une joie agressive et débauchée par un ourlet de crème pâtissière. La Parisienne de Belleville marque la rue d'une insouciance nerveuse[111].

Pour Lançon, cette nouvelle Bellevilloise, loin de trahir la tradition, ne fait que la prolonger en la réinventant :

> Ses rondeurs africaines reprennent une tradition citadine : le bruit, la harangue, la tchatche. Au XVIIIe siècle, ce siècle à perruques libertines, la rue pendait à ses cordes vocales. Tenir la rue, c'est la faire parler. Une ventriloquie sauvage s'exprime à Belleville à travers les jeunes femmes[112].

Un fil ininterrompu courrait donc des marchandes à la criée de Rétif de La Bretonne aux belles des quartiers populaires d'aujourd'hui, dans un hommage transhistorique au « peuple de Paris » : « La nouvelle Parisienne est moins hexagonale et moins rectiligne qu'elle ne fut : en elle le peuple s'unit à l'élégance, la séduction à l'orgueil, Paris au monde et le rire à l'oubli[113]. » Ainsi demeurent inchangées, et positives, ses valeurs cardinales.

Deux films sont cependant venus rappeler combien l'entreprise reste difficile, surtout quand on habite non pas un quartier de la capitale intimement lié à son histoire et à son identité mais la banlieue, cet espace dont l'étalement et la modernisation n'ont fait que renforcer les stigmates d'origine, et pour lequel l'effet de césure avec Paris intra-muros n'a été résorbé ni par la destruction des fortifications en 1919 (il est vrai remplacées, dans les années 1960, par un périphérique presque aussi isolant) ni par la mise en place du RER dans les années 1970. En 2010, le film de Géraldine Nakache et Hervé Mimran, *Tout ce qui brille*, évoque la vie de deux petites-bourgeoises de Puteaux, dont l'une, jouée par Leïla Bekhti, est d'origine maghrébine. Lasses de vivre « à dix minutes de tout » dans leur quartier sans lustre, elles décident de s'incruster dans les soirées huppées de l'Ouest parisien, en se faisant passer pour des Parisiennes aisées. L'entreprise donne évidemment lieu à toutes sortes de quiproquos plus ou moins drolatiques, mais aussi à de poignants déchirements identitaires, entre celle qui ne veut pas renier ses origines et celle qui veut coûte que coûte intégrer les élites. En 2013, le film de Reem Kherici *Paris à tout prix* met en scène un autre scénario : d'origine marocaine, Maya – jouée par la réalisatrice – travaille dans une maison de couture haut de gamme et a tout de la Parisienne chic et sophistiquée. Hélas, un banal contrôle routier l'oblige à produire un titre de séjour périmé : la voilà renvoyée dans son Maroc natal, alors que son patron lui avait fait miroiter un contrat à durée indéterminée si elle produisait le plus beau modèle du défilé. D'abord horrifiée par l'arriération du monde rural dans lequel elle se retrouve plongée de force, la « Parisienne » relève le défi en se faisant aider de sa grand-mère pour créer une robe à la dernière mode de Paris mais inspirée de motifs touareg : une série de péripéties rocambolesques lui permettra de rentrer en France, de gagner le concours et d'obtenir à la fois le poste convoité et le titre de séjour. Dans cette comédie grand public au *happy end* assumé, la réalisatrice a joué habilement des poncifs de la Parisienne : l'héroïne évolue dans le milieu de la mode, elle a le *look* branché et l'aimable snobisme des *fashionatas* de la capitale, et l'emportera, *in fine*, par son talent et son ambition. L'histoire aurait pu se dérouler en 1900, avec des ressorts presque identiques et, en arrière-plan, l'Auvergne, la Bretagne ou la Corse plutôt que le Maroc : manière de plaider avec humour que « l'intégration par la parisianité » est reproductible quel que soit l'espace d'origine du migrant. Force est cependant de constater qu'en dehors de ces rares exemples de fiction péchant sans doute par excès d'optimisme, la Parisienne demeure, pour l'essentiel, un modèle très occidental, qui peine à ouvrir à d'autres continents sa réputation intégratrice : ni la résidence ni la panoplie n'y suffisent, le corps et les préjugés incorporés dont il fait l'objet demeurent des obstacles tenaces.

Cet élitisme teinté d'un racisme feutré ne serait-il pas le symptôme d'un conservatisme plus général, qui rechigne aussi aux évolutions des identités de genre, des pratiques sexuelles et des rapports entre hommes et femmes qui affectent ce début du XXIe siècle ? Si les combats féministes des années 1960 avaient déjà contribué à mettre en

Un « trésor national » à préserver 337

cause la pseudo-puissance de la Parisienne, plusieurs affaires récentes sont venues réinterroger ce qu'on pourrait appeler « le modèle parisien de séduction », héritier d'un long passé mais, de ce fait même, parfois en porte à faux avec l'évolution des sensibilités.

Une complice de la domination masculine ?

En 2011, l'arrestation du président du FMI et potentiel candidat socialiste à la présidence de la République Dominique Strauss-Kahn, à la suite de la plainte d'une femme de chambre d'un hôtel new-yorkais pour agression sexuelle, a ouvert un débat qui touche directement à notre histoire de la Parisienne. Si le déroulement de l'instruction et les informations livrées à cette occasion sur les mœurs intimes de cet homme de pouvoir ont quelque peu contribué à ternir l'image de ce dernier, qui a reconnu les faits, rappelons que sa réputation était plutôt, à l'origine, pour ses proches, celle d'un libertin amateur de femmes et de plaisirs érotiques, non d'un obsédé sexuel susceptible de verser dans la violence. Voilà qui explique sans doute que plusieurs personnalités, hommes et femmes confondus, aient spontanément volé à son secours, en invoquant non seulement le respect de la vie privée et la présomption d'innocence mais aussi, de manière plus principielle, le droit à la galanterie, à la séduction, au commerce « aimable » entre les sexes, avec ce que ces jeux peuvent parfois impliquer de risqué ou d'asymétrique, même si, en l'espèce, la parole de la plaignante devait aussi être entendue[114]. Parmi les tenants de cette position « équilibrée », trois universitaires de renom, la sociologue Irène Théry, l'historienne Mona Ozouf et la littéraire Claude Habib qui, toutes trois, ont travaillé, dans leur champ respectif, sur l'identité et les pouvoirs féminins[115]. S'y ajoute le politologue Philippe Raynaud, spécialiste de la pensée libérale, pour qui ce sont les mœurs civilisatrices de la monarchie française qui ont contribué à donner aux Françaises des armes de résistance au pouvoir masculin et, partant, une forme d'indépendance et de puissance[116]. Dans plusieurs tribunes au *Monde* et à *Libération*, ces spécialistes entendaient répondre à la féministe américaine Joan Scott, qui, sur un forum du *New York Times*[117], accusait les Françaises d'avoir un rapport trop complaisant avec la domination masculine, susceptible d'entraîner, par-delà les échanges galants librement consentis, des dérapages malsains vers le harcèlement. Deux types de féminisme semblaient ainsi s'opposer, l'un, « américain » et « différentialiste », plus combatif et plus intransigeant vis-à-vis de l'universelle domination masculine analysée par Pierre Bourdieu, l'autre « français » et « universaliste », attaché à l'harmonie des rapports entre les sexes. « Le féminisme à la française est toujours vivant, concluait la sociologue Irène Théry. Il est fait d'une certaine façon de vivre et pas seulement de penser, qui refuse les impasses du politiquement correct, veut les droits égaux des sexes et les plaisirs asymétriques de la séduction, le respect absolu du consentement et la surprise délicieuse des baisers volés[118]. »

On discerne aisément la filiation historique de cette position, qui renvoie aux mœurs aristocratiques du XVIIIe siècle dont a découlé la Parisienne : une femme forte et séductrice, dotée d'une véritable *agency* – ou capacité d'action autonome –, qui n'est pas la proie passive de la prédation masculine, mais une actrice à part entière des jeux de rôle masculin-féminin, même dominés en apparence par le « sexe fort ». Si cette « femme puissante » s'est progressivement convertie aux enjeux du féminisme, c'est sans renier sa part de séduction – cas de Marguerite Durand – ni rompre avec les hommes – cas de Simone de Beauvoir. Si certaines branches du féminisme français, endogène ou sous influence anglo-saxonne, ont pu prôner des positions plus radicales ou différentialistes – au point que la notion de *French feminism* désigne aussi, aujourd'hui, dans le monde anglo-saxon, et non sans ambiguïté, l'ensemble du corpus théorique des années 1960-1970 qui insiste sur le caractère irréductible de l'expérience féminine[119] –, le féminisme « à la française », c'est-à-dire modéré et bienveillant envers les hommes, reste, selon Irène Théry, majoritaire et préférable[120].

Beaucoup dénoncent, cependant, un marché de dupes, qui, sous couvert de défendre une « singularité française » érigée en principe de civilisation, masque naïvement ou cyniquement les rapports de pouvoir qui demeurent à l'œuvre sous cette pseudo-égalité. C'est le cas, notamment, du sociologue Éric Fassin, spécialiste des rapports de genre et de race en France et aux États-Unis, qui, rebondissant sur les propos d'Irène Théry dans une tribune au *Monde*, remarque : « Et beaucoup de s'interroger rétrospectivement : le respect de la vie privée n'aurait-il pas servi de prétexte au déni des rapports de pouvoir entre les sexes ? Le rejet du féminisme américain, au nom d'une exception française, aurait-il permis l'exclusion du féminisme tout court[121] ? » Le féminisme « à la française » pourrait n'être, ainsi, qu'un antiféminisme larvé, qui, sous couvert de libéralisme sexuel et du refus de la guerre des sexes, en viendrait à couvrir les agissements des séducteurs-prédateurs, particulièrement bien représentés dans les cercles de pouvoir, publics ou privés. Cette vision « enchantée » a aussi pour conséquence d'ériger en idéal implicite l'hétérosexualité libérée de la fin du XXe siècle. Il est donc peu accueillant aux sphères qui organisent différemment les identités et les rôles sexués, tels l'homosexualité ou les modèles non occidentaux, par exemple au sein de l'islam : car c'est aussi, selon Joan Scott, au nom d'un impératif de séduction procédant de la culture française du plaisir et du « bien vivre » que les Français se sont montrés particulièrement chatouilleux à l'endroit du voile islamique ou, aujourd'hui, du burkini. Libéral en son essence, mais normatif et réducteur, ce modèle en deviendrait conservateur, à force de figer, en les sacralisant, des normes historiquement dépassées.

Ce débat contemporain, qui s'inscrit dans le développement des féminismes « de la troisième vague[122] », ou encore des *gender* et *LGBT studies* sous influence anglo-saxonne, prônant la déconstruction radicale des identités et des positions de genre, trouve matière à rebondir avec l'affaire Harvey Weinstein qui, à l'automne 2017, provoque une véritable déflagration dans l'histoire des rapports de sexe, avec de multiples accusations portées contre le puissant producteur de cinéma américain pour des harcèlements sexuels répétés, pouvant aller jusqu'au viol. Formulée, à l'origine, par des actrices hollywoodiennes en vue, la dénonciation déclenche une libération de la parole féminine sans précédent, avec la création presque immédiate, sur Twitter, par l'actrice Alyssa Milano, du hashtag *#me too* (« moi aussi ») qui invite les femmes à révéler les agressions sexuelles de toute nature dont elles ont été victimes. L'initiative est aussitôt reproduite en France par la journaliste Sandra Muller, sous le nom volontairement provocateur de *#balance ton porc*, qui connaît un succès foudroyant dans l'Hexagone, non sans provoquer le renvoi ou la démission de plusieurs hommes nommément visés par une avalanche de tweets vengeurs. Brusquement, les dessous souvent violents, vulgaires et inégalitaires de la séduction entre hommes et femmes – parfois aussi entre personnes du même sexe – se voient étalés au grand jour, invitant à débusquer, dans les représentations, comme dans le réel, les abus de pouvoir que masquent tant bien que mal discours et représentations sexistes cautionnés par leur prestige culturel. C'est bien ce que dénonce, en décembre 2017, l'historienne Laure Murat, en déclarant dans une tribune de *Libération*, ne plus pouvoir regarder le film de 1966 de Michelangelo Antonioni *Blow-Up* sans y déceler, avant tout, la violence faite aux femmes[123]. La sociologue Irène Théry se joint au mouvement pour affirmer : « Tout le monde sait parfaitement distinguer la séduction et l'agression […] car il y a eu toujours eu un envers sombre à la galanterie aristocratique[124]. »

Il est bien certain qu'une large partie de la littérature ou de l'iconographie de la Parisienne relève d'une affirmation de la domination masculine – et l'on a longuement insisté, tout au long de ce parcours historique, sur l'effet de « voile sublimateur », posé sur des rapports de sexe souvent violents et inégalitaires, s'apparentant parfois à un véritable « droit de cuissage ». Difficile, aujourd'hui, de ne pas relire cette mythologie enchantée à l'aune des événements récents, sans accentuer la tonalité critique du regard.

Pourtant, « la Parisienne » a aussi été un rôle, une posture, une position revendiquée par de nombreuses femmes, qui y ont vu une forme de liberté et de puissance capable de se mesurer, aux sens propre et figuré, au désir masculin. Et c'est bien le type de position que revendiquent celles qui ont reproché au mouvement *#balance ton porc* d'aller trop loin, en confondant la dénonciation légitime des abus sexuels avec la mise en accusation, aveugle et puritaine, de tous les comportements masculins. En janvier 2018, un collectif de cent femmes publiait, dans le journal *Le Monde*, une tribune dénonçant ces amalgames regrettables, ainsi qu'une véritable campagne de délation et un féminisme haineux envers les hommes. Rédigée par Sarah Chiche, psychologue et psychanalyste, Catherine Millet, critique d'art et écrivaine, Catherine Robbe-Grillet, comédienne et écrivaine, Peggy Sastre, auteure et journaliste, et Abnousse Shalmani, également journaliste et auteure, le texte était signé par des actrices (Catherine Deneuve, Ingrid Caven…), des artistes et des curatrices (Gloria Friedmann, Marie-Laure Bernadac…), des écrivaines et des journalistes, ainsi que par beaucoup d'autres appartenant majoritairement à l'élite culturelle et médiatique parisienne. Le texte osait des formules provocatrices, en affirmant, par exemple, « nous défendons une liberté d'importuner indispensable à la liberté sexuelle », ou encore, en relativisant la portée des attouchements dans les lieux publics. Il estimait, en substance, que s'il était légitime de dénoncer le viol, les excès de *#me too* et de *#balance ton porc* faisaient le jeu des conservateurs : « Cette fièvre à envoyer les "porcs" à l'abattoir, loin d'aider les femmes à s'autonomiser, sert en réalité les intérêts des ennemis de la liberté sexuelle, des extrémistes religieux, des pires réactionnaires et de ceux qui estiment, au nom d'une conception substantielle du bien et de la morale victorienne qui va avec, que les femmes sont des êtres "à part", des enfants à visage d'adulte, réclamant d'être protégées[125]. »

Comme lors de l'affaire DSK, et avec des arguments proches, l'article suscita une levée de boucliers, notamment à propos de l'expression « liberté d'importuner », jugée particulièrement provocatrice et maladroite. Si l'identité des signataires révélait un vaste nuancier de positions, mêlant gauche libérale et droite plus conservatrice, les historiennes féministes Michelle Perrot, Michèle Riot-Sarcey ou Christine Bard jugèrent toutes qu'il s'agissait de l'expression d'un antiféminisme récurrent en France[126], même si, nuance Christine Bard, « la logique du propos est en apparence moins réactionnaire que celle des courants antiféministes classiques, car ce qui est mis en avant, c'est la liberté[127] ». Pour Michelle Perrot, « le féminisme français est tempéré – voire englué – dans une tradition de "courtoisie" et de "galanterie" qui demande à être déconstruite tant elle dissimule l'inégalité sous les fleurs[128] ». C'est assurément la leçon que l'on peut tirer d'une histoire de la Parisienne, modèle qui s'est construit en parallèle du féminisme « légitime », et parfois contre lui.

Pour la presse internationale[129], en tout cas, ce point de vue discordant ne pouvait émaner que de la France, qui reste, pour le journal conservateur allemand *Die Welt*, « le pays du libertinage, de la galanterie et de la liberté sexuelle[130] ». Et si beaucoup d'intervenants étrangers s'indignaient, à l'unisson des féministes françaises, de cette position, d'autres y voyaient aussi l'expression d'une subversion bienvenue, qui constituait même, selon une journaliste italienne, « le premier acte de féminisme véritable depuis le début de l'affaire Weinstein[131] ». Le refus du schéma dominée-dominant, ou proie-victime, la défense de l'*agency* féminine, le pouvoir de l'éros, autant de traits dont est historiquement porteuse la figure de la Parisienne. Quant à savoir si elle est féministe ou antiféministe, faussement libre ou réellement subversive, la question demeure ouverte et irrésolue, tant il est vrai qu'elle a pu être, tour à tour, tout cela. C'est peut-être la journaliste américaine Rachel Donadio, du magazine *The Atlantic*, qui en traduit le mieux le caractère indécidable, sensible tout au long de notre histoire de la Parisienne :

En France, le pays qui a inventé l'industrie cosmétique moderne, une femme grandit avec l'idée qu'elle doit se connaître elle-même et qu'elle peut utiliser l'arme de la séduction à sa guise. Elle y est toutefois contrainte par la culture de son pays. Faut-il y voir une forme d'émancipation ou la preuve d'une culture profondément sexiste ? En tant qu'Américaine installée en France, c'est une question que je me pose en permanence. Et à laquelle je n'ai toujours pas de réponse[132].

Conclusion

Du XVIIIᵉ siècle à nos jours, « de Jean-Jacques Rousseau à Yves Saint Laurent », la Parisienne a incarné un idéal de féminité conforme au lieu et au moment de son épanouissement, Paris, capitale singulière. Cette osmose entre la ville phare de la modernité et son symbole féminin offre un exemple presque unique de type urbain absorbant à son profit le type national : jusqu'à nos jours, en effet, et même si la partition Paris-province est restée longtemps très clivante, la Française tend bien à se modeler sur la femme-capitale, sauf exemples ponctuels de contre-feux régionaux souvent nourris de nostalgies archaïsantes, là où la Londonienne et la New-Yorkaise, d'apparition plus tardive, peinent à se distinguer de l'Anglaise ou de l'Américaine.

Cette originalité historique trouve d'abord sa source dans la dissociation entre Paris et Versailles, qui, très précocement, a incité les riverains de la Seine à se définir autant en réaction qu'en complémentarité avec le siège de la Cour. Ce statut d'exception se prolonge au XIXᵉ siècle par l'hypertrophie croissante d'une ville nourrie par une forte concentration politico-administrative, autant que par des migrations économiques de grande ampleur, renforcées d'importants flux touristiques. Mais le succès du type s'inscrit aussi dans une dynamique fortement « genrée », puisque le Parisien ne s'est pas lesté du même poids symbolique et affectif. Par-delà l'orgueil urbain communément partagé, c'est bien une « certaine idée de la femme » qui s'est formulée à travers la Parisienne, ce qui rendait indispensable de l'aborder aussi par le biais d'une histoire du genre et des relations entre les sexes, médiatisées par les représentations de l'imaginaire social.

Dès l'Ancien Régime, elle a polarisé des qualités et des défauts qui se sont révélés stables à travers l'histoire. Ils impliquent, d'abord, un certain rapport à la mode et à l'apparence, fait d'élégance, de distinction, de sophistication, mais aussi de détachement, de légèreté, voire de désinvolture. À cette identité stylistique correspond une culture, qui fait la part belle à l'esprit et au verbe : héritière des salonnières et des grandes dames du XVIIIe siècle, la Parisienne se doit de maîtriser l'art de la conversation, nourrie d'épigrammes, de bons mots, de sous-entendus « galants », qui se muent en babil ou en bagout lorsqu'ils tombent des lèvres de la « petite femme de Paris » ou de la plus ambivalente femme du peuple. Ce pétillement du cerveau et de la langue va de pair avec un sens consommé du badinage ou du flirt, qui alimente un soupçon récurrent de légèreté de mœurs. Car la Parisienne s'est aussi définie par une morale conjugale et sexuelle assez lâche, quand elle n'est pas incarnée par les filles de noce et autres demi-mondaines qui ont longtemps fait de Paris une capitale du tourisme sexuel. Si cette aura sulfureuse a faibli, au fil du temps, pour se muer en une séduction douce, qui exclut tant l'invite sexuelle trop explicite qu'une conception trop éthérée des rapports amoureux, l'idéal de la Parisienne demeure bien celui d'un subtil équilibre « entre chic et "chien" », diffracté entre la femme élégante, mais dénuée de pruderie, et la « petite femme de Paris », qui n'est pas toute de vulgarité.

Mode, esprit, jeux galants : la Parisienne est, assurément, l'héritière d'un idéal aristocratique, qui, au siècle des Lumières, s'est partiellement affranchi du modèle curial pour inventer une nouvelle culture urbaine. Soucieuse de confort élégant, de raffinement discret, de divertissements cultivés et joyeux, elle met à distance les notions de décorum et de parade. Cet héritage se diffuse ensuite dans une société qui a coupé la tête à son roi, réduit les privilèges aristocratiques et peine à trouver un régime stable, tout en accueillant les transformations de la révolution industrielle et du capitalisme triomphant : le politique, l'économique et le social s'entremêlent ici, pour faire de la Parisienne une figure de la modernité en devenir, qui, tout en gardant un œil nostalgique sur le « galant » XVIIIe siècle, porte en elle les bouleversements du siècle des machines et du commerce. Porte-drapeau de la mode, du *shopping*, de la publicité naissants, elle apporte aussi cette titillation érotique indispensable aux séductions de la « vie parisienne ». Hôtesse de charme d'un « Tout-Paris » qui s'affranchit partiellement des hiérarchies nobiliaires, elle agrège, peu à peu, à son aura symbolique, les femmes des classes ascendantes, venues quêter, dans la capitale, en même temps que de meilleures conditions de vie et de travail, quelques miettes de luxe et de culture.

C'est donc, par définition, une figure composite et syncrétique, fruit et instrument de démocratisation, même si elle produit à son tour de nouveaux critères d'exclusion, fondés sur l'âge, le style, le métier ou l'occupation – le bas-bleu, la vieille fille ou l'oie blanche forment son envers négatif, tandis que grisettes, midinettes et cousettes lui offrent ses déclinaisons populaires.

À intervalles réguliers, les épisodes révolutionnaires sont venus rappeler combien relevait d'un mythe duplice, orchestré d'en haut, ce fantasme de « communauté imaginaire » qui gommait comme par magie l'exploitation économique et sexuelle dont étaient victimes les travailleuses pauvres. Lors de ces violents épisodes, la grisette perd alors, dans le regard des élites, son aura de charme pour prendre le visage plus inquiétant de la poissarde, de la tricoteuse ou de la pétroleuse. Sur la longue durée, cependant, ce sont bien l'apaisement et une forme d'œcuménisme social qui l'emportent, la Parisienne proposant une identité élitiste mais ouverte, accessible à toutes celles qui, pauvres ou riches, étrangères ou natives, se donneront les moyens de la conquérir. Le « titre » cherche alors à dessiner une aristocratie de substitution, dans une société qui ne fonde plus ses hiérarchies sur le rang et la naissance, mais sur les critères du mérite et de l'effort individuels, ramenés, pour les femmes, au savoir-être et au savoir-paraître.

Modèle forgé par les élites, à des fins de cohésion et de fluidification sociales, la Parisienne est aussi, en son essence, un fantasme d'homme, qui traduit tant le poids de la domination masculine au sein de la production culturelle que la position intermédiaire de tous ceux qui ont contribué à l'inventer, artistes, écrivains, journalistes, metteurs en scène, détenteurs d'un fort capital culturel couplé, le plus souvent, à un faible capital socio-économique. Écartelés entre le haut et le bas de la société, pratiquant, comme la majorité des hommes de l'époque, une sexualité verticale, ces bohèmes aux mœurs assez libres ont traduit et stylisé, dans leurs œuvres, les complexes rapports qu'ils entretenaient avec les femmes, du monde, du demi-monde, de la bourgeoisie ou du *low life*. De ce point de vue, il est indispensable de rappeler que « la Parisienne » est, avant tout, une projection imaginaire, un effet de langage et d'image, un idéal-type, qui ne reflète pas la « réalité » du monde social même si, avec Balzac et les romanciers réalistes, l'ambition sociologique s'affirme. Dans un siècle de contraintes sexuelles encore fortes, et fortement dissymétriques selon les genres, la Parisienne surgit, tel un djinn hors de sa lampe, à la croisée de milliers de rêves et de regards portés sur la passante, la femme du monde, l'actrice, la « femme comme il faut », obscurs objets du désir qui font parfois l'objet d'entreprises de séduction, mais demeurent, la plupart du temps, inaccessibles. Aussi cette figure se joue-t-elle, avant tout, dans l'espace public et semi-public de la capitale, où s'exhibent prostituées, demi-mondaines et, bien sûr, ouvrières et « trottins », mais qu'occupent aussi, et de plus en plus, les « femmes honnêtes » qui font leurs promenades, courent les magasins, vont au musée et au théâtre et, bientôt, s'essaient au cyclisme et à l'automobile. La Parisienne est aussi, en ce sens, le produit d'une morphologie et d'une culture urbaines spécifiques : avec ses rues, ses parcs, ses boulevards, ses densités extrêmes et sa géographie resserrée, Paris a concentré et mêlé, plus tôt et plus qu'ailleurs, les classes et les sexes, aiguisant la promiscuité, les mimétismes, et les jeux de séduction qui fondent la réputation internationale de Paris.

« Joujou de ces messieurs » ou poupée à la mode, la Parisienne a régulièrement suscité la méfiance des féministes et des progressistes : tirée de la côte d'Adam, cette Ève nouvelle relève souvent du simple faire-valoir, suffisamment pétillante et indépendante pour exalter la vie conjugale ou érotique des Parisiens, mais soigneusement maintenue à l'écart de tout pouvoir réel, économique ou politique, juchée qu'elle est sur un beau piédestal « féminolâtre ». Pourtant, elle s'est aussi construite et diffusée au féminin. Des femmes auteures ou journalistes, telle Delphine de Girardin, ont contribué à son invention, des provinciales, telles George Sand ou Colette, ont trouvé, dans cette identité, un levier d'émancipation, de nombreuses artistes de la scène et du spectacle, de Sarah Bernhardt à Catherine Deneuve, en passant par Mistinguett ou Joséphine Baker, lui ont apporté un subtil équilibre entre séduction et indépendance, sans parler des demi-mondaines et autres cocottes qui, régnant par l'éros et l'argent, lui ont donné un visage ambigu, à la fois dominées et dominantes. Et c'est dès la fin du XIXe siècle que le secteur de la couture offre aux plus talentueuses, de Madeleine Vionnet à Sonia Rykiel en passant par Gabrielle Chanel, un tremplin de réussite professionnelle, tandis que des figures atypiques, telles Marguerite Durand ou Marthe Richard, hybrident de manière originale la Parisienne et la féministe, même si l'on continue de reprocher aux Françaises leur modération et leurs compromissions dans les combats pour l'égalité des femmes. « Modernité douteuse », si l'on veut, que cette émancipation peu orthodoxe, qui n'emprunte pas les voies vertueuses de l'implication

Conclusion

civique et militante, pas plus que celles des carrières « nobles », dérivées des fonctions maternelles, métiers de l'enseignement, de l'hygiène et du social : globalement, la Parisienne s'est définie par sa faible implication vis-à-vis du politique. Mais modernité tout de même, dans l'ordre des comportements et des jeux de rôle, qui offrent, au cœur d'un siècle « victorien » réputé asphyxiant pour les femmes, un régime d'entre-deux, qui passe par une mixité plus fréquente qu'ailleurs, et un moindre enfermement dans l'espace domestique et privé.

Cette liberté relative, qui résulte du statut à tous égards exceptionnel de Paris au XIXe siècle, capitale mondiale des arts, des spectacles, des plaisirs et de la mode, est mise en doute quand s'affirment avec plus de fermeté et de constance les enjeux de l'égalité entre les sexes, puis la déconstruction des identités de genre et des normes hétérosexuelles, qui interrogent tant l'idéal de « féminité » de la Parisienne que son attachement à l'harmonie des relations entre les sexes, rétif à tout féminisme misandre. Concurrencée par les stars de Hollywood dès les années 1920 puis banalisée par la révolution sexuelle des années 1960 et la diversification des référents féminins que celle-ci entraîne, la Parisienne ne se survit qu'au titre de détentrice privilégiée d'un inusable « chic », et de modèle gentiment résistant à la globalisation du monde. Cependant, si la surexploitation dont elle fait l'objet dans la littérature touristique et le marketing publicitaire a quelque peu édulcoré son potentiel de distinction et de subversion, les débats récents déclenchés par l'affaire DSK et l'affaire Weinstein ont contribué à remettre sous les feux de l'actualité quelques-uns de ses fondamentaux identitaires : l'attachement à la différence des sexes et aux « plaisirs dissymétriques de la séduction », formulé par celles qui sont désormais étiquetées « féministes à la française », ne s'inscrit-il pas dans cette histoire ? Synonyme, pour les uns, de conservatisme, voire d'antiféminisme larvé, cette position témoignerait, pour les autres, d'un lien irréductible à un art de vivre hérité d'une longue tradition, fût-ce au prix d'une cécité plus ou moins volontaire aux effets discriminants du « social » et du genre, dans le droit au plaisir et à la liberté. Si la fonction de l'historienne n'est pas de trancher dans un débat de nature à la fois intime et idéologique, elle peut, à tout le moins, souligner la fonction de « modèle » acquis, au fil des siècles, par la Parisienne, toujours actif en ce début de XXIe siècle qui a pourtant multiplié les types concurrents. Aussi la conclusion ne peut-elle être que conforme à la réputation du personnage : la Parisienne, aura-t-on jamais fini de parler d'elle ?

Notes

Introduction

1. Jean-Louis Bory, « De Licorne et de métro », dans *Les Parisiennes*, catalogue de l'exposition du musée Galliera, mars-mai 1958, Paris, Les Presses artistiques, 1958, p. 101.
2. Voir collectif, *Être parisien, Paris et Île-de-France, Mémoires*, t. LV, Paris, Fédération des Sociétés historiques et archéologiques de Paris et de l'Île-de-France-Publications de la Sorbonne, 2004.
3. Voir Alain Corbin, « Paris-province », dans Pierre Nora (dir.), *Les Lieux de mémoire*, vol. 3 : *Les France*, t. I : *Conflits et partages*, Paris, Gallimard, « Quarto », 1997.
4. Roger Caillois, « Paris, mythe moderne », dans *Le Mythe et l'Homme*, Paris, Gallimard, 1938, rééd. « Folio », 1987.
5. Daniel Roche, *La Culture des apparences. Une histoire du vêtement, XVIIe-XVIIIe siècle*, Paris, Fayard, 1989 ; Philippe Perrot, *Le Travail des apparences ou les Transformations du corps féminin, XVIIIe-XIXe siècle*, Paris, Seuil, 1984, et *Les Dessus et les Dessous de la bourgeoisie. Une histoire du vêtement au XIXe siècle*, Paris, Fayard, 1981 ; Georges Vigarello, *Une histoire de la beauté. Le corps et l'art d'embellir, de la Renaissance à nos jours*, Paris, Seuil, 2004 ; Christine Bard, *Les Garçonnes. Modes et fantasmes des années folles*, Paris, Flammarion, 1998.
6. Voir Françoise Raison-Jourde, *La Colonie auvergnate de Paris au XIXe siècle*, Paris, Ville de Paris, Commission des travaux historiques, 1968, ou Jeanne Gaillard, *Paris la ville 1852-1870*, Paris, Honoré Champion, 1977.
7. Alain Corbin, *Les Filles de noce. Misère sexuelle et prostitution au XIXe siècle*, Paris, Flammarion, 1982, et Lola Gonzalez-Quijano, *Capitale de l'amour. Filles et lieux de plaisir à Paris au XIXe siècle*, Paris, Vendémiaire, 2015.
8. Aruna D'Souza et Tom McDonough (éd.), *The Invisible flâneuse ? Gender, Public and Visual Culture in Nineteenth Century Paris*, Manchester-New York, Manchester University Press, 2008.
9. Vanessa R. Schwartz, *Spectacular Realities : Early Mass Culture in Fin-de-siècle Paris*, Berkeley, University of California Press, 1999.

10. Sabine Denuelle, *La Parisienne dans l'art*, Paris, Citadelles & Mazenod, 2011.
11. Voir Michelle Perrot, « 1848 : la Révolution des femmes », *L'Histoire*, 8 février 2008.
12. Christophe Charle, *La Discordance des temps. Une brève histoire de la modernité*, Paris, Armand Colin, 2011.

Chapitre 1.
Premiers pas, entre ville et Cour (XVIIe-XVIIIe siècle)

1. Jean-Jacques Rousseau, *Julie ou la Nouvelle Héloïse* (1761), Paris, Garnier-Flammarion, 1967, p. 189.
2. *Ibid.*, p. 185.
3. *Ibid.*, p. 189, 191-192.
4. *Ibid.*, p. 197.
5. *Ibid.*, p. 199.
6. Béat Louis de Muralt, *Lettre sur les Anglais et les Français* (1725), Lausanne, Bibliothèque romande, 1972.
7. Jean-Louis Fougeret de Monbron, *La Capitale des Gaules ou la Nouvelle Babylone* (1759), Paris, Ducros, 1970.
8. A. Corbin, « Paris-province », art. cité, p. 2851-2888.
9. Baronne d'Oberkirch, *Mémoires de la baronne d'Oberkirch sur la cour de Louis XVI et la société française avant 1789*, Paris, Mercure de France, 1970, p. 164.
10. Madame de Sévigné, *Lettres (1656-1696)*, Paris, Garnier-Flammarion, 1976, p. 387.
11. *Encyclopédie*, Neuchâtel, 1765, t. XI ; Stuttgart-Bad Cannstatt, Friedrich Frommann Verlag, 1966, p. 944.
12. Lapeyre, *Les Mœurs de Paris*, Amsterdam, imprimerie de G. Castel, 1747, p. 4.
13. Nicolas Edme Rétif de La Bretonne, *Les Contemporaines, ou Aventures des plus jolies femmes de l'âge présent* (1780-1785), Genève, Slatkine Reprints, 1988. L'ensemble est divisé en trois séries, *Les Contemporaines mêlées*, *Les Contemporaines du commun* et *Les Contemporaines par gradation*.
14. *Id.*, *Les Françaises, ou XXXIV exemples choisis dans les mœurs actuelles, propres à diriger les filles, les épouses, les femmes et les mères (1786)*, Genève, Slatkine Reprints, 1988.
15. *Id.*, *Les Parisiennes, ou XL caractères généraux pris dans les mœurs actuelles, propres à servir à l'instruction des personnes du sexe, tirés des mémoires du nouveau Lycée des mœurs* (1787), Genève, Slatkine Reprints, 1988.
16. Lapeyre, *Les Mœurs de Paris*, op. cit., p. 49-50.
17. J.-J. Rousseau, *Julie ou la Nouvelle Héloïse*, op. cit., p. 190.
18. Louis-Antoine de Caraccioli, *Paris, le modèle des nations étrangères ou l'Europe française*, Venise-Paris, chez la Veuve Duchesne, 1777, p. 292.

19. *Encyclopédie*, *op. cit.*, « Mode », t. X.
20. Baronne d'Oberkirch, *Mémoires...*, *op. cit.*, p. 360.
21. Montesquieu, *Les Lettres persanes* (1721), Paris, Garnier-Flammarion, 1995, p. 202.
22. J.-J. Rousseau, *Julie ou la Nouvelle Héloïse*, *op. cit.*, p. 190.
23. Jeanne-Marie Roland, *Mémoires de Madame Roland*, Paris, Cosmopole, 2001, p. 24-25.
24. Louis-Sébastien Mercier, *Tableau de Paris* (1782-1788), Mercure de France, 1994, vol. 1, p. 410.
25. J.-J. Rousseau, *Julie ou la Nouvelle Héloïse*, *op. cit.*, p. 192.
26. L.-A. de Caraccioli, *Paris, le modèle des nations étrangères*, *op. cit.*, p. 120 et 253.
27. *Encyclopédie*, *op. cit.*, « Élégance », t. V, p. 482.
28. J.-J. Rousseau, *Julie ou la Nouvelle Héloïse*, *op. cit.*, p. 190.
29. *Ibid.*
30. Anonyme, *The Curiosities of Paris in Nine Letters*, Londres, W. Owen, 1757, p. 146.
31. J.-J. Rousseau, *Julie ou la Nouvelle Héloïse*, *op. cit.*, p. 189.
32. Princesse Palatine, *Lettres de la princesse Palatine, 1676-1722*, Paris, Mercure de France, 1981, p. 40.
33. Laurent Turcot, *Le Promeneur à Paris au XVIIIe siècle*, Paris, Gallimard, 2007.
34. L.-A. de Caraccioli, *Paris, le modèle des nations étrangères*, *op. cit.*, p. 229.
35. *Ibid.*
36. Antoine Lilti, *Le Monde des salons. Sociabilité et mondanités à Paris au XVIIIe siècle*, Paris, Fayard, 2005.
37. J.-J. Rousseau, *Julie ou la Nouvelle Héloïse*, *op. cit.*, p. 199.
38. Dancourt, *La Parisienne*, Paris, Thomas Guillain, 1694, p. 34.
39. N. E. Rétif de La Bretonne, *Les Parisiennes* (1787), Genève, Slatkine Reprints, vol. 3, p. 5.
40. Giovanni-Paolo Marana, *Lettre d'un Sicilien à l'un de ses amis, contenant une agréable critique de Paris et des Français*, Chambéry, P. Maubal, 1714, p. 15.
41. Charles Cotolendi, *An Agreable Criticism of the City of Paris and the French, Giving an Account of Their Present State and Condition*, Londres, Ben Bragg, 1704, p. 14-15.
42. Louis Liger, *Le Voyageur fidèle ou le Guide des étrangers dans la ville de Paris*, Paris, Pierre Ribou, 1716, p. 62.
43. J.-J. Rousseau, *Julie ou la Nouvelle Héloïse*, *op. cit.*, p. 191.
44. N. E. Rétif de La Bretonne, *Les Parisiennes...*, *op. cit.*, vol. 1, p. 55.
45. B. L. de Muralt, *Lettre sur les Anglais et les Français*, *op. cit.*, p. 229.
46. Montesquieu, *Les Lettres persanes*, *op. cit.*, p. 127.
47. J.-J. Rousseau, *Julie ou la Nouvelle Héloïse*, *op. cit.*, p. 193.
48. Agnès Walch, *Histoire de l'adultère (XVIe-XIXe siècle)*, Paris, Perrin, 2009, p. 240.
49. Edmond et Jules de Goncourt, *La Femme au XVIIIe siècle* (1862), Paris, Flammarion, 1982, p. 196.

50. L.-S. Mercier, *Tableau de Paris, op. cit.*, vol. 1, p. 876.
51. Denis Fonvizine, juin 1778, dans *Les Russes découvrent la France au XVIIIe et au XIXe siècle*, Paris-Moscou, éditions du Globe-éditions du Progrès, 1989, p. 42.
52. N. E. Rétif de La Bretonne, *Les Contemporaines, op. cit.*, vol. 24.
53. L.-S. Mercier, *Tableau de Paris, op. cit.*, vol. 1, p. 410.
54. N. E. Rétif de La Bretonne, « Aux yeux d'une Parisienne... », dans *Les Parisiennes, op. cit.*, vol. 1, p. 27.
55. L.-S. Mercier, *Tableau de Paris, op. cit.*, vol. 1, p. 13.
56. Voir Arnaud Baubérot et Florence Bourillon (dir.), *Urbaphobie ou la détestation de la ville au XIXe et XXe siècles*, Pompignac, Bière, 2009.
57. Rétif de la Bretonne, *Les Parisiennes..., op. cit.*, vol. 1, p. 28-29.
58. Lettre du 7 novembre 1760, citée par Raymond Trousson, *Jean-Jacques Rousseau*, Paris, Hachette, 1993, p. 185.
59. Jennifer M. Jones, *Sexing « la mode » : Gender, Fashion and Commercial Culture in Old Regime France*, Oxford, Berg, 2004.
60. Thomas Laqueur, *La Fabrique du sexe. Essai sur le corps et sur le genre en Occident*, Paris, Gallimard, 1992.
61. N. E. Rétif de La Bretonne, *Les Parisiennes, op. cit.*, vol. 2, p. 5.
62. J.-J. Rousseau, *Julie ou la Nouvelle Héloïse, op. cit.*, p. 194.
63. Voir Alain Becchia (dir.), *Modernités de l'Ancien Régime, 1750-1789*, Rennes, PUR, 2012.
64. L.-S. Mercier, *Tableau de Paris, op. cit.*, vol. 2, p. 775.
65. N. E. Rétif de La Bretonne, *Les Parisiennes, op. cit.*, vol. 3, p. 7.
66. *Ibid.*, vol. 1, p. 41.
67. *Ibid.*, p. 29.
68. David Garrioch, *La Fabrique du Paris révolutionnaire* (2002), Paris, La Découverte, 2013.
69. L.-S. Mercier, *Tableau de Paris, op. cit.*, vol. 1, p. 368.
70. *Ibid.*
71. *Ibid.*, p. 607.
72. Daniel Roche, *La Culture des apparences, op. cit.*, p. 117.
73. N. E. Rétif de La Bretonne, *Les Parisiennes, op. cit.*, vol. 1, p. 37. Laïs, par référence à Laïs de Corinthe, est ici synonyme de courtisane.
74. Arlette Farge, *Vivre dans la rue à Paris au XVIIIe siècle* (1979), Paris, Gallimard, « Folio », 1992, p. 96.
75. Vincent Milliot, *Les Cris de Paris ou le Peuple travesti. Les représentations des petits métiers parisiens (XVIe-XVIIIe siècles)*, Paris, Publications de la Sorbonne, 1995.
76. A. Corbin, « Paris-province », art. cité, p. 2858.
77. Joseph Lavallée, *Voyage dans les départements de la France*, Paris, Brion, 1792-1794.
78. *Ibid.*, p. 3 et 4.
79. *Ibid.*, p. 3.
80. *Journal de la mode et du goût*, 15 juillet 1790, n° 15.
81. Edmund Burke, *Réflexions sur la Révolution de France* (1790), Paris, Hachette, 2010, p. 91.

82. Dominique Godineau, *Citoyennes tricoteuses. Les femmes du peuple à Paris pendant la Révolution (*1988), Paris, Perrin, 2004.
83. Louis-Sébastien Mercier, *Le Nouveau Paris* (1798), Paris, Mercure de France, 1994, p. 255.
84. Georges Duval, *Souvenirs de la Terreur*, Paris, Werdet éditeur, 1841, p. 296.
85. *Ibid.*
86. Voir Anne Verjus, *Le Bon Mari. Une histoire politique des hommes et des femmes à l'époque révolutionnaire*, Paris, Fayard, 2010.
87. Dominique Godineau, « Beauté, respect et vertu : la séduction est-elle républicaine ? (1770-1794) », dans Arlette Farge et Cécile Dauphin, *Séduction et sociétés. Approches historiques*, Paris, Seuil, 2001.
88. Voir D. Godineau, *Citoyennes tricoteuses*, *op. cit.*, p. 165.
89. Claude-François-Xavier Mercier de Compiègne, *Comment m'habillerai-je ? Réflexions politiques et philosophiques sur l'habillement français et sur la nécessité d'un costume national*, Paris, Imprimerie de l'auteur, 1793, p. 3.
90. *Napoléon et Joséphine. Correspondance, lettres intimes*, Paris, Édition SPM-Pierrelongue, 2012, p. 1-2.
91. Jean Tulard, *Nouvelle Histoire de Paris. Le Consulat et l'Empire*, Paris, Association pour la publication d'une histoire de Paris, 1970, p. 15.
92. Voir Anne-Marie Kleinert, *Le « Journal des dames et des modes » ou la Conquête de l'Europe féminine (1797-1839)*, Stuttgart, Jan Thorbecke Verlag, 2000.
93. Louise Fusil, *Souvenirs d'une actrice* (1841), Paris, Honoré Champion, 2006, p. 279.
94. Philippe Séguy, *Les Modes sous l'Empire*, Paris, Tallandier, 1988, p. 150.
95. Cité par Françoise Wagener, *L'Impératrice Joséphine*, Paris, Perrin, 2005, p. 147.

Chapitre 2.
La Parisienne des romantiques (1820-1850)

1. Taxile Delord, *Physiologie de la Parisienne*, Paris, Aubert et Lavigne, 1841-1842, p. 8.
2. Christophe Charle, *Le Siècle de la presse, 1830-1939*, Paris, Seuil, 2004.
3. T. Delord, *Physiologie de la Parisienne*, *op. cit.*, p. 29.
4. *Ibid.*, p. 11-14.
5. *Ibid.*, p. 15.
6. Voir Nathalie Preiss, *Les Physiologies en France au XIXe siècle, étude littéraire et stylistique*, Mont-de-Marsan, Éditions interuniversitaires, 1999, et Luce Abelès et Ségolène Le Men, *Les Français peints par eux-mêmes. Panorama social du XIXe siècle*, Paris, RMN, 1993.
7. Voir Alain Corbin, « Le XIXe siècle ou la nécessité de l'assemblage », dans *L'Invention du XIXe siècle*, Paris, Klincksieck-Presses de la Sorbonne Nouvelle, 1999, p. 153-159.

8. Voir Wolf Lepenies, *Les Trois Cultures. Entre science et littérature, l'avènement de la sociologie*, Paris, Maison des sciences de l'homme, 1990.
9. T. Delord, *Physiologie de la Parisienne, op. cit.*, p. 39.
10. Voir Judith Lyon-Caen, *La Lecture et la Vie. Les usages du roman au temps de Balzac*, Paris, Tallandier, 2006, p. 25.
11. *Ibid.*
12. Stendhal, *Le Rouge et le Noir* (1830), dans *Œuvres romanesques complètes*, Paris, Gallimard, « Bibliothèque de la Pléiade », 2005, t. I.
13. *Id.*, « Projet d'article sur *Le Rouge et le Noir* » (1832), dans *ibid.*, p. 822-838.
14. *Ibid.*, p. 414.
15. Honoré de Balzac, *La Muse du département* (1833), dans *La Comédie humaine*, t. IV, Paris, Gallimard, « Bibliothèque de la Pléiade », 1976.
16. Honoré de Balzac, *Illusions perdues* (1837-1843), Paris, Garnier-Flammarion, 1966.
17. Voir Éric Fournier, *La Belle Juive*, Seyssel, Champ Vallon, 2011.
18. Honoré de Balzac, *Mémoires de deux jeunes mariées* (1841), Paris Garnier-Flammarion, 1979, p. 206.
19. Alfred de Musset, *Conseils à une Parisienne*, dans *Poésies complètes*, Paris, Gallimard, « Bibliothèque de la Pléiade », 1957.
20. *Id.*, *La Confession d'un enfant du siècle* (1836), Paris, Garnier-Flammarion, 2010.
21. Alexandre Dumas fils, *La Dame aux camélias* (1848), Paris, Gallimard, « Folio », 1975.
22. Eugène Sue, *Les Mystères de Paris*, Bruxelles, A. Jamar, 1842-1843.
23. Henri Murger, *Scènes de la vie de bohème* (1851), Paris, Garnier-Flammarion, 2012.
24. Alfred de Musset, *Mademoiselle Mimi Pinson. Profil de grisette* (1853), *Contes*, Paris, Classiques Garnier, 2009, p. 249-296.
25. Marie-Ève Thérenty, *Balzac journaliste*, Paris, Seuil, 2012, p. 21 et suiv.
26. Voir Jean-Claude Yon, *Une histoire du théâtre à Paris, de la Révolution à la Grande Guerre*, Paris, Aubier, 2012, p. 11-19.
27. Angel et Eugène Vanel, *Les Plus Belles Femmes de Paris*, Paris, E. Michaud, 1839.
28. Augustin Lauzanne de Varoussel, Félix-Auguste Duvert et Théophile Dumersan, *Les Plus Belles Femmes de Paris*, Paris, impr. de Vve Dondey-Dupré, (s. d., 1839).
29. T. Delord, *Physiologie de la Parisienne, op. cit.*, p. 70.
30. *Le Moniteur de la mode*, 30 novembre 1843, t. II, p. 41.
31. Voir Françoise Tétart-Vittu, « Le Moniteur de la mode », *Encyclopaedia Universalis*, http://www.universalis.fr/encyclopedie/le-moniteur-de-la-mode.
32. *Le Moniteur de la mode*, 30 novembre 1843, t. II, p. 42-43.
33. *Ibid.*, 1er novembre 1849, t. X, p. 169.
34. Madeleine Rudigoz-Lassère, *Delphine de Girardin. Femme de lettres au temps du romantisme*, Paris, Perrin, 2003.

35. Delphine de Girardin, *Lettres parisiennes*, Paris, Charpentier, 1843, lettre du 27 octobre 1837, p. 197.
36. *Ibid.*, 3 mai 1839, p. 328.
37. *Ibid.*, 7 juin 1837, vol. 1, p. 124.
38. Charles de Forster, *Paris et les Parisiens. Quinze ans de Paris*, Paris, Firmin-Didot, 1848, t. I, p. 70.
39. *Ibid.*, p. 71.
40. Vladimir Stroïev, dans *Les Russes découvrent la France*, *op. cit.*, p. 256-257.
41. H. de Balzac, *La Muse du département*, *op. cit.*, p. 655.
42. Delphine de Girardin, *Correspondance parisienne (1840-1848)*, Paris, Michel Lévy, 1853, lettre du 9 novembre 1844, p. 381.
43. V. Stroïev, *op. cit.*, p. 234.
44. Jules Janin, *L'Été à Paris*, Paris, Léon Curmer, 1843, p. 24.
45. Alain Corbin, *Le Miasme et la Jonquille*, Paris, Aubier, 1982, p. 207 et suiv.
46. H. de Balzac, *Illusions perdues*, *op. cit.*, p. 551.
47. Jules Janin, *L'Hiver à Paris*, Paris, Léon Curmer, 1843, p. 93.
48. Frances Trollope, *Paris and the Parisians in 1835*, Paris, Baudry's European Library, 1836, vol. 2, p. 1.
49. Honoré de Balzac, « Théorie de la démarche », *L'Europe littéraire*, août-septembre 1833.
50. Honoré de Balzac, « La femme comme il faut », dans *Les Français peints par eux-mêmes. Types et portraits humoristiques à la plume et au crayon*, Paris, Léon Curmer, 1840-1842, vol. 1, p. 321.
51. V. Stroïev, *op. cit.*, p. 263.
52. T. Delord, *Physiologie de la Parisienne*, *op. cit.*, p. 21
53. H. de Balzac, *La Muse du département*, *op. cit.*, p. 655.
54. T. Delord, *Physiologie de la Parisienne*, *op. cit.*, p. 69.
55. H. de Balzac, *La Muse du département*, *op. cit.*, p. 752.
56. V. Stroïev, *op. cit.*, p. 256-257.
57. Léon Gozlan, *Les Maîtresses à Paris. Ce que c'est qu'une Parisienne*, Paris, Eugène Didier, 1852-1853, p. 8.
58. Louis Véron, *Mémoires d'un bourgeois de Paris*, Paris, Gabriel de Gonet, 1853, vol. 3, p. 272.
59. Stendhal, *Le Rouge et le Noir*, *op. cit.*, p. 834.
60. Balzac, *La Peau de chagrin*, Paris, Garnier-Flammarion, 1974, p. 115.
61. A. de Musset, *Conseils à une Parisienne*, poème cité.
62. *Ibid.*
63. Hippolyte Lucas, « La femme adultère », dans *Les Français peints par eux-mêmes*, *op. cit.*, vol. 2, p. 414.
64. D. de Girardin, *Lettres parisiennes*, *op. cit.*, p. 383.
65. Félix Deriège, *Physiologie du lion*, Paris, J. Delahaye, 1842.
66. Eugène Guinot, « La lionne », dans *Les Français peints par eux-mêmes*, *op. cit.*, vol. 1, p. 565-572.

67. Voir Daniel Salvatore Schiffer, *Le Dandysme, la création de soi*, Paris, F. Bourin, 2011.
68. E. Guinot, « La lionne », art. cité, p. 373.
69. D. de Girardin, *Correspondance parisienne, op. cit.*, p. 311.
70. Voir *Elle coud, elle court, la grisette !*, catalogue de l'exposition de la Maison de Balzac, Paris, Paris musées, 2011.
71. T. Delord, *Physiologie de la Parisienne, op. cit.*, p. 83.
72. H. de Balzac, *La Caricature*, 6 janvier 1831.
73. La Fontaine, « Joconde ou l'infidélité des femmes », dans *Œuvres complètes*, Paris, P. Jannet, 1857, t. II.
74. Paul de Kock, *Le Commis et la Grisette*, Paris, Marchant, 1834.
75. Jules Janin, « La grisette », dans *Les Français peints par eux-mêmes, op. cit.*, vol. 1, p. 311.
76. Louis Huart, *Physiologie de la grisette*, Paris, Aubert et Cie, 1841, p. 4.
77. *Ibid.*, p. 2.
78. V. Stroïev, *op. cit.*, p. 26
79. Pierre-Jean de Béranger, *Frétillon*, chanson, 1839.
80. C. de Forster, *Paris et les Parisiens, op. cit.*, t. I, p. 201.
81. Louis Roux, « La demoiselle de comptoir », dans *Les Français peints par eux-mêmes, op. cit.*, vol. 1, p. 368.
82. Maria d'Anspach, « La modiste », dans *Les Français peints par eux-mêmes, op. cit.*, vol. 2, p. 193-202.
83. C. de Forster, *Paris et les Parisiens, op. cit.*, t. I, p. 201.
84. *Ibid.*, t. II, p. 260.
85. T. Delord, *Physiologie de la Parisienne, op. cit.*, p. 44.
86. *Le Charivari*, 4 mai 1864.
87. L. Véron, *Mémoires d'un bourgeois de Paris, op. cit.*, vol. 3, p. 304.
88. J. Janin, *L'Hiver à Paris, op. cit.*, p. 162.
89. L. Véron, *Mémoires d'un bourgeois de Paris, op. cit.*, p. 297.
90. Lenard Berlanstein, *Daughters of Eve : A Cultural History of French Theater Women, from the Old Regime to Fin-de-siècle*, Cambridge (Mass.), Harvard University Press, 2000.
91. T. Delord, *Physiologie de la Parisienne, op. cit.*, p. 63.
92. *Ibid.*, p. 64.
93. A. Dumas fils, *La Dame aux camélias, op. cit.*, p. 16.
94. A. Dumas, « Filles, lorettes et courtisanes », dans *La Grande Ville. Nouveau tableau de Paris*, Paris, Bureau central des publications nouvelles, 1842-1843, p. 315.
95. L. Gonzales-Quijano, *Paris, capitale de l'amour, op. cit.*, p. 29.
96. *Ibid.*, p. 30.
97. Philippe Vigier, *Nouvelle Histoire de Paris. Paris pendant la monarchie de Juillet*, Paris, Association pour la publication d'une histoire de Paris, 1991, p. 230 et suiv.
98. Voir Bernard Marchand, *Paris, histoire d'une ville (XIXe-XXe siècle)*, Paris, Seuil, 1993, p. 10-11, et P. Vigier, *Nouvelle Histoire de Paris. Paris pendant la monarchie de Juillet, op. cit.*, p. 230 et suiv.

99. T. Delord, *Physiologie de la Parisienne, op. cit.*, p. 10.
100. *Ibid.*, p. 14.
101. B. Marchand, *Paris, histoire d'une ville, op. cit.*, p. 12.
102. Nikolaï Gogol, dans *Les Russes découvrent la France, op. cit.*, p. 293.
103. Nathalie Heinich, *L'Élite artiste. Excellence et singularité en régime démocratique*, Paris, Gallimard, 2005.
104. Louis Montigny, *Le Provincial à Paris, esquisse des mœurs parisiennes*, Paris, chez Ladvocat, 1825, p. 171-172.
105. H. de Balzac, « La femme comme il faut », art. cité, p. 321.
106. Alfred Fierro, *Histoire et dictionnaire de Paris*, Paris, Robert Laffont, 1996, p. 1032.
107. L. Montigny, *Le Provincial à Paris, op. cit.*, p. 130.
108. J. Janin, *L'Hiver à Paris, op. cit.*, p. 93.
109. Louis Arago, « L'habituée des Tuileries et l'habituée du Luxembourg », dans *Les Français peints par eux-mêmes, op. cit.*, vol. 2, p. 485.
110. Louis Huart, *Physiologie du flâneur*, Paris, Aubert et Cie, 1841.
111. J. Janin, *L'Hiver à Paris, op. cit.*, p. 192.
112. H. de Balzac, « La femme comme il faut », art. cité, p. 56.
113. *Ibid.*, p. 62-64.
114. Voir Anne Martin-Fugier, *La Vie élégante ou la Formation du Tout-Paris 1815-1848*, Paris, Fayard, 1990.
115. H. de Balzac, « La femme comme il faut », art. cité, p. 325.
116. Maurice de Courchamps, « Les duchesses », dans *Les Français peints par eux-mêmes, op. cit.*, vol. 1, p. 149-159.
117. T. Delord, *Physiologie de la Parisienne, op. cit.*, p. 36.
118. A. Martin-Fugier, *La Vie élégante..., op. cit.*, p. 187.
119. H. de Balzac, « La femme comme il faut », art. cité, p. 58.
120. T. Delord, *Physiologie de la Parisienne, op. cit.*, p. 18.
121. Honoré de Balzac, *Philosophie de la vie conjugale à Paris (Chaussée d'Antin)* (1845), Paris, Gallimard, « Pléiade », t. X, 1955, p. 52.
122. *Ibid.*, p. 95.
123. Mathurin-Joseph Brisset, « La ménagère parisienne », dans *Les Français peints par eux-mêmes, op. cit.*, vol. 2, p. 91.
124. D. de Girardin, *Lettres parisiennes, op. cit.*, p. 124.
125. H. de Balzac, *Philosophie de la vie conjugale à Paris, op. cit.*, p. 52.
126. D. de Girardin, *Correspondance parisienne, op. cit.*, p. 37 et 39.
127. L. Huart, *Physiologie de la grisette, op. cit.*, p. 4.
128. Stéphanie de Longueville, « La grande dame de 1830 », dans *Les Français peints par eux-mêmes, op. cit.*, vol. 1, p. 242.
129. T. Delord, *Physiologie de la Parisienne, op. cit.*, p. 72.
130. A. Martin-Fugier, *La Vie élégante..., op. cit.*, p. 119 et suiv.
131. A. de Musset, *La Confession d'un enfant du siècle* (1836), Paris, Garnier-Flammarion, 2010, p. 71.
132. D. de Girardin, *Lettres parisiennes, op. cit.*, p. 318.
133. *Ibid.*, p. 54.
134. H. de Balzac, « La femme comme il faut », art. cité, p. 61.

135. H. Lucas, « La femme adultère », art. cité, p. 409-418.
136. Voir Christine Bard, *Un siècle d'antiféminisme*, Paris, Fayard, 1999, p. 33.
137. H. de Balzac, « La femme comme il faut », art. cité, p. 62.
138. Voir Catherine Nesci, *Le Flâneur et les Flâneuses*, Grenoble, ELLUG, Université Stendhal, 2007.
139. Frédéric Soulié, *Physiologie du bas-bleu*, Paris, Aubert-Lavigne, 1841.
140. J. Janin, « Le bas-bleu », dans *Les Français peints par eux-mêmes, op. cit.*, vol. 2, p. 372.

Chapitre 3.
L'icône de la « vie parisienne » (1850-1870)

1. Henri Meilhac et Ludovic Halévy, *La Vie parisienne* (1866), Paris, Michel Lévy Frères, 1874, p. 75.
2. Jean-Claude Yon, *Jacques Offenbach*, Paris, Gallimard, 2000, p. 335.
3. Walter Benjamin, *Paris, capitale du XIXe siècle. Le livre des passages*, Paris, Cerf, 1997.
4. Voir Louis Girard, *Nouvelle Histoire de Paris. La Seconde République et le Second Empire*, Paris, Hachette, 1981, p. 135.
5. Voir Sylvain Venayre, *Panorama du voyage 1780-1920*, Paris, Les Belles Lettres, 2012.
6. Voir Karlheinz Stierle, *La Capitale des signes. Paris et son discours*, Paris, Éditions de la Maison des sciences de l'homme, 2001.
7. L. Gozlan, *Les Maîtresses à Paris, op. cit.*
8. Amédée Achard, *Parisiennes et provinciales*, Paris, Michel Lévy, 1856.
9. *Le Diable à Paris*, Paris, Michel Lévy, 1862.
10. Marie Giovanni, *Journal de voyage d'une Parisienne*, Bruxelles-Leipzig, Kiessling-Schnée, 1855-1856.
11. Comtesse Dash, *La Belle Parisienne*, Paris, Michel Lévy, 1864.
12. Théodore de Banville, *Les Parisiennes de Paris*, Paris, Michel Lévy, 1866.
13. Émile Villars, *Le Roman de la Parisienne*, Paris, Librairie centrale, 1866.
14. Paul Perret, *La Parisienne*, Paris, A. Le Chevalier, 1868.
15. Nestor Roqueplan, *Parisine*, Paris, Hetzel, 1869.
16. Alfred Delvau, *Les Cythères parisiennes*, Paris, E. Dentu, 1864.
17. Victor Koning, *Les Coulisses parisiennes*, Paris, E. Dentu, 1864.
18. R. Caillois, « Paris, mythe moderne », art. cité.
19. Cité par J.-C. Yon, *Jacques Offenbach, op. cit.*, p. 307.
20. L. Véron, *Mémoires d'un bourgeois de Paris, op. cit.*, vol. 3, p. 171.
21. Hippolyte Taine, *Notes sur Paris, vie et opinion de M. Frédéric-Thomas Graindorge*, Paris, Librairie Hachette, 1867, p. 78.
22. Maxime Du Camp, *Paris, ses organes, ses fonctions et sa vie jusqu'en 1870* (1869-1876), Monaco, G. Rondeau, 1993, p. 9.
23. Voir L. Gonzales-Quijano, *Paris, capitale de l'amour, op. cit.*

24. Edmond et Jules de Goncourt, *Armande* (1856), dans *Œuvres complètes*, Genève-Paris, Slatkine Reprints, 1985, t. I-III, p. 68.
25. Voir Jean-Claude Yon (dir.), *Les Spectacles sous le Second Empire*, Paris, Armand Colin, 2010.
26. *Ibid.*, p. 51 et suiv.
27. Taxile Delord, *Paris-lorette*, Paris, A. Taride, 1854, p. 8.
28. Taxile Delord et Edmond Texier, *Paris-actrice*, Paris, A. Taride, 1854, p. 50.
29. Gustave Claudin, *Mes souvenirs. Les Boulevards 1840-1870*, Paris, Calmann-Lévy, 1884, p. 236.
30. Christophe Charle, *Théâtres en capitales. Naissance de la société du spectacle à Paris, Berlin, Londres et Vienne, 1860-1914*, Paris, Albin Michel, 2008, p. 13.
31. T. Delord et E. Texier, *Paris-actrice*, *op. cit.*
32. Alfred Delvau, *Les Plaisirs de Paris* (1867), Paris, Seesam, 1991, p. 151.
33. *Ibid.*
34. Peeping Tom, *Paris by Gaslight : Being a Complete Description of the Amusements Illustrative of Life in the French Metropolis*, Londres, Frederick Farrah Publisher, 1867, p. 15.
35. Frédéric Soulié, *Les Étudiants*, drame en cinq actes (1845), Paris, Michel Lévy Frères, 1858.
36. Anonyme, *Les Joyeuses Dames de Paris*, s. éd, 1867, p. 19.
37. T. Delord, *Paris-lorette*, *op. cit.*, p. 7.
38. Champfleury, « Bals et concerts », dans *Paris-Guide. Par les principaux artistes et écrivains de la France*, Bruxelles, Librairie internationale, 1867, t. II, p. 994.
39. Amédée de Cesena, *Le Nouveau Paris, guide de l'étranger*, Paris, Librairie Garnier-Frères, 1864, p. 704.
40. Voir L. Gonzales-Quijano, *Paris, capitale de l'amour*, *op. cit.*, p. 69-86.
41. Anonyme, *Les Amazones de Paris*, Paris, E. Dentu, 1866.
42. Comtesse Dash, *Les Femmes à Paris et en province*, Paris, Michel Lévy, 1868, p. 20.
43. A. Delvau, *Les Plaisirs de Paris*, *op. cit.*, p. 28.
44. *Ibid.*
45. David W. Bartlet, *Paris with Pen and Pencil, its People and Literature, Its Life and Business*, New York, C. M. Saxton, 1858, p. 29.
46. A. Corbin, *Les Filles de noce*, *op. cit.*, p. 301.
47. D'après les chiffres fournis par Yves Guyot, *La Prostitution* (Paris, G. Charpentier, 1882), on recenserait 205 maisons à Paris en 1855, 152 en 1869. Cité par Laure Adler, *Les Maisons closes 1830-1930*, Paris, Hachette littératures, 2002, p. 151.
48. *Ibid.*, p. 69.
49. *Ibid.*, p. 71-72.
50. A. Corbin, *Les Filles de noce*, *op. cit.*, p. 259.
51. L. Gonzales-Quijano, *Paris, capitale de l'amour*, *op. cit.*, p. 206-207.

52. E. de la Bédollière, « Les boulevards », *Paris-Guide*, *op. cit.*, p. 1296. La rue Bréda est l'ancien nom de la rue Henry-Monnier, et désigne plus largement un quartier de prostitution.
53. L. Gonzales-Quijano, *Paris, capitale de l'amour*, *op. cit.*, p. 78.
54. Edmond et Jules de Goncourt, *Journal. Mémoires de la vie littéraire, 1851-1896*, Paris, Robert Laffont, « Bouquins », 1989, t. I, 16 janvier 1864, p. 1046.
55. Voir le catalogue collectif *Splendeur et misère. Images de la prostitution 1850-1910*, Paris, Flammarion, 2015.
56. Alexandre Dumas fils, *Le Demi-Monde*, comédie en 5 actes, Paris, Michel Lévy, 1855.
57. Pierre Larousse, *Grand Dictionnaire universel du XIXe siècle*, Paris, P. Larousse, 1869, t. IV, p. 516.
58. *Ibid.*, t. II, p. 704.
59. Edmond et Jules de Goncourt, *La Lorette*, Paris, E. Dentu, 1853.
60. A. Delvau, *Les Plaisirs de Paris*, *op. cit.*, p. 208.
61. Voir P. Larousse, *Grand Dictionnaire*, *op. cit.*, t. II, p. 704.
62. Comtesse Dash, *Les Femmes à Paris et en province*, *op. cit.*, p. 277.
63. A. de Cesena, *Le Nouveau Paris*, *op. cit.*, p. 674.
64. J. et E. de Goncourt, *Journal*, *op. cit.*, t. I, 18 janvier 1857, p. 231.
65. T. de Banville, *Les Parisiennes de Paris*, *op. cit.*, p. VIII.
66. Christophe Studény, *L'Invention de la vitesse*, Paris, Gallimard, 1995.
67. C. Charle, *La Discordance des temps*, *op. cit.*
68. A. de Cesena, *Le Nouveau Paris*, *op. cit.*, p. 676.
69. Voir L. Girard, *Nouvelle Histoire de Paris. La Seconde République et le Second Empire*, *op. cit.*, p. 271.
70. Charles Baudelaire, *Le Peintre de la vie moderne* (1863), dans *Œuvres complètes*, Paris, Gallimard, « Bibliothèque de la Pléiade », 1975, t. II, p. 683-724.
71. Bruno Foucart, « Constantin Guys », *Encyclopaedia Universalis*, http://www.universalis.fr/encyclopedie.
72. Christine Lancha, « Constantin Guys et le *mundus muliebris* », dans José Alvarez (dir.), *Constantin Guys, 1802-1892. Fleurs du mal*, catalogue de l'exposition au Musée de la vie romantique, Paris, Paris musées, 2002, p. 53-69.
73. C. Baudelaire, *Le Peintre de la vie moderne*, *op. cit.*, p. 686.
74. Christine Lancha, « Constantin Guys et Théophile Gautier », dans *Constantin Guys, 1802-1892*, *op. cit.*, p. 53.
75. C. Baudelaire, *Le Peintre de la vie moderne*, *op. cit.*, p. 695.
76. Théophile Gautier, *De la mode* (1858), Arles, Actes Sud, 1993, p. 31.
77. C. Baudelaire, *Le Peintre de la vie moderne*, *op. cit.*, p. 718.
78. C. Lancha, « Constantin Guys et Théophile Gautier », art. cité.
79. Théophile Gautier, « L'art moderne. Gavarni », *L'Artiste*, 11 janvier 1857. Reproduit dans *La Promenade du critique influent*, Paris, Hazan, 1990, p. 58-60.
80. Edmond et Jules de Goncourt, *Manette Salomon* (1866), Paris, Gallimard, 1996, p. 420.
81. C. Baudelaire, *Le Peintre de la vie moderne*, *op. cit.*, p. 696.

82. Emmeline Raymond, « La mode et la Parisienne », *Paris-Guide, op. cit.*, t. II, p. 925.
83. Théodore de Banville, « L'amour à Paris », *Œuvres poétiques complètes*, Paris, Honoré Champion, 1995, t. III, p. 81. Le reps est une étoffe épaisse à côtes, le madapolam, une fine étoffe de coton.
84. Voir par exemple *Le Peuple de Paris au XIXe siècle*, Paris, Paris musées, 2011, p. 85.
85. Christel Mouchard, *Aventurières en crinoline*, Paris, Seuil, 1987.
86. J. et E. de Goncourt, *Journal, op. cit.*, t. I, p. 180.
87. C. Baudelaire, *Le Peintre de la vie moderne, op. cit.*, p. 705.
88. Émile Zola, *Au Bonheur des Dames* (1883), dans *Les Rougon-Macquart*, Paris, Gallimard, « Bibliothèque de la Pléiade », 1964, t. III.
89. Harriet Beecher Stowe, *Souvenirs heureux, voyages en Angleterre, en France et en Suisse*, Paris, Michel Lévy Frères, 1857, t. III, p. 8.
90. *Ibid.*, p. 7.
91. Michael B. Miller, *Au Bon Marché, 1869-1920, le consommateur apprivoisé*, Paris, Armand Colin, 1981.
92. É. Zola, *Au Bonheur des Dames, op. cit.*, p. 612 et 613.
93. *Ibid.*, p. 699.
94. *Ibid.*, p. 689.
95. « La mode aux expositions universelles », dans Coll., *Sous l'empire des crinolines*, Paris, Paris musées, 2008. p. 170.
96. *Ibid.*, p. 178.
97. Voir P. Perrot dans *Les Dessus et les Dessous de la bourgeoisie, op. cit.*, chap. « La circulation des modes », p. 301 et suiv.
98. Claude Bellanger *et al.*, *Histoire générale de la presse française*, Paris, PUF, 1969, t. II, p. 289-290.
99. « Modes », *Moniteur de la mode*, 1er avril 1860, p. 1.
100. Emmeline Raymond, *Les Secrets des Parisiennes*, Paris, Firmin-Didot, 1866.
101. *Ibid.*
102. Comtesse Dash, *Les Femmes à Paris et en province, op. cit.*, p. 66.
103. Gustave Flaubert, *Madame Bovary*, dans *Œuvres*, Paris, Gallimard, « Bibliothèque de la Pléiade », 1951, t. I, p. 343-344. Les deux journaux ont réellement existé, *La Corbeille, journal des modes*, de 1843 à 1878, *Le Sylphe, journal des salons*, de 1829 à 1882.
104. *Ibid.*, p. 343-344.
105. M. Perrot, « 1848 : la Révolution des femmes », art. cité, p. 213-225.
106. Quentin Deluermoz, *Le Crépuscule des révolutions*, Paris, Seuil, 2012, p. 117-118 et 167-169.
107. Comtesse Dash, *Les Femmes à Paris et en province, op. cit.*, p. 11-12.
108. Ernest Feydeau, *Souvenirs d'une cocodette écrits par elle-même*, Leipzig, Landman, 1878.
109. Guillaume Apollinaire, préface à E. Feydeau, *Souvenirs d'une cocodette*, Paris, Bibliothèque des curieux, 1910.

110. Arsène Houssaye, *Les Courtisanes du grand monde*, Paris, E. Dentu, 1870.
111. *Id.*, *Les Parisiennes*, t. I : *Le Jeu des femmes*, Paris, E. Dentu, 1862.
112. T. de Banville, *Les Parisiennes de Paris*, *op. cit.* p. IX.
113. A. Houssaye, *Les Courtisanes du grand monde*, *op. cit.*, p. 38-39.
114. Comtesse Dash, *Les Femmes à Paris et en province*, *op. cit.*, p. 116.
115. N. Roqueplan, *Parisine*, *op. cit.*, p. 58.
116. A. Delvau, *Les Plaisirs de Paris*, *op. cit.*, p. 62.
117. Voir Victoire Bidegain, « L'origine d'une réputation : l'image de l'impératrice Eugénie dans la société française du Second Empire (1853-1870) », dans Alain Corbin *et al.*, *Femmes dans la cité 1815-1871*, Paris, Creaphis, 1997, p. 57-67.
118. T. de Banville, *Les Parisiennes de Paris*, *op. cit.*, p. 17.
119. H. Taine, *Notes sur Paris*, *op. cit.*, p. 77.
120. *Ibid.*, p. 240-241.
121. *Ibid.*, p. 79-80.
122. *Ibid.*, p. 58.
123. Jules Michelet, *La Femme*, Paris, Louis Hachette, 1860, p. 223.
124. Comtesse Dash, *La Belle Parisienne*, *op. cit.*, p. 41.
125. H. Taine, *Notes sur Paris*, p. 63-64.
126. *Ibid.*, p. 204.
127. *Ibid.*, p. 77.
128. *Ibid.*, p. 61.
129. *Ibid.*, p. 60.
130. *Ibid.*, p. 63.
131. *Ibid.*, p. 83.
132. T. de Banville, *Les Parisiennes de Paris*, *op. cit.*, p. IX.
133. E. Raymond, « La mode et la Parisienne », art. cité, p. 925-927.
134. Loi du 10 avril 1867 et circulaire aux recteurs du 30 octobre 1867.
135. Tout journal traitant de matière politique doit être autorisé par le gouvernement. Tout propriétaire de journal doit verser au Trésor un cautionnement et acquitter sur chaque numéro un droit de timbre. Un journal peut être suspendu par une décision ministérielle, après deux avertissements motivés.
136. Cité dans C. Bellanger *et al. Histoire générale de la presse française*, *op. cit.*, t. II, p. 289.
137. Loi du 17 mai 1819.
138. Voir Yves Leclerc, *Crimes écrits, la littérature en procès au XIXe siècle*, Paris, Plon, 1991.
139. Réquisitoire de l'avocat impérial M. Ernest Pinard, dans G. Flaubert, *Madame Bovary*, *op. cit.*, p. 632-633.
140. L. Gozlan, *Les Maîtresses à Paris*, *op. cit.*, p. 55.
141. G. Flaubert, *Madame Bovary*, *op. cit.*, p. 632.
142. Jugement du 7 février 1857, *Gazette des tribunaux*, 9 février 1857, dans *ibid.*, p. 681-683.
143. C. Baudelaire, *Œuvres complètes*, *op. cit.*, t. I, p. 1183. Le poète avait également fait une requête auprès de l'impératrice.
144. Voir E. et J. de Goncourt, *Journal*, *op. cit.*, t. I, p. 63 et suiv.

145. Voir G. Flaubert, *Correspondance*, Paris, Gallimard, « Bibliothèque de la Pléiade », 1980, t. II, p. 655 et suiv.
146. E. et J. de Goncourt, *Journal*, *op. cit.*, t. II, 20 février 1853, p. 71.
147. Voir J.-C. Yon, *Jacques Offenbach*, *op. cit.*, p. 304 et 336.
148. Il s'agit du critique Paul Foucher, beau-frère de Victor Hugo. Cité par Jean-Claude Yon, dans *ibid.*, p. 336.

Chapitre 4.
Politiques de la Parisienne

1. N. Roqueplan, *Parisine*, *op. cit.*, p. 29-30.
2. J. Michelet, *La Femme*, *op. cit.*, p. XVIII.
3. Voir *Le Peuple de Paris au XIXe siècle*, *op. cit.*, p. 67-72.
4. *Ibid.*, p. 68.
5. *Ibid.*, p. 69.
6. Seuls les chaussures ainsi qu'une partie des gants, de la broderie et de la dentelle sont, au XIXe siècle, fabriqués hors de la capitale.
7. Cf. Georges Vigarello, *Le Propre et le Sale. L'hygiène du corps depuis le Moyen Âge*, Paris, Seuil, 1985, p. 191 et suiv.
8. Cf. Alain Corbin, « Le grand siècle du linge », *Le Temps, le Désir et l'Horreur. Essais sur le XIXe siècle*, Paris, Aubier, 1991, p. 23-52.
9. Fabrice Laroulandie, *Les Ouvriers de Paris au XIXe siècle*, Paris, éditions Christian, 1997, p. 24.
10. *Le Peuple de Paris au XIXe siècle*, *op. cit.*, p. 88-90.
11. Jules Janin, « La ville de Saint-Étienne » (1828), *Contes fantastiques et contes littéraires*, Paris, Michel Lévy Frères, 1863, p. 295. L'ourdisseur est l'ouvrier qui réunit sur l'ourdissoir les fils de la chaîne avant de les monter sur le métier à tisser.
12. Auguste Luchet, *Paris, esquisses dédiées au peuple parisien*, Paris, J. Barbezat, 1830, p. 161.
13. *L'Illustration*, 26 juillet 1862, cité par F. Laroulandie, *Les Ouvriers de Paris au XIXe siècle*, *op. cit.*, p. 28.
14. Jules Simon, *L'Ouvrière*, Paris, Hachette, 1861, p. 224.
15. L. Gozlan, *Les Maîtresses à Paris*, *op. cit.*, p. 22.
16. Gravure d'Émile Bourdelin dans *Le Monde illustré*, 28 avril 1860, cité dans *Le Peuple de Paris au XIXe siècle*, *op. cit.*, p. 85.
17. Pierre Casselle, *Nouvelle Histoire de Paris. Paris républicain 1871-1914*, Paris, Association pour la publication d'une histoire de Paris-Bibliothèque historique de la Ville de Paris, 2003, p. 194.
18. H. Taine, *Notes sur Paris*, *op. cit.*, p. 58-59.
19. Comtesse Dash, *Les Femmes à Paris et en province*, *op. cit.*, p. 102 et 106.
20. H. Meilhac et L. Halévy, *La Vie parisienne*, *op. cit.*, p. 59.
21. Charles Rouget, « La femme de ménage », dans *Les Français peints par eux-mêmes*, *op. cit.*, vol. 1, p. 456.
22. Auguste de Lacroix, « La femme de chambre », dans *ibid.*, p. 324.

23. J. Simon, *L'Ouvrière*, *op. cit.*, p. 237.
24. *Ibid.*, p. 231.
25. *Ibid.*, p. 217.
26. *Ibid.*
27. Anthime Corbon, *Le Secret du peuple de Paris*, Paris, Pagnerre, 1863, p. 209.
28. É. Zola, *L'Assommoir*, dans *Les Rougon-Macquart*, *op. cit.*, 1962, t. II.
29. É. Zola, *Pot-Bouille* (1882), dans *Les Rougon-Macquart*, *op. cit.*, 1964, t. III.
30. Denis Poulot, *Question sociale. Le sublime, ou le travailleur comme il est en 1870, et ce qu'il peut être* (1873), Paris, François Maspero, 1980, p. 262.
31. Charles Proudhon, *La Pornocratie ou les Femmes dans les temps modernes*, Paris, A. Lacroix, 1875, p. 203.
32. *Ibid.*, p. 196.
33. *Ibid.*, p. 203.
34. D. Poulot, *Question sociale*, *op. cit.*, p. 263.
35. J. Simon, *L'Ouvrière*, *op. cit.*, p. 297.
36. A. Luchet, *Paris, esquisses dédiées au peuple parisien*, *op. cit.*, p. 161.
37. Jeanne Bouvier, *Mes mémoires ou 59 années d'activité industrielle, sociale et intellectuelle d'une ouvrière 1876-1935*, Paris, Maspero, 1983, p. 60.
38. Alexandre Parent-Duchâtelet, *De la prostitution dans la ville de Paris, considérée sous le rapport de l'hygiène publique, de la morale et de l'administration*, Paris, J. B. Baillière et fils, 1837, vol. 1, p. 99.
39. J. Simon, *L'Ouvrière*, *op. cit.*, p. 297-298.
40. Julie-Victoire Daubié, *La Femme pauvre au XIXe siècle*, Paris, Guillaumin et Cie, 1866, p. 255.
41. Ferdinand Mâconnais, *Les Grisettes vengées*, Paris, H. Souverain, 1837, p. 368.
42. Adrien Decourcelle et Jules Barbier, *Jenny l'ouvrière*, Paris, Magasin théâtral illustré, 1850.
43. Cf. *Le Peuple de Paris au XIXe siècle*, *op. cit.*, p. 190.
44. Christine Machiels, *Les Féminismes et la Prostitution, 1860-1960*, Rennes, PUR, 2016.
45. Cf. Christine Bard, *Une histoire politique du pantalon*, Paris, Seuil, 2010, p. 225 et suiv.
46. Cf. Christine Bard et Sylvie Chaperon, *Dictionnaire des féministes XVIIIe-XXIe siècle*, Paris, PUF, 2017, p. 1292.
47. *Ibid.*, p. 609.
48. Cf. Alice Primi, *Femmes de progrès. Françaises et Allemandes engagées dans leur siècle 1848-1871*, Rennes, PUR, 2010.
49. J.-V. Daubié, *La Femme pauvre au XIXe siècle*, *op. cit.* Voir aussi C. Machiels, *Les Féminismes et la Prostitution*, *op. cit.*, p. 33.
50. Annie Duprat, « Des femmes sur les barricades de juillet 1830. Histoire d'un imaginaire social », dans Alain Corbin et Jean-Marie Mayeur, *La Barricade*, Paris, Publications de la Sorbonne, 1997, p. 197-208.

51. Alfred de Musset, *Mimi Pinson*, dans *Poésies complètes*, Paris, Gallimard, « Bibliothèque de la Pléiade », 1957, t. II, p. 429.
52. *Vogue* (édition américaine), 1er avril 1983, p. 243.
53. Michel Vovelle, « La Marseillaise », dans *Les Lieux de mémoire*, t. I : *La République*, Paris, Gallimard, « Quarto », 1997, p. 108-110.
54. Laurent Clavier et Louis Hincker, « La barricade de juin 1848 : une construction politique », dans A. Corbin et J.-M. Mayeur, *La Barricade, op. cit.*, p. 209-220.
55. Michèle Riot-Sarcey, *La Démocratie à l'épreuve des femmes*, Paris, Albin Michel, 1994, p. 181 et suiv.
56. Cf. M. Perrot, « 1848 : la Révolution des femmes », art. cité.
57. *Ibid.*
58. « Lave socialiste - ateliers nationaux de femmes », *Le Volcan*, 18-22 juin 1848, p. 2.
59. *La Voix des femmes*, 1er avril 1848, p. 1.
60. Voir sur ce point Henriette Vanier, *La Mode et ses métiers. Frivolités et luttes des classes 1830-1870*, Paris, Armand Colin, 1960.
61. *La Voix des femmes*, n° 1, 20 mars 1848, p. 8.
62. D. de Girardin, *Correspondance parisienne, op. cit.*, lettre du 3 septembre 1848, p. 340.
63. *Ibid.*, p. 530.
64. *Ibid.*, p. 532-533.
65. C. Bard, *Une histoire politique du pantalon, op. cit.*, p. 128.
66. M. Perrot, « 1848 : la Révolution des femmes », art. cité, p. 213-225.
67. Voir Anne Verjus, *Le Cens de la famille. Les femmes et le vote 1789-1848*, Paris, Belin, 2002, p. 146-147.
68. M. Perrot, « 1848 : la Révolution des femmes », art. cité, p. 225.
69. Émile Zola, *La Curée*, dans *Les Rougon-Macquart, op. cit.*, 1960, t. I.
70. *Ibid.*, lettre à Louis Ulbach, 8 novembre 1871, p. 1578.
71. *Ibid.*, p. 367.
72. *Ibid.*, p. 599. Worms est la transposition romanesque du grand couturier Worth.
73. *Ibid.*, p. 207.
74. Citoyen Vindex, *La Femme Bonaparte, ses amants, ses orgies*, Paris, Martinon, 1870.
75. *Pamphlets illustrés*, n° 1, s. d.
76. Anonyme, *La Comtesse Laura, épisode du siège de Paris*, Vienne, Bibliothèque du Messager de Vienne, 1878.
77. Victor Hugo, *Lettre à une femme*, dans *L'Année terrible*, Paris, Michel Lévy Frères, 1872, p. 105.
78. Stéphane Rials, *Nouvelle Histoire de Paris. De Trochu à Thiers, 1870-1873*, Paris, Association pour la publication d'une histoire de Paris, 1985, p. 88-92, et Quentin Deluermoz, *Le Crépuscule des révolutions, op. cit.*, p. 316-317.
79. *Ibid.*, p. 317.
80. *Ibid.*, p. 55.

81. Draner, *Paris assiégé, scènes de la vie parisienne pendant le siège*, Paris, au bureau de l'Éclipse, 1871.
82. V. Hugo, *Lettre à une femme*, *op. cit.*, p. 106.
83. Cf. S. Rials, *Nouvelle Histoire de Paris. De Trochu à Thiers*, *op. cit.*, p. 212-213.
84. *Ibid.*
85. *Ibid.* p. 213.
86. *Paris assiégé*, par A. P. Martial, s. d., album de 64 eaux-fortes (BHVP 91306).
87. Félix Belly, *Les Amazones de la Seine et la Police*, Paris, chez l'auteur, 1870.
88. *Ibid.*, p. 6-7.
89. *Ibid.*, p. 6.
90. Cf. Gay L. Gullickson, *Unruly Women of Paris*, Cornell, Cornell University Press, 1996.
91. Voir Laure Godineau, *La Commune de Paris par ceux qui l'ont vécue*, Paris, Parigramme, 2010, p. 147.
92. Prosper-Olivier Lissagaray, *Histoire de la Commune de 1871* (1876), Paris, La Découverte, 1990, p. 218.
93. Karl Marx, *La Guerre civile en France* (1871), Paris, Mille et Une Nuits, 2007, p. 67.
94. Jacques Rougerie, *Paris libre, 1871*, Paris, Seuil, 1971.
95. Voir L. Godineau, *La Commune de Paris par ceux qui l'ont vécue*, *op. cit.*, p. 148 et suiv.
96. *Ibid.*, p. 155.
97. Maxime Vuillaume, *Mes cahiers rouges, souvenirs de la Commune* (1909), Paris, La Découverte, 2011, p. 152.
98. *Ibid.*, p. 152 et 264.

Chapitre 5.
La Belle Époque de la Parisienne (1880-1914)

1. Marie-Ange Voisin-Fougère, « La Porte monumentale de l'Exposition universelle de 1900 », colloque de l'université d'Angers, *La Parisienne du Second Empire aux années folles*, janvier 2014, non publié.
2. Albert Millaud, *Physiologies parisiennes*, Paris, Librairie illustrée, 1885, p. 285-289.
3. Louis Morin, *Les Cousettes. Physiologie des couturières parisiennes*, Paris, Librairie Conquet, 1895.
4. Georges Montorgueil, *La Parisienne peinte par elle-même*, Paris, Librairie Conquet, 1897.
5. *Figures de Paris, ceux qu'on rencontre et celles qu'on frôle*, Paris, H. Floury, 1901.
6. Pierre Vidal, *Les Heures de la femme à Paris, tableaux parisiens*, Paris, éditions Boudet, Librairie Lahure, 1903.

7. Pierre Vrignault, *Parisiennes de 1897*, Paris, imprimé pour Henri Béraldi, 1898.
8. Alfred Grévin et Adrien Huart, *Almanach des Parisiennes*, s. éd., 1873-1889.
9. Édouard Cavailhon, *Les Parisiennes fatales, études d'après nature*, Paris, Dentu, 1889.
10. Pseudonyme de Jules Poignand. *Les Femmes de Paris*, Paris, Ollendorff, 1889.
11. Octave Uzanne, *Parisiennes de ce temps en leurs divers milieux, états et conditions*, Paris, Mercure de France, 1910.
12. Voir Bram Dijkstra, *Les Idoles de la perversité. Figures de la femme fatale dans la culture fin-de-siècle* (1986), Paris, Seuil, 1992.
13. O. Uzanne, *Parisiennes de ce temps, op. cit.*, p. 18.
14. Guy de Maupassant, *Bel-Ami* (1885), dans *Romans*, Paris, Gallimard, « Bibliothèque de la Pléiade », 1987.
15. Cf. Henri-Jean Martin et Roger Chartier, *Histoire de l'édition française*, t. III : *Le Temps des éditeurs*, Paris, Fayard, 1990.
16. Cf. Olivier Barrot et Raymond Chirat, *Le Théâtre de boulevard. Ciel mon mari !*, Paris, Gallimard, « Découvertes », 1998.
17. Voir Jean-Claude Yon, « Le théâtre autour de 1900 », dans *Paris 1900 la ville-spectacle*, Paris, Paris musées, 2014, p. 41.
18. O. Uzanne, *Parisiennes de ce temps, op. cit.*, p. 37.
19. Le tableau *La Parisienne* de Renoir est conservé au National Museum Wales à Cardiff, celle de Manet au Nationalmuseum de Stockholm.
20. Voir *L'Impressionnisme et la Mode*, Paris, Skira-Flammarion, 2012.
21. Voir Tamar Garb, « Painterly Plenitude : Pierre-Auguste Renoir's Fantasy of the Feminine », dans *Bodies of Modernity, Figure and Flesh in Fin-de-Siècle France*, Londres, Thames and Hudson, 1998, p. 145-177.
22. Voir dans Patrick Offenstadt, *Jean Béraud. La Belle Époque, une époque rêvée*, Bonn, Taschen, 1999, *La Rue de la Paix* (p. 153), *La Sortie des ouvrières de la maison Paquin* (p. 152), *La Modiste sur les Champs-Élysées* (p. 139), *Boulevard des Capucines* (p. 117), *Les Coulisses de l'Opéra* (p. 207), *Jeune Femme traversant le boulevard* (p. 106), *Le Bal Mabille* (p. 194).
23. Voir aussi *Une Parisienne*, dans *ibid.*, p. 121, et d'autres versions de *La Parisienne*, p. 130, 167 et 411.
24. *Ibid.*, p. 18.
25. Voir Dominique Kalifa, *La Culture de masse en France, 1860-1930*, Paris, La Découverte, 2001, p. 4-5.
26. *Ibid.*, p. 12.
27. Cf. François Boisjoly, *La Photocarte, portrait de la France du XIXe siècle*, Lyon, Lieux-dits éditions, 2006, notamment p. 38, 110-113 et 150.
28. Cf. Aline Ripert et Claude Frère, *La Carte postale. Son histoire, sa fonction sociale*, Paris-Lyon, Éditions du CNRS-PUL, 1983.
29. *Ibid.* p. 27, et Michel Cabaud et Ronald Hubscher, *1900, la Française au quotidien*, Paris, Armand Colin, 1985, p. 143.
30. *Ibid.*, p. 105.
31. Voir Concetta Condemi, *Les Cafés-Concerts. Histoire d'un divertissement*, Paris, Quai Voltaire, 1992, p. 48.

32. Voir par exemple Conte (dir.), *Paris en chansons*, Paris, Publications illustrées, 1853.

33. 1874, paroles de P. de l'Isle, musique d'Antoine Massagé ; titre repris en 1898, paroles de Paul Rosario, musique d'Henri Rosès.

34. Polka (pour piano) par le Commandeur Moreno Del Christo, 1897.

35. Paroles de Louis Marcel, musique de Jules Lacoustène, Paris, Bassereau, 1888.

36. Paroles de René d'Herville, musique de M. de Mirecki, 1882.

37. Paroles de L. Bourrée, musique de Jules Bertain, 1888.

38. Paroles de W. Burtey, musique de Fragson, Paris, A. Bosc, 1903.

39. Paroles de Léo Lelièvre et Fabri, musique de J. Legay et R. Tassin, 1904.

40. Paroles de Pierre Thomas, musique de C. Pillon, 1907.

41. Paroles d'Armand Véry, musique de L. Gangloff, 1890.

42. Paroles et musique d'E. Famechon, 1891.

43. Paroles de B. Lebreton, musique de B. Holzer, 1895.

44. Paroles d'E Vallée et V. Hottier, musique de Félix Chaudoir, 1892.

45. Paroles de Delormel et Laroche, musique d'Albert Petit, 1892.

46. Paroles de Théodore Aillaud, musique de L. Guéteville et Jacques Forest, 1897.

47. Paroles de G. Chardin, musique de F. Barbier, 1870.

48. Quadrille pour orchestre d'Émile Mullot, 1881.

49. Paroles de René Gry et René de Saint-Prest, musique de Tac-Coen, 1877.

50. Paroles de H. Darsay et Jost, musique de Félicien Vargues, 1893.

51. Paroles d'Achille Bloch, musique d'Henri Rosè, 1894.

52. Paroles de Camille Soubise, musique de F. Doria, 1882.

53. Paroles de Croizier, musique de Raphaël Beretta, 1897.

54. Paroles de Delormel, musique de Del Poncin, 1895.

55. Octave Mirbeau, *Le Journal d'une femme de chambre* (1900), Paris, Gallimard, 2015, p. 85 et 92.

56. G. Montorgueil, *La Parisienne peinte par elle-même, op. cit.*, p. 82.

57. Theodore Child, *The Praise of Paris*, New York, Harper, 1893, p. 92.

58. William Chambers Morrow, *Bohemian Paris of Today*, Chatto & Windus, 1899, p. 232.

59. C'est l'analyse de Baudelaire dans l'article « Du chic et du poncif », *Salon de 1846*, dans *Œuvres complètes, op. cit.*, t. II, p. 468 et suiv.

60. N. Roqueplan, *Regain. La vie parisienne*, Paris, V. Lecou, 1853, p. 91.

61. P. Larousse, *Grand Dictionnaire, op. cit.*, article « chic ». Une étymologie plus fantaisiste fait dériver le terme d'un élève de David particulièrement doué, nommé « Chicque » ; ou encore du terme « chicane » abrégé.

62. Marylène Delbourg-Delphis, *Le Chic et le Look*, Paris, Hachette, 1981, p. 77.

63. Camille Debans, *Les Plaisirs et les Curiosités de Paris. Guide humoristique et pratique*, Paris, E. Kolb, 1889, p. 3.

64. Françoise Tétart-Vittu, « Le chic parisien, image et modèle », dans *Femmes fin-de-siècle 1885-1895*, Paris, Paris musées, 1990, p. 93.

65. Baronne Staffe, *Indications pratiques concernant l'élégance du vêtement féminin*, Paris, Flammarion, 1908, p. 7.
66. *Id.*, *Indications pratiques pour obtenir un brevet de femme chic*, Paris, Flammarion, 1907.
67. Jules Vallès, *La Rue à Londres* (1884), dans *Œuvres*, Paris, Gallimard, « Bibliothèque de la Pléiade », 1990, t. II, p. 1136.
68. Marquise de Garches, *Les Secrets de beauté d'une Parisienne*, Paris, H. Simonis Empis, 1894, p. 3.
69. *La Mode du Petit Journal*, 19 février 1900, p. 2.
70. Stuart Henry, *Paris Days and Evenings*, Londres, T. Fisher Unwin, 1896, p. 53.
71. Julia Daudet, *Notes sur Londres*, Paris, Fasquelle, 1897, p. 55.
72. Stuart Henry, *Paris Days and Evenings*, *op. cit.*, p. 53.
73. Baronne Staffe, *Indications pratiques pour obtenir un brevet de femme chic*, *op. cit.*, p. 23.
74. *Ibid.*, p. 11.
75. G. Montorgueil, *La Parisienne peinte par elle-même*, *op. cit.*, p. 82, 95, 117 et 164.
76. Cf. Annick Le Guérer, *Le Parfum des origines à nos jours*, Paris, Odile Jacob, 2005.
77. O. Uzanne, *Parisiennes de ce temps*, *op. cit.*, p. 348.
78. Fabienne Falluel, « Les grands magasins et la confection féminine », dans *Femmes fin-de-siècle*, *op. cit.*, p. 94.
79. G. Montorgueil, *La Parisienne peinte par elle-même*, *op. cit.*, p. 109.
80. Voir l'exposition *Mannequins : corps de la mode*, février-mai 2013 au Musée de la mode et du design, Paris, sans catalogue.
81. G. Montorgueil, *La Parisienne peinte par elle-même*, *op. cit.*, p. 116.
82. O. Uzanne, *Parisiennes de ce temps*, *op. cit.*, p. 228.
83. Annie Barbera, « Des journaux et des modes », *Femmes fin-de-siècle, op. cit.*, p. 103.
84. F. Tétart-Vittu, « Le chic parisien, image et modèle », dans *Femmes fin-de-siècle*, Paris, Paris musées, 1990, p. 93.
85. Cf. Jean-Claude Isard et Alain Huon de Penanster, « *Le Petit Écho de la mode* ». *Cent ans de presse familiale*, Châtelaudren, éditions Culture et Patrimoine, 2008.
86. *Le Petit Journal*, 21 janvier 1900, p. 2.
87. *Ibid.*, 11 février 1900, p. 4.
88. *Ibid.*, 18 février, 9 septembre, 28 octobre 1900.
89. *Ibid.*, 6 mai 1900.
90. *Ibid.*, 13 mai 1900.
91. *Ibid.*, 22 juillet 1900.
92. Charles Dawbarn, *France and the French*, Londres, Methuen & co., 1911, p. 49-50.
93. P. Larousse, *Grand dictionnaire...*, *op. cit.*, 1869.
94. *Dictionnaire Robert*, 1985.
95. G. Montorgueil, *La Parisienne peinte par elle-même*, *op. cit.*, p. 117.

96. *Ibid.*, p. 155.
97. Cf. J.-C. Yon, « Le théâtre autour de 1900 », art. cité, p. 39-41.
98. *Ibid.*, p. 42.
99. Cf. Annie Stora-Lamarre, *L'Enfer de la IIIe République. Censeurs et pornographes 1881-1914*, Paris, Imago, 1989.
100. Cf. Jean-Marc Berlière, *La Police des mœurs sous la IIIe République*, Paris, Seuil, 1992.
101. Cf. Catherine Guigon, *Les Cocottes, reines du Paris 1900*, Paris, Parigramme, 2012.
102. Charles Dupêchez, *Histoire de l'Opéra de Paris*, Paris, Perrin, 1984, p. 47-48.
103. P. Casselle, *Nouvelle Histoire de Paris. Paris républicain 1871-1914*, *op. cit.*, p. 399.
104. W. C. Morrow, *Bohemian Paris of Today*, *op. cit.*, p. 118.
105. Thomas Cooks, *Cook's Guide to Paris*, Londres, Thomas Cook & Son, 1889.
106. C. Condemi, *Les Cafés-Concerts*, *op. cit.*, p. 176.
107. *Ibid.*, p. 49 et 88.
108. C. Guigon, *Les Cocottes, reines du Paris 1900*, *op. cit.*, p. 16-17.
109. *Paris-Parisien*, Paris, Ollendorf, 1896-1902, p. 275 et suiv.
110. Gaston Bonnefont, *Nos Parisiennes chez elles*, Paris, Flammarion, 1896, p. 9.
111. *Ibid.*, p. 14-15. Il s'agit sans doute d'un pseudonyme, car aucune actrice de l'époque n'est référencée sous ce nom.
112. Anne Martin-Fugier, *Comédienne. De Mlle Mars à Sarah Bernhardt*, Paris, Seuil, 2001, p. 351 et suiv.
113. Cf. Lenard Berlanstein, *Daughters of Eve : A Cultural History of French Theater Women from the Old Regime to the Fin-de-siècle*, *op. cit.*
114. Antoine Lilti, *Figures publiques. L'invention de la célébrité 1750-1850*, Paris, Fayard, 2014.
115. Arthur Gold et Robert Fizdale, *Sarah Bernhardt*, Paris, Gallimard, 1994, p. 197.
116. S. Henry, *Paris Days and Evenings*, *op. cit.*, p. 234.
117. Marquise de Garches, *Les Secrets de beauté d'une Parisienne*, *op. cit.*, p. 27.
118. *Ibid.*, p. 139.
119. *Ibid.*, p. 106.
120. Constant de Tours, *Vingt Jours à Paris pendant l'Exposition universelle de 1900*, Paris, Société française d'éditions d'art, 1900, p. 118.
121. O. Uzanne, *Parisiennes de ce temps*, *op. cit.*, p. 18-19.
122. *Ibid.*, p. 12.
123. P. Casselle, *Nouvelle Histoire de Paris. Paris républicain 1871-1914*, *op. cit.*, p. 127.
124. *Ibid.*
125. *Ibid.*, p. 191.
126. *Ibid.*, p. 190.

127. *Ibid.*, p. 155.
128. *Ibid.*, p. 103.
129. Marie-Thérèse Guichard, *Les Égéries de la République*, Paris, Payot, 1991, p. 55.
130. Notamment Éric Mension-Rigau, *Singulière Noblesse. L'héritage nobiliaire dans la France contemporaine*, Paris, Fayard, 2015, et Alice Bravard, *Le Grand Monde parisien 1900-1939. La persistance du modèle aristocratique*, Rennes, PUR, 2013.
131. M. Prévost, *Les Demi-Vierges* (1894), Paris, Mémoire du livre, 2001, p. 67-68.
132. O. Uzanne, *Parisiennes de ce temps*, *op. cit.*, p. 344.
133. Voir Christophe Charle, *Les Élites de la République, 1880-1900*, Paris, Fayard, 2006.
134. Voir Anne Martin-Fugier, *Les Salons de la IIIe République. Art, littérature, politique*, Paris, Perrin, 2003, et Marie-Thérèse Guichard, *Les Égéries de la République, op. cit.*
135. *Ibid.*, p. 55.
136. *Ibid.*, p. 50 et suiv.
137. *Ibid.*, p. 42.
138. G. Montorgueil, *La Parisienne peinte par elle-même, op. cit.*, p. 13-22.
139. *Ibid.*, p. 13.
140. Rowland Strong, *Sensations of Paris*, Londres, John Long Ltd, 1912, p. 34.
141. *Guide sentimental de l'étranger dans Paris*, Paris, Calmann-Lévy, 1878, p. 293.
142. L. Morin, *Les Cousettes, op. cit.*, p. 106.
143. George Augustus Sala, *Paris Herself Again in 1878-9*, Londres, Remington & co., p. 6.
144. Voir Lenard Berlanstein, *The Working People of Paris*, Baltimore, Londres, Johns Hopkins University, 1984, p. 26.
145. L. Morin, *Les Cousettes, op. cit.*, p. 25.
146. P. Vidal, *Les Heures de la femme à Paris, op. cit.*, p. 55.
147. *Guide des plaisirs à Paris, Paris le jour, Paris la nuit, comment on s'amuse, où l'on s'amuse, ce qu'il faut voir, ce qu'il faut faire*, Paris, Édition photographique, 1900, p. 198.
148. Jean Béraud, *Sortie des ouvrières de la maison Paquin, rue de la Paix*, vers 1902.
149. O. Uzanne, *Parisiennes de ce temps, op. cit.*, p. 143.
150. Nancy L. Green, *Du Sentier à la 7e Avenue. La confection et les immigrés, Paris-New York 1880-1980*, Paris, Seuil, 1998, p. 189 et suiv.
151. Voir L. Berlanstein, *The Working People of Paris, op. cit.*, p. 10-11.
152. Voir Élie Frébault, *La Vie de Paris, guide pittoresque et pratique du visiteur*, Paris, E. Dentu, 1878, p. 18.
153. O. Uzanne, *Parisiennes de ce temps, op. cit.*, p. 144.
154. Edmond Pilon, dans *Figures de Paris, ceux qu'on rencontre et celles qu'on frôle, op. cit.*, p. 64.

155. Arsène Alexandre, *Les Reines de l'aiguille, modistes et couturières (étude parisienne)*, Paris, Théophile Belin, 1902, p 110.
156. P. Vidal, *Les Heures de la femme à Paris*, *op. cit.*, p. 8. L'allusion concerne l'actrice Cécile Sorel.
157. G. Montorgueil, *La Parisienne peinte par elle-même*, *op. cit.*, p. 88.
158. Cité par Anne Monjaret, *Les Catherinettes en fête*, Paris, Archives et Culture, 2008, p. 14.
159. *Ibid.*, p. 14-17.
160. L. Morin, *Les Cousettes*, *op. cit.*, p. 5.
161. G. Montorgueil, *La Parisienne peinte par elle-même*, *op. cit.*, p. 88.
162. L. Morin, *Les Cousettes*, *op. cit.*, p. 106 et suiv.
163. *Ibid.*, p. 165.
164. Voir Daniel Halévy, *Pays parisiens*, Paris, Grasset, 1932.
165. *Guide des plaisirs à Paris*, *op. cit.*, p. 161.
166. Gérard Jacquemet, *Belleville au XIXe siècle. Du faubourg à la ville*, Paris, éditions de l'EHESS, 1984, p. 355.
167. L. Morin, *Les Cousettes*, *op. cit.*, p. 146.
168. C. de Tours, *Vingt Jours à Paris pendant l'Exposition universelle de 1900*, *op. cit.*, p. 119-120.
169. O. Uzanne, *Parisiennes de ce temps*, *op. cit.*, p. 18-20.
170. *Ibid.*, p. 475.
171. Madeleine Rebérioux, *La République radicale*, Paris, Seuil, 1975, p. 209.
172. Christophe Prochasson, *Paris 1900, essai d'histoire culturelle*, Paris, Calmann-Lévy, 1999, p. 85.
173. A. Corbin, « Paris-province », art. cité.
174. *La Mode du Petit Journal*, 7 janvier 1900.
175. Cf. Eugen Weber, *Peasants into Frenchmen, the Modernization of Rural France 1870-1914*, Stanford, Stanford University Press, 1976.
176. Alain Corbin, *Archaïsmes et modernité en Limousin au XIXe siècle 1845-1880*, Paris, Marcel Rivière, 1975.
177. F. Raison-Jourde, *La Colonie auvergnate de Paris au XIXe siècle*, *op. cit.*, p. 16.
178. *Ibid.*, p. 369.
179. Voir Edmonde Charles-Roux, *L'Irrégulière ou Mon itinéraire Chanel*, Paris, Grasset, 1974.
180. Voir Claude Pichois et Alain Brunet, *Colette*, Paris, éditions de Fallois, 1998.
181. Henry Van Dyke, *The Poems of Henry Van Dyke*, New York, Charles Scribner's Sons, 1911.

Chapitre 6.
Un trône instable

1. O. Uzanne, *Parisiennes de ce temps*, *op. cit.*, p. 14 et 30.
2. Voir Yannick Ripa, *Les Femmes actrices de l'histoire*, Paris, Armand Colin, 2007, p. 93.

3. Albert Vandam, *My Paris Notebook*, Londres, William Heinnemann, 1894, p. 190.

4. Mary Louise Roberts, *Disruptive Acts : The New Woman in Fin-de-siècle France*, Chicago, University of Chicago Press, 2002.

5. Paul et Victor Margueritte, *Femmes nouvelles*, Paris, E. Plon, Nourrit et Cie, 1899.

6. Villiers de L'Isle-Adam, *L'Ève future*, Paris, M. de Brunhoff, 1886.

7. Jules Bois, *L'Ève nouvelle*, Paris, Flammarion, 1896.

8. Nicole G. Albert, *Saphisme et décadence dans Paris fin-de-siècle*, Paris, La Martinière, 2005.

9. Georges Montorgueil, *Les Parisiennes d'à présent*, Paris, H. Floury, 1897, p. 1.

10. *Ibid.*, p. 3.

11. *Ibid.*, p. 8.

12. G. Montorgueil, *La Parisienne peinte par elle-même*, *op. cit.*, p. 183.

13. O. Uzanne, *Parisiennes de ce temps*, *op. cit.*, p. 332.

14. *Ibid.*, p. 333.

15. G. Montorgueil, *La Parisienne peinte par elle-même*, *op. cit.*, p. 189-190.

16. *Ibid.*, p. 188-189.

17. Jules Barbey d'Aurevilly, *Les Bas-Bleus*, Paris-Bruxelles, Victor Palmé-G. Lebrocquy, 1878.

18. Voir Gabrielle Houbre, « La belle époque des romancières », *Masculin/ Féminin. Le dix-neuvième siècle à l'épreuve du genre*, Toronto, Centre d'études du xixe siècle Joseph Sablé, 1999, p. 185-200.

19. G. Montorgueil, *La Parisienne peinte par elle-même*, *op. cit.*, p. 62.

20. Voir la documentation rassemblée dans N. G. Albert, *Saphisme et décadence dans Paris fin-de-siècle*, *op. cit.*, p. 231 et suiv.

21. Remy de Gourmont et André Rouveyre, *Parisiennes*, Leipzig, Rowohlt-Kurt Wolff, 1912 ; rééd. Georges Crès, 1923.

22. Voir Laure Murat, *La Loi du genre, une histoire du troisième sexe*, Paris, Fayard, 2006.

23. G. Montorgueil, *La Parisienne peinte par elle-même*, *op. cit.*, p. 198.

24. Annelise Maugue, *L'Identité masculine en crise au tournant du siècle*, Paris, Rivages, 1987.

25. O. Uzanne, *Parisiennes de ce temps*, *op. cit.*, p. 320.

26. *Ibid.*, p. 332.

27. *Ibid.*, p. 333.

28. *Ibid.*, p. 334.

29. *Ibid.*, p. 26.

30. *Ibid.*, p. 272.

31. *Ibid.*, p. 334.

32. *La Nouvelle Mode*, 2 juillet 1985, cité par C. Bard, *Une histoire politique du pantalon*, *op. cit.*, p. 196.

33. Marie Colombier, *Le Carnet d'une Parisienne*, Paris, C. Marpon et E. Flammarion, 1882, p. 102.

34. C. Pichois et A Brunet, *Colette*, *op. cit.*, p. 188.

35. C. Dawbarn, *France and the French*, *op. cit.*, p. 78.

36. A. Vandam, *My Paris Notebook, op. cit.*, p. 190.
37. R. Strong, *Sensations of Paris, op. cit.*, p. 153.
38. J. Daudet, *Notes sur Londres, op. cit.*, p. 113.
39. *Ibid.*, p. 73.
40. *Ibid.*, p. 90.
41. *Ibid.*, p. 74.
42. Marquise de Garches, *Les Secrets de beauté d'une Parisienne, op. cit.*, p. 2, 98, 100 et 139.
43. *Ibid.*, p. 2.
44. *Ibid.*, p. 36.
45. Cité par M. L Roberts, « Acting Up, the Feminist Theatrics of Marguerite Durand », dans *The New Biography, Performing Femininity in Nineteenth-Century France*, Berkeley-Los Angeles-Londres, University of California Press, 2000, p. 173.
46. *Ibid.*, p. 36.
47. Jean Rabaut, *Marguerite Durand. La Fronde féministe ou Le Temps en jupons*, Paris, L'Harmattan, 1995, p. 108.
48. *Ibid.*, p. 82.
49. *Ibid.*, p. 52.
50. *Ibid.*, p. 47.
51. *Ibid.*, p. 62.
52. *Femina*, 1er février 1909.
53. Colette Cosnier, *Les Dames de* Femina, *un féminisme mystifié*, Rennes, PUR, 2009.
54. Rachel Mesch, *Having It All in the Belle Époque : How French Women's Magazines Invented the Modern Woman*, Stanford, Stanford University Press, 2013.
55. J. Rabaut, *Marguerite Durand, op. cit.*, p. 62.
56. *Ibid.*, p. 40 et suiv.
57. Voir Yvonne Knibiehler *et al.*, *De la pucelle à la minette. Les jeunes filles de l'âge classique à nos jours*, Paris, Messidor, 1989, p. 176-183.
58. Voir Gabrielle Houbre, *La Discipline de l'amour. L'éducation sentimentale des filles et des garçons à l'âge du romantisme*, Paris, Plon, 1997.
59. V. Stroïev, dans *Les Russes..., op. cit.*, p. 258.
60. H. Taine, *Notes sur Paris, op. cit.*, p. 70 et suiv.
61. *Ibid.*, p. 77.
62. É. Zola, *Pot-Bouille, op. cit.*, p. 73.
63. *Ibid.*, p. 1602-1605.
64. M. Prévost, *Les Demi-Vierges, op. cit.*, p. 69.
65. Voir Philippe Lejeune, *Le Moi des demoiselles, enquête sur le journal de jeune fille*, Paris, Seuil, 1993.
66. Fabienne Casta-Rosaz, *Histoire du flirt. Les jeux de l'innocence et de la perversité 1870-1968*, Paris, Grasset, 2000, p. 29 et suiv.
67. Léon Blum, *Du mariage*, Paris, Ollendorff, 1907.

68. Critique d'art pour différents journaux à partir de 1876, Joris-Karl Huysmans réunit ses articles dans *L'Art moderne*, Paris, Charpentier, 1883, et *Certains*, Paris, Tresse et Stock, 1889.

69. Joris-Karl Huysmans, *Écrits sur l'art 1867-1905*, Paris, Bartillat, 2006, p. 69 et suiv.

70. *Ibid.*, p. 151.

71. *Ibid.*, p. 201.

72. *Ibid.*, p. 69.

73. *Ibid.*, p. 202.

74. Voir *Degas*, Paris, RMN, 1988, p. 343.

75. *Ibid.*

76. Voir Pascal Rousseau (dir.), *Robert Delaunay 1906-1914. De l'impressionnisme à l'abstraction*, Paris, Centre Georges Pompidou, 1999, p. 156 et suiv.

77. Dominique Kalifa, « Au rythme de la culture de masse », dans *Paris 1900 la ville-spectacle, op. cit.*, p. 29.

78. C. Prochasson, *Paris 1900, essai d'histoire culturelle, op. cit.*

79. Cité par A. Gold et R. Fitzdale, *Sarah Bernhardt, op. cit.*, p. 213.

80. *Ibid.*, p. 212.

81. *Ibid.*, p. 269.

82. Janet Flanner, *Paris c'était hier*, Paris, Mazarine, 1981, p. 141.

83. Cité par A. Gold et R. Fizdale, *Sarah Bernhardt, op. cit.*, p. 313.

84. *Ibid.*

85. Voir C. Prochasson, *Paris 1900, essai d'histoire culturelle, op. cit.*, p. 139 et suiv.

86. Voir M.-A. Voisin-Fougère, « La Porte monumentale de l'Exposition universelle de 1900 », art. cité.

87. Voir Marc Nouschi, *Le XXe Siècle. Temps. Tournants. Tendances*, Paris, Armand Colin, 1995.

88. A. Millaud, *Physiologies parisiennes, op. cit.*, p. 151 et suiv.

89. Voir Jean-Jacques Yvorel, *Les Poisons de l'esprit, drogues et usages de drogues au XIXe siècle*, Paris, Quai Voltaire, 1992, p. 137 et suiv.

90. P. Casselle, *Nouvelle Histoire de Paris. Paris républicain 1871-1914, op. cit.*, p. 128.

91. H. de Balzac, *Mémoire de deux jeunes mariés, op. cit.*, p. 208.

92. Anonyme, *Guide sentimental de l'étranger dans Paris, op. cit.*, p. 157.

93. J. Vallès, *La Rue à Londres, op. cit.*, p. 1268.

94. *Guide sentimental de l'étranger dans Paris, op. cit.*, p. 157.

95. O. Uzanne, *Parisiennes de ce temps, op. cit.*, p. 475.

96. *Ibid.*, p. 348.

97. *Ibid.*, p. 478.

98. Maurice Agulhon, *Marianne au pouvoir*, Paris, Flammarion, 1989, p. 342.

99. Georges Darien, *La Belle France*, Paris, Stock, 1900.

100. *Ibid.*, p. 64.

101. *Ibid.*, p. 67.

102. *Ibid.*, p. 86-87.

103. *Ibid.*, p. 188.

104. *Ibid.*, p. 189.
105. M. Agulhon, *Marianne au pouvoir*, *op. cit.*, p. 279.
106. *L'Assiette au beurre*, 15 juillet 1905, p. 4-8.
107. *Ibid.*, p. 9 et 11.
108. *Ibid.*, p. 10 et 12.
109. *Ibid.*, p. 15.
110. Jocelyne George, *Paris-province, de la Révolution à la mondialisation*, Paris, Fayard, 1998, p. 171.
111. Henri Hertz, *Pas à pas, Carnets*, Cahier 7, 4 juillet 1898, cité par C. Prochasson, *Paris 1900, essai d'histoire culturelle*, *op. cit.*, p. 77.
112. E. de Goncourt, *Journal*, *op. cit.*, t. II, p. 1186.
113. Voir Xavier de Fontenay, *L'Histoire secrète des Miss France*, Paris, Flammarion, 2009.

Chapitre 7.
La Parisienne mise au défi (1918-1940)

1. Jean-José Frappa, *1930*, Paris, La Nouvelle Société d'éditions, 1932, p. 16.
2. Voir Christine Bard, *Les Garçonnes, modes et fantasmes des années folles*, Paris, Flammarion, 1998.
3. Voir Anne-Marie Sohn, « La garçonne face à l'opinion publique : type littéraire ou type social des années vingt ? », *Le Mouvement social*, n° 80, septembre 1972, p. 8. L'auteure estime que 12 à 25 % de la population adulte a lu ou parcouru le roman à l'issue de la décennie.
4. Celle d'Armand Duplessis, en 1923, de Jean de Limur, en 1936, et de Jacqueline Audry, en 1957.
5. Victor Margueritte, *La Garçonne*, Paris, Flammarion, 1922, p. 52.
6. C. Bard, *Les Garçonnes*, *op. cit.*, p. 8.
7. J.-J. Frappa, *1930*, *op. cit.*, p. 35.
8. Voir Dominique Kalifa, *La Véritable Histoire de la Belle Époque*, Paris, Fayard, 2017.
9. Paul Poiret, *En habillant l'époque*, Paris, Grasset, 1930, p. 25.
10. J.-J. Frappa, *1930*, *op. cit.*, p. 16.
11. Gérard Bauër, *La Parisienne*, Paris, Nouvelle Société d'éditions, « Elles », 1929, p. 25.
12. Voir sur ce point les remarques d'Évelyne Cohen, *Paris dans l'imaginaire national de l'entre-deux-guerres*, Paris, Publications de la Sorbonne, 1999, p. 194-197.
13. G. Bauër, *La Parisienne*, *op. cit.*, p. 54 et 56.
14. *Ibid.*, p. 33.
15. J.-J. Frappa, *1930*, *op. cit.*, p. 14.
16. Paul Morand, *L'Homme pressé*, Paris, Gallimard, 1941.
17. G. Bauër, *La Parisienne*, *op. cit.*, p. 44-45.

18. Léon-Paul Fargue, *Le Piéton de Paris* (1939), Paris, Gallimard, 1993, p. 171-172.
19. G. Bauër, *La Parisienne, op. cit.*, p. 47.
20. Voir C. Bard, *Les Garçonnes, op. cit.*, p. 37 et suiv.
21. J.-J. Frappa, *1930, op. cit.*, p. 14.
22. Clément Vautel, *Madame ne veut pas d'enfant*, Paris, Albin Michel, 1924, p. 110.
23. *Id.*, *L'Amour à la parisienne*, Paris, Albin Michel, 1927, p. 24.
24. G. Bauër, *La Parisienne, op. cit.*, p. 30.
25. *Vogue*, 15 janvier 1921, p. 6.
26. *Vogue*, 1er février 1921, p. 23.
27. Voir par exemple le numéro du 15 janvier 1922, p. 7.
28. P. Poiret, *En habillant l'époque, op. cit.*, p. 109.
29. G. Bauër, *La Parisienne, op. cit.*, p. 48.
30. Princesse Bibesco, *Noblesse de robe*, Paris, Grasset, 1928, p. 25.
31. Sur ce point, voir Ronald Hubscher *et al.*, *L'Histoire en mouvement, le sport dans la société française (XIXe-XXe siècle)*, Paris, Armand Colin, Paris, 1992, p. 301-313.
32. Jacqueline Demornex, *Lucien Lelong. L'intemporel*, Paris, Le Promeneur, 2007, p. 20 et suiv.
33. Dilys E. Blum, *Elsa Schiaparelli*, Philadelphie-Paris, Philadelphia museum of art-Musée de la mode et du textile, 2004, p. 13 et suiv.
34. *How to Enjoy Paris*, Paris, Londres-New York, International Publications, 1927, p. 271. Le commentaire fait allusion au problème de l'espionnage industriel, dont on débat beaucoup dans la période.
35. Voir *Paris Mode, 100 photos de légende*, Paris, Parigramme, 2013, p. 13-15.
36. *Vogue*, « La mode d'hiver telle que la porte la Parisienne », 1er novembre 1922, p. 3-8.
37. *Ibid.*, 1er mars 1925, p. 32.
38. *Ibid.*, 1er avril 1926, p. 64.
39. *Ibid.*
40. *Ibid.*, 1er mai 1926.
41. *Ibid.*, 1er avril 1926, p. 68.
42. *La Mode illustrée*, 14 mars 1920.
43. *Ibid.*, 1er janvier 1931, p. 3.
44. Rose Nicole, *Les Secrets de beauté de la Parisienne en cent confidences*, Paris, Nillson, 1921, p. 151.
45. *La Mode illustrée*, 1er janvier 1931.
46. David Arkell, *Paris Today*, Londres, C. Arthur Pearson, 1938, p. 98.
47. Princesse Bibesco, *Noblesse de robe, op. cit.*, p. 70.
48. Voir Didier Ludot, *La Petite Robe noire*, Paris, Assouline, 2001.
49. Henry Gidel, *Coco Chanel*, Paris, Flammarion, 1999, p. 220.
50. *Ibid.*
51. Pascal Ory, *L'Invention du bronzage. Essai d'une histoire culturelle*, Paris, Complexe, 2008, p. 52.

52. Voir des robes noires de Jean Patou et Lucien Lelong dans le numéro du 1er juin 1925 de *Vogue*, p. 20-21.

53. Christine Bard, *Les Femmes dans la société française au XXe siècle*, Paris, Armand Colin, 2001, p. 63-64.

54. *Marie-Claire*, 2 avril 1937.

55. *Paris Today, op. cit.*, p. 98.

56. Louis Aragon, *Aurélien* (1944), Paris, Gallimard, « Folio », 1972, p. 204.

57. Paul Morand, *L'Allure de Chanel* (1977), Paris, Gallimard, « Folio », 2009, p. 75.

58. Princesse Bibesco, *Noblesse de robe, op. cit.*, p. 144.

59. *La Mode illustrée*, « L'élégance et le luxe », 14 mars 1920.

60. C. Bard, *Les Garçonnes, op. cit.*, p. 22.

61. *Ibid.*

62. *Vogue*, 1er juillet 1922, p. 3-8.

63. Mary Louise Roberts, *Civilization Without Sexes : Reconstructing Gender in Post-War France, 1917-1927*, Chicago, University of Chicago Press, 1994.

64. *La Vie parisienne*, 1er novembre 1919, cité par Sophie Jacotot, *Danser à Paris dans l'entre-deux-guerres. Lieux, pratiques, imaginaires des danses de société des Amériques (1919-1939)*, Paris, Nouveau Monde, 2013, p. 107.

65. Voir Shari Benstock, *Femmes de la rive gauche, Paris 1900-1940*, Paris, éditions des Femmes, 1987.

66. Jean Bastié et René Pillorget, *Nouvelle Histoire de Paris. Paris de 1914 à 1940*, Paris, Association pour la publication d'une histoire de Paris, 1997, p. 148-149. Il y aura un important reflux avec la crise de 1929.

67. Rachilde, *Pourquoi je ne suis pas féministe*, Paris, Éditions de France, 1928.

68. Voir C. Bard, *Les Garçonnes, modes et fantasmes des années folles, op. cit.*, p. 6.

69. Voir Christine Bard, *Les Filles de Marianne. Histoire des féminismes 1914-1940*, Paris, Fayard, 1995, p. 26.

70. Voir Y. Ripa, *Les Femmes actrices de l'histoire, op. cit.*, p. 119.

71. Voir C. Bard, *Les Filles de Marianne, op. cit.*, p. 144 et suiv. puis p. 331 et suiv.

72. *Ibid.*, p. 427.

73. *Ibid.*

74. *Ibid.*, p. 219.

75. *Ibid.*, p. 262.

76. *Ibid.*, p. 426.

77. *Minerva*, 26 juillet 1925.

78. *Marie-Claire*, 5 mars 1937.

79. J.-J. Frappa, *1930, op. cit.*, p. 32-33.

80. *Ibid.*, p. 37-38.

81. Voir sur ce point les remarques d'A. Corbin, *Les Filles de noce, op. cit.*, p. 171-173.

82. J.-J. Frappa, *1930, op. cit.*, p. 54.

Notes des pages 253 à 262

83. Paul Morand et Brassaï, *Paris de nuit*, Paris, Imprimeur-éditeur Arts et Métiers graphiques, 1933.
84. Voir une publicité dans *Vogue*, 1er février 1925.
85. Élisabeth Coquart et Philippe Huet, *Mistinguett, la reine des années folles*, Paris, Albin Michel, 1996, p. 54.
86. Musique de Casimir Oberfeld, paroles de Pierre Bayle et de Lima, 1936.
87. É. Coquart et P. Huet, *Mistinguett, la reine des années folles, op. cit.*, p. 55.
88. Voir Phyllis Rose, *Joséphine Baker, une Américaine à Paris*, Paris, Fayard, 1982, p. 134.
89. Jacques d'Antibes, *Paris-Sport*, 10 octobre 1930, dans *Joséphine Baker vue par la presse française*, Paris, éditions Isis, 1931.
90. Voir P. Rose, *Joséphine Baker, une Américaine à Paris, op. cit.*, p. 145.
91. Gustave Fréjaville, *Comoedia*, 9 octobre 1930, cité dans *Joséphine Baker vue par la presse française, op. cit.*, p. 16. L'artiste de music-hall Jenny Golder, d'origine australienne, longtemps considérée comme la principale rivale de Mistinguett, s'était suicidée le 11 juillet 1928.
92. Paul Granet, dans *ibid.*, p. 28.
93. Cité par P. Rose, *Joséphine Baker, une Américaine à Paris, op. cit.*, p. 24.
94. Voir *Les Mémoires de Joséphine Baker*, Paris, Corrêa, 1949, p. 12, et P. Rose, qui cite un article du *Figaro* de Robert de Flers, *Joséphine Baker, une Américaine à Paris, op. cit.*, p. 53.
95. Voir Paul Teyssier, *Maisons closes parisiennes*, Paris, Parigramme, 2010, p. 70-71, et L. Gonzalez-Quijano dans *Capitale de l'amour, op. cit.*, cahier photographique, p. 2.
96. Voir Sala Elise Patterson, « Yo Adrienne », *New York Times*, 25 février 2007. Voir aussi sur ce thème Pascal Blanchard *et al.*, *Le Paris noir*, Paris, Hazan, 2001, p. 82.
97. D'après X. de Fontenay, *L'Histoire secrète des Miss France, op. cit.*, p. 21.
98. Charles Meyer, *Les Français en Indochine, 1860-1910*, Paris, Hachette, 1996, p. 263-270.
99. Pierre Brisson, *Le Théâtre des années folles*, Genève, éditions du Milieu du monde, 1943, p. 83.
100. J. Bastié, et R. Pillorget, *Nouvelle histoire de Paris. Paris de 1914 à 1940, op. cit.*, p. 138.
101. Paroles de Jean Choux et Seider, musique d'André Sablon, Paris, R. Breton, 1933.
102. Michel Perrin, *Arletty*, Paris, Calmann-Lévy, 1952, p. 19. Dans cette biographie romancée, l'auteur ne cite pas ses sources.
103. Jean Cocteau, *Le Foyer des artistes*, Paris, Plon, 1947 ; rééd. Lausanne, Marguerat, 1951, p. 378.
104. *Ibid.*, p. 379.
105. *Cinémonde*, 26 février, 18 avril, 27 juin 1929.
106. C. Vautel, *Madame ne veut pas d'enfant, op. cit.*, p. 145.
107. *Id.*, *L'Amour à la parisienne*, Paris, A. Michel, 1927, p. 226.

108. Basil Woon, *The Paris That's not in the Guidebook*, New York, Brentano's, 1926, p. 40.
109. La statue elle-même date de 1908.
110. Chiffres cités par Catherine Omnès, *Ouvrières parisiennes. Marché du travail et trajectoires professionnelles au 20ᵉ siècle*, EHESS, 1997, p. 79 et p. 118-119.
111. Voir A. Monjaret, *Les Catherinettes en fête, op. cit.*, p. 15.
112. Voir M. Agulhon, *Les Métamorphoses de Marianne. L'imagerie et la symbolique républicaine de 1914 à nos jours*, Paris, Flammarion, 2001, p. 74 et suiv.
113. *Ibid.*, p. 80.
114. *Les Mariannes de Paris*, paroles de Mistinguett et Philippon, musique de Camille de Rhynal.
115. H.-J. Magog, *La Marianne de Paris*, Paris, Fayard, 1936, p. 94.
116. *L'Humanité*, 16 juillet 1936.
117. Rappelons que le repos dominical a été institué en 1906. La loi du 3 juillet 1916 limite à dix heures la journée de travail des femmes de 18 à 21 ans, et interdit le travail de nuit pour les femmes de moins de 18 ans.
118. *L'Humanité*, 16 mai 1917.
119. *Ibid.*, 15 et 16 mai 1917.
120. Voir les chiffres fournis par J. Bastié et R. Pillorget, *Nouvelle Histoire de Paris. Paris de 1914 à 1940, op. cit.*, p. 149.
121. *Ibid.*, p. 236-237.
122. Voir E. Charles-Roux, *L'Irrégulière ou Mon itinéraire Chanel, op. cit.*, p. 468-475.
123. G. Bauër, *La Parisienne, op. cit.*, p. 25 et 30.
124. L.-P. Fargue, *Le Piéton de Paris, op. cit.*, p. 174.
125. J.-J. Frappa, *1930, op. cit.*, p. 58.
126. Publicité pour la maison Dhorme & Cie, *Vogue*, 1ᵉʳ mai 1926, p. 73.
127. Nancy L. Green, *Les Américains de Paris 1880-1941*, Paris, Belin, 2014, p. 342.
128. Clara E. Laughlin, *So You Are Going to Paris !*, Cambridge (Mass.), Methuen, 1924, p. 49.
129. Helen Josephy et Margaret McBride, *Paris is a Woman's Town*, New York, Coward-McCann Inc., 1929, p. 13.
130. *Cinémonde*, 16 novembre 1928.
131. *Vogue*, 1ᵉʳ juin 1926, p. 30.
132. Voir par exemple *Vogue*, « New York s'amuse en faisant le bien », 1ᵉʳ janvier 1922 ; « La *season* américaine recommence », 15 janvier 1922 ; « La vie intellectuelle et mondaine à New York », 1ᵉʳ août 1922.
133. *Vogue*, « Marlène à Paris », novembre 1936.
134. *Vogue*, 1ᵉʳ avril 1922.
135. *Vogue*, 1ᵉʳ juillet 1922.
136. H. Josephy et M. McBride, *Paris is a Woman's Town, op. cit.*, p. 7.
137. *Ibid.*
138. Paul Morand, *New York* (1930), Paris, Garnier-Flammarion, 1988, p. 165.

139. Pierre Kast, cité par Jean-Pierre Jeancolas, *Histoire du cinéma français*, Paris, Nathan université, 1995, p. 26.

140. Fabrice Montebello, *Le Cinéma en France depuis les années 1930*, Paris, Armand Colin, 2005, p. 22.

141. Marian Hall et Marjorie Carne, *California Fashion : from the Old West to New Hollywood*, New York, Harry N. Abrams, 2002, p. 74.

142. Voir Stephen Gundle, *Glamour, a History*, Oxford, Oxford University Press, 2008, p. 78-108.

143. Edgar Morin, *Les Stars*, Paris, Seuil, 1972.

144. D'après J. Demornex, *Lucien Lelong, op. cit.*, p. 64.

145. M. Delbourg-Delphis, *Le Chic et le Look, op. cit.*, p. 190.

146. J. Demornex, *Lucien Lelong, op. cit.*, p. 65.

147. *Cinémonde*, 5 septembre 1929.

148. *Cinémonde*, 13 décembre 1928, p. 159.

149. Emmanuelle Polle, *Jean Patou, une vie sur mesure*, Paris, Flammarion, 2014, p. 244.

150. B. Woon, *The Paris That's not in the Guidebook, op. cit.* p. 73-74.

151. P. Morand, *New York, op. cit.*, p. 103.

152. George et Pearl Adam, *A Book About Paris*, Londres, Jonathan Cape, 1927, p. 146.

153. *Ibid.*, p. 101.

154. Robert Frank et Laurent Gervereau, *La Course au moderne. France et Allemagne dans l'Europe des années vingt*, Nanterre, Bibliothèque de documentation internationale contemporaine, 1992.

155. Voir Stéphane Füzesséry et Philippe Simay, *Le Choc des métropoles, Simmel, Kracauer, Benjamin*, Paris-Tel-Aviv, éditions de l'Éclat, 2008, p. 23.

156. W. Benjamin, *Paris, capitale du XIXe siècle, op. cit.*

Chapitre 8.
Les mues d'un modèle (de 1944 à la fin des années 1970)

1. Déclaration au *Vogue* américain, décembre 1944, cité par Dominique Veillon, *La Mode sous l'Occupation*, « Petite Bibliothèque Payot », Payot & Rivages, 2014, p. 268.

2. Lucien François, *Les Élégances de Paris*, Brochure du Commissariat général au tourisme, 1946, s. p.

3. *Votre beauté*, septembre 1942, p. 26.

4. *Pour elle*, n° 36, 16 avril 1941.

5. *La Plus Belle Femme du monde*, Paris, Office de propagande générale, 1944.

6. Maggy Rouff, *La Philosophie de l'élégance*, Paris, Éditions littéraires de France, 1942, p. 46.

7. Lettre de Felix Hartlaub, 9 novembre 1940, cité par Aurélien Luneau et Jeanne Guérout (éd.), *Comme un Allemand en France*, Paris, L'Iconoclaste, 2016, p. 71.

8. Alan Riding, *Et la fête continue. La vie culturelle à Paris sous l'Occupation*, Paris, Plon, 2012.
9. *Ibid.*, p. 69.
10. Cf. Fabrice Virgili, *La France « virile ». Des femmes tondues à la Libération*, Paris, Payot & Rivages, « Petite Bibliothèque Payot », 2004, p. 66-69.
11. *Ibid.*, p. 38-39.
12. Eric Welphton, *Paris Today*, Londres, Salisbury Square, 1948, p. 1.
13. Voir *Les Années 50. La mode en France 1947-1957*, Paris, Paris musées, 2014, p. 52.
14. L. François, *Les Élégances de Paris, op. cit.*
15. *Elle*, 28 janvier 1947, p. 5.
16. Cliché de Willy Maywald, 1947.
17. Photographie de Georges Dambier, 1954, dans *Les Années 50*, op. cit., p. 53.
18. Cité par D. Veillon, *La Mode sous l'Occupation, op. cit.*, p. 169.
19. André de Fouquières, « La Parisienne », dans *Le Bi-millénaire de Paris*, Bruxelles, L'Art belge, 1951, p. 64.
20. E. Charles-Roux, *L'Irrégulière ou Mon itinéraire Chanel, op. cit.*, p. 478.
21. *Elle*, 9 juillet 1956.
22. Germaine Tillion, *Une opérette à Ravensbrück* (1944), Paris, La Martinière, 2005.
23. *Mon truc en plumes*, paroles de Jean Constantin et Bernard Dimey, 1961.
24. *Caroline chérie*, Richard Pottier, 1951.
25. Voir Antoine de Baecque (dir.), *Paris vu par Hollywood*, Paris, Flammarion, 2012.
26. Signés en mai 1946, ils mettent fin au régime des quotas adopté en 1936 pour endiguer la production américaine, en échange d'un système d'exclusivité pour les films français aux États-Unis.
27. Voir Jean Bastié, *Nouvelle Histoire de Paris. Paris de 1945 à 2000*, Paris, Nouvelle Histoire de Paris, 2001, p. 81 et 316.
28. Louis Chevalier, *Les Parisiens*, Paris, Hachette, 1967, p. 24.
29. *Ibid.*
30. *La Parisienne*, revue littéraire mensuelle, dirigée par Jacques Laurent et André Parinaud, 1953-1958.
31. Cecil Saint-Laurent, *La Parisienne*, Paris, Jacques Foret, 1956, p. 9.
32. *Ibid.*, p. 17-18.
33. *Ibid.*, p. 26.
34. *Ibid.*, p. 56.
35. *Ibid.*, p. 68.
36. *Ibid.*, p. 25.
37. *Ibid.*, p. 33-36.
38. Voir l'exposition « Et Domergue créa la Parisienne », Paris, musée du Montparnasse, juin-septembre 2012, sans catalogue.
39. Voir Thierry Leclère, « Les garnements de la rue Cognacq-Jay », *Télérama*, n° 1893, 23 avril 1986, p. 59.
40. « Les Parisiens votent », *Combat*, 30 avril 1945. Cité par Sylvie Chaperon, *Les Années Beauvoir 1945-1970*, Paris, Fayard, 2000, p. 22.

41. Simone de Beauvoir, *Le Deuxième Sexe* (1949), Paris, Gallimard, « Folio », 1976, t. II, p. 393-394.
42. *Ibid.*, p. 420.
43. *Ibid.*, p. 538.
44. Simone de Beauvoir, *Les Mandarins*, Paris, Gallimard, 1954.
45. *Id.*, *Les Belles Images*, Paris, Gallimard, 1966.
46. Voir Christine Bard, « Beauté de Beauvoir », dans Christine Delphy et Sylvie Chaperon, *Cinquantenaire du « Deuxième Sexe »*, Paris, Syllepse, 2002, p. 395-399.
47. Suzanne Blum, « Simone de Beauvoir, prix Goncourt 1954 », *Elle*, 3 janvier 1955, p. 22.
48. Voir S. Chaperon, *Les Années Beauvoir*, *op. cit.*, p. 196, ou Éliane Lecarte-Tabone, « Le couple Beauvoir-Sartre devant la critique féministe », *Les Temps modernes*, 2002/3, n° 619, p. 19-42.
49. S. Chaperon, *Les Années Beauvoir*, *op. cit.*, p. XI.
50. Ludivine Bantigny, *Le Plus Bel Âge*, Paris, Fayard, 2007, p. 24.
51. Voir Y. Knibiehler *et al.*, *De la pucelle à la minette*, *op. cit.*
52. Catherine Rihoit, *Brigitte Bardot. Un mythe français*, Paris, Olivier Orban, 1986, p. 92.
53. Expression utilisée par Jacques Doniol-Valcroze, dans un article des *Cahiers du cinéma*, n° 31, janvier 1954.
54. Voir C. Rihoit, *Brigitte Bardot*, *op. cit.*, p. 165.
55. Cité par Geneviève Sellier, *La Nouvelle Vague, un cinéma au masculin singulier*, Paris, CNRS Éditions, p. 173.
56. *Paris-Match*, n° 508, décembre 1958 et 3 avril 1965, cité par C. Rihoit, *Brigitte Bardot*, *op. cit.*, p. 178.
57. *Ibid.*, p. 165.
58. *Ibid.*, p. 161.
59. M. Agulhon, *Les Métamorphoses de Marianne*, *op. cit.*
60. *Ibid.*, p. 190-196.
61. Le film de Michel Lang, *À nous les petites Anglaises !*, sort en 1976.
62. Sur ce point voir le chapitre de N. T. Binh, dans *Paris au cinéma*, Paris, Parigramme, 2005, « Autour de la Nouvelle Vague ou Paris retrouvé », p. 146 et suiv.
63. Avec notamment *Les Demoiselles de Rochefort* (1967) et *Lola* (1961), qui se déroule à Nantes. On peut y associer *Hiroshima, mon amour*, écrit par Marguerite Duras, réalisé par Alain Resnais en 1959, dont l'héroïne, jouée par Emmanuelle Riva, évoque sa jeunesse à Nevers, ou encore *Ma nuit chez Maud* d'Éric Rohmer (1969), qui se déroule à Clermont-Ferrand.
64. Voir sur ce point les remarques de G. Sellier, *La Nouvelle Vague, un cinéma au masculin singulier*, *op. cit.*, p. 133-134.
65. Dans *Combat*, cité dans *ibid.*, p. 58.
66. Claude-Marie Trémois, *Télérama*, dans *ibid.*
67. *Ibid.*
68. Voir A. de Baecque (dir.), « Hollywood et la Nouvelle Vague » dans *Paris vu par Hollywood*, *op. cit.*, p. 189, et Maroussia Dubreuil, « Paris la ville-temps de Woody Allen », dans *ibid.*, p. 247 et suiv.

69. Titre de l'ouvrage de Geneviève Sellier, *La Nouvelle Vague, un cinéma au masculin singulier*, *op. cit.*
70. *Ibid.*, p. 133
71. *Les Cahiers du cinéma*, n° 30, décembre 1953, cité par G. Sellier, dans *ibid.*, p. 27.
72. Voir G. Sellier, *La Nouvelle Vague, un cinéma au masculin singulier*, *op. cit.*, p. 155 et suiv.
73. Voir Sylvie Boulloud et Sophie Boulé (dir.), *Les Parisiennes de Kiraz*, catalogue de l'exposition du musée Carnavalet, Paris, Paris musées, 2008.
74. *L'Officiel de la couture et de la mode*, septembre 2009, p. 170.
75. *Ibid.*, p. 16.
76. *Ibid.*, p. 42.
77. Érotisme que l'on trouve en revanche, sans aucune rupture de style, dans les dessins que Kiraz a donnés au magazine *Playboy*. Voir *Les Parisiennes de Kiraz*, *op. cit.*, p. 101-105.
78. *Ibid.*, p. 16 et 20.
79. Chiffres cités par C. Bard, *Les Femmes dans la société française au xxe siècle*, *op. cit.*, p. 216.
80. *Ibid.*, p. 244 et 220.
81. *Ibid.*, p. 238.
82. *Saint Laurent Rive Gauche, La révolution de la mode*, Paris, La Martinière / Fondation Pierre Bergé-Yves Saint-Laurent, 2011, p. 47.
83. Spot publicitaire pour le parfum *Rive Gauche*, 1973.
84. Marie-Paule Belle, *La Parisienne*, paroles de Michel Grisolia et Françoise Mallet-Joris, musique de Marie-Paule Belle, 1975.
85. *Rykiel*, Paris, Herscher, 1985, p. 8.

Chapitre 9.
Un « trésor national » à préserver (des années 1980 à nos jours)

1. Inès de La Fressange, avec Sophie Gachet, *La Parisienne*, Paris, Flammarion, 2010.
2. Caroline de Maigret, Audrey Diwan, Anne Berest et Sophie Mas, *How to Be Parisian Wherever You Are*, New York, Ebury Press, 2014.
3. Mireille Guiliano, *French Women Don't Get Fat*, New York, Vintage, 2004.
4. *Id.*, *French Women For All Seasons*, New York, Vintage, 2006.
5. *Id.*, *French Women Don't Get Facelifts*, New York, Corgi, 2013.
6. Hélène et Irène Lurçat, *Comment devenir une vraie Parisienne*, Paris, Parigramme, 1999.
7. Élodie Rouge, *Les Cantines des Parisiennes*, Paris, Parigramme, 2008.
8. Layla Demay et Laure Watrin, *Une vie de pintade à Paris*, Paris, Calmann-Lévy, 2008.
9. *My Little Paris. Le Paris secret des Parisiennes*, Paris, Chêne, 2010.
10. *La Déco des Parisiennes*, Paris, éditions du Chêne, 2011.

11. Laurence Caracalla, *Le Savoir-Vivre de la Parisienne*, Paris, Grasset, 2017.
12. Anne Plantagenet, *La Vraie Parisienne*, Paris, J'ai lu, 2015.
13. Loïc Prigent, *Vogue*, septembre 2012.
14. *Elle*, 28 septembre 2012.
15. Louis Bompard, « Ces dames de Paname », *L'Officiel de la couture et de la mode*, septembre 2009.
16. *Ibid.*
17. *Ibid.*
18. Dom Bochel Guégan, *L'Obs. Le Plus*, 26 août 2014, et Alexandre Piquard et Alexis Delcambre, « Le Parisien *vs* The Parisienne », *Le Monde*, 26 août 2014.
19. Véronique Richebois, « La Parisienne, une affaire qui marche », *Les Échos*, 1er février 2016.
20. Claire Bonnot et Séverine de Smet, « La Parisienne, un filon marketing », *L'Obs*, 4 octobre 2014.
21. *Ibid.*
22. V. Richebois, « La Parisienne, une affaire qui marche », art. cité.
23. Voir par exemple *Elle*, 28 novembre 2014.
24. V. Richebois, « La Parisienne, une affaire qui marche », art. cité.
25. *Ibid.*
26. Agnès Rocamora, *Fashioning the City, Paris, Fashion and the Media*, Londres, I. B. Tauris, 2009, p. 71.
27. Gilles Marion, « Objets et marques de luxe », dans Olivier Assouly (dir.), *Le Luxe, essais sur la fabrique de l'ostentation*, Paris, Institut français de la mode-éditions du Regard, 2011, p. 398.
28. Olivier Assouly, « La rhétorique de la simplicité comme légitimation du luxe », dans *ibid.*, p. 366.
29. Guénolée Milleret, *Haute Couture. Histoire de l'industrie de la création, des précurseurs à nos jours*, Eyrolles, 2015, p. 145 et 149.
30. Institut français de la mode, « Les chiffres clés de la mode », ifm-paris.com, 2017.
31. Voir Francine Fourmaux, *Belles de Paris. Une ethnologie du music-hall*, Paris, CTHS, 2009.
32. Philippe Jacqué, « Les Chinois dopent le tourisme en France », *Le Monde*, 25 août 2018.
33. L. Demay et L Watrin, *Une vie de pintade à Paris*, op. cit., p. 52-77.
34. Émilie Grangeray, « Fantasme parisien », *L'Officiel de la couture et de la mode*, 2009, p. 175.
35. L. Demay et L Watrin, *Une vie de pintade à Paris*, op. cit., p. 53.
36. *Ibid.*
37. Loïc Prigent, *Vogue*, août 2012.
38. Caroline Bongrand, « Kiraz, l'invention de la Parisienne », *L'Officiel de la couture et de la mode*, septembre 2009, p. 170.
39. L. Demay et L Watrin, *Une vie de pintade à Paris*, op. cit., p. 55.
40. I. de La Fressange, *La Parisienne*, op. cit., p. 14-15.
41. A. Rocamora, *Fashioning the City*, op. cit., p. 110.

42. C. Bonnot et S. de Smet, « La Parisienne, un filon marketing », art. cité.
43. I. de La Fressange, *La Parisienne*, *op. cit.*, p. 119.
44. C. de Maigret *et al.*, *How to Be Parisian Wherever You Are*, *op. cit.*, p. 124.
45. I. de La Fressange, *La Parisienne*, *op. cit.* p. 125.
46. *Ibid.*, p. 172.
47. L. Demay et L Watrin, *Une vie de pintade à Paris*, *op. cit.*, p. 214.
48. Voir Thibaut de Saint-Pol, « Corpulence et genre en Europe : le poids des inégalités d'apparence et de santé », *Bulletin Amades* [En ligne], 81 | 2010, mis en ligne le 7 juillet 2011, consulté le 27 août 2018, http://journals.openedition.org/amades/1145.
49. *Ibid.*, p. 11.
50. Émilie Grangeray, « Fantasme parisien », art. cité.
51. H. et I. Lurçat, *Comment devenir une vraie Parisienne*, *op. cit.*, p. 5.
52. C. Bonnot et S. de Smet, « La Parisienne, un filon marketing », art. cité.
53. Le terme reste fréquemment utilisé, par exemple, dans Louis Bompard, « Dames de Paname », art. cité.
54. C. de Maigret *et al.*, *How to Be Parisian Wherever You Are*, *op. cit.*, p. 96-97.
55. *Ibid.*, p. 3.
56. L. Demay et L Watrin, *Une vie de pintade à Paris*, *op. cit.*, p. 273-274.
57. C. de Maigret *et al.*, *How to Be Parisian Wherever You Are*, *op. cit.*, p. 3.
58. Caroline Bongrand, « Kiraz, l'invention de la Parisienne », art. cité.
59. Voir sur ce point la réception ambiguë de l'ouvrage de Catherine Millet *La Vie sexuelle de Catherine M.*, Josyane Savigneau, « Catherine Millet se raconte comme personne », *Le Monde*, 6 avril 2001.
60. Voir l'ouvrage de Pamela Druckerman, *French Children Don't Throw Food*, Londres, Random House, 2013.
61. C. Bonnot et S. de Smet, « La Parisienne, un filon marketing », art. cité.
62. *Ibid.*
63. Interview avec Marie-Éve Venne, *Dresstokillmagazine.com*, 18 août 2014.
64. Emmanuel Godin et Tony Chafer, *The French Exception*, New York-Oxford, Berghahn Books, 2003.
65. Voir par exemple *L'Express*, 11 octobre 2010.
66. Voir par exemple « Que va devenir Victoria ? », *Le Monde*, 29 décembre 2011.
67. Voir H. et I. Lurçat, *Comment devenir une vraie Parisienne*, *op. cit.*, p. 5.
68. *Vogue*, août 2012.
69. *Vogue*, édition américaine, avril 2003.
70. *Ibid.*
71. John Duka, « Notes on Fashion », *The New York Times*, 17 mars 1981.
72. *Vogue*, édition américaine, 1er septembre 1992.
73. *Le Monde*, 1er octobre 2016.
74. L. Demay et L. Watrin, *Une vie de pintade à Paris*, *op. cit.*, p. 60.
75. Créatrice de la marque Les Prairies de Paris.

76. Juliette Démas, « Anne Willi, une styliste parisienne à Brooklyn », *France-Amérique.com*, 26 avril 2018.
77. *Vogue*, août 2018.
78. J. Démas, « Anne Willi, une styliste parisienne à Brooklyn », art. cité.
79. Florence Ben Sadoun, *Agnès b. styliste*, Paris, La Martinière, 2016.
80. I. de La Fressange, *La Parisienne*, *op. cit.*, p. 15.
81. *Ibid.*
82. « Lou Doillon, la Parisienne selon Vanessa Bruno », *Gala.fr*, 12 février 2009.
83. *Le Monde*, 30 septembre 2016.
84. Voir par exemple, H. et I. Lurçat, *Comment devenir une vraie Parisienne*, *op. cit.*, p. 5, ou C. Bonnot et S. de Smet, « La Parisienne, un filon marketing », art. cité.
85. Diana Vreeland et Christopher Hemphill, *Allure*, New York, Chronicle Books, 1980.
86. I. et H. Lurçat, *Comment devenir une vraie Parisienne*, *op. cit.*, p. 5, et A. Rocamora, *Fashioning the City*, *op. cit.*, p. 119.
87. *Icon-Icon*, 19 juin 2014. « Cette fille du peuple peut en remontrer aux plus grandes dames », François Baudot, *Alaïa*, Paris, Assouline, 1996, p. 10.
88. *Huffpost*, 18 novembre 2017.
89. Voir *supra*, chapitre 7.
90. François Baudot, *Alaïa*, Paris, Assouline, 1996, p. 10.
91. Voir Emmanuelle Retaillaud, « Tailleur Chanel ou robe à fleurs ? Portraits de femmes dans la vie politique française sous la Ve République », dans Luciano Cheles et Alessandro Giacone (dir.), *Il ritratto e il potere, immagini della politica in Francia e in Italia nel novecento*, Pise, Pacini, 2017.
92. Charlotte Rotman, « Valérie Boyer », *Libération*, 1er octobre 2009.
93. Dans *7 à vous* le magazine du 7e arrondissement, mars 2010.
94. Selon une remarque du député Bernard Debré citée par *Elle.fr*, 19 août 2012.
95. Vanessa Schneider, *Le Monde*, 3 février 2012.
96. Philippe-Jean Catinchi, « Edmonde Charles-Roux », *Le Monde*, 22 janvier 2016, p. 14.
97. Inès de La Fressange, *Profession mannequin*, Paris, Hachette littératures, 2002, p. 113.
98. Portails Internet de la maison Saint Laurent et de la marque Sephora.
99. Voir par exemple Stefanie March, « How to be French », *The Times*, 22 novembre 2014.
100. *Le Monde*, 1er octobre 2016.
101. Voir M. Delbourg-Delphis, *Le Chic et le Look*, *op. cit.*
102. *Le Monde*, 1er octobre 2016.
103. *Marianne*, 27 septembre 2014.
104. Voir les remarques d'Olivier Saillard, *Vogue*, septembre 2018, p. 110.
105. Voir Anne Clerval, *Paris sans le peuple. La gentrification de la capitale*, Paris, La Découverte, 2013.

106. Michel Pinçon et Monique Pinçon-Charlot, *Sociologie de Paris*, Paris, La Découverte, 2014, p. 56-57.
107. *Ibid.*, p. 33.
108. C. de Maigret *et al.*, *How to Be Parisian Wherever You Are*, op. cit., p. 32.
109. Louis Bompard, « Dames de Paname », art. cité, p. 155.
110. L. Demay et L. Watrin, *Une vie de pintade à Paris*, op. cit., p. 72.
111. Philippe Lançon, « Belles de la ville », *Libération Next*, 6 octobre 2006.
112. *Ibid.*
113. *Ibid.*
114. Voir Irène Théry, « La femme de chambre et le financier », *Le Monde*, 23 mai 2011.
115. *Id.*, *Qu'est-ce que la distinction de sexe ?*, Bruxelles, Fabert, 2011 ; Mona Ozouf, *Les Mots des femmes. Essai sur la singularité française*, Paris, Fayard, 1995 ; Claude Habib, *La Galanterie française*, Paris, Gallimard, 2006.
116. Claude Habib, Mona Ozouf, Philippe Raynaud, Irène Théry, « Féminisme à la française : la parole est à la défense », *Libération*, 17 juin 2011.
117. Joan Scott, « Feminism ? A Foreign Import », *The New York Times*, 20 mai 2011.
118. Irène Théry, « Un féminisme à la française », *Le Monde*, 28 mai 2011.
119. Christine Delphy, « The Invention of French Feminism : An Essential Move », *Yale French Studies*, n° 87, *Another Look, Another Woman : Retranslations of French Feminism*, 1995, p. 190-221.
120. I. Théry, « Un féminisme à la française », art. cité.
121. Éric Fassin, « L'après-DSK : pour une séduction féministe », *Le Monde*, 29 juin 2011.
122. Voir C. Bard et S. Chaperon (dir.), *Dictionnaire des féministes. France XVIIIe-XXe siècle*, op. cit.
123. Laure Murat, « *Blow-Up*, revu et inacceptable », *Libération*, 12 décembre 2017.
124. I. Théry, « Nous sommes si nombreuses que c'en est impressionnant », *Le Monde*, 21 octobre 2017.
125. « Nous défendons une liberté d'importuner indispensable à la liberté sexuelle », *Le Monde*, 9 janvier 2018.
126. Tribunes parues dans *Le Monde*, 11 janvier 2018.
127. *Ibid.*
128. Entretien pour le journal *Le Monde*, 11 janvier 2018.
129. Voir Courrier international.com, 10 janvier 2018.
130. *Die Welt*, 10 janvier 2018, cité par Courrier international.com.
131. *La Nazione*, cité dans *ibid.*
132. *The Atlantic*, cité dans *ibid.*

Bibliographie sélective

Sources primaires

ACHARD, Amédée, *Parisiennes et provinciales*, Paris, Michel Lévy, 1856.
ADAM, George et Pearl, *A Book about Paris*, Londres, Jonathan Cape, 1927.
ALEXANDRE, Arsène, *Les Reines de l'aiguille, modistes et couturières (étude parisienne)*, Paris, Théophile Belin, 1902.
ANONYME, *Les Amazones de Paris*, Paris, E. Dentu, 1866.
ANONYME, *The Curiosities of Paris in Nine Letters*, Londres, W. Owen, 1757.
ANONYME, *Guide des plaisirs à Paris, Paris le jour, Paris la nuit, comment on s'amuse, où l'on s'amuse, ce qu'il faut voir, ce qu'il faut faire*, Paris, Édition photographique, 1900.
ANONYME, *How to Enjoy Paris !*, Paris-Londres-New York, International Publications, 1927.
ANONYME, *Les Joyeuses Dames de Paris*, s. éd., 1867.
ANONYME, *Paris-Parisien. Ce qu'il faut voir. Ce qu'il faut savoir. Paris-usages. Paris-pratique*, Paris, Ollendorff, 1896-1902.
ANONYME, *La Plus Belle Femme du monde*, Paris, Office de propagande générale, 1944.

ARAGON, Louis, *Aurélien*, Paris, Gallimard, 1944.
ARKELL, David, *Paris Today*, Londres, C. Arthur Pearson, 1938.
BALZAC, Honoré de, *Illusions perdues* (1837-1843), Paris, Garnier-Flammarion, 1966.
– , *Mémoires de deux jeunes mariées* (1842), Paris, Garnier-Flammarion, 1979.
– , *La Muse du département* (1843), dans *La Comédie humaine*, t. IV, Paris, Gallimard, « Bibliothèque de la Pléiade », 1976.
– , *Philosophie de la vie conjugale à Paris (Chaussée d'Antin)* (1845), dans *La Comédie humaine*, t. X, Paris, Gallimard, « Bibliothèque de la Pléiade », 1955.
– , *Splendeurs et misères des courtisanes* (1838), Garnier-Flammarion, 1973.

—, *Traité de la vie élégante* (1830), Paris, éditions de l'Amateur, 2012.

BANVILLE, Théodore de, *Les Parisiennes de Paris*, Paris, Michel Lévy, 1866.

BARTLET, David W., *Paris with Pen and Pencil, its People and Literature, Its Life and Business*, New York, C. M. Saxton, 1858.

BAUDELAIRE, Charles, *Le Peintre de la vie moderne et autres essais* (1863), dans *Œuvres complètes*, t. II, Paris, Gallimard, « Bibliothèque de la Pléiade », 1975.

BAUËR, Gérard, *La Parisienne*, Paris, Nouvelle Société d'Édition, « Elles », 1929.

BECQUE, Henry, *La Parisienne*, Paris, Calmann-Lévy, 1885.

BEECHER-STOWE, Harriet, *Souvenirs heureux, voyages en Angleterre, en France et en Suisse*, t. III, Paris, Michel Lévy Frères, 1857.

BELLY, Félix, *Les Amazones de la Seine et la Police*, Paris, chez l'auteur, 1870.

BERTIN, Célia, *Haute Couture, terre inconnue*, Paris, Hachette, 1956.

BIBESCO (Princesse), *Noblesse de robe*, Paris, Grasset, 1928.

BONNEFONT, Gaston, *Nos Parisiennes chez elles*, Paris, Flammarion, 1896.

BOULLOUD, Sylvie, et BOULÉ, Sophie (dir.), *Les Parisiennes de Kiraz*, catalogue de l'exposition du musée Carnavalet, Paris, Paris musées, 2008.

BOUVIER, Jeanne, *Mes mémoires ou 59 années d'activité industrielle, sociale et intellectuelle d'une ouvrière 1876-1935*, Paris, Maspero, 1983.

CARACALLA, Laurence, *Le Savoir-Vivre de la vraie Parisienne*, Paris, Grasset, 2017.

CARACCIOLI, Louis-Antoine de, *Paris, le modèle des nations étrangères ou l'Europe française*, Paris-Venise, chez Duchesne, 1777.

CAVAILHON Édouard, *Les Parisiennes fatales, études d'après nature*, Paris, Dentu, 1889.

CESENA, Amédée de, *Le Nouveau Paris, guide de l'étranger*, Paris, Librairie Garnier-Frères, 1864.

CHARLES-ROUX, Edmonde, *L'Irrégulière ou Mon itinéraire Chanel*, Paris, Grasset, 1974.

CHILD, Theodore, *The Praise of Paris*, New York, Harper, 1893.

CLAUDIN, Gustave, *Mes souvenirs. Les Boulevards 1840-1870*, Paris, Calmann-Lévy, 1884.

COLLECTIF, *Bi-millénaire de Paris*, Bruxelles, L'Art belge, 1951.

COLLECTIF, *Le Diable à Paris*, Paris, Michel Lévy, 1862.

COLLECTIF, *Figures de Paris, ceux qu'on rencontre et celles qu'on frôle*, Paris, Librairie Henri Floury, 1901.

COLLECTIF, *Les Français peints par eux-mêmes. Types et portraits humoristiques à la plume et au crayon*, Paris, Léon Curmer, 1840-1842 ; Paris, éditions de l'Amateur, 2012.

COLLECTIF, *La Grande Ville. Nouveau tableau de Paris*, Paris, Bureau central des publications nouvelles, 1842-1843.

Bibliographie sélective 391

COLLECTIF, *Les Parisiennes*, catalogue de l'exposition du musée Galliera, mars-mai 1958, Paris, Les Presses artistiques, 1958.

COLLECTIF, *Paris-Guide, par les principaux artistes et écrivains de la France*, 2 t., Bruxelles, Librairie internationale, 1867.

COLLECTIF, *My Little Paris, Le Paris secret des Parisiennes*, Paris, Chêne, 2010.

COLLECTIF, *Les Russes découvrent la France*, Paris-Moscou, éditions du Globe-éditions du Progrès, 1989.

COLOMBIER, Marie, *Le Carnet d'une Parisienne*, Paris, C. Marpon et E. Flammarion, 1882.

CONSTANT DE TOURS, *Vingt Jours à Paris pendant l'Exposition universelle de 1900*, Paris, L. H. May, 1900.

COOKS, Thomas, *Cook's Guide to Paris*, Londres, Thomas Cook & Son, 1889.

CORBON, Anthime, *Le Secret du peuple de Paris*, Paris, Pagnerre, 1863.

COTOLENDI, Charles, *An Agreable Criticism of the City of Paris and the French, Giving an Account of Their Present State and Condition*, Londres, Ben Bragg, 1704.

DANCOURT, *La Parisienne*, Paris, chez Thomas Guillain, 1694.

DARIEN, Georges, *La Belle France*, Paris, Stock, 1900.

DASH, comtesse, *La Belle Parisienne*, Paris, Michel Lévy, 1864.

– , *Les Femmes à Paris et en province*, Paris, Michel Lévy, 1868.

DAUBIÉ, Julie-Victoire, *La Femme pauvre au XIXe siècle*, Paris, Guillaumin et Cie, 1866.

DAUDET, Julia, *Notes sur Londres*, Paris, Fasquelle, 1897.

DAWBARN, Charles, *France and the French*, Londres, Methuen & co., 1911.

DEBANS, Camille, *Les Plaisirs et les Curiosités de Paris. Guide humoristique et pratique*, Paris, E. Kolb, 1889.

DECOURCELLE, Adrien, et BARBIER, Jules, *Jenny l'ouvrière*, Paris, Magasin théâtral illustré, 1850.

DELORD, Taxile, *Physiologie de la Parisienne*, Paris, Aubert et Lavigne, 1841-1842 (repris dans *Les Physiologies parisiennes*, Paris, Aubert, 1850).

– , *Paris-lorette*, Paris, A. Taride, 1854.

DELVAU, Alfred, *Les Cythères parisiennes*, Paris, E. Dentu, 1864.

– , *Les Plaisirs de Paris* (1867), Paris, Seesam, 1991.

DEMAY, Layla, et WATRIN, Laure, *Une vie de pintade à Paris*, Paris, Calmann-Lévy, 2008.

DEVÉRIA, Achille, *Les Heures de la Parisienne* (1840), Paris, Rombaldi, 1957.

DRANER, *Paris assiégé, scènes de la vie parisienne pendant le siège*, Paris, au bureau de l'Éclipse, 1871.

DU CAMP, Maxime, *Paris, ses organes, ses fonctions et sa vie jusqu'en 1870* (1869-1876), Monaco, G. Rondeau, 1993.

DUMAS fils, Alexandre, *Le Demi-Monde*, Paris, Michel Lévy, 1855.

– , *La Dame aux camélias* (1848), Paris, Gallimard, « Folio », 1975.

FARGUE, Léon-Paul, *Le Piéton de Paris* (1939), Paris, Gallimard, 1993.

FEYDEAU, Ernest, *Souvenirs d'une cocodette écrits par elle-même*, Leipzig, Landman, 1878.
FEYDEAU, Georges, *La Dame de chez Maxim* (1899), Paris, théâtre des Variétés, 1913.
FLANNER, Janet, *Paris c'était hier*, Paris, Mazarine, 1981.
FLAUBERT, Gustave, *Madame Bovary* (1857), dans *Œuvres*, t. I, Paris, Gallimard, « Bibliothèque de la Pléiade », 1951.
FORSTER, Charles de, *Paris et les Parisiens. Quinze ans de Paris*, Paris, Firmin-Didot, 1848.
FRANÇOIS, Lucien, *Les Élégances de Paris*, Brochure du Commissariat général au tourisme, 1946, s. p.
FRAPPA Jean-José, *1930*, Paris, La Nouvelle Société d'éditions, 1932.
FRÉBAULT, Élie, *La Vie de Paris, guide pittoresque et pratique du visiteur*, Paris, E. Dentu, 1878.
FUSIL, Louise, *Souvenirs d'une actrice* (1841), Paris, Honoré Champion, 2006.
GARCHES, Marquise de, *Les Secrets de beauté d'une Parisienne*, Paris, H. Simonis Empis, 1894.
GAUTIER, Théophile, *De la mode* (1858), Arles, Actes Sud, 1993.
– , « L'art moderne. Gavarni », *L'Artiste*, 11 janvier 1857.
GIOVANNI, Marie, *Journal de voyage d'une Parisienne*, Bruxelles-Leipzig, Kiessling-Schnée, 1855-1856.
GIRARDIN, Delphine de (vicomte de Launay), *Lettres parisiennes*, Paris, Charpentier, 1843.
– , *Correspondance parisienne (1840-1848)*, Paris, Michel Lévy, 1853.
GONCOURT, Edmond et Jules de, *Armande* (1856), dans *Œuvres complètes*, t. I-III, Genève-Paris, Slatkine Reprints, 1985.
– , *La Femme au XVIIIe siècle* (1862), Paris, Flammarion, 1982.
– , *La Lorette*, Paris, E. Dentu, 1853.
– , *Manette Salomon* (1866), Paris, Gallimard, 1996.
– , *Journal. Mémoires de la vie littéraire, 1851-1896*, rééd. Paris, Robert Laffont, « Bouquins », 1989, 3 t.
GOZLAN, Léon, *Les Maîtresses à Paris. Ce que c'est qu'une Parisienne*, Paris, Eugène Didier, 1852.
GRÉVIN, Alfred, *Les Parisiennes*, Paris, Librairie illustrée, 1878.
GRÉVIN, Alfred, HUART, Adrien, et VÉRON, Pierre, *Almanach des Parisiennes*, s. éd., 1873-1889.
GUILIANO, Mireille, *French Women don't Get Fat*, New York, Vintage, 2004.
GUYOT, Yves, *La Prostitution*, Paris, G. Charpentier, 1882.
HENRY, Stuart, *Paris Days and Evenings*, Londres, T. Fisher Unwin, 1896.
HOUSSAYE, Arsène, *Les Parisiennes*, 4 t. (t. I : *Le Jeu des femmes* ; t. II : *Mademoiselle Phryné* ; t. III : *Les Femmes adultères* ; t. IV : *La Confession d'une repentie*), Paris, E. Dentu, 1869.
– , *Les Courtisanes du grand monde*, Paris, E. Dentu, 1870.
HUART, Louis, *Physiologie de la grisette*, Paris, Aubert et Cie, 1841.

Bibliographie sélective 393

–, *Physiologie du flâneur*, Paris, Aubert et Cie, 1841.
HUGO, Victor, *Lettre à une femme*, dans *L'Année terrible*, Paris, Michel Lévy Frères, 1872.
HUYSMANS, Joris-Karl, *Écrits sur l'art 1867-1905*, Paris, Bartillat, 2006.
JANIN, Jules, *L'Hiver à Paris*, Paris, Léon Curmer, 1843.
–, *L'Été à Paris*, Paris, Léon Curmer, 1843.
JOSEPHY, Helen, et MCBRIDE, Margaret, *Paris is a Woman's Town*, New York, Coward-McCann Inc., 1929.
KIRAZ, *Les Parisiennes*, Paris, Denoël, 1963.
KONING, Victor, *Les Coulisses parisiennes*, Paris, E. Dentu, 1867.
LA FRESSANGE, Inès de, et GACHET, Sophie, *La Parisienne*, Flammarion, Paris, 2010.
LAMBER, Juliette (Mme Edmond Adam), *Le Siège de Paris, journal d'une Parisienne*, Paris, Michel Lévy Frères, 1873.
LAPEYRE, *Les Mœurs de Paris*, Amsterdam, imprimerie de G. Castel, 1747.
LAROUSSE, Pierre, *Grand Dictionnaire universel du XIXe siècle*, Paris, P. Larousse, 1866-1878, 17 vol.
LAUGHLIN, Clara E., *So You Are Going to Paris !*, Cambridge (Mass.), Methuen, 1924.
LAUZANNE DE VAROUSSEL, Augustin, DUMERSAN, Théophile, et DUVERT, Félix-Auguste, *Les Belles Femmes de Paris*, Paris, impr. de Vve Dondey-Dupré (s. d., 1839).
LAVALLÉE, Joseph, *Voyage dans les départements de la France*, Paris, Brion, 1792-1794.
LIGER, Louis, *Le Voyageur fidèle ou le Guide des étrangers dans la ville de Paris*, Pierre Ribou, 1716.
LUCHET, Auguste, *Paris, esquisses dédiées au peuple parisien*, Paris, J. Barbezat, 1830.
LURÇAT, Hélène et Irène, *Comment devenir une vraie Parisienne*, Paris, Parigramme, 1998.
MÂCONNAIS, Ferdinand, *Les Grisettes vengées*, Paris, H. Souverain, 1837.
MAGOG, H.-J., *La Marianne de Paris*, Paris, Fayard, 1936.
MAIGRET, Caroline de, *et al.*, *How to Be Parisian Wherever You Are*, New York, Ebury Press, 2014.
MARANA, Giovanni-Paolo, *Lettre d'un Sicilien à l'un de ses amis, contenant une agréable critique de Paris et des Français*, Chambéry, P. Maubal, 1714.
MARGUERITTE, Victor, *La Garçonne*, Paris, Flammarion, 1922.
MARGUERITTE, Paul et Victor, *Femmes nouvelles*, Paris, E. Plon, Nourrit et Cie, 1899.
MARTIAL, A. P., *Paris assiégé*, s. d., album de 64 eaux-fortes (BHVP 91306).
MAUPASSANT, Guy de, *Bel-Ami*, Havard, Paris, 1885 ; dans *Romans*, Paris, Gallimard, « Bibliothèque de la Pléiade », 1987.

MEILHAC, Henri, et HALÉVY, Ludovic, *La Vie parisienne* (1867), Paris, Michel Lévy, 1874.

MERCIER, Louis-Sébastien, *Tableau de Paris* (1782-1788), Paris, Mercure de France, 1994.

– , *Le Nouveau Paris* (1798), Paris, Mercure de France, 1994.

MICHELET, Jules, *La Femme*, Paris, Louis Hachette, 1860.

MILLAUD, Albert, *Physiologies parisiennes*, Paris, Librairie illustrée, 1885.

MIRBEAU, Octave, *Le Journal d'une femme de chambre*, Paris, Fasquelle, 1900 ; Paris, Gallimard, 2015.

MOLIÈRE, *Les Précieuses ridicules* (1659), dans *Œuvres complètes*, t. I, Paris, Gallimard, « Bibliothèque de la Pléiade », 2010.

MONTESQUIEU, *Lettres persanes* (1721), Paris, Garnier-Flammarion, 1995.

MONTIGNY, Louis, *Le Provincial à Paris, esquisse des mœurs parisiennes*, Paris, chez Ladvocat, 1825.

MONTJOYEUX, *Les Femmes de Paris*, Paris, Ollendorf, 1889.

MONTORGUEIL, Georges, *La Parisienne peinte par elle-même*, Paris, Librairie Conquet, 1897.

– , et BOUTET, Henri, *Les Parisiennes d'à présent*, Paris, H. Floury, 1897.

MORAND, Paul, *L'Allure de Chanel*, Paris, Gallimard, 1977 ; Gallimard, « Folio », 2009.

– , *L'Homme pressé*, Paris, Gallimard, 1941.

– , et BRASSAÏ, *Paris de nuit*, Paris, Imprimeur-éditeur Arts et Métiers graphiques, 1933.

MORIN, Louis, *Les Cousettes. Physiologies des couturières parisiennes*, Paris, Librairie Conquet, 1895.

MORROW, William Chambers, *Bohemian Paris of Today*, Londres, Chatto & Windus, 1899.

MUSSET, Alfred de, *La Confession d'un enfant du siècle* (1836), Paris, Garnier-Flammarion, 2010.

– , *Mademoiselle Mimi Pinson. Profil de grisette* (1853), *Contes*, Paris, Classiques Garnier, 2009, p. 249-296.

– , *Conseils à une Parisienne*, dans *Poésies complètes*, Paris, Gallimard, « Bibliothèque de la Pléiade », 1957.

NICOLE, Rose, *Les Secrets de beauté de la Parisienne en cent confidences*, Paris, éditions Nillson, 1921.

OBERKIRCH, Baronne d', *Mémoires de la baronne d'Oberkirch sur la cour de Louis XVI et la société française avant 1789*, Paris, Mercure de France, 1970,

PARENT-DUCHÂTELET, Alexandre, *De la prostitution dans la ville de Paris, considérée sous le rapport de l'hygiène publique, de la morale et de l'administration*, Paris, J. B. Baillière et fils, 1837, 2 vol.

PEEPING TOM, *Paris by Gaslight : Being a Complete Description of the Amusements Illustrative of Life in the French Metropolis*, Londres, Frederick Farrah Publisher, 1867.

PERRET, Paul, *La Parisienne*, Paris, A. Le Chevalier, 1868.

PLANTAGENET, Anne, *La Vraie Parisienne*, Paris, J'ai lu, 2015.

POIRET, Paul, *En habillant l'époque*, Paris, Grasset, 1930.

PRÉVOST, Marcel, *Les Demi-Vierges*, Paris, A. Lemerre, 1894 ; Paris, Mémoire du livre, 2001.

PROUDHON, Charles, *La Pornocratie ou les Femmes dans les temps modernes*, Paris, A. Lacroix, 1875.

PROUST, Marcel, *À la Recherche du temps perdu*, Paris, Gallimard, « Bibliothèque de la Pléiade », 1954, 3 t.

RAYMOND, Emmeline, *Les Secrets des Parisiennes*, Paris, Firmin-Didot, 1866.

– , « La mode et la Parisienne », *Paris-Guide, par les principaux artistes et écrivains de la France*, t. II, Bruxelles, Librairie internationale, 1867.

RÉTIF DE LA BRETONNE, Nicolas Edme, *Les Parisiennes* (1787), Genève, Slatkine Reprints, 1988.

– , *Les Contemporaines, ou Aventures des plus jolies femmes de l'âge présent* (1780-1785), Genève, Slatkine Reprints, 1988.

ROLAND, Marie-Jeanne, *Mémoires de Madame Roland*, Paris, Cosmopole, 2001.

ROQUEPLAN, Nestor, *Regain. La vie parisienne*, Paris, V. Lecou, 1853.

– , *Parisine*, Paris, Hetzel, 1869.

ROUFF, Maguy, *La Philosophie de l'élégance*, Paris, Éditions littéraires de France, 1942.

ROUSSEAU, Jean-Jacques, *La Nouvelle Héloïse* (1761), Paris, Garnier-Flammarion, 1967.

SAINT-LAURENT, Cecil, *La Parisienne*, lithographies de J.-G. Domergue, Paris, J. Foret, 1956.

SALA, George-Augustus, *Paris Herself Again in 1878-9*, Londres, Remington & co., 1879.

SIMON, Jules, *L'Ouvrière*, Paris, Hachette, 1861.

SOULIÉ, Frédéric, *Les Étudiants* (1845), Paris, Michel Lévy Frères, 1858.

– , *Physiologie du bas-bleu*, Paris, Aubert-Lavigne, 1841.

STAFFE, baronne, *Indications pratiques concernant l'élégance du vêtement féminin*, Paris, Flammarion, 1908.

– , *Indications pratiques pour obtenir un brevet de femme chic*, Paris, Flammarion, 1907.

STENDHAL, *Le Rouge et le Noir* (1830), dans *Œuvres romanesques complètes*, t. I, Paris, Gallimard, « Bibliothèque de la Pléiade », 2005.

STRONG, Rowland, *Sensations of Paris*, Londres, John Long Ltd, 1912.

TAINE, Hippolyte, *Notes sur Paris, vie et opinions de M. Frédéric-Thomas Graindorge*, Paris, Hachette, 1867.

TEXIER, Edmond, et DELORD, Taxile, *Paris-actrice*, Paris, Alphonse Taride, 1854.

TILLION, Germaine, *Une opérette à Ravensbrück* (1944), Paris, La Martinière, 2005.

TROLLOPE, Frances, *Paris and the Parisians in 1835*, Paris, Baudry's European Library, 1836.
UZANNE, Octave, *La Femme à Paris. Nos contemporaines. Notes successives sur les Parisiennes de ce temps dans leurs divers milieux, états et conditions*, Paris, May et Motteroz, 1894.
– , *Parisiennes de ce temps en leurs divers milieux, états et conditions : études pour servir à l'histoire des femmes, de la société, de la galanterie française, des mœurs contemporaines et de l'égoïsme masculin*, Paris, Mercure de France, 1910.
– , *La Femme et la Mode, métamorphoses de la Parisienne, de 1792 à 1892*, Paris, Ancienne maison Quantin, 1893.
VANDAM, Albert, *My Paris Notebook*, Londres, William Heinnemann, 1894.
VAN DYKE, Henry, *The Poems of Henry Van Dyke*, New York, Charles Scribner's Sons, 1911.
VANEL, Eugène et Angel, *Les Plus Belles Femmes de Paris*, Paris, E. Michaud, 1839.
VALLÈS, Jules, *La Rue à Londres*, Paris, G. Charpentier, 1884 ; dans *Œuvres*, t. II, Paris, Gallimard, « Bibliothèque de la Pléiade », 1990.
VAUTEL, Clément, *L'Amour à la parisienne*, Paris, Albin Michel, 1927.
– , *Madame ne veut pas d'enfant*, Paris, Albin Michel, 1924.
VÉRON, Louis, *Mémoires d'un bourgeois de Paris*, Paris, Gabriel de Gonet, 1853, 3 vol.
VIDAL, Pierre, *Les Heures de la femme à Paris, tableaux parisiens*, Paris, éditions Boudet, Librairie Lahure, 1903.
VILLARS, Émile, *Le Roman de la Parisienne*, Paris, Librairie centrale, 1866.
VRIGNAULT, Pierre, *Parisiennes de 1897*, Paris, imprimé à compte d'auteur pour Henri Béraldi, 1898.
VUILLAUME, Maxime, *Mes cahiers rouges, souvenirs de la Commune*, Paris, P. Ollendorff, 1909 ; Paris, La Découverte, 2011.
WELPHTON, Eric, *Paris Today*, Londres, Salisbury Square, 1948.
WOON, Basil, *The Paris That's Not in the Guidebook*, New York, Brentano's, 1926.
ZOLA, Émile, *Les Rougon-Macquart*, Paris, Gallimard, « Bibliothèque de la Pléiade », 1960-1967, 4 t.
– , *La Curée* (1871), t. I.
– , *Nana* (1880), t. II.
– , *Pot-Bouille* (1882), t. III.
– , *Au Bonheur des Dames* (1883), t. III.

Revues, journaux

Elle
Femina

Journal des dames et des modes
Marie-Claire
La Mode illustrée
La Parisienne, revue littéraire mensuelle, dirigée par Jacques Laurent et André Parinaud, 1953-1958.
La Vie parisienne
Vogue

Sources secondaires

ABELÈS, Luce, et LE MEN, Ségolène, *Les Français peints par eux-mêmes. Panorama social du XIXe siècle*, Paris, RMN, 1993.
ADLER, Laure, *Les Maisons closes 1830-1930*, Paris, Hachette littératures, 2002.
AGULHON, Maurice, *Marianne au combat. L'imagerie et la symbolique républicaines (1789-1880)*, Paris, Flammarion, 1979.
– , *Marianne au pouvoir. L'imagerie et la symbolique républicaines (1880-1914)*, Paris, Flammarion, 1989.
– , *Les Métamorphoses de Marianne. L'imagerie et la symbolique républicaine de 1914 à nos jours*, Paris, Flammarion, 2001.
ALBERT, Nicole G., *Saphisme et décadence dans Paris fin-de-siècle*, Paris, La Martinière, 2005.
ALVAREZ, José (dir.), *Constantin Guys, 1802-1892. Fleurs du mal*, catalogue de l'exposition au Musée de la vie romantique, Paris musées, 2002.
ANONYME, *Paris Mode, 100 photos de légende*, Paris, Parigramme, 2013.
ASSOULY, Olivier (dir.), *Le Luxe. Essais sur la fabrique de l'ostentation*, Paris, Institut français de la mode-éditions du Regard, 2011.
BAECQUE, Antoine de (dir.), *Paris vu par Hollywood*, catalogue de l'exposition de la ville de Paris, Paris, Flammarion, 2012.
BARD, Christine, *Les Garçonnes, modes et fantasmes des années folles*, Paris, Flammarion, 1998.
– , *Les Femmes dans la société française au XXe siècle*, Paris, Armand Colin, 2001.
– , *Les Filles de Marianne, histoire des féminismes, 1914-1940*, Paris, Fayard, 1995.
– , *Un siècle d'antiféminisme*, Paris, Fayard, 1999.
– , *Une histoire politique du pantalon*, Paris, Seuil, 2010.
– , et CHAPERON, Sylvie (dir.), *Dictionnaire des féministes. France XVIIIe-XXe siècle*, Paris, PUF, 2017.
BARROT, Olivier, et CHIRAT, Raymond, *Le Théâtre de boulevard. Ciel mon mari !*, Paris, Gallimard « Découvertes », 1998.
BASTIÉ, Jean, *Nouvelle Histoire de Paris. Paris de 1945 à 2000*, Paris, Association pour la publication d'une histoire de Paris, 2000.

–, et Pillorget, René, *Nouvelle Histoire de Paris. Paris de 1914 à 1940*, Paris, Association pour la publication d'une histoire de Paris, 1997.

Baubérot, Arnaud et Bourillon Florence (dir.), *Urbaphobie ou la détestation de la ville au XIXe et XXe siècles*, Pompignac, Bière, 2009.

Baudot, François, *Alaïa*, Paris, Assouline, 1996.

Beauvoir, Simone de, *Le Deuxième Sexe* (1949), Paris, Gallimard, « Folio », 1976.

Becchia, Alain (dir.), *Modernités de l'Ancien Régime 1750-1789*, Rennes, PUR, 2012.

Benjamin, Walter, *Paris, capitale du XIXe siècle. Le livre des passages*, Paris, Cerf, 1989.

Benstock, Shari, *Femmes de la rive gauche, Paris 1900-1940*, Paris, éditions des Femmes, 1987.

Berlanstein, Lenard, *Daughters of Eve : A Cultural History of French Theater Women, from the Old Regime to Fin-de-siècle*, Cambridge (Mass.), Harvard University Press, 2000.

–, *The Working People of Paris*, Baltimore, Londres, Johns Hopkins University, 1984.

Binh, N. T., *Paris au cinéma*, Paris, Parigramme, 2005.

Bourdieu, Pierre, *La Domination masculine*, Paris, Seuil, 1998.

Bravard, Alice, *Le Grand Monde parisien 1900-1939. La persistance du modèle aristocratique*, Rennes, PUR, 2013.

Cabaud, Michel, et Hubscher, Ronald, *1900, la Française au quotidien*, Paris, Armand Colin, 1985.

Caillois, Roger, « Paris, mythe moderne », dans *Le Mythe et l'Homme*, Paris, Gallimard, 1938.

Caron, Jean-Claude, *Générations romantiques. Les étudiants de Paris et le Quartier latin. 1814-1851*, Paris, Armand Colin, 1991.

Casselle, Pierre, *Nouvelle Histoire de Paris. Paris républicain 1871-1914*, Paris, Association pour la publication d'une histoire de Paris, 2003.

Casta-Rosaz, Fabienne, *Histoire du flirt. Les jeux de l'innocence et de la perversité 1870-1968*, Paris, Grasset, 2000.

Chagniot, Jean, *Nouvelle Histoire de Paris. Paris au XVIIIe siècle*, Paris, Association pour la publication d'une histoire de Paris, 1988.

Chaperon, Sylvie, *Les Années Beauvoir 1945-1970*, Paris, Fayard, 2000.

Charle, Christophe (dir.), *Capitales européennes et rayonnement culturel, XVIIIe-XXe siècles*, actes de la table ronde franco-italienne 2002, Paris, éditions rue d'Ulm, 2004.

–, *La Discordance des temps. Une brève histoire de la modernité*, Paris, A. Colin, 2011.

–, *Les Élites de la république 1880-1900*, Paris, Fayard, 2006.

–, *Le Siècle de la presse 1830-1939*, Paris, Seuil, 2004.

–, *Théâtres en capitales. Naissance de la société du spectacle à Paris, Berlin, Londres et Vienne, 1860-1914*, Paris, Albin Michel, 2008.

CHEVALIER, Louis, *Les Parisiens*, Paris, Hachette, 1967.

CLERVAL, Anne, *Paris sans le peuple. La gentrification de la capitale*, Paris, La Découverte, 2013.

COFFIN, Judith G., *The Politics of Women's Work, the Paris Garment Trades 1750-1915*, Princeton, Princeton University Press, 1996.

COHEN, Évelyne, *Paris dans l'imaginaire national de l'entre-deux-guerres*, Paris, Publications de la Sorbonne, 1999.

COLLECTIF, *Les Années 50. La mode en France 1947-1957*, Paris, Paris musées, 2014.

COLLECTIF, *Être parisien, Paris et Île-de-France, Mémoires*, t. LV, Paris, Fédération des sociétés historiques et archéologiques de Paris et de l'Île-de-France-Publications de la Sorbonne, 2004.

COLLECTIF, *Femmes fin-de-siècle 1885-1895*, Paris, Paris musées, 1990.

COLLECTIF, *L'Impressionnisme et la Mode*, catalogue de l'exposition du musée d'Orsay, Paris, Skira-Flammarion, 2012.

COLLECTIF, *The New Biography, Performing Femininity in Nineteenth-Century France*, Berkeley-Los Angeles-Londres, University of California Press, 2000.

COLLECTIF, *Paris 1900. La ville spectacle*, Paris, Paris musées, 2014.

COLLECTIF, *Le Peuple de Paris au XIXe siècle*, Paris, Paris musées, 2011.

COLLECTIF, *La Promenade du critique influent*, Paris, Hazan, 1990.

COLLECTIF, *Sous l'Empire des crinolines*, Paris, Paris musées, 2008.

COLLECTIF, *Splendeur et misère. Images de la prostitution 1850-1910*, Paris, Flammarion, 2015.

CONDEMI, Concetta, *Les Cafés-Concerts, histoire d'un divertissement*, Paris, Quai Voltaire, 1992.

COQUART, Élisabeth, et HUET, Philippe, *Mistinguett, la reine des années folles*, Paris, Albin Michel, 1996.

CORBIN, Alain, *Les Filles de noce. Misère sexuelle et prostitution au XIXe siècle*, Paris, Flammarion, 1982.

– , « Paris-province », dans *Les Lieux de mémoire*, t. II, Paris, Gallimard, « Quarto », 1997.

– , « Le XIXe siècle ou la nécessité de l'assemblage », dans *L'Invention du XIXe siècle*, Paris, Klincksieck-Presses de la Sorbonne Nouvelle, 1999.

– , et al., *Femmes dans la cité 1815-1871*, Paris, Creaphis, 1997.

COSNIER, Colette, *Les Dames de* Femina*, un féminisme mystifié*, Rennes, PUR, 2009.

DELBOURG-DELPHIS, Marylène *Le Chic et le Look*, Paris, Hachette, 1981.

DELPHY, Christine, et CHAPERON, Sylvie, *Cinquantenaire du « Deuxième Sexe »*, Paris, Syllepse, 2002.

DELUERMOZ, Quentin, *Le Crépuscule des révolutions*, Paris, Seuil, 2012.

DEMORNEX, Jacqueline, *Lucien Lelong. L'intemporel*, Paris, Le Promeneur, 2007.

DENUELLE, Sabine, *La Parisienne dans l'art*, Paris, Citadelles & Mazenod, 2011.

D'Souza, Aruna, et McDonough, Tom (éd.), *The Invisible Flâneuse ? Gender, Public Space and Visual Culture in Nineteenth Century Paris*, Manchester-New York, Manchester University Press, 2006.

Dupêchez, Charles, *Histoire de l'Opéra de Paris*, Paris, Perrin, 1984.

Duprat, Annie, « Des femmes sur les barricades de juillet 1830. Histoire d'un imaginaire social », dans Alain Corbin et Jean-Marie Mayeur, *La Barricade*, Paris, Publications de la Sorbonne, 1997.

Farge, Arlette, *Vivre dans la rue à Paris au XVIIIe siècle*, Paris, Gallimard, 1992.

Fierro, Alfred, *Histoire et dictionnaire de Paris*, Paris, Robert Laffont, 1996.

Fontenay, Xavier, *L'Histoire secrète des Miss France*, Paris, Flammarion, 2009.

Fournier, Éric, *La Belle Juive,* Seyssel, Champ Vallon, 2011.

Fraisse, Geneviève, *Muse de la raison. Démocratie et exclusion des femmes en France*, Paris, Gallimard, 1995.

Frank, Robert, et Gervereau, Laurent, *La Course au moderne. France et Allemagne dans l'Europe des années vingt*, Nanterre, Bibliothèque de documentation internationale contemporaine, 1992.

Fourmaux, Francine, *Belles de Paris. Une ethnologie du music-hall*, Paris, CTHS, 2009.

Füzesséry, Stéphane, et Simay, Philippe, *Le Choc des métropoles, Simmel, Kracauer, Benjamin*, Paris-Tel-Aviv, éditions de l'Éclat, 2008.

Gaillard, Jeanne, *Paris la ville 1852-1877*, Paris, Honoré Champion, 1877.

Garrioch, David, *La Fabrique du Paris révolutionnaire* (2002), Paris, La Découverte, 2013.

Gasnault, François, *Guinguettes et lorettes. Bals publics à Paris au XIXe siècle*, Paris, Aubier, 1986.

Gay, Peter, *Une culture bourgeoise 1815-1914. Londres, Paris, Berlin... Biographie d'une classe sociale* (2001), Paris, Autrement, 2005.

George, Jocelyne, *Paris-province, de la Révolution à la mondialisation*, Paris, Fayard, 1998.

Gidel, Henry, *Coco Chanel*, Paris, Flammarion, 1999.

Girard, Louis, *Nouvelle Histoire de Paris. La Deuxième République et le Second Empire (1848-1870)*, Paris, Association pour la publication d'une histoire de Paris, 1981.

Godin, Emmanuel, et Chafer, Tony, *The French Exception*, New York-Oxford, Berghahn-Books, 2003.

Godineau, Dominique, *Citoyennes tricoteuses. Les femmes du peuple à Paris pendant la Révolution* (1988), Paris, Perrin, 2004.

Godineau, Laure, *La Commune de Paris par ceux qui l'ont vécue*, Paris, Parigramme, 2010.

Gold, Arthur, et Fizdale, Robert, *Sarah Bernhardt*, Paris, Gallimard, 1994.

GONZALEZ-QUIJANO, Lola, *Capitale de l'amour. Filles et lieux de plaisir à Paris au XIXe siècle*, Paris, Vendémiaire, 2015.
GREEN, Nancy L., *Les Américains de Paris 1880-1941*, Paris, Belin, 2014.
– , *Du Sentier à la 7e Avenue. La confection et les immigrés, Paris-New York 1880-1980*, Paris, Seuil, 1998.
GUICHARD, Marie-Thérèse, *Les Égéries de la République*, Paris, Payot, 1991.
GUIGON, Catherine, *Les Cocottes, reines du Paris 1900*, Paris, Parigramme, 2012.
GULLICKSON, Gay L., *Unruly Women of Paris*, Cornell, Cornell University Press, 1996.
GUNDLE, Stephen, *Glamour, a History*, Oxford, Oxford University Press, 2008.
HARVEY, David, *Paris, capitale de la modernité* (2006), Paris, Les Prairies ordinaires, 2012.
HALL, Marian, *et al.*, *California Fashion, from the Old West to New Hollywood*, New York, Harry N. Abrams, 2002.
HAZAN, Éric, *L'Invention de Paris*, Paris, Seuil, 2012.
HEINICH, Nathalie, *L'Élite artiste. Excellence et singularité en régime démocratique*, Paris, Gallimard, 2005.
HOUBRE, Gabrielle, *La Discipline de l'amour. L'éducation sentimentale des filles et des garçons à l'âge du romantisme*, Paris, Plon, 1997.
ISARD, Jean-Claude, et HUON DE PENANSTER, Alain, *« Le Petit Écho de la mode », cent ans de presse familiale*, Châtelaudren, éditions Culture et Patrimoine, 2008.
JACQUEMET, Gérard, *Belleville au XIXe siècle. Du faubourg à la ville*, Paris, éditions de l'EHESS, 1984.
JONES, Jennifer M., *Sexing « la mode » : Gender, Fashion and Commercial Culture in Old Regime France*, Oxford, Berg, 2004.
KALIFA, Dominique, *La Culture de masse en France 1860-1930*, Paris, La Découverte, 2001.
– , *Paris, capitale de l'amour d'Offenbach aux Sixties*, Paris, Perrin, 2018.
KLEINERT, Anne-Marie, *Le « Journal des dames et des modes » ou la Conquête de l'Europe féminine (1797-1839)*, Stuttgart, Jan Thorbecke Verlag, 2000.
KNIBIEHLER, Yvonne, *et al.*, *De la pucelle à la minette. Les jeunes filles de l'âge classique à nos jours*, Paris, Messidor, 1983.
LAQUEUR, Thomas, *La Fabrique du sexe. Essai sur le corps et le genre en Occident*, Paris, Gallimard, 1992.
LAROULANDIE, Fabrice, *Les Ouvriers de Paris au XIXe siècle*, Paris, éditions Christian, 1997.
LE GUÉRER, Annick, *Le Parfum des origines à nos jours*, Paris, Odile Jacob, 2005.
LEPENIES, Wolf, *Les Trois Cultures. Entre science et littérature, l'avènement de la sociologie*, Paris, Maison des sciences de l'homme, 1990.
LEVER, Évelyne, *Marie-Antoinette*, Paris, Fayard, 1991.

LILTI, Antoine, *Le Monde des salons. Sociabilités et mondanités à Paris au XVIIIe siècle*, Paris, Fayard, 2005.
– , *Figures publiques. L'invention de la célébrité 1750-1850*, Paris, Fayard, 2014.
LUDOT, Didier, *La Petite Robe noire*, Paris, Assouline, 2001.
LYON-CAEN, Judith, *La Lecture et la Vie. Les usages du roman au temps de Balzac*, Paris, Tallandier, 2006.
MACHIELS, Christine, *Les Féminismes et la Prostitution, 1860-1960*, Paris, PUR, 2016.
MENSION-RIGAUT, Éric, *Singulière noblesse. L'héritage nobiliaire dans la France contemporaine*, Paris, Fayard, 2015.
MILLERET, Guénolée, *Haute Couture. Histoire de l'industrie de la création, des précurseurs à nos jours*, Eyrolles, 2015.
MILLIOT, Vincent, *Les Cris de Paris ou le Peuple travesti : les représentations des petits métiers parisiens (XVIe-XVIIIe siècles)*, Paris, Publications de la Sorbonne, 1995.
MARCHAND, Bernard, *Paris, histoire d'une ville (XIXe-XXe siècle)*, Paris, Seuil, 1993.
– , *Les Ennemis de Paris. La haine de la grande ville des Lumières à nos jours*, Rennes, PUR, 2009.
MARTIN, Jean-Clément, *La Révolte brisée, femmes dans la Révolution française et l'Empire*, Paris, Armand Colin, 2008.
MARTIN-FUGIER, Anne, *La Vie élégante ou la Formation du Tout-Paris 1815-1848*, Paris, Fayard, 1990.
– , *La Place des bonnes. La domesticité à Paris en 1900*, Paris, Grasset, 1979.
– , *Comédienne. De Mlle Mars à Sarah Bernhardt*, Paris, Seuil, 2001.
– , *Les Salons de la IIIe République. Art, littérature, politique*, Paris, Perrin, 2003.
MARUTA, Nadège, *L'Incroyable Histoire du cancan*, Paris, Parigramme, 2014.
MAUGUE, Annelise, *L'Identité masculine en crise au tournant du siècle*, Paris, Rivages, 1987.
MELCHIOR-BONNET, Sabine, et TOCQUEVILLE, Aude de, *Histoire de l'adultère*, Paris, La Martinière, 1999.
MESCH, Rachel, *Having It All in the Belle Epoque : How French Women's Magazines Invented the Modern Woman*, Stanford, Stanford University Press, 2013.
MILLER, Michael B., *Au Bon Marché, 1869-1920, le consommateur apprivoisé*, Paris, Armand Colin, 1981.
MONJARET, Anne, *Les Catherinettes en fête*, Paris, Archives et Culture, 2008.
MORIN, Edgar, *Les Stars*, Paris, Seuil, 1972.
MURAT, Laure, *La Loi du genre, une histoire du troisième sexe*, Paris, Fayard, 2006.
NESCI, Catherine, *Le Flâneur et les Flâneuses, les femmes et la ville à l'époque romantique*, Grenoble, ELLUG, Université Stendhal, 2007.

OFFENSTADT, Patrick, *Jean Béraud. La Belle Époque, une époque rêvée*, Bonn, Taschen, 1999.

OMNÈS, Catherine, *Ouvrières parisiennes. Marché du travail et trajectoires professionnelles au 20ᵉ siècle*, Paris, EHESS, 1997.

OZOUF, Mona, *Les Mots des femmes, essai sur la singularité française*, Paris, Fayard, 1995.

PERRIN, Michel, *Arletty*, Paris, Calmann-Lévy, 1952.

PERROT, Michelle, « Pouvoir des hommes, puissance des femmes : l'exemple du XIXᵉ siècle », dans *Les Femmes ou les Silences de l'histoire*, Paris, Flammarion, 1998, p. 213-225.

–, « 1848, la Révolution des femmes », *L'Histoire*, n° 218, février 2008.

PERROT, Philippe, *Le Travail des apparences ou les Transformations du corps féminin, XVIIIᵉ-XIXᵉ siècle*, Paris, Seuil, 1984.

–, *Les Dessus et les Dessous de la bourgeoisie. Une histoire du vêtement au XIXᵉ siècle*, Paris, Fayard, 1981.

–, *Le Luxe. Une richesse entre faste et confort*, Paris, Seuil, 1995.

PICHOIS, Claude, et BRUNET, Alain, *Colette*, Paris, éditions de Fallois, 1998.

PINÇON, Michel, et PINÇON-CHARLOT, Monique, *Sociologie de Paris*, Paris, La Découverte, 2014.

PINOL, Jean-Luc, et GARDEN, Maurice, *Atlas des Parisiens, de la Révolution à nos jours*, Paris, Parigramme, 2009.

POLLE, Emmanuelle, *Jean Patou, une vie sur mesure*, Paris, Flammarion, 2014.

PREISS, Nathalie, *Les Physiologies en France au XIXᵉ siècle, étude littéraire et stylistique*, Mont-de-Marsan, Éditions interuniversitaires, 1999.

–, et SCAMARONI, Claire (dir.), *Elle coud, elle court, la grisette !*, catalogue de l'exposition de la Maison de Balzac, Paris, Paris musées, 2011.

PRIMI, Alice, *Femmes de progrès. Françaises et Allemandes engagées dans leur siècle 1848-1871*, Rennes, PUR, 2010.

PROCHASSON, Christophe, *Paris 1900, essai d'histoire culturelle*, Paris, Calmann-Lévy, 1999.

RABAUT, Jean, *Marguerite Durand. La « Fronde » féministe ou « Le Temps » en jupons*, Paris, L'Harmattan, 1995.

RACINE, Nicole, et TREBITSCH, Michel (dir.), *Intellectuelles, du genre en histoire des intellectuels*, Paris, Complexe, 2004.

RAISON-JOURDE, Françoise, *La Colonie auvergnate de Paris au XIXᵉ siècle*, Ville de Paris, Commission des travaux historiques, 1968.

RETAILLAUD, Emmanuelle, « "Le formidable est sorti du frivole…" : l'image et la réputation des Parisiennes au défi des "années terribles" (1792-1940) », dans Jean-Claude Caron et Nathalie Ponsard (dir.), *La France en guerre. Cinq années terribles*, Rennes, PUR, 2018.

–, « Entre chic et chien : les séductions de la Parisienne, de Jean-Jacques Rousseau à Yves Saint Laurent », *Genre, sexualité et sociétés*, n° 10, automne 2013, http://gss.revues.org.

–, « Paris, ville femme, capitale des sens : l'élaboration du mythe de la sensualité parisienne au XIXe siècle », dans *Les Cinq Sens de la ville, du Moyen Âge à l'époque contemporaine*, Tours, Presses universitaires François-Rabelais, 2013.

–, « Tailleur Chanel ou robe à fleurs ? Portraits de femmes dans la vie politique française sous la Ve République », dans Luciano Cheles et Alessandro Giacone (dir.), *Il ritratto e il potere, immagini della politica in Francia e in Italia nel novecento*, Pise, Pacini, 2017.

RIALS, Stéphane, *Nouvelle Histoire de Paris. De Trochu à Thiers, 1870-1873*, Paris, Association pour la publication d'une histoire de Paris, Hachette, 1985.

RIDING, Alan, *Et la fête continue. La vie culturelle sous l'Occupation*, Paris, Plon, 2012.

RIHOIT, Catherine, *Brigitte Bardot. Un mythe français*, Paris, Olivier Orban, 1986.

RIOT-SARCEY, Michèle, *Histoire du féminisme*, Paris, La Découverte, 2006.

–, *La Démocratie à l'épreuve des femmes*, Paris, Albin Michel, 1994.

RIPA, Yannick, *Les Femmes actrices de l'histoire*, Paris, Armand Colin, 2007.

ROBERT, Jean-Louis, et TARTAKOWSKI, Danielle (dir.), *Paris le peuple*, Paris, Publications de la Sorbonne, 1999.

ROBERTS, Mary Louise, *Civilization without Sexes. Reconstructing Gender in Post-War France*, Chicago-Londres, University of Chicago Press, 1994.

–, *Disruptive Acts : The New Woman in Fin-de-siècle France*, Chicago-Londres, University of Chicago Press, 2002.

ROCAMORA, Agnès, *Fashioning the City, Paris Fashion and the Media*, Londres, I. B. Tauris, 2009.

ROCHE, Daniel, *La Culture des apparences. Une histoire du vêtement, XVIIe-XVIIIe siècle*, Paris, Fayard, 1989.

ROSE, Phyllis, *Joséphine Baker, une Américaine à Paris*, Paris, Fayard, 1982.

ROUGERIE, Jacques, *Paris libre 1871*, Paris, Seuil, 1971.

RUDIGOZ-LASSÈRE, Madeleine, *Delphine de Girardin. Femme de lettres au temps du romantisme*, Paris, Perrin, 2003.

SAILLARD, Olivier, et ZAZZO, Anne, *Paris haute couture*, Paris, Skira-Flammarion, 2012.

SARDE, Michèle, *Regard sur les Françaises, X^e-XXe siècle*, Paris, Stock, 1983.

SCHIFFER, Daniel Salvatore, *Le Dandysme, la création de soi*, Paris, F. Bourin, 2011.

SCHWARTZ, Vanessa R., *Spectacular Realities : Early Mass Culture in Fin-de-Siècle Paris*, Berkeley, University of California Press, 1999.

–, *It's so French ! : Hollywood, Paris, and the Making of Cosmopolitan Film Culture*, Chicago, Chicago University Press, 2007.

SEBBA, Anne, *Les Parisiennes. Leur vie, leurs amours, leur mort sous l'occupation nazie*, Paris, Vuibert, 2018.

SÉGUY, Philippe, *Les Modes sous l'Empire*, Paris, Tallandier, 1988.

SELLIER, Geneviève, *La Nouvelle Vague, un cinéma au masculin singulier*, Paris, CNRS Éditions, 2005.
SOHN, Anne-Marie, « La garçonne face à l'opinion publique : type littéraire ou type social des années vingt ? », *Le Mouvement social*, n° 80, septembre 1972.
STEELE, Valerie, *Paris Fashion : a Cultural History*, New York, Oxford University Press, 1988.
STIERLE, Karlheinz, *La Capitale des signes. Paris et son discours* (1993) Paris, Éditions de la Maison des sciences de l'homme, 2001.
TEYSSIER, Paul, *Maisons closes parisiennes*, Paris, Parigramme, 2010.
THÉRY, Irène, *Qu'est-ce que la distinction de sexe ?*, Bruxelles, Fabert, 2011.
TIERSTEN, Lisa, *Marianne in the Market : Envisionning Consumer Society in Fin-de-Siècle France*, Berkeley, University of California Press, 2001.
TROUSSON, Raymond, *Jean-Jacques Rousseau*, Paris, Hachette, 1993.
TULARD, Jean, *Nouvelle Histoire de Paris. Le Consulat et l'Empire*, Paris, Association pour la publication d'une histoire de Paris, 1970.
– , *Nouvelle Histoire de Paris. La Révolution*, Paris, Association pour la publication d'une histoire de Paris, 1989.
TURCOT, Laurent, *Le Promeneur à Paris au XVIIIe siècle*, Paris, Gallimard, 2007.
VANIER, Henriette, *La Mode et ses métiers. Frivolités et luttes des classes 1830-1870*, Paris, Armand Colin, 1960.
VEILLON, Dominique, *La Mode sous l'Occupation*, Paris, « Petite Bibliothèque Payot », Payot & Rivages, 2014.
VENAYRE, Sylvain, *Panorama du voyage 1780-1920*, Paris, Les Belles Lettres, 2012.
VERJUS, Anne, *Le Cens de la famille. Les femmes et le vote 1789-1848*, Paris, Belin, 2002.
– , *Le Bon Mari. Une histoire politique des hommes et des femmes à l'époque révolutionnaire*, Paris, Fayard, 2010.
VIGARELLO, Georges, *Une histoire de la beauté. Le corps et l'art d'embellir, de la Renaissance à nos jours*, Paris, Seuil, 2004.
– , *La Robe, une histoire culturelle du Moyen Âge à aujourd'hui*, Paris, Seuil, 2017.
– , *Le Propre et le Sale*, Paris, Seuil, 1985.
VIGIER, Philippe, *Nouvelle Histoire de Paris. Paris pendant la monarchie de Juillet 1830-1848*, Paris, Association pour la publication d'une histoire de Paris, 1991.
VIRGILI, Fabrice, *La France « virile ». Des femmes tondues à la Libération*, Paris, Payot & Rivages, « Petite Bibliothèque Payot », 2004.
VOVELLE, Michel, « La Marseillaise », dans *Les Lieux de mémoire*, t. I, *La République*, Paris, Gallimard, « Quarto », 1997.
WAGENER, Françoise, *L'Impératrice Joséphine*, Paris, Perrin, 2005.

WALCH, Agnès, *Histoire de l'adultère (XVI-XIXe siècle)*, Paris, Perrin, 2009.
YON, Jean-Claude (dir.), *Jacques Offenbach*, Paris, Gallimard, 2000.
— , *Une histoire du théâtre à Paris, de la Révolution à la Grande Guerre*, Paris, Aubier, 2012

Index des principaux noms de personnes

Abbéma, Louise, 173
Abdulmajid, Mohamed, Iman, 329
Abelès, Luce, 353, 397
Achard, Amédée, 99, 358, 389
Adam, Juliette, *voir* Lamber, Juliette
Adrian, Gilbert, 270
Agnès B., 387
Agulhon, Maurice, 230, 263, 298, 375-376, 380, 383, 397
Alaïa, Azzedine, 312, 326, 329, 387, 398
Albert, Nicole G., 373, 397
Alençon, Émilienne d', 184
Alexandre, Arsène, 197, 372
Alhoy, Maurice, 77
Allégret, Marc, 293
Allen, Woody, 383
Ancelot, Virginie, 90
Andrée, Ellen, 170
Anspach, Maria d', 73, 356
Apollinaire, Guillaume, 123, 361
Arago, Jacques, 82
Aragon, Louis, 247, 378, 389
Arden, Elizabeth, 269
Arletty, 259-262, 276, 278, 312, 326-327, 379, 403
Arman de Caillavet, Léontine, 196
Armani, Giorgio, 329
Arnoul, Françoise, 296
Aslan, 298
Assouly, Olivier, 313, 385, 397

Auber, Brigitte, 284
Aubernon, Lydie, 196
Auclert, Hubertine, 209, 217, 219
Audran, Stéphane, 307
Autant-Lara, Claude, 260
Avedon, Richard, 283
Avril, Jane, 173, 186
Ayoko, Rebecca, 329

Badel, Amélie (Rigolboche), 104
Baecque, Antoine de, 382-383, 397
Baker, Joséphine, 249, 253, 255-256, 268, 326, 346, 379, 404
Balenciaga, Cristobal, 275, 282, 292, 314
Balin, Mireille, 259, 276, 278
Ballard, Bettina, 281
Balmain, Pierre, 282
Balzac, Honoré de, 12, 56-58, 60-61, 63-68, 70, 75, 81, 83-87, 89, 91, 100, 131-132, 168, 179, 193, 220, 229, 260-261, 320, 345, 354-358, 375, 389, 402-403
Banton, Travis, 270
Banville, Théodore de, 99, 110, 116, 124-125, 128, 358, 360-362, 390
Barbera, Annie, 180, 369
Barbey d'Aurevilly, Jules, 70, 211, 373
Barbier, Jules, 147, 364, 368, 391

Bard, Christine, 13, 237, 250, 341, 358, 364, 376, 378, 383, 388
Bardot, Brigitte, 270, 293, 295-300, 303, 321, 383, 404
Barney, Natalie Clifford, 212, 249-250
Barrault, Jean-Louis, 260
Barrès, Maurice, 217
Barrot, Olivier, 367, 397
Barry, Mme du, 28
Bartet, Julia, 187
Barthes, Roland, 288
Bashkirtseff, Marie, 222
Bastié, Jean, 378-380, 382, 397
Baudelaire, Charles, 11-13, 70, 83, 110-114, 116, 132, 169-171, 213, 223-224, 360-362, 368, 390
Bauër, Gérard, 237-238, 241-242, 266, 376-377, 380, 390
Bazard, Claire, 149
Bazin, Hervé, 298
Beauharnais, Hortense de, 49
Beauharnais, Joséphine de, 48-49, 51, 64, 117
Beaumont, Édith de, 249
Beaumont, Étienne de, 249
Beaumont, Germaine, 282
Beauvoir, Simone de, 290-292, 308, 327, 338, 382-383, 398
Becker, Jacques, 278, 285
Beckham, David, 324
Beckham, Victoria, 324
Becque, Henry, 169, 188, 195, 258, 295, 390
Bédollière, Émile de la, 360
Beecher Stowe, Harriet, 116, 361, 390
Bekhti, Leïla, 336
Bell, Marie, 259-260
Belle, Marie-Paule, 305, 384
Belly, Félix, 159, 366, 390
Benjamin, Walter, 13, 83, 97, 273, 358, 381, 398, 400

Benstock, Shari, 378, 398
Béranger, Pierre-Jean de, 71, 174, 356
Bérard, Christian, 275
Béraud, Jean, 171-172, 185, 195-196, 198, 208, 213, 223, 367, 371, 403
Berest, Anne, 309-310, 318, 320-321, 323, 330, 334, 384, 386, 388
Berlanstein, Lenard, 356, 370-371, 398
Berlière, Jean-Marc, 370
Bernadac, Marie-Laure, 340
Bernhardt, Sarah, 123, 159, 185, 188, 204, 214, 226-227, 250, 259, 270, 324, 326, 346, 370, 375, 400, 402
Bertin, Rose, 25, 28, 242, 390
Beyle, Henri. *Voir* Stendhal
Bias, Fanny, 74
Bibesco, princesse, 242, 245, 247, 377-378, 390
Bidegain, Victoire, 362
Binh, Nicolas T., 383, 398
Birkin, Jane, 326
Bizet, Carine, 330-331
Bizet, Georges, 233
Blanc, Louis, 155
Blum, Léon, 222, 285, 374, 377, 383
Blumenfeld, Erwin, 244
Bobergh, Gustave, 118
Bocher, Main Rousseau, 241, 270
Boigne, comtesse de, 85, 90
Boisjoly, François, 367
Boisrond, Michel, 295
Bonnefont, Gaston, 187, 370, 390
Boucher, François, 42
Boucicaut, Aristide, 117
Bourdieu, Pierre, 338
Bousquet, Marie-Louise, 276
Boussac, Marcel, 280

Index des principaux noms de personnes

Boutet, Anne, dite Mlle Mars, 74, 370, 402
Boutet, Henri, 210
Bouvier, Jeanne, 146, 148, 364, 390
Boyer, Lucien, 201, 255
Brassaï, 253, 379, 394
Bravard, Alice, 371, 398
Brès, Madeleine, 208
Brisset, Mathurin-Joseph, 357
Brooks, Romaine, 250
Broutelles, Caroline de, 181
Brunet, Alain, 372-373, 403
Bruni, Carla, 324
Bruno, Vanessa, 325, 387
Burke, Edmund, 45, 352
Butler, Josephine, 149

Cabarrus, Thérésa, 48-49
Cachin, Marcel, 263
Cady, 271
Cahun, Claude, 250
Caillebotte, Gustave, 170
Caillois, Roger, 12, 100, 349, 358, 398
Calet, Henri, 289
Callot, sœurs, 179, 241
Campbell, Naomi, 329
Capa, Robert, 281
Caracalla, Laurence, 309, 385
Caraccioli, Louis-Antoine de, 24, 29-30, 350-351, 390
Caran d'Ache, 166
Carné, Marcel, 259-260, 293
Carol, Martine, 284-285, 296
Carolus-Duran, 114
Caron, Jean-Claude, 179, 398, 403
Caron, Leslie, 286
Casanova, Giacomo, 23
Casselle, Jean-Pierre, 363, 370, 375, 398
Casta-Rosaz, Fabienne, 374, 398
Castiglione, Virginia de (comtesse), 123

Catroux, Betty, 330
Caumery (Maurice Languereau, dit), 199
Cavailhon, Édouard, 167, 367, 390
Caven, Ingrid, 340
Cesena, Amédée de, 104, 109-110, 359-360, 390
Chabrol, Claude, 285, 299-300
Chagniot, Jean, 398
Cham, 116, 158
Champfleury, 359
Chanel, Gabrielle, 65, 204, 241-245, 247-248, 255, 265, 276, 281-283, 323-324, 326, 346, 372, 377-378, 380, 382, 387, 390, 394, 400, 404
Chaperon, Sylvie, 364, 382-383, 388, 397-399, 421
Chapier, Henry, 300
Chaplin, Charlie, 259
Charle, Christophe, 102, 110, 350, 353, 359, 371
Charles, Jacques, 255
Charles-Roux, Edmonde, 329, 372, 380, 382, 387, 390
Charrier, Jacques, 297
Chartier, Roger, 367
Chatrousse, Émile, 171, 224
Chauvin, Jeanne, 208
Chéret, Jules, 173, 186
Chevalier, Louis, 287, 382
Chevalier, Maurice, 254, 276
Chevigné, Laure de, 193
Chiche, Sarah, 340
Child, Theodore, 176, 368
Chirat, Raymond, 367, 397
Choderlos de Laclos, Pierre, 34, 220
Choux, Jean, 260, 379
Christian-Jaque, 255, 284
Christiné, Henri, 176
Cixous, Hélène, 306, 308
Clairin, Georges, 189
Claretie, Jules, 224
Claudin, Gustave, 359, 390

Clavier, Laurent, 365
Clemenceau, Georges, 187
Cobson, Corinne, 312, 325
Cocteau, Jean, 261, 327, 379
Cohen, Évelyne, 320, 376, 399
Colbert, Claudette, 81, 286
Colette, 204, 214, 248-249, 286, 327, 346, 372-373, 399, 403
Colin, Anaïs, 119
Colin, Héloïse, 119
Colin, Laure, 119
Colin, Paul, 256
Colombier, Marie, 214, 373, 391
Condemi, Concetta, 367, 370, 399
Coquart, Élisabeth, 379, 399
Corbin, Alain, 13, 19, 202-203, 349-350, 352-353, 355, 359, 362-365, 372, 378, 399-400
Corbon, Anthime, 143, 364, 391
Cosnier, Colette, 219, 374, 399
Cotillard, Marion, 325
Cotolendi, Charles, 32, 351, 391
Coty, François, 179, 243
Courbet, Gustave, 111
Courchamps, Maurice de, 85, 357
Courrèges, André, 294
Crawford, Joan, 271
Crouch, Emma (Cora Pearl), 107
Cukor, George, 259
Cunard, Nancy, 249
Curmer, Léon, 54, 355, 390, 393

Damala, Aristides, 188
Damas, Jeanne, 325
Dancourt, 21, 32, 67, 351, 391
Darien, Georges, 231-232, 375, 391
Darrieux, Danielle, 276, 285
Dash, comtesse, 99, 105, 109, 120, 122, 124, 126, 140, 351, 358-363, 391-393
Dassault, Marcel, 302-303
Dati, Rachida, 327-328
Daubié, Julie-Victoire, 149, 364, 391

Daudet, Alphonse, 178, 227, 233
Daudet, Julia, 178, 215-216, 227, 369
Daudet, Léon, 227
Daumier, Honoré, 71, 74, 86, 92, 111, 116
Dauphin, Cécile, 353
Daven, André, 255
David, Jules, 61, 119
Dawbarn, Charles, 215, 369, 373, 391
Debans, Camille, 368, 391
Debucourt, Louis-Philibert, 42
Decoin, Henri, 284-285
Decourcelle, Adrien, 147, 364, 391
Deffand, Mme du, 31
Degas, Edgar, 170, 185, 224, 375
Dejazet, Virginie, 101
Delabigne, Émilie-Louise, 108, 171, 184
Delacroix, Eugène, 151
Delaunay, Robert, 225, 375
Delaunay, Sonia, 245, 248
Delavigne, Casimir, 151
Delbourg-Delphis, Marylène, 270, 368, 381, 387, 399
Delord, Taxile, 53, 55, 59, 66, 72-75, 77, 80, 86-87, 89, 101, 108, 130, 353-357, 359, 391, 395
Delubac, Jacqueline, 258-259, 262
Deluermoz, Quentin, 361, 365, 399
Delvau, Alfred, 99, 102, 105, 108, 125, 358-360, 362, 391
Demay, Layla, 309, 316-318, 320, 327, 334, 384-386, 388, 391
Demeulemeester, Ann, 331
Demornex, Jacqueline, 377, 381, 399
Demy, Jacques, 299
Deneuve, Catherine, 298, 304, 307, 311, 316, 324-325, 330, 340, 346
Denuelle, Sabine, 350, 399
Deriège, Félix, 355
Deroin, Jeanne, 156
Deslions, Anna, 107
Deslys, Gaby, 186, 262

Index des principaux noms de personnes

Devéria, Achille, 61, 111, 391
Deville, Michel, 297
Diaghilev, Serge, 227
Didot, Firmin, 119
Dietrich, Marlene, 270, 380
Dior, Christian, 280-282, 288, 292, 294
Diwan, Audrey, 309-310, 318, 320-321, 323, 330, 334, 384, 386, 388
Doche, Eugénie, 58
Doillon, Lou, 326, 387
Doisneau, Robert, 283
Domergue, Jean-Gabriel, 288, 382, 395
Donadio, Rachel, 341
Donen, Stanley, 286
Doniol-Valcroze, Jacques, 383
Dorléac, Françoise, 325
Dorval, Marie, 74
Doucet, Jacques, 179, 241
Draner, 158, 366, 391
D'Souza, Aruna, 349, 400
Du Camp, Maxime, 100, 358, 391
Dumas, Alexandre, 120
Dumas, Alexandre (fils), 58, 75-76, 108, 188, 354, 356, 360, 391
Dunn, Josephine, 271
Duplessis, Armand, 376
Duplessis, Marie, 58, 75-76
Duprat, Annie, 364, 400
Durand, Marguerite, 217-219, 292, 338, 346, 374, 403
Duras, Marguerite, 307, 327, 383
Duruy, Victor, 129, 149
Duse, Eleonora, 226
Duval, Georges, 179, 353

Eastman, George, 174
Eiffel, Gustave, 187, 191, 205, 225, 244, 281, 311
Elssler, Fanny, 74

Fabian, Françoise, 307
Falaise, Loulou de la, 330

Falluel, Fabienne, 369
Fantin-Latour, Henri, 111
Farge, Arlette, 43, 352-353, 400
Fargue, Léon-Paul, 238, 266, 377, 380, 391
Farina, Jean-Marie, 179
Fassin, Éric, 338, 388
Fath, Geneviève, 276
Fath, Jacques, 275, 283
Feydeau, Ernest, 123, 361
Feydeau, Georges, 123, 168, 195, 201, 258
Fidelin, Adrienne (dite « Ady »), 257
Fierro, Albert, 357, 400
Fizdale, Robert, 370, 375, 400
Flanner, Janet, 227, 375, 392
Flaubert, Gustave, 86, 120, 123, 131-132, 361-363, 392
Fontenay, Xavier de, 376, 379, 400
Fonvizine, Denis, 35, 352
Forster, Charles de, 62-63, 72-73, 355-356
Fougeret de Montbron, Jean-Louis, 18, 350
Fouquières, André de, 282, 382
Fourier, Charles, 149
Fourmaux, Francine, 385, 400
Fragonard, Jean-Honoré, 42
Fragson, 368
France, Anatole, 196
François, Lucien, 276, 280, 381
Frank, Robert, 381
Frappa, Jean-José, 235, 237, 239, 252-253, 266, 376-378, 380, 392
Fréjaville, Gustave, 256, 379
Friedmann, Gloria, 340
Furstenberg, Diane von, 329
Fusil, Louise, 49, 353, 392
Füzesséry, Stéphane, 381, 400

Gabin, Jean, 259
Gachet, Sophie, 384, 393
Gaillard, Jeanne, 349, 400

Gainsbourg, Charlotte, 326
Galliffet, Gaston (général), 187
Gambetta, Léon, 189-190, 196
Garb, Tamar, 367
Garbo, Greta, 259, 270
Garches, marquise de, 178, 189, 216, 369-370, 374
Garrioch, David, 41, 352, 400
Gasnault, François, 400
Gaulle, Charles de, 276, 298
Gaultier, Jean-Paul, 312, 314, 329
Gauthier-Villars, Henri (dit Willy), 204, 382
Gautier, Théophile, 58, 74, 76, 112-113, 223, 226, 360, 392
Gavarni, Paul, 71-72, 74, 111, 113-114, 360, 392
Gay, Delphine. *Voir* Girardin, Delphine de
Gay, Désirée, 156
George, Jocelyne, 233, 376
Gervereau, Laurent, 381, 400
Gervex, Henri, 171-172, 223
Giovanni, Marie. *Voir* Dash, comtesse
Girard, Louis, 358
Girardin, Delphine de, 61, 63, 65, 69, 82, 85, 87-88, 90-92, 114, 148, 154-156, 179, 217, 346, 354-355, 404
Girardin, Émile de, 59, 85
Giron, Charles, 171
Giroud, Françoise, 327
Giscard d'Estaing, Valéry, 298
Givenchy, Hubert de, 282-283, 286, 314
Godard, Jean-Luc, 300-301
Godin, Emmanuel, 386
Godineau, Dominique, 47, 353
Godineau, Laure, 366
Gold, Arthur, 370
Golder, Jenny, 254, 256, 379

Goncourt, Edmond et Jules de, 34, 91, 101, 107-109, 114, 116, 130, 132, 204, 233, 351, 359-363, 376, 383, 392
Gonzalez-Quijano, Lola, 349, 379, 401
Goude, Jean-Paul, 323, 329
Gouges, Olympe de, 46
Gould, Florence, 276, 278
Goulue (la), 173, 186-187
Gourmont, Remy de, 211, 373
Gozlan, Léon, 67, 99, 131, 139, 355, 358, 362-363, 392
Grangier, Gilles, 285
Green, Nancy L., 371, 380, 401
Greer, Howard, 270
Greffulhe, Élisabeth (comtesse), 193
Grégoire, Vincent, 311
Grévin, Alfred, 167, 367, 392
Grévy, Jules, 189
Grisi, Carlotta, 74
Gruau, René, 283
Guerlain, Pierre, 64, 179, 243, 312
Guichard, Marie-Thérèse, 371, 401
Guigon, Catherine, 370, 401
Guilbert, Yvette, 186-188
Guiliano, Mireille, 309, 323, 384, 392
Guillaume, Albert, 173, 225
Guinot, Eugène, 69, 355-356
Guitry, Sacha, 169, 258
Gullickson, Gay L., 366, 401
Gundle, Stéphane, 381, 401
Guys, Constantin, 111-113, 116, 360, 397
Gyp (comtesse de Mirabeau-Martel), 187

Habib, Claude, 337, 388
Hading, Jane, 187
Halévy, Ludovic, 95, 358
Hamelin, Fortunée, 48-49
Hardy, Françoise, 326

Index des principaux noms de personnes

Harvey, David, 339, 401
Haussmann, Georges Eugène, 97-99, 117, 156, 191, 316
Havet, Mireille, 248
Head, Edith, 270
Heim, Jacques, 241
Heinich, Nathalie, 81, 357, 401
Henriot, Henriette, 170
Henry, Stuart, 178, 189, 369
Hepburn, Audrey, 282, 286
Hertz, Henri, 233, 376
Hidalgo, Anne, 333
Hincker, Louis, 365
Hitler, Adolf, 278
Horner, Yvette, 312
Houbre, Gabrielle, 373-374, 401
Houdetot, Sophie d', 17
Houssaye, Arsène, 99, 123-124, 132, 156, 362, 392
Huart, Adrien, 167, 367, 392
Huart, Louis, 71, 83, 89, 356-357, 392
Hubscher, Ronald, 367, 377, 398
Hugo, Victor, 59, 74, 157-158, 363, 365-366, 393
Huston, John, 286
Huysmans, Joris-Karl, 223, 375, 393

Ibsen, Henrik, 226-227
Ingres, Dominique, 114
Irigaray, Luce, 306
Ivanez, Laetitia, 325
Ivimy, Alice, 215

Jacotot, Sophie, 378
Jacquemet, Gérard, 201, 372, 401
Janin, Jules, 64-65, 71, 74, 77, 82-83, 92, 138, 355-358, 363, 393
Jarry, Alfred, 227
Jeanmaire, Renée (« Zizi »), 284
Jeanson, Henri, 285
Jones, Grace, 329
Jones, Jennifer M., 38, 352

Josephy, Helen, 268, 380, 393
Joy, Leatrice, 259

Kalifa, Dominique, 225, 367, 375-376, 401, 421
Karina, Anna, 300-301
Kast, Pierre, 301, 381
Kawakubo, Rei, 314
Khelfa, Farida, 329
Kherici, Reem, 336
Kiki de Montparnasse, 248
Kiraz (Edmond Kirazian), 302, 317, 321-322, 327, 384-386, 390, 393
Kleinert, Anne-Marie, 353, 401
Knightley, Keira, 311
Kock, Paul de, 58, 71, 356
Koning, Victor, 99, 358, 393
Korda, Alexander, 259
Kosciusko-Morizet, Nathalie, 327-328
Kracauer, Sigfried, 273, 381, 400

La Fressange, Inès de, 309-310, 312, 317-323, 329, 331, 384-387, 393
La Goulue, 173, 186-187
La Mésangère, Pierre de, 49, 59
Labiche, Eugène, 96, 131, 168, 258
Lacombe, Claire, 47
Lacroix, Christian, 312, 363-364, 395
Lafitte, Pierre, 181, 210, 218
Lafont, Bernadette, 307
Lagerfeld, Karl, 312, 319
Laguerre, Georges, 217
Lamber, Juliette, 196, 393
Lami, Eugène, 114
Lancha, Christine, 360
Lançon, Philippe, 335, 388
Lang, Jack, 314
Lang, Michel, 383
Lang, Walter, 286
Lanté, Louis-Marie, 61, 73
Lanvin, Jeanne, 243, 271, 276

Lapeyre, 23-24, 350, 393
Laroulandie, Fabrice, 363, 401
Larousse, Pierre, 108, 177, 182, 360, 368-369, 393
Laughlin, Clara E., 380, 393
Launay, vicomte de. *Voir* Girardin, Delphine de
Lauren, Ralph, 329
Laurent, Jacques, 284, 287-288, 382, 395, 397
Lavallée, Joseph, 44, 352, 393
Le Men, Ségolène, 353, 397
Lebesgue, Octave. *Voir* Montorgueil, Georges
Leclerc, Yves, 362
Legouvé, Ernest, 74, 188
Lehmann, Maurice, 260
Lejeune, Philippe, 374
Lelong, Lucien, 241-243, 271, 275-276, 281-282, 294, 377-378, 381, 399
Lemonnier, Élisa, 149
Lempicka, Tamara de, 248
Lenglen, Suzanne, 242
Léon, Léonie, 196
Léon, Pauline, 47
Leroux, Pierre, 155
Leroy, Hippolyte, 64
Lespinasse, Julie de, 31
Lewi, Georges, 311
Lieven, princesse de, 86
Liger, Louis, 32, 351, 393
Lilti, Antoine, 31, 370, 402
Limur, Jean de, 260, 376
Lio, 333
Lissagaray, Prosper-Olivier, 161, 366
Liszt, Franz, 76
Longueville, Stéphanie de, 89, 357
Lorieux, Julien, 263
Lorrain, Jean, 167
Louis-Philippe, 62, 77, 85, 151, 189

Lucas, Hippolyte, 68-69, 91, 131, 355, 358
Luchaire, Corinne, 276, 278
Luchet, Auguste, 139, 146, 363-364, 393
Ludot, Didier, 377, 402
Lugné-Poe, 226
Lurçat, Hélène et Irène, 309, 332, 384, 386-387, 393
Lyon-Caen, Judith, 354, 402

MacLaine, Shirley, 286
Mâconnais, Ferdinand, 147, 364, 393
Maggy Rouff (Marguerite de Wagner), 241, 276, 381
Magog, H.-J., 380, 393
Maigret, Caroline de, 309-310, 317-323, 330-331, 334, 384, 386, 388, 393
Man Ray, 257
Manet, Édouard, 104, 111, 114, 169-170, 183, 224, 300, 367
Marana, Giovanni-Paolo, 32, 351, 393
Marant, Isabel, 312, 325, 331
Marchand, Bernard, 356
Marchand, Corinne, 300
Margueritte, Paul, 209, 235, 373, 393
Margueritte, Victor, 209, 235, 239, 248, 373, 376, 393
Marie-Antoinette, 22, 25, 27-28, 33-34, 43, 47, 157, 242, 331
Marivaux, 20
Martin-Fugier, Anne, 357, 370-371, 402
Marx, Karl, 161, 366
Mas, Sophie, 309-310, 318, 320-321, 323, 330, 334, 384, 386, 388
Mata Hari, 185
Maugue, Anne-Lise, 373, 402
Maupassant, Guy de, 168, 367, 393

Index des principaux noms de personnes

McBride, Margaret, 268, 380, 393
McDonough, Tom, 349, 400
Meilhac, Henri, 95-96, 197, 358, 363, 394
Menut-Alophe, 54
Mercier, Louis-Sébastien, 10, 24, 27, 30, 32, 35-36, 40-42, 46-47, 83, 351-353, 394
Mercier de Compiègne, Claude-François-Xavier, 353
Méricourt, Théroigne de, 46
Mérode, Cléo de, 184-185
Mesch, Rachel, 219, 374, 402
Meyer, Charles, 379
Michel, Louise, 161-162
Michelet, Jules, 126, 137, 148, 362-363, 394
Milano, Alyssa, 339
Millaud, Albert, 166, 211, 228, 366, 375, 394
Miller, Michael Barry, 361, 402
Milleret, Guénolée, 385, 402
Millet, Catherine, 340, 386
Milliot, Vincent, 43, 352, 402
Mimran, Hervé, 335
Minelli, Vincente, 286
Mirbeau, Octave, 176, 179, 195, 368, 394
Misme, Jane, 251
Mistinguett, 249, 253-256, 263, 276, 284, 326, 346, 379-380, 399
Mistral, Frédéric, 233
Mitterrand, François, 314
Miyaké, Issey, 314
Mogador, Céleste, 104
Molière, 18-20, 30-31, 38, 211, 394
Molyneux, Edward, 241, 244, 276, 294
Monjaret, Anne, 372, 380, 402
Monnier, Henry, 111, 360
Monroe, Marylin, 296
Montagu, Elizabeth, 92
Montana, Claude, 312

Montépin, Xavier de, 130
Montesquieu, 20, 26, 33, 351, 394
Montigny, Louis Gabriel, 81-82, 357, 394
Montijo, Eugénie de (impératrice Eugénie), 114, 117, 125, 157, 362
Montorgueil, Georges, 166, 176, 179-180, 182, 196, 200, 210-212, 366, 368-369, 371-373, 394
Morand, Paul, 238, 266, 269, 271, 376, 378-381, 394
Moreau, Jeanne, 165, 225, 228, 285, 300-301, 307
Moreau-Vauthier, Paul, 165, 225, 228
Morel, Benedict-Auguste, 157
Morel, Gilberte, 203
Morin, Louis, 166, 197-198, 200-201, 366, 371-372, 381, 394, 402
Morisot, Berthe, 170
Morny, duc de, 107, 122, 204
Morrow, William Chambers, 368, 370, 394
Moss, Kate, 330
Mounet-Sully, Jean, 188
Mugler, Thierry, 312
Muller, Sandra, 339
Muralt, Béat Louis de, 18, 33, 350-351
Murat, Laure, 339, 373, 388
Murger, Henri, 58, 354
Musard, Philippe, 104
Musset, Alfred de, 57-58, 68, 71, 90, 150, 354-355, 357, 365, 394

Nadar, 170
Nakache, Géraldine, 335
Napoléon Ier, 48-51
Napoléon III, 98, 107-108, 111, 122-124, 126, 157
Nast, Condé Montrose, 240
Nesci, Catherine, 358, 402
Niane, Katoucha, 329

Niboyet, Eugénie, 149, 152
Nin, Anaïs, 249
Noailles, Marie-Laure de, 249
Nogarola, comtesse, 86

Oberkirch, baronne d', 19, 25, 350-351, 394
Offenbach, Jacques, 11, 95-96, 100-101, 108, 125, 133, 140, 175, 358, 363, 401, 406
Offenstadt, Patrick, 367, 403
Oller, Joseph, 186
Ophuls, Max, 285
Orléans, duchesse d', 85
Orléans, Ferdinand-Philippe d', 62
Orléans, Philippe, duc d', 22, 30, 35
Ory, Pascal, 246, 377
Otero, Caroline, 184, 187
Ozouf, Mona, 337, 388, 403

Padilla, José, 255
Page, Anita, 271
Païva, marquise de, 107
Palatine, princesse, 30, 351
Palm d'Aelders, Etta, 46
Palmyre, Mlle, 64
Paquin, Jeanne, 165, 179, 241, 247, 294, 367, 371
Parent-Duchâtelet, Alexandre, 146, 364, 394
Parinaud, André, 382, 397
Patou, Jean, 241-243, 271, 282, 378, 381, 403
Patti, Adelina, 101
Peeping Tom, 102, 359, 394
Pelletier, Madeleine, 218, 251
Perret, Paul, 99, 198, 358, 395
Perrot, Michelle, 121, 341, 350, 361, 365, 403
Perrot, Philippe, 13, 349
Pétain, Philippe, 277
Petipa, Marius, 227
Philipou, Manon. *Voir* Roland, Mme
Piaf, Édith, 276, 312, 325

Pichois, Claude, 372-373, 403
Pierlot, Claudie, 312
Pierson, Pierre-Louis, 57, 124
Piguet, Robert, 294
Pilcer, Harry, 254
Pilon, Edmond, 371
Pinard, Ernest, 131, 362
Pinchon, Joseph, 199
Pinçon, Michel, 388, 403
Pinçon-Charlot, Monique, 388, 403
Pingat, Émile, 118, 179
Pisier, Marie-France, 307
Plantagenet, Anne, 310, 385, 395
Plunkett, Walter, 270
Poincaré, Raymond, 267
Poiret, Paul, 179, 208, 237, 241, 256, 259, 376-377, 395
Polignac, Marie-Blanche de, 276
Polin, 176, 255
Polle, Emmanuelle, 381, 403
Pompadour, Mme de, 28
Pougy, Liane de, 184-185, 187, 194, 211
Poulot, Denis, 144-145, 364
Prada, Miuccia, 314, 329
Preiss, Nathalie, 353, 403
Prévert, Jacques, 260
Prévost, Marcel, 168, 194, 221-222
Prigent, Loïc, 317, 385
Primi, Alice, 364, 403
Printemps, Yvonne, 258-259
Prochasson, Christophe, 225, 372, 375-376, 403
Proudhon, Charles, 145, 161, 364, 395
Proust, Marcel, 12, 86, 167-168, 193, 195-196, 320, 395
Prouvost, Jean, 246
Purviance, Edna, 259

Quant, Mary, 294
Quesnay, François, 37

Rachel, 73, 101
Rachilde, 249, 378

Raison-Jourde, Françoise, 249, 378
Rampling, Charlotte, 304
Raymond, Emmeline, 115, 120, 128, 361
Raynaud, Philippe, 337, 388
Récamier, Juliette, 48-50, 90
Redfern, John, 179, 241
Réjane, 188
Renoir, Jean, 259, 285
Renoir, Pierre-Auguste, 169-170, 367
Resnais, Alain, 383
Retaillaud-Bajac, Emmanuelle, 387, 403
Rétif de La Bretonne, Nicolas Edmé, 10, 23, 33, 35, 37-43, 335, 350-352
Rials, Stéphane, 365-366, 404
Ricci, Nina, 282
Richard, Marthe, 279, 346
Richebé, Roger, 260
Richepin, Jean, 188
Riding, Alan, 382, 404
Rihanna, 331
Rihoit, Catherine, 383, 404
Rimski-Korsakov, Nikolaï, 227
Rimsky-Korsakov, Barbara, 123
Riot-Sarcey, Michèle, 341, 365, 404
Rip, 259
Ripa, Yannick, 372, 378, 404
Riva, Emmanuelle, 383
Robbe-Grillet, Catherine, 340
Robert, Jean-Louis, 404
Roberts, Mary Louise, 219, 373-374, 378, 404
Rocamora, Agnès, 313, 318, 385, 387, 404
Rochas, Marcel, 241
Roche, Daniel, 13, 37, 42, 349, 352
Roché, Henri-Pierre, 300
Rohmer, Éric, 383
Roland, Mme, 26, 42
Roland, Pauline, 156
Romance, Viviane, 276

Roqueplan, Nestor, 77, 99, 124, 135, 138, 177, 358, 362-363, 368, 395
Rosay, Françoise, 259
Rose Nicole, 377, 394
Rouart, Julie, 322
Rouge, Élodie, 309, 384
Rougerie, Jacques, 161, 366, 404
Rousseau, Jean-Jacques, 10, 15-18, 20, 24, 26, 29-31, 33-34, 36, 38-40, 46, 63, 65, 81, 166, 317, 343, 350-352, 395, 403, 405
Rousseau, Pascal, 375
Rousteing, Olivier, 330-331
Rouveyre, André, 211, 373
Roux, Louis, 72, 356
Rubinstein, Helena, 269
Rudigoz-Lassère, Madeleine, 354, 404
Rykiel, Sonia, 294, 305, 307, 320, 346, 384

Sagan, Françoise, 292-293, 320
Saillard, Olivier, 387, 404
Saint Laurent, Yves, 294, 304-305, 311, 329-330, 343, 403
Saint-Laurent, Cecil. *Voir* Laurent, Jacques
Sand, George, 57, 70, 74, 86, 89, 91, 93, 155-156, 346
Sardou, Victorien, 188, 261
Sartre, Jean-Paul, 290, 292, 383
Sastre, Peggy, 340
Satrapi, Marjane, 316
Schiaparelli, Elsa, 242, 245, 276, 377
Schiffer, Daniel Salvatore, 356, 404
Schneider, Hortense, 95, 100-101, 123, 326
Schneider, Romy, 324
Schwartz, Simone, 276
Schwartz, Vanessa R., 349, 404
Scott, Joan, 337, 339, 388
Scott Thomas, Kristin, 324
Scotto, Vincent, 176

Scribe, Eugène, 74, 188
Sée, Camille, 129, 208
Séeberger, frères, 174, 243, 311
Séguy, Philippe, 353, 404
Sellèque, Jean-Baptiste, 49
Sellier, Geneviève, 301, 383-384, 405
Sergent, Élise, 104
Sert, Misia, 249
Séverine (Caroline Rémy, dite), 217
Sévigné, Mme de, 20, 350
Seyrig, Delphine, 307
Shalmani, Abnousse, 340
Shaw, George Bernard, 226
Shearer, Norma, 271
Simay, Philippe, 381, 400
Simon, Jules, 139, 142, 146, 363
Snow, Carmel, 281
Sohn, Anne-Marie, 376, 405
Solidor, Suzy, 276
Sorel, Cécile, 199
Soulié, Frédéric, 58, 74, 92, 358-359, 395
Staël, Germaine de, 50
Staffe, baronne, 177-179, 369, 395
Steele, Valerie, 405
Stein, Gertrude, 249-250
Stendhal (Henri Beyle, dit), 56, 68, 81, 131, 354-355, 358, 395, 402
Stevens, Alfred, 223
Stierle, Karlheinz, 358, 405
Stora-Lamarre, Annie, 370
Strauss, Isaac, 104
Strauss-Kahn, Dominique, 337, 341, 347, 388
Stravinski, Igor, 227
Strindberg, August, 226
Stroïev, Vladimir, 63, 66-67, 71, 220, 355-356, 374
Strong, Rowland, 215, 371, 374, 395
Sue, Eugène, 58, 70-71, 261, 354

Taglioni, Marie, 74
Taine, Hippolyte, 100, 126, 140, 148, 220, 358

Tallien, Mme. *Voir* Thérésa Cabarrus
Tamagno, Francisco, 173
Tarn, Pauline Mary, 212
Tautou, Audrey, 325
Tchekhov, Anton, 225-226
Tchernia, Pierre, 289
Tétart-Vittu, Françoise, 118, 177, 354, 368-369
Teyssier, Paul, 379, 405
Thérenty, Marie-Ève, 354
Théry, Irène, 337-338, 340, 388, 405
Thirlwell, Adam, 316
Thomass, Chantal, 313
Tillion, Germaine, 284, 382, 395
Tissot, James, 171
Tommaso, Carmen de, 282
Toudouze, Anaïs, 119
Toulmouche, Auguste, 114
Toulouse-Lautrec, Henri de, 171, 173, 186, 224
Tristan, Flora, 149
Trollope, Frances, 66, 355, 396
Truffaut, François, 297, 300
Tulard, Jean, 353, 405
Turcot, Laurent, 351, 405
Turnure, Arthur Baldwin, 240

Ulbach, Louis, 365
Uzanne, Octave, 167, 169, 180, 190, 194, 198, 202, 204, 207, 210, 212-213, 230, 367, 369-373, 375, 396

Vacth, Marine, 330
Vadim, Roger, 295-297
Vaillant-Couturier, Paul, 263
Vallès, Jules, 178, 230, 369, 375, 396
Vallotton, Félix, 171, 173, 224
Van Dyke, Henry, 205, 268, 372, 396
Vandam, Albert, 215, 373-374, 396
Vanier, Henriette, 365, 405

Index des principaux noms de personnes 419

Varda, Agnès, 300
Vautel, Clément, 239, 262, 377, 379, 396
Veillon, Dominique, 381-382, 405
Venayre, Sylvain, 358, 405
Verjus, Anne, 353, 365, 405
Véron, Louis, 74-75, 100, 355-356, 358, 396
Véron, Pierre, 367, 392
Versace, Gianni, 329
Victorine, Mlle, 64
Vidal, Pierre, 167, 199, 210, 366, 371-372, 396
Vigarello, Georges, 13, 349, 363, 405
Vigée-Lebrun, Élisabeth, 28
Vigier, Philippe, 356, 405
Villard, Nina de, 196
Villars, Émile, 99, 204, 358, 396
Villiers de L'Isle-Adam, Auguste de, 209, 373
Vionnet, Madeleine, 179, 208, 243-244, 346
Virgili, Fabrice, 382, 405
Voisin-Fougère, Marie-Ange, 366, 375
Volterra, Léon, 254
Vovelle, Michel, 365, 405
Vreeland, Diana, 281, 387
Vrignault, Pierre, 167, 367, 396
Vuillard, Émile, 224

Vuillaume, Maxime, 162, 366, 396
Vuitton, Louis, 313

Wagener, Françoise, 353, 405
Walch, Agnès, 34, 351, 406
Waleffe, Maurice de, 234
Watrin, Laure, 309, 316-318, 320, 327, 334, 384-386, 388, 391
Watteau, Antoine, 42
Weber, Eugen, 186, 372
Weber, Louise. *Voir* Goulue (la)
Weinstein, Harvey, 339, 341, 347
Wertheimer, frères, 282
Westwood, Vivienne, 329
Wilder, Billy, 286
Willemetz, Albert, 254
Willi, Anne, 325, 387
Winterhalter, Franz, 114
Wittig, Monique, 306
Woon, Basil, 380-381, 396
Worth, Charles-Frederick, 118, 179, 241, 247, 294, 314, 365

Yon, Jean-Claude, 96, 354, 358-359, 363, 367, 370, 406
Yvorel, Jean-Jacques, 375

Zidler, Charles, 186
Zola, Émile, 108-109, 116, 144, 148, 156, 168, 180, 183-184, 195-196, 221-222, 228, 300, 361, 364-365, 374, 396

Remerciements

Mes remerciements vont d'abord à mon amie Sandrine Gulbenkian, longtemps éditrice aux éditions Parigramme, qui, par sa culture et son dynamisme, fut à l'origine de ce livre ; son enthousiasme pour ce projet a été prolongé par celui de Séverine Nikel, aux éditions du Seuil, lectrice aussi exigeante que bienveillante, avec l'efficace soutien de Caroline Pichon et Marie-Caroline Saussier.

Ils vont ensuite à mes parents, Jean Retaillaud et Élisabeth Deschamps, qui m'ont constamment inspirée. Merci à ma mère d'avoir effectué un long et laborieux travail de relecture.

Ils vont enfin à tous mes amis et connaissances qui, de près ou de loin, ont collaboré à ce livre par leur soutien, leurs idées, leurs commentaires : Margot Abascal, Sylvie Chaperon, Virginie Chardin, Patrick Garcio, Lou Jeunet, Jérôme Kagan, Dominique Kalifa, Guillaume Mazeau, Valérie Mrejen, Natalia Muchnik, Jean-Christophe Napias, Christophe Reffait, Gonzalo Sanchez, Bertrand Schefer, Susanne Stacher, Fernand Zacot.

Table des matières

Introduction... 9

**Chapitre 1. Premiers pas, entre ville et Cour
(XVIIe-XVIIIe siècle)**................................. 15
  Le « moment Rousseau » de la Parisienne............... 15
  Avant la Parisienne... la provinciale................. 18
    La ville, la Cour et la province.................. 18
    « Être parisien »................................. 20
  La fille du XVIIIe siècle............................. 21
    La ville s'émancipe.............................. 21
    Capitale des modes............................... 24
    L'élégance et l'harmonie......................... 29
    Le verbe et l'esprit............................. 31
    Séductrice et « galante »........................ 33
  Pourquoi la Parisienne ?.............................. 36
    L'artifice et la nature.......................... 36
    Une exception à la « loi du genre ».............. 38
    Modernité de l'Ancien Régime..................... 40
  Le tournant de la Révolution.......................... 44
    La Parisienne dignifiée.......................... 44
    La Parisienne déchirée........................... 45
    La Parisienne recomposée......................... 48

Chapitre 2. La Parisienne des romantiques (1820-1850).... 53
  Elle est partout !.................................... 53
    Physiologies..................................... 53
    Les romans de la Parisienne...................... 55
    La fille du siècle de la presse.................. 59
  Plus qu'une femme : une Parisienne !.................. 62
    « Le suprême bon goût dans l'habillement »....... 63

« La souplesse dans les mouvements »	65
« Un feu d'artifice d'esprit »	66
« Les manèges de la coquetterie »	67
Une et multiple	69
Lionnes intrépides	69
Charmantes grisettes	70
Accortes vendeuses	72
Sulfureuses actrices et sylphides	73
Troublantes courtisanes et lorettes	75
La femme du Boulevard, de la Bourse et du Code civil	79
Le fruit de la grande ville	79
Des milieux mêlés	84
Une reine en trompe-l'œil	88

Chapitre 3. L'icône de la « vie parisienne » (1850-1870) 95

La cristallisation d'un mythe	95
Célébrations	95
Paris, capitale du XIXe siècle	97
Un filon vendeur	99
L'aiguillon des plaisirs	100
Chair sur scènes	101
Chair à chahut	102
Chair exhibée	105
Chair à vendre	106
La « muse moderne »	109
Un nouveau rapport au temps	109
Un enjeu de peinture	111
Modernité des modes	115
Héroïne de presse	118
Une modernité douteuse	122
Un ferment de déstabilisation sociale	122
Une puissance ambiguë	126
Un modèle sous haute surveillance	129

Chapitre 4. Politiques de la Parisienne | 135

Une mythologie biaisée	135
Un enjeu de sexe et de classe	135
La grisette et l'ouvrière	136
Travailleuses en robes de soie	139
Une mythologie critiquée	142
Une « histoire sanglante » :	
la critique économique et sociale	142

    « Venger la grisette » : la critique morale 145
    Une critique féminine et féministe ? 148
  Une mythologie subvertie ? 150
    1830 : une Parisienne virile et guerrière 150
    1848 : une Parisienne citoyenne et féministe 152
    1870 : une Parisienne républicaine et combattante 156
    1871 : la communauté fracturée 160

**Chapitre 5. La Belle Époque de la Parisienne
(1880-1914)**. 165
  Un apogée culturel 165
    La Parisienne de « l'Expo » 165
    Recyclages littéraires 166
    Peintures : entre avant-garde, académisme et pittoresque .. 169
    Une icône de la culture de masse 172
    En chansons. 174
  Entre « chic » et « chien » 176
    Ce chic inimitable... 176
    Quel « chien » ! 182
    Un subtil équilibre. 189
  La médiatrice sociale du Paris républicain. 191
    Changement de régime 191
    Déclin aristocratique. 193
    Revanches bourgeoises 194
    De la midinette à la Parigote 197
    Toutes Parisiennes ? 202
    Trajectoires : Chanel et Colette 204

Chapitre 6. Un trône instable. 207
  Entraves. 207
    Déstabilisations. 207
    La « femme nouvelle ». 209
    Aliénations. 214
    Le cas Marguerite Durand 217
    À quoi rêvent les jeunes Parisiennes... 220
  Critiques 223
    Déclassement pictural. 223
    Scènes en révolution 225
  Soupçons. 228
    Vicieuse et névrosée 228
    Mauvaise mère. 229

Marianne pervertie par Paris........................ 231
Des contre-modèles régionaux...................... 232

Chapitre 7. La Parisienne mise au défi (1918-1940)........ 235
  Au miroir de la garçonne............................. 235
    Périls sur la féminité............................... 235
    « Nostalgies archaïques »........................... 237
    Adaptations.. 239
  La Parisienne réinventée............................. 240
    Le cœur de la mode bat toujours à Paris.............. 240
    Le « style simple »................................. 244
    La fixation d'une identité.......................... 246
  Émancipation en trompe-l'œil ?...................... 248
    Femmes libres des « années folles »................. 248
    Un compromis et un garde-fou...................... 251
  Un « chien » apprivoisé et consensuel................ 253
    Une mutation d'image et de statut................... 253
    Music-hall et chansonnettes du « gai Paris »......... 254
    Des planches à l'écran............................. 257
    L'apogée de la midinette........................... 262
  Ombres sur la Parisienne............................ 266
    Concurrences nouvelles............................ 266
    Défis d'outre-Atlantique........................... 268
    La fin d'une suprématie............................ 272

**Chapitre 8. Les mues d'un modèle
(de 1944 à la fin des années 1970)**...................... 275
  Restauration.. 275
    Le théâtre de la mode.............................. 275
    Des compromissions à effacer...................... 276
    New-look et haute couture......................... 279
    Froufrous et « petites pépées »..................... 284
    Vue par Hollywood................................ 285
    La Parisienne, un « dogme »........................ 286
  Contestations....................................... 289
    La femme mystifiée du féminisme................... 289
    Nouvelles générations............................. 293
    Brigitte Bardot, de la Parisienne à la femme moderne..... 295
  Réinventions....................................... 299
    La Parisienne fait sa nouvelle vague................ 299
    Kiraz, la modernisation d'une tradition.............. 302

  La « femme Rive Gauche » 304
  Au risque du MLF ? 306

**Chapitre 9. Un « trésor national » à préserver
(des années 1980 à nos jours)** 309
 Insubmersible Parisienne 309
  Un succès éditorial et médiatique non démenti 309
  L'inaltérable emblème de la mode et du luxe 311
  L'égérie du tourisme mondialisé. 315
 Un héritage toujours vivant 317
  Casual chic, less is more et « je-ne-sais-quoi » 317
  Séductrice et cultivée. 320
  Parisiennes emblématiques 322
 Un modèle devenu inadapté ? 328
  Un cliché éculé, étriqué, critiqué 328
  Un modèle trop blanc et trop élitiste 331
  Une complice de la domination masculine ? 337

Conclusion 343

Notes 349

Bibliographie sélective 389

Index des principaux noms de personnes 407

Remerciements 421

RÉALISATION : NORD COMPO À VILLENEUVE-D'ASCQ
IMPRESSION : NORMANDIE ROTO IMPRESSION S.A.S. À LONRAI
DÉPÔT LÉGAL : FÉVRIER 2020. N°136537 (1906243)
IMPRIMÉ EN FRANCE